明治という時代

―歴史・人・思潮―

小林敏男 著

雄山閣

目次

序

近代史のなかで、とくに明治という時代を興味をもって取りあげたのは、前代の江戸時代から飛躍的に転換した、いわば「革命的な時代」であったからである。〝革命〟という概念は、中国では王朝交替（易姓革命）を意味し、西欧では市民（ブルジョア）革命（リボリューション）であったが、日本の歴史はそうした概念を適用するのに消極的になってしまう。明治維新は王政復古として始まった。しかし、復古は革命的な時代の出発点であった。復古も時代を変革しようとする運動であったから、必然的にそれは政治や社会を変革していくことになる。そして、大勢は文明開化、即ち西欧文明社会を見倣うことに価値を見出していった。ペリー来航（一八五三年）を起点として明治憲法体制の成立（一八八九年）までを一応「明治維新の変革期」としてとらえると、紆余曲折を経ながらも、変革の連続による革命ともいえる近代（資本主義）国家の成立に至ったのである。

以上のような明治の近代国家の形成、位置づけについては、第一章「近代の成立と江戸時代」で概観した。第一章ではとくに江戸時代像の再検討を通して、近代国家の成立をとらえなおそうとした。江戸時代は近世社会ということになっているが、この時代は、中世と近代の間にあって、特殊日本的な時代とみなされ、近世（本来、西欧世界では近代前期の時代になるが）でありながら、封建制の負の側面が強調されてきた。第一章では、「江戸時代」を封建制社会と規定することに疑問を呈している近年の研究成果を積極的に取り上げた。近世の幕開けを演じた信長、秀吉、家康の時代を初期絶対主義王政とする見解や、江戸時代全体を絶対主義王政とみる見解、さらに高度な商業・産業・金融を発展させた経済社会とみる見解など江戸時代は再検討する時期に来ている。本章では江戸時代を積極的に社会構成体史として、即ち時代区分論として規定することはできなかったが、中世とは断絶した近代を準備した時代ということで近代よりの時代としてとらえる方向性は示した。

第二章「日本近代史学と筆禍事件」では、実証主義に裏付けられた客観性を追求する近代史学が、近代天皇制イデオロギーの確立過程のなかで、危険視され断罪されていく状況を学問・思想の問題としてとりあげた。それにしても天皇制イデオロギー（国体史観）の猛威はすさまじく、新しい近代史学が少数者（知識人）の学問・思想として大衆的基盤をもっていなかったこともあってか、「天皇制国家」という名目のもとでは沈黙せざるをえなかった。なぜこれほど天皇制イデオロギーが権威をもち学問・思想の自由を押しつぶすほどの力があったかは今からみると不思議な気もするが、それは明治になって前近代の「朝廷史」が終焉し、従来の天皇制とは全く異質の新しい〝天皇制〟が登場したということと関係があろうか。

第三章「『夜明け前』の歴史的考察——国学思想との関連で——」は、島崎藤村の歴史小説『夜明け前』の主題を国学思想と位置付けて歴史学的視点からそれを取り上げたものである。江戸時代中期から始まった国学は長い伝統をもつ儒学（漢学）に対抗して我が国のアイデンティティーを追求する学問・思想として大きな意味をもっていたが、明治以降はその勢いを失い、時代おくれの反動的学問というレッテルもはられた。いわば近代になって国学は全体としての生命力を失い、国史・国文学（古典）・歌道・思想（皇学）に細分化されていったという印象をうける。藤村はそうした国学を再生しようとする意志をもっていた。

第四章「藤村操の自殺と明治の青春」は、操の残した「巌頭之憾《がんとうのかん》」の美文を暗唱したものの一人として、筆者がもっとも書きたかった論稿である。操ら一高生の悲哀・煩悶は何であったか。その根源を突き進めていくと、それは学問・思想、失恋、家庭の事情等々すべての問題をふくみながらも、人間の生（生命）という根源的なものに突き当たる。だからそれは、時代を超えた〝人間〟そのものの存在に関わる問題なのであるが、ただ歴史学としてそれを扱うときは、〝近代〟という時代の性格がそこに刻印されている。

第五章「乃木将軍の殉死と明治の精神」は、殉死というものにまず興味をもったのが執筆の動機である。江戸時代に入ってすぐに殉死は無益なものとしてきびしく禁止され、その役割を終えていた筈であるが、それが近代の明治時代の幕引きとして挙行されたのである。筆者は、乃木の殉死は形（かたち）であって、その中身は自殺であるという視点から乃木の人生の軌跡を追った。またその過程で〝明治の精神〟といったものにこだわった明治人にも言及した。〝明治の精神〟は和魂洋才の系譜を引くものであるが、この時代は、圧倒的な価値（世界観）をもつ西欧文明の流入のなかにあって、自己を見失うことなく、二本足でしっかり立って、日本の将来を見据えようと心構えをした精神であった。新しい時代の激流にそのまま身をまかせるのではなく、そうかといってその流れに逆らうのでもなく、自己の自立した足で立っていける、そうした姿勢を貫こうとした明治人がいたということである。

第一章　近代の成立と江戸時代

1　近代以前と封建制

（1）

日本の近代は明治維新によって生みだされた。その明治維新の動因を国内的矛盾（封建社会の矛盾）から考察する研究は一時盛んであったが、近年はどちらかといえば、外圧——対外的関係（列強の植民地化・半植民地化に対する民族的危機感からの対応）から考える研究が多い。[1] なによりも近代は日本をはじめとするアジア諸国が近代資本主義体制という世界システムのなかに組み込まれる時代であったから、それは研究史としても必然の流れであったろう。

だとすれば明治維新というある種の革命期は、嘉永六（一八五三）年のペリー来航から始まって、近代国家としての体制を確立する明治二二（一八八九）年の大日本帝国憲法（明治憲法）体制の成立までの長い時間の中で考察されなくてはならない。

ペリー提督の率いる四隻の黒船の来航は、一八世紀後半～一九世紀前半にかけての産業革命（機械制大工業）を達成した欧米列強の対外進出、資本主義システムの世界への拡張のシンボルであった。それはまた近代ヨーロッパ文明という優越的自己認識をもった価値観の世界化でもあり、日本にとってはやはり異質な文明・文化との出会いであった。

ところで明治維新の「維新」は中国五経の一つ「詩経」（大雅、文王品）の「文王上に在り、天に昭《あらわ》る、周は旧き邦《くに》なりと雖も、其の命維《こ》れ新たなり」から取ったとされる。これは、周は殷《いん》に服属していた旧い国であるが、殷王朝から周王朝に天命が下り、文王が新しい王朝の基《もとい》を築いた（次の武王の時に殷を滅した）ということであり、これは中国流にいうと王朝交替、易姓革命の現象を示した言葉であるが、日本では王朝交替（易姓革命）はないから、武家政治（徳川幕府）から天皇親政への新しい転換がおこなわれたという意味で王政復古のことを意味する。[2] 王政復古（一八六七年一二月九日の大号令）は「諸事神武創業のはじめにもとづき」とあるように、後醍醐天皇の天皇親政や古代の理想とされた醍醐・村上天皇の天皇親政、即ち「延喜・天暦の治」への王政復古ではなく、すべての歴代天皇をこえて初代神武天皇の始原への復古であった。この点、阪本是丸が「神武創業に基づく復古とは明治新帝の創業という意味合いを濃くもっていた」といっているように、[3] きわめて革新的な王政復古であった。

この明治維新は改革 Restoration の連続の上にたつ革命 revolution であった。近代社会（明治時代）は江戸時代とは根本的に異なった時代として区分できる。なによりもそこではヨーロッパの文明が優越的価値を占めていた。

江戸時代（徳川幕藩制社会）は、封建領主制にもとづく封建社会と規定されることが多かった。それは前期封建社会の中世に対して、後期封建社会、あるいは完成された、あるいは再編された封建社会とするものであった。しかしながら近年は高校の教科書をみても、江戸時代（近世）や中世の武家政権の時代を封建社会と規定することはなくなった。ただ、中世鎌倉幕府の将軍（鎌倉殿）と御家人の関係を封土（給与された土地）を媒介として御恩と奉公の主従関係で結ばれたものであるとして、これを封建制度（封建関係）としている。しかし中世社会としては武家社会とするものが教科書ではほとんどである。いわば近年は、封建社会という用語は体制概念（社会構成体段階）、あるいは時代区分として使用されることはなく、鎌倉幕府の御家人を説明するところで封建関係（あるいは封建制度）ということで現れるだけである。

（2）

封建制、封建社会という概念は多様性をもった概念で、[4] 重宝なものとして使用されてきて、それが意外なほど強く社会の性格を規定するものとして作用した。

封建制は以下のようなものとして用いられてきた。

（1）本来言葉の意味では、中国での封建－郡県という政治制度の用語である。周代（紀元前一一世紀）は、天子（王）のもとに一族、功臣の世襲諸侯がいて、諸侯はその祭祀・軍事権の分与という形で、領地（封土）を分封され、分権的な政治体制を敷いていた。それに対して、秦・漢の統一政権は皇帝（天子）が郡県制という形で、中央から官吏を派遣して全国を統治するという中央集権型の政治体制をとっていた。こうした政治制度は、中央集権（郡県）－封建（分権）という対比で日本全史を権力の集中・分散度によってある程度色分けできる。例えば古代の律令国家は国郡里（郷）制の中央集権体制、中世・近世の武家社会は封建（分権）制、近代になって府県制の中央集権という形で性格づけできるが、そうした権力の強弱による色分けがどのような意味をもつか、多分に便宜的なもので厳密さに欠ける。例えば、中世と近世を右のように古代に対して分権（封建）として一括してしまうと、中世と近世の政治制度の大きな違いが不分明になる。中世の鎌倉時代は東国の武家政権（鎌倉幕府）と西国の天皇・公家政権の二元体制をとり、室町時代は、室町幕府の足利将軍のもとで守護大名連合政権の形をとる。一方、近世の幕藩体制は徳川将軍家（幕府）の力は圧倒的に強く、諸藩（大名）を改易・転封に処分したし、軍役としての参勤交代や普請役も重かった、また武家諸法度による統制力も厳しいものがあった。近世藩幕体制は中世に比較して中央集権型の体制であった。現在の歴史学にみるように、緻密化された複雑な歴史情況を説明するのに中国的意味での封建制という概念は、当面使用しない方がよいのかもしれない。

（2）次に現在でも教科書で使用されている中世ヨーロッパに典型的にあらわれたフューダリズムFeudalismを封建制とみる見解である。これは貴族と騎士（従士）の封土の授受を媒介とした主従関係（誓約）が日本の御家人制度に類似していることで、日本の中世とヨーロッパの中世とが同じ封建社会を経験したとする見解となる。これは、歴史の一般法則、即ち世界史の基本法則が日本史にも適応できるということで注目された。そして戦後まもなく梅棹忠夫の生態史観にみれるように、[5]日本の近代化の成功を封建制にもとめ、アジアの中で日本のみが植民地化を免れ、日本が近代化（資本主義化）においてヨーロッパと併行進化をしたことの理由を、両者が封建社会を経験したことに求めている。これは戦後、封建制を遅れた抑圧的な制度、打倒されるべき制度とみなしてきた傾向をひっくりかえすものであった。

　このフューダリズムと日本の中世の御家人制度にみられる主従関係（御恩と奉公）は、ヨーロッパの方が双務契約的で、日本の方が人格的関係が強く契約観念が希薄なところがあるとの指摘もあるが、ほぼ似たような制度がユーラシア大陸の両端辺境地に成立していたことは興味深いものがある。もっともそうした主従関係の類似なものが展開したことから、ヨーロッパの社会と日本のそれを同じ「封建社会」と規定してしまうことも疑問がある。封建制（主従関係）をみとめるにしても、ヨーロッパ中世の分権的な領主制に対して、日本中世では集権的傾向の強い封建制が展開したといわれている。[6] 保立道久は、日本の中世社会が国家的、都市的性格（機能）が強い点で両者には大きな違いがあるとしている。[7]

（3）第三に史的唯物論で主張された歴史段階論（時代区分論）がある。古代奴隷制社会、中世・近世農奴制社会（封建制社会）、近代資本主義社会の生産様式にもとづく社会構成体としての発展段階論である。いわば封建的生産様式からの規定で、農奴とは領主から身分的支配をうける非自由民で経済外的強制によって土地に緊縛され移転の自由を持たない農民をいうが、それは奴隷にくらべて自ら土地を経営（耕作）する独立性をもっている。土地は領主から貸与されたもので、領主は労働夫役や封建地代（現物地代）という形で剰余労働を農奴から搾取する。この「農奴」という概念も本来西洋中世社会のものであることも念頭においていいだろう。

　日本の場合、中世の荘園制（一〇世紀以降の寄進地系荘園）の構造が問題となるが、それは本所・領家－在地領主（荘官）－名主・田堵（百姓）－下人・所従の重層的な職《しき》体系（その関係性の本質は経済関係であって、人身的関係ではない）[8] を構成しており、そこから領主－農奴の農奴制生産様式を基軸として引っぱりだすことは難かしいのではないか。下人・所従を農奴的隷農と規定できても、多くの自由民的要素を持つ「百姓」（田堵・名主）を農奴と規定することはできないだろう。[9]

　また近世も封建社会であるとすると、そこでの生産様式は農奴制ということになるが、太閤検地によって独立経営を保証された小経営農民（自営農民）は、基本的には在地領主である武士とは切り離されていて（兵農分離、城下町の形成、地方《じかた》知行から俸禄制へ）、年貢の公的請負の単位となった村落という共同体を基盤とした構成員（本百姓）としてその自由な身分を確立している。彼らは検地帳に自己の耕地を登録され、その耕地の所持権(10)（所有権）を確立している。いわば経済外的強制をうけてはいない。したがってそうした小農民を農奴とは規定できないだろう。(11)いずれにせよ、農奴制という生産様式と近世江戸時代とは照応しない。

（4）第四には、人的階層制－身分制を封建制度とみる見解である。いわば御恩と奉公という主従関係（封建制）にも通ずる点があるが、その主従関係をもっと拡大して契約性よりも人的関係（隷属性）の方を強調するもので、主人（支配層）の特殊的身分や権威と従者（被支配層）の隷属性・非自立性が対比強調される。福沢諭吉が「門閥制度は親の敵でござる」という有名な文句を吐いた（『福翁自伝』一八九九年）が、そうした門閥制度（家柄、門地の重視）は身分制の問題で、なにも日本だけのものでなく、中世・近世だけのものでもなく古代以来のものである。また門閥制度といっても、江戸時代のそれはかなり柔軟性をもっていたことも事実であり（例えば武士身分も養子制度や御家人株の売買、足高《たしだか》制に流動性がみられた）、明治以降は「四民平等」ということでそれは次第に崩壊していく。近代からみた場合、江戸時代が身分制社会であることは事実なのであるが、それだけで江戸時代を封建社会とするのは実をえた規定とはいえない。この点では、江戸時代を中世とは違った「役《やく》」体系の社会ととらえた尾藤正英の見解(12)は興味深い。いわば、身分体系というものの中身が武士・農民・町人らの各々の「役」という職分・役割、責任体制によって公的に規定されている社会であるとする。

（5）四番目の封建制度概念をさらに拡大したものが民主制の反対概念としての封建制、あるいは封建的という文句である。戦後まもない頃の若者達が自分の父親、あるいは目上の者を「封建的である」ということで、その頑固な保守性や反動性を非難する態度がそれである。

一時期、明治以降の社会を半封建的、封建的遺制の強い社会と規定する時、寄生地主制の問題もあったが、多分に右にみた三、四番目の規定性からくるものであった。それは日本の近代化、明治維新が西洋にみられた民主主義的革命としての市民革命がなされておらず、したがって民主主義の不足ということがあって、それが日清・日露戦争、そしてアジア・太平洋戦争の道を許してしまったという歴史観が強かった。

（3）

以上みてきたように封建制は多義的な概念であって、戦後の歴史学では史的唯物論の発展段階論の影響もあって、封建制・封建的を主張することは強かった。その結果、近世江戸時代は中世封建制社会の発展した、完成された、もしくは再編された封建社会とみなされるようになった。[13] それは江戸時代を否定的にみようとする強い傾向を生み、江戸時代を暗いイメージをともなった封建社会と規定させた。私達（とくに筆者の習った江戸時代）のイメージは、つい最近まで専制的、停滞的、保守的、反動的な負（暗）のイメージをもって理解されてきたところがある。逆に中世の封建社会には正（明）のイメージ、即ち躍動する力強い民衆のエネルギーをそこにみてきた（例えば、土一揆・国一揆・一向一揆などは、江戸時代の百姓一揆とは違って民衆の力強さが現われているとして評価される）。

従来の江戸時代像は、以下のようなものであった。

（1）士農工商という身分と差別が徹底された強固な身分制社会であり、武士のもつ横暴性・権威性が〝切り捨て御免〟〝苗字帯刀の特権〟という形で強調された。

（2）、幕府・領主（大名・旗本）の百姓農民への一方的搾取（百姓農民を農奴と規定）と、それによる百姓一揆という反権力闘争の頻発、さらに飢饉による間引きや堕胎、子女の身売りにみられる貧困さ。

（3）土地に緊縛された百姓は、職業選択や居住地移転の自由のない自給自足の生活を強いられた。また田畑永代売買の禁、田畑勝手作りの禁、分地制限令、慶安の御触書にみられるように幕府の周密な封建支配の網の目が百姓にかけられていた。

（4）封建社会の仕上げとされた鎖国体制論がある。キリシタン禁止、弾圧によって信仰の自由を奪い、日本人の海外渡航、海外貿易を禁止したことは、日本人の進取の精神を奪い、島国根性を植え付け、日本社会を閉塞と停滞の状態に追いこんだとみる。(14)

（5）文化に関して。元禄文化や文化・文政期の化政文化、いわゆる町人文化に関しては、町人が幕府・領主に寄生していたとする点が強調され、町人の頽廃性や消費的享楽性を強調する文化論になっている。(15)

以下、次節では、新たな視点でこうした江戸時代像を見つめ直してみたい。

2　江戸時代史の再検討

（1）

近時、江戸時代を封建社会とみる点には疑問が出されて、その時代像はずいぶん変わってきた。

例えば速水融《はやみあきら》は、江戸時代がいくつかの点でヨーロッパの封建社会とは異なる局面をもっているとしている。(16)それは、江戸時代においては領主とその領地の結びつきが弱いことである。即ち、家臣は地方知行《じかたちぎょう》から俸禄制へと転化し、また大名領主も幕府によって転封、移封されており、その領地はたまたまその時に有していた土地にすぎず、根強い領主権をもつというような存在ではなかった。そして、石高制こそ、徳川領主制をヨーロッパ封建制から区別する決定的な鍵であるという。太閤検地によって石高という生産高（量）で表記される領域という領主制のあり方は、その領域が不変で特定の領地ではなくなったということであり、明治維新においてその領主権は公債という形（補償）に比較的抵抗なく替わり得たのである（封建領主権の廃止）。この点では、近世の領主権（領治）の性格をめぐっては、すでに法制史の方からは、それを「国家統治権」もしくは「分与された国家統治権」とみなす見解があり、一方、社会経済史の方ではそれを「封建的土地所有」としている点で対立があることが指摘されている。(17)

右の「統治権」説で考えると、版籍奉還－廃藩置県がスムーズにおこなわれて領主・武士が階級的に廃絶した理由はよく理解できる。

さらに徳川時代の日本は、一定度の貨幣経済の発展を制度的に前提とせざるをえない構造になっており、そこから城下町の建設、さらに地方の市場町、宿場町、港町といった諸々の形態の都市が急激に成長した。その都市の成立事情がヨーロッパ史においては領主制支配の枠外で発展したのに対して、江戸時代では領主制支配の必然的な結果として形成されたが故に、百万人の人口をもつ江戸を出現させたという。

この点、西洋史の増田四郎は、日本では早期に消滅したのに、西洋では執拗に保持された「部族」というものの特性に注目し、それが西欧の分封的な封建制（フューダリズム）で、かつ国や民族・部族を超えた全欧的な封建制と日本のあくまでも一国だけの中央集権的な封建制の違いをも規定したといわれている。[18] 西欧（ゲルマン民族）の国家形成をみると、その事情は日本とは大分違っている。そこには部族制（国家）から封建制（国家）へのコースがみてとれる。部族制の希薄な日本史にあっては、「封建制社会」を想定したとしても、西欧封建制とは大分違った様相をみなければならない。

また尾藤正英も近世社会を封建制とすることにどれほどの妥当性があるのか、武家政治だから封建制であるというのはあまりにも短絡的であり、西洋中世の封建制概念をはたして日本の近世に適用できるのか疑問であるとする。[19] その一つとして農奴制の問題がある。石高制により年貢や諸役を負担する義務を負った本百姓（農民）も、領主の家産制的支配のもとにあったのではなく、むしろ国家の公民ともいうべき性格を具えていたとみられ、これを西欧中世の封建制下の「農奴」と同一視することはできない、したがって近世（江戸時代）は「日本的な近代」をさし、明治以降は「西洋化された近代」であるとして、近世も広い意味で近代であるとしている。

新しい江戸時代像は近代社会を準備した時代という、まさしく中世とはちがった近世 Early Modern の時代としてとらえられるようになってきている。

（2）

その一つとして、（1）江戸時代を絶対主義王政の段階ととらえる見解がある。[20] これは、一六〜八世紀のヨーロッパにおいてブルジョア革命によって封建国家が解体して近代国家が成立する前の封建国家と近代国家との過渡期に出現するもので、王（君主）が諸侯から超絶した存在となり新興ブルジョアジーと手をむすび、官僚と直属の常備軍を支柱として権力を集中し、重商主義政策をとる。

（2）次に江戸時代を高度な商業金融社会とみる見解がある。[21]

（3）さらに梅棹忠夫[22]や川勝平太[23]のいうように、日本の近代化（資本主義化）が西欧に追いつく形で展開されたのでなく、西欧の近代化と併行して日本型の近代化がなしとげられたとみて、江戸時代を Early Modern、即ち近代前期の段階とみる意見もある。

（4）市場経済化の進んだ農業社会とみる鬼頭宏の見解もある。[24] 鬼頭は、徳川文明社会は市場経済が農村にも浸透し、人々の行動が経済合理主義を重視するようになって、「経済社会化」の時代であったが、しかし経済の理念は土地を基準とし、農業および農民を重視する封建制そのものであったとする。

（5）柄谷行人は、生産様式からでなく交換様式から世界史をみようとする視点をうちだしているが、[25] この視点は各国・民族の文化的生活形態↓各種物産・物資の要求↓交換様式↓生産様式へとその歴史社会の事情を考えていく点で重要である。柄谷は、交換様式を（A）互酬（賜与と返礼）、（B）略取と再分配（支配と保護）、（C）商品交換（貨幣と商品）に分類しているが、この分類でいくと中国の歴史社会はすでに漢代には（C）が成立していた（とくに土地の商品化）ことになる。[26] したがって、この分類のみで社会構成体を歴史発展段階と直結して考えない方がよい。

ところで資本主義生産様式は、その規定に交換様式（C）の商品交換なくしては成立しえない。資本主義という生産様式に先行して、交換様式（C）が必要であったとみるべきであろう。即ち、交換様式が生産様式を生みだしていく。この点では近時、産業資本に対して商人資本のもつ力を評価すべきであるとの意見も強い。江戸時代を封建社会とみなすことに異論をもつ論者は共通して江戸時代の商品交換経済の高度な全国的展開を指摘する。いわば商人資本の重視である。

（3）

以上の新しい江戸時代像を考えるには、まず百姓（農民）の位置づけが重要問題であろう。

江戸時代の百姓（本百姓）は検地帳（その位置づけに関しては議論がある）[27]によって、その耕地の所持権（所有権）を確認され（分付百姓の場合も、その耕作権が保証されていた）、耕作地の生産高（石高）[28]に応じて領主の年貢が課せられた。中世の百姓が名主・地主のもとにあった大家族経営体（複合家族）であったのに対して、江戸時代は小家族（世帯家族）の経営体（小農経営）に分解し、百姓らは自らの所有地で自らの才覚によって経営しえた。彼らはその小経営体を維持・発展させるために最初から多角的な商業的農業（木綿、紅花、楮《こうぞ》、蝋《ろう》、菜種、タバコ、茶、生糸など）と向きあっているのであって、米と雑穀のみの自給自足を強いられていたわけではない。いわば江戸時代は田や畠で穀物を生産する厳密な意味での農業人口は全体の半分以下であるといわれている。耕地を自分のものとした小経営体の百姓にとって勤勉と才覚とは自家の「家産」を豊かにする上での前提であった。それは中世と比較するとある種の革命的経営方式の採用（転換）といえるだろう。

網野善彦は、「百姓」（ひゃくせい）概念をとりあげ、百姓＝農民ではないとして農本主義（立国の基本を米生産の価値におく）の理念を批判し、様々な生業（なりわい）をもった人々の集まりを百姓とした。[29]例えば、豪農クラスの時国家（石川県輪島市で平家落人の伝承をもつ）が、下人を駆使しての大規模農業経営の他に蝦夷《えぞ》松前（北海道）との廻船業、塩浜の塩販売、鉛や銅の鉱山業、炭焼き、金融業などの多角的な経営体として機能していたとしている。さらに頭振《あたまふり》、間男《もうと》

（人）、間脇《まわし》などとよばれた水呑百姓は無高の百姓であるが、彼らは土地を売って貧しくなったわけでなく、最初から農業以外の仕事に従事していた人々（例えば、漆器職人、行商人、船持、船問屋、めん職人、馬送人、曲げもの・木地の職人など）であった。

この網野の方法を継承した白水智《しろうずさとし》も秘境秋山郷（長野県上水内郡《かみみのち》）の有名な平家落人部落の歴史的描写（鈴木牧之『秋山記行』、一八二六年の記録を素材として）をしている。(30) 秋山郷は従来のイメージでは、水田稲作を生業とする里の豊かさに対して、アワ、ヒエ、麦、大豆、ソバなどを基本の生業とする山地の焼畑民の貧しさとして対比されていた。しかし白水は、秋山郷を丹念に調査し、そこには①焼畑、②林業、③狩猟、④木工品生産としての山の稼ぎ（曲げもの、板、木材、炭）、⑤鉱山開発、⑥漁業や採集としての山野河川の幸、⑦織物・編物など、多様な生業が展開されていたこと、さらに里との交流・商売も恒常的におこなわれており、決して隠れ里あるいは秘境の焼畑民ではなかったとしている。また白水は、山村の生業の多くは、実は商品生産であること（木材、板、木工品、毛皮、鉱物、縮などの織物）、そして秋山の焼畑で大規模に栽培されていた雑穀さえもその一部は商品として移されたといわれている。この白水の指摘をうけると、秋山郷も水田稲作の里の文化に対する山地の焼畑民の貧しさ、それ故の誇り（生きるために必要な）から自己の祖先を平家落人という〝貴種〟に求めたとする従来の平家落人伝説(31)の構図も修正しなければならなくなってくる。しかし、この点は主題からはずれるのでここでは扱わない。

ところで、自給自足体制に縛られ、年貢収奪をうけた不自由で悲惨な農民像は幕府の禁令・御触書の法制度の面からも描き出されていた。この点について田中圭一は、田畑永代売買禁止令（寛永二〇〈一六四三〉年）は封建制維持のための大原則ではなく、それは日常生活に対する道徳的対応で罰則規定のない奉行所の役人に通達された心得にすぎないとする。(32) また慶安の御触書（慶安二〈一六四九〉年）についても単なる道徳的教科書（役人の指導要領）にすぎないもので、実際にだされたかどうかも不明で、佐渡地方にも全く存在しないものとしている。なお、この御触書の発布の年次については疑問が出されており、現行の高校教科書はいずれもこのことについて注でふれている。この点について、慶安二年に出されたことの確実な「御触書」の現物は発見されておらず、甲州・信州地方に伝わっていた「農民教諭書」を改定して作られたものであるといわれている。[33]

また田中は、田畑《でんぱた》勝手作り禁令についても、それは農民が貨幣経済に巻きこまれないように商品作物（タバコ等）を禁止したというようなことでなく、佐渡では為政者にとってタバコの販売で得られる莫大な税収入を考慮しての一時的な禁令であったとしている。

さらに田中は、「越後の魚沼の村々からの米売りの記録をみれば、村高にも近い大量の米が自由米（さんでん米）として売られている（中略）また新潟湊に集まった米の内訳をみると、大名の年貢米よりも、百姓の自由販売米の方が量が多いことも報告されている」「年貢は検地帳によって計算されるが、実際の収穫高を刈高帳によってみれば、収穫高は検地帳のそれとは似ても似つかない大きなものだった。実収高は検地帳からはじきだされる数字の二倍以上であるのが現実である」として、検地帳（公的帳簿）と刈高帳（村の実収高を示す別帳）の落差を問題とした。[34]

田中のいうように幕府の法や制度と農村の実態との差はずいぶん掛け離れたところがあり、為政者側の法令・制度から即歴史像を描くことの危険性はいつの時代でもあるであろう。

渡辺尚志は、信濃国諏訪郡瀬沢村の坂本家の実態調査から貨幣経済なしには日々の生活を送れない実情を描き出している。[35] 坂本家の経営（生業）は農業の他に商業経営（商品農業）や宿屋業を営んでいたが、渡辺の描いた日々の暮しぶりをみると、信濃国でもすでに戦後の高度成長期以前の日本の生活実情とそう掛け離れていないのである。

さて、武士と百姓の間には封建的な身分関係、すなわち直接的な生産関係（支配隷属関係）はなくなり、武士は基本的には村から姿を消した。兵農分離である。士農工商の区分も身分的序列を示すというよりは、四民の国（公）に対する役割分担を示すもので、基本的には支配身分である武士と被支配身分である町人・農民（百姓）との間に身分的な区別をみるべきであろう。人口の五％ほどの武家は町人・百姓に対する支配身分者として苗字・帯刀、切捨御免の特権をもっていた（ただ、一般庶民も家号という形で苗字をもち、武士の切捨御免も正統性があることが条件であり、実際に行使されることは少なかった。苗字・帯刀も豪農・町人にも許可制で許されていた）。中世の武士と違って戦闘集団としての機能は喪失しており、俸禄制（俸禄米）のもとでサラリーマン（役人）化していた。したがって武士も必然的に貨幣経済、商品経済のなかに巻きこまれざるをえなかった。

いわば百姓は近世江戸時代になってはじめて武士階層と明確に対峙しうる主体者となったのである。百姓（農民）は村（大字《おおあざ》ほどにあたる）の場で生活を機能させた。年貢・諸役も村高に応じて賦課されたから、村の構成員（本百姓）であることが百姓にとって重要な意味をもっていた。村は、村人の共通利益を実現する村落共同体として機能したが、従来は五人組、村八分（葬式と火災を例外とする交際を絶つ制裁）に象徴される共同体規制の側面を過度に強調する共同体論が多かった。しかし村の自治共同体の側面をもっと重くみるべきで、百姓は村の構成員であることによって安定的な生活の場を村の中で保証されていたのである。

（4）

近世江戸時代は、全国的な交通網や分業体制、全国的な商品流通のうえに打ちたてられた商業、金融社会であった。三都（江戸、大坂、京都）の発展を核に全国は、東廻り航路（奥羽地方の諸港から津軽海峡を回って太平洋海岸沿いに本州を南下にて江戸に至る）、西廻り航路（日本海沿岸の諸港と大坂を下関海峡、瀬戸内海ルートで結ぶ）、菱垣《ひがき》廻船・樽《たる》廻船（江戸〜大坂間。江戸に日常物資や酒を送る）、五街道、さらに各河川交通で結ばれ、物資、商品、人間の移動が活発化した。江戸の町は享保の頃（一七一六〜三六年）には百万人を超えて、パリ、ロンドンを凌いだ。

年貢の中心は年貢米といわれるように米であったが、それは消費用ではなく、商品用のものだった。大名の年貢米より百姓が市場に出す自由販売米の方が量が多かったことはすでにみたが、各都市や城下町では米問屋《こめといや》が発達し、米相場が立った。米の商品化こそ各種の商品生産の発達、社会的分業の拡大・深化の原動力であった。[36]

とくに享保の頃には大規模開発の時代をむかえ、生産力が拡大した。沖積平野（大河北上川、利根川、木曽川など）に新田開発が進展し、江戸初期の一六三万五千町歩が江戸中期（一七二〇年頃）には、二九七万五千町歩へと大幅に拡大され商業的農業が展開した。このことは人口増加についても同じで、慶長五（一六〇〇）年に一二二七万人余であった人口が享保六（一七二一）年には三一二七万人余と急増している。[37]

次に学問、文化の発展と普及は識字率の高さ（一七世紀前半で三〇～四〇％）[38]にささえられて目を見張るものがあった。そこには支配階層の武士だけでなく、町人や豪農クラスの学者（知識人）が多数生まれたことが注目される。例えば、近江の富農に生まれた儒学者浅見絅斎《けいさい》は『靖献遺言《せいけんいげん》』（一六八八年）で大義名分の精神を唱え、尊皇論に多大な影響を与え、また日中対等論を展開した。丹波の農民の子で京都の商家黒柳家に仕えて商才をみがいた石田梅岩は平易な言葉によって町人哲学ともいうべき心学を確立し勤労の意義などを主張した。

播磨の農民の子として生れ、大坂の豪商（両替商）升屋の番頭として商才を発揮した山片蟠桃は『夢の代』（一八二〇年）で合理主義的精神から地動説を紹介し、また『古事記』や『日本書紀』の神代史批判を展開した点でも特異な思想家であった。本居宣長は伊勢松坂の町人の出で、国学の大成者としてあまりにも有名である。富永仲基《なかもと》は、大阪醤油醸造業道明寺屋の三男として生まれ、『出定後語《しゅつじょうごご》』（一七五四年）では加上説（後代の作為説）にもとづいて仏教経典の批判を展開した。

右のように偉大な思想家が武士のみならず民間人（町人、富農）からも出ていることにこの時代の学問、教育の裾野の広がりが注目される。よくいわれるように我が国の識字力の高さは注目されるところであり、婦女子なども草双紙、絵双紙を好んで読んでいる。寺子屋（手習塾）は、七、八歳～一二、三歳の初等教育機関で、幕末には全国で一万五千箇所に及んだといわれており、近代社会の質の高い労働力の土台となった。また江戸時代は近代語の息吹の時代で、すでに現代の東京を中心とする言葉が形成されていたといわれている。話し言葉を会話文として忠実に写した『浮世風呂』（式亭三馬、一八〇六～一三年刊）の文学作品も現れた。[39]

最後に鎖国の問題に触れておきたい。鎖国の負のイメージは近年ずいぶん払拭された。周知のように鎖国という言葉は、ドイツ生れのケンペルがあらわした『日本誌』の付録第一章「現在のように日本帝国を鎖して、国民にいっさいの外国貿易に関係させぬことの可否に関する探求」の章を全訳した長崎のオランダ通訳志筑忠雄がその第一章を「鎖国論」（享和元〈一八〇一〉年）と名づけたことにはじまる。[40]

鎖国は、南蛮人と称されたポルトガル、スペインのもちこんだキリシタン禁令、弾圧に始まり、幕府の対外貿易独占と、紅毛人と称されたオランダの対日貿易独占の勝利によって体制化された。

幕府の対外貿易独占は、鎖国のイメージとは違っている。即ち、（1）対馬（宗氏）－朝鮮。幕府と朝鮮は国交をもち、朝鮮からは、徳川将軍の就任を祝う朝鮮通信使が一二回にわたって派遣されてきている。また対馬の宗氏は豊臣秀吉の朝鮮出兵後の講和（一六〇五年）のあと、一六〇九年に朝鮮との間で修好通商条約（己酉《きゆう》約条）を結んで富山浦（釜山）に設置された倭館を通して交易を行った。（2）長崎では出島や唐人屋敷（郊外の十善寺の居留地）でオランダ、中国の商人との交易が行われた（オランダと中国とは国交関係がなかったので通商国といわれた）。そして海外情勢は出島のオランダ商館長が毎年提出したオランダ風説書によって知ることができた。（3）蝦夷（エゾ）地－松前氏（藩）ではアイヌや沿海州との交易が展開した。（4）薩摩－琉球－中国（清）。琉球は、一六〇九年薩摩（島津氏）によって武力で征圧され、その従属下に入った。琉球は歴史的に中国（明→清）の冊封体制下にあって、宗主国－蕃国（服属国）という形で従属しており、近世琉球は両属していたことになる。そして、徳川幕府に対しても琉球国王の代替わりごとにその就任を感謝する謝恩使、また将軍の代替わりごとにそれを奉祝する慶賀使を派遣していた。いわば琉球王国は異国として扱われたのである。

以上のように対馬、長崎、エゾ地、薩摩＝琉球の門戸は開かれており、それらの門戸を通して世界とも繋がっていたのである。

近世の幕を開けた織田信長に始まって、豊臣秀吉、そして徳川家康の時代は国内統一戦争を終えて海外発展期を迎えた時期で、まさに世界史の絶対主義王政の時代とおなじ、初期ブルジョアジーとしての特権豪商などの活躍する重商主義の時代であった。いわばポルトガル、スペインとの南蛮交易にはじまり、御朱印貿易によって広く中国南岸－東南アジア、インドネシアと広くその貿易地域を拡大していった。そしてツーラン、マニラ、アユタヤ、フェフォ、プノンペンなど日本町が東南アジアやインドネシアに生まれた。

服部之総が、世界史の基本法則の立場からこの信長、秀吉、家康の時代を「初期絶対主義」と捉え、そのあとの鎖国時代を「計画的堕胎」として純粋封建主義に逆戻りしたと主張したことは興味深い[41]（服部説については後述する）。この「計画的堕胎」という表現は負のイメージとしての鎖国認識が背景にあるからであろう。いわば、信長～家康時代の日本人の海外発展が、「鎖国」の断行によって致命的打撃をうけ、日本人は全く蓑虫《みのむし》状態となってしまったという論である。

しかしながら、すでにみたように鎖国のイメージは大分修正されてきた結果、鎖国を前向きに考えようとする見解も出されている。そこに日本型の歴史発展のあとをみようとする議論である。

川勝平太は、鎖国という歴史を日本と西洋の併行的脱亜、アジア的物産の国産化という視点から議論している[42]。この発想は梅棹忠夫の生態史観にもとづく日本と西洋の併行進化（資本主義化）を引き継いだ見解である。

ユーラシア（アジア）大陸の東西の端（辺境）に位置する日本と西洋はともに古代文明を生みだしたアジア－中国・インド－や東南アジアにその衣食住の物産の多くを依存していた。日本についていえば、アジアに深く依存していた木綿、茶、高級絹織物、砂糖、陶磁器、貨幣などを元禄期（一六八八～一七〇四年）には国内で自給生産することに成功し、「脱亜」を実現できた。この点は、イギリスなど西洋も木綿、茶、コーヒー、生糸、砂糖、香辛料、陶磁器などのアジア的物産に依存していた点は変りはなかったということである。

近年、鎖国を海禁という中国、朝鮮などの国が伝統的に行ってきた政策（私的な海外渡航・貿易の禁止）の概念で理解しようとする見解も出されている。ただ、日本におけるキリシタンの禁圧・弾圧は、日本人の海外渡航のみならず、その帰国さえも一切みとめないという異常さや、宣教師をはじめ信者やその同調者への弾圧も徹底的であり、これは「海禁」という概念の中に入れて解釈できないものをもっている。キリシタンに抱いた日本の為政者の生理的ともみえる恐

怖心はキリスト教の世界的戦略の問題として検討すべきであろう。[補1]

以上、「鎖国」はキリシタンの問題もあってまだ全体的に理解できたとはいえないが、キリシタンの問題を除けば、それは日本の歴史の発展線上に位置づけられるものである。いわば、信長・秀吉・家康の時代は、海外飛躍の時代であって、西洋の初期絶対主義王政の時代に対応した時代として位置づけられる。そして「鎖国」への道は服部之総がいうような「計画的堕胎」として特別負（暗）のイメージでみるべきものではないだろう。[43] むしろ、近代社会（資本主義体制）を準備した時代、即ち前期近代社会（Early Modern）として位置づけられるかもしれない。

以下、次節では江戸時代（近世）を絶対主義王政段階としてとらえる見解をみておこう。

3　絶対主義王政と江戸時代

（1）

そこで、服部之総の指摘した[44]初期絶対主義王政について筆者なりに検討しておこう。

すでにみたように信長・秀吉・家康の三代は、日本型の初期絶対王政主義の時代と考えられる。それは日本が外にむかって拡張していく時代であった。その最盛期は、豪商といわれる商人ブルジョアジーが有力大名と手を結んで御朱印船を広く東南アジアまで派遣して貿易を拡大し、日本町（日本人居留地）が形成されていく時代であった。そうした拡張化の背景には国内における統一戦争の経験（自信）とともに鉄砲の改良と増産という軍備拡張の政策があった。一五四三年にポルトガル人の伝えた種子島銃に端を発し、堺（和泉）、国友（近江）、根来《ねごろ》（紀伊）にその生産拠点が展開し、全国に普及、織田信長が武田勝頼と戦った三河長篠の合戦（一五七五年）では鉄砲を戦争に取り入れ、それ以後の戦法（鉄砲足軽）や築城（山城から平城へ）に大きな影響を与えたことはよく知られている。その後、日本での鉄砲は刀鍛冶の高度な技術のもとで改良されて、世界でも有数の鉄砲保有国に発展した。(45) 秀吉の明征服のための朝鮮出兵（いわゆる文禄・慶長の役、一五九二～九八年）は軍拡ともいえる鉄砲力が背景にあるのであろう。この鉄砲力の信頼は引き続き家康によっても継続され、朝鮮出兵では一四～二六％であった兵に対する鉄砲配給率は関ヶ原戦（一六〇〇年）では四〇％になったという。(46)

家康は、朝鮮出兵後の対明との国交回復、そして日明貿易の復活を強く望んでおり、その仲介役を島津氏を通して、明の冊封体制下にあった琉球王国にさせようと考えていた。一六〇九年、琉球王国は島津氏に制圧され、琉球中山王尚寧《しょうねい》は薩摩に連行され、島津家久と駿府へ向い家康に謁見している。一六一一年一〇月には尚寧らは琉球への帰国が許されている。その直後、島津家久は尚寧に宛てて書状(47)（同月二八日付）を送り、その中で家康公が西海道九国の兵衆で明を攻撃しようとしているが自分（家久）がおさえていること、対明交易の再開のための三つの方策（例えば、琉球で日本と明の船が出合貿易をしたらどうかなど）を示し、この三つがどれも受け入れられない時は、家康公は明に軍船を入寇させて人民を殺戮する事態になるだろうということを、足下（尚寧王）が明に急告すべきであると述べている。

こうした鉄砲の大量保有という軍拡を背景にした海外拡張策はすでに信長の構想としてもあった。信長は、天正一〇（一五八二）年には「毛利（氏）を征服し終えて日本の全六十六ヶ国の絶対領主となったならば、シナに渡って武力でこれを奪うため一大艦隊を準備させること」を構想していたという。これはポルトガル人、イエズス会宣教師ルイス・フロイスがイエズス会総長宛に送った報告書によって知ることができる。(48)

こうしてみると秀吉の朝鮮出兵――明の征服は決して彼一人の奇想天外な思考とみるべきものでなく、信長や家康にも共通する戦国大名として国内統一戦争に勝利した自信の線上に構想されるものであったろう。そこには鉄砲の大量保有という軍拡の保証とともに銀の世界一の保有という財力の背景もあった。

信長以来、国内では楽市・楽座、関所の撤廃によって商業活動、物資や人の往来・流通も活発化するとともに鉱山開発や治水事業も全国的に進展した。一方、南蛮貿易、御朱印船貿易によって、生糸、絹織物、鉄砲、鉄砲の原料となる火薬や鉄・鉛などが輸入され、日本からは大量の銀や銅が出ていった。日本での銀の生産は、一五三〇年年代から始まり（石見銀山、但馬の生野銀山、佐渡の相川銀山、出羽の院内鉱山の開発）、当時日本の銀の生産高は世界全体でも有数の地位をもち、その供給力は一七世紀後半まで続いた。

岩生成一によれば、中国やポルトガルなどの諸国の船や朱印船によって海外に搬出された銀の量は内輪に見積って、年三万五千貫ないし四万四千貫（一三万キロないし一六万五千キロ）となって、わが国の年内輸出銀の量だけでも優に全世界産額の三割ないし四割に達していたという。[49] いわば、日本型初期絶対主義王政は、「銀――鉄砲」という富力・武力によって支えられていたのである。

（2）

服部之総は、信長・秀吉・家康の三代を「初期絶対主義」と規定したが、[50] 鎖国以後の幕藩体制を「純粋封建社会」、明治以降の近代を「本格的絶対主義」と時代区分している。

絶対主義王政（制）の時代は、世界史的には、一六〜一八世紀に西欧にあらわれた封建制国家から近代国家への過渡期の時代である（英国のエリザベス一世、フランスのルイ十四世に代表される）が、服部はとくに初期絶対主義、スペインのカルロス一世（治世一五一六〜五六年）やフェリペ二世（同一五五六〜九八年）、フランスのルイ十世（同一四六一〜八三年）、イギリスのヘンリー八世（同一五〇九〜四七年）やエドワード六世（同一五四七〜五三年）の時代を問題とする。それは「一国における産業と商業の展開ということばかりでなく、内における農民戦争と外における海賊的商業とが、これら初期絶対主義時代の一般的存在条件をなしている」として、日本の場合も土一揆の農民戦争、そして荘園制の大量解体過程とその外延的条件としての海寇貿易（一五世紀から一六世紀前半の一五〇年間、北は朝鮮から南はマレー・ジャワ・モルシカにおよぶ平和貿易時代）を経て一五六〇年の桶狭間《おけはざま》による信長の統一戦争、そして関所と関税の撤廃より商業的＝産業的統一、秀吉による重商主義政策（朝鮮征討もその一種とみる）の一連の流れが初期絶体主義成立の条件とみとめうるとしている。そして、鎖国の断行によって、その初期絶対主義が「流産というより、むしろ計画的堕胎」によって、「純粋封建制」に転換したとする。

鎖国のもつ負の認識が「計画的堕胎」という表現になったのであるが、今日、鎖国や徳川幕府体制（江戸時代）の負のイメージも大分変わってきており、その点で服部の初期絶対主義の見解も、発展的に生かしていくべきであろう。

徳川絶対主義王政説を強く主張した一人に飯沼二郎がいる。(51)

飯沼は、徳川時代を絶対主義とみることに反対する見解は二点に要約できるとした。一つは、日本には一六・七世紀に西欧のように広範なブルジョア的発展（地主制や初期産業革命とよばれるような商工業の発達）がみられないこと。第二に西欧の純粋荘園制の成立期には賦役でなく現物貢租を領主におさめる農奴的小農民経営と、それを主要な構成要素とする村落共同体の成立がみられるが、日本の一六世紀にも同様な現象が広範にみられる（一六世紀は純粋荘園制の成立期と判断）。

第一点について。飯沼はブルジョア的発展について、（イ）信長・秀吉政権の楽市・楽座の展開、（ロ）全国の交通制度の整備（関所撤廃、宿駅・伝馬の整備、瀬戸内海道の整備）、（ハ）全国統一の進展と全国の豪商を権力の末端にとりこんだこと（豪商的代官）、（ニ）地主制、農村マニュファクチャーは充分発達しなかったが、全国市場（市場経済）は充分発達していた。即ち貫高制における代銭納は、すでに市場経済社会を前提とするもので、太閤検地で石高制になっても、米は換金商品として機能したことをあげて反論している。

第二点に関しては、日本ではすでに一六世紀以前に純粋荘園制は崩壊し、兵農分離や江戸初期に頻繁におこなわれた大名の転封によって在地領主が村落から一掃された。そして中世の下人・所従の作人化（土地持ち百姓）も進行し、彼らは中世の長床犂（蓄力耕）による農法から金鍬の農法（深耕に適した人力耕）へ転換した。これは人口にくらべて耕地面積の狭い日本農業が「耕地利用頻度の増大、深耕による土地の垂直的利用、肥料の増投」によって生産力をあげる方向に転換したのである、とする（これは農民の多大な労働力を投下することによって、狭い耕地から最大の収益をあげていく速水融のいう勤勉革命[52]への道筋を示している――筆者)。

なお、近世の村落は、その主体は本百姓(近世的小農)で本百姓のほかに脇百姓、門屋、抱、名子とよばれた下層隷属農民がいたが、それは中世の勧農共同体の村落とは違って、住民相互の横の関係の強くなっている自律的運営(村請制)の側面をもつ村落共同体としてのムラであった。そしてそこにはもはや領主は居住していない。在地領主は村落から一掃されたという。

以上から飯沼は「徳川時代を絶対主義時代と認めることによって、徳川時代を世界史の一環として把握しうるとともに、また明治維新がブルジョア革命であることが明確になる」と結論づけている。

山本博文も早い時期に徳川幕藩体制を絶対主義王政と規定していた[53]。山本は絶対主義の指標を以下のように指摘している。

第一に絶対主義国家の本質は封建国家、すなわち農奴制あるいは隷農制に基礎をもつ領主制である。第二に君主がその絶対性を指向していること、そのために国家装置として官僚制と常備軍を創出し整備した。第三に本源的蓄積の一側面である重商主義の政策。第四にその末期においては、資本主義生産様式が発達してきて、従来の支配体制(アンシャンレジーム)を桎梏と感ずるようになる。この資本主義的生産様式の担い手は、初期大商人の系譜を引くものではなく、農村から勃興してきた後の産業資本家(新興ブルジョアジー)に成長する層である。第五に絶対主義の典型としてフランスのルイ十四世、スペインのフェリペ二世、イギリスのヘンリー八世、プロシアのフリードリッヒ大王の時代があげられる。

そして山本は、「『絶対主義』時代は封建制下における権力の本源的蓄積(中略)とでもいうべき歴史的段階であり、その中でも不可避的に国民国家の前期的形成が果たされた」としている。

次に山本は、徳川時代を絶対主義国家とする際に、有力な反証材料となりうる三つの議論を検討している。

一つは、絶対主義は、封建領主とブルジョアジーの二つの階級の均衡の上に君主の絶対権力が成立するという均衡論についてである。山本は絶対主義下の「ブルジョアジー」とはまずもって商人資本であって、それは絶対主義権力の共生物であり、彼らを封建領主と独自に対抗しうる勢力と考えることは誤りであり、「絶対主義は徹底して封建国家だ」ということを強調している。

第二に徳川期を「純粋封建制」だというのはマルクス『資本論』第一巻第七篇第二四章によっている（「日本は、その土地所有の純封建的組織と、その発達した小農民経営とをもって、〈中略〉ヨーロッパ中世の遙かに忠実な像を提供する」と『資本論』二四章注一九二にある――筆者）が、このマルクスの見解はオールコックの『大君の都――幕末日本滞在記』の叙述によっており、オールコックの不正確さからきている。オールコックの叙述に対して山本は、日本は西欧絶対主義国家以上に中央集権的な政治体制を実現していること、又徳川中期以降農民的商品生産が成立してきて本源的蓄積がかなりの程度進んでいるとして「純粋封建制」を批判する。第三に明治の天皇制絶対主義国家論に対しては、「近代天皇制国家が資本制であるという認識とともに明治維新が本質的には市民革命であることは既に理論的に解明されているといえよう」とし、「そもそも封建国家として絶対王制が独占体を内包し、帝国主義に転化していくというような議論は成り立ちうるものでない。やはり明治維新を封建制の揚棄＝資本制発展の桎梏の除去というレベルで押さえておかなければなるまい」と結論づけた。

なお、明治以後の絶対主義天皇制国家論に関して、地主－小作関係の封建的・半封建的性格がよく問題となるが、この点について、都市において資本主義が発達しており、土地を失った小作人はいつでも「自由」に賃金プロレタリアートになりえたし、又小作人は農村に過剰に滞留したプロレタリアート予備軍であったことをみても封建的性格を云々することはできない。「そもそも絶対主義は近代統一国家を準備する最終段階の封建国家なのだ」（傍点、筆者）と強調している。

山本は補論で、徳川期におけるブルジョア的発達について、それは初期ブルジョアジーとしての特権大豪商のことであるとし、日本の場合、初期ブルジョアは朱印船貿易商人を代表する初期豪商であって、一七世紀末には、そうした初期豪商が特権商人化したり、時代に遅れて没落したあと、三都や各城下町に広汎に新興商人群（特権商人）や十人両替、十組問屋、大坂綿屋仲間らが成長してくる。さらにフランスの市民革命期に広範に成立している農民ブルジョアジーは、少し性格が異なるものの、日本近世の富農に対応しているとする。

以上、江戸時代を絶対主義段階とする見解をみてきた。この見解は少数派に属するが、江戸時代像の見直しがなされている現時点に立ってみれば、魅力ある見解であった。とくに山本の見解は明治以降の時代区分の性格もふくめて説得的に展開されている。

ただ問題点もある。山本が江戸期の絶対主義を「封建国家の最終段階」であるとしている点である。一般論としては、絶対主義は封建制社会解体から近代資本主義社会へ向う過渡期に位置づけられているし、(54) 西洋ではその王権の絶対性は封建性（分権）とは相容れないものであろう。また西洋史の方ではこれを近代国民国家の初期段階と規定する見解もある。(55)

日本史においては、絶対主義は明治維新後の近代天皇制国家段階として講座派によって議論されていたから、これを江戸時代まで引き上げる見解はほとんどなかった。したがって、山本がこれを本質論の立場から封建国家段階としたのはその時期の研究状況からいって十分わかるが、やはり唯物史観の時代区分論、即ち近世封建社会から近代資本主義社会という基本法則に当てはめたという印象が強い。山本は「世界史上類を見ない中央集権的封建制たる日本近世国家の検討から必然的に導き出されたものである」という。山本が江戸時代を近代国民国家を準備した時点ととらえた点は高く評価されるが、それを封建国家としての絶対主義段階としたのは唯物史観の公式論の枠をぬけでていない。山本は江戸封建国家を「農奴制あるいは隷農制に基礎をもつ領主制」と規定しているが、こうした農奴制云々の農民像も近年大分変わってきたことはすでにみた。山本の議論を進めると、中世は純粋封建制、近世（江戸）は中央集権的封建制段階、もっと砕いていうと、中世の前期封建制から近世の後期封建制ということにもなりかねない。絶対主義をわざわざ持ち出す意義は大分弱くなる。(56)

すでにみたように近世の領主制（領知）は、農奴制を基礎とする封建的土地所有の概念によっては規定できないので、近世江戸幕藩体制を封建国家の時代とみることはできない。したがって、江戸幕藩制国家も初期絶対主義の発展段階としての絶対主義王政として時代区分できるかもしれないが、西欧の絶対主義王政とは大分違った印象をうけるのである。

絶対主義を時代区分として設定するのは、いわゆる世界史の基本法則が日本の歴史にも貫徹しているということで、戦前の日本史特殊化論に対する反論になるが、逆の意味でそれは、西洋中心史観（権威）へのすり寄りということにもなる。ただ、飯沼や山本が江戸時代を中世よりの固定的な封建制史観でとらえる従来の近世史を克服して、近代を準備した時代として近代史との関係でとらえようとした点は高く評価できる。したがって、飯沼や山本の指摘した絶対主義を世界史の基本法則という規定で縛ることなく、日本独自の発展法則の線上でとらえ直すのが良いのではないかと思う。筆者にはまだ江戸時代を時代区分としてどう規定するかについて十分解答できる力はないが、日本型の近代前期社会として考えてもよいのではないかという、乱暴な意見をもっている。

4　明治維新の性格と地主小作関係

(1)

明治維新の性格をどう規定するかについては、戦前、講座派－労農派による日本資本主義論争があった。『日本資本主義発達史講座』（一九三二～三三年）の編集や執筆に参加したマルクス主義経済学者・歴史学者は、明治維新を絶対主義（絶対主義天皇制）の成立とみて、日本資本主義社会の半封建的性格（半封建的な寄生地主制を基盤としている）を強く主張した。一方、雑誌『労農』（一九二七年一二月創刊）に結集した社会主義者たちは、明治維新をブルジョア革命（あるいは不徹底なブルジョア革命）[57]と規定して講座派と対立した。この論争は当面の革命をどう性格規定するかという政治運動の課題とむすびついており、コミンテルンの二七・三二年テーゼの影響をうけて講座派はまず第一段階として半封建的・絶対主義的性格の強い日本社会をブルジョア民主主義革命によって一掃し、次いで第二段階として社会主義革命を実現するという二段階革命論であった。一方、労農派は明治維新をブルジョア革命と規定したため、当面する革命を社会主義革命であるとした。

講座派が絶対主義・半封建制を強調したのは、近代天皇の明治憲法（大日本帝国憲法）における絶対主義的な規定と農村における半封建的地主制が日本資本主義を構造的に基礎づけているという認識からきている。

ところで現行の明治維新研究では、その性格について、それが上からのブルジョア革命、あるいは徹底したブルジョア革命、あるいは全面的革命、社会革命であるとして革命を強調する見解がつよい。(58) これは高度経済成長が一九五〇年後半から始まり、六〇年代になって実質経済成長率はつねに一〇%台をこえる伸びをみせ、六九年にはGNP（国民総生産）はヨーロッパを抜いて米国に次いで世界第二位となった、そうした経済大国論を背景に日本資本主義の再評価がなされ、近代化論が盛んとなってきたことによる。

明治以降の国家を「天皇制国家」と本質規定する見解は一時期強かったが、今日では「国民国家」の成立と考える見解が強くなってきた。前者は、王政復古に始まり、天皇親政体制の実現にはいたらなかったものの、明治憲法によってその絶対主義的天皇制が確立したとみる。

問題は近代天皇制の位置づけであるが、それは一つは明治憲法における天皇の位置づけになる。近代になって天皇は成文法に法的に規定されたのであるが、そこでは天皇の地位は、

　第一条　大日本帝国ハ、万世一系ノ天皇之ヲ統治ス。第三条　天皇ハ神聖ニシテ侵スヘカラス。第四条　天皇ハ国ノ元首ニシテ統治権ヲ総攬シ此ノ憲法ノ条規ニ依リ之ヲ行フ

とある。

明文上、天皇は国家の統治権を総覧する主権者（天皇主権）で、その地位は神聖不可侵の権威をもっていた。そして第五条以下一六条にわたって天皇大権が列記されており、その大権事項が立憲主義の立場上明示されている。それは、無制限ではないにしても、立法権からはじまって陸海軍の統帥権、宣戦布告、講和、条約の締結権、官制の制定および官吏の任免権など広範囲にわたっており、そうした大権が憲法上保障されているのは、天皇専制・絶対主義を建前とし

ているところからきているとみる。

しかしながら、第四条に天皇の統治権を「憲法ノ条規ニ依リテ之ヲ行フ」とあるように天皇の主権は無制限の専制に流れないように制限されている。また、三七条の「凡テ法律ハ帝国議会ノ協賛ヲ経ルヲ要ス」、第六二条「新ニ租税ヲ課シ及税率ヲ変更スルハ法律ヲ以テ之ヲ定ムベシ」とあって、議会の力も政党政治との関係で大きな役割をもつものであった。また第三条の「天皇神聖不可侵」の思想も西欧のプロシア、ベルギー、オーストリアの憲法思想によったものであり、そこには本来、天皇の「無答責」性が規定されている[59]。この点に関して『大日本帝国憲法衍義《えんぎ》』[60]（伊東巳代治）は、「天皇ハ臣民ニ対シテ責ヲ負フ事ナク、唯ダ皇宗皇祖ニ対シテ責ヲ負フノミ」「天皇ハ凡テ法律ノ源頭ニシテ、刑事及民事ノ法規一《いつ》ニ皆天皇ニ出ヅ。故ニ天皇親ヲ勅許スルノ場合ヲ除キテハ、凡テ天皇ヲ裁判シ得ルモノナシ」としている。結局、第三条は「神聖不可侵」を理由として、実際上は立憲君主制の立場を前提にしているわけである。したがってこの第三条は、第五五条の「国務大臣ハ天皇ヲ輔弼シ其ノ責ニ任ズ。凡テ法律勅令其ノ他国務ニ関ル詔勅ハ国務大臣ノ副署ヲ要ス」と相関連することは美濃部達吉の『憲法講話』（明治四五〈一九一二〉年刊行）に指摘されており、井上毅も皇上（天皇）神聖不可侵と国政責任（宰相の責任）とは相関連するものとしているという[61]。

この点では美濃部達吉の天皇機関説の問題がある。美濃部の天皇機関説は国体明徴問題[62]（美濃部の機関説が貴族院で国体に反する学説であると非難され、美濃部は貴族院議員を辞任、岡田啓介内閣は二度にわたって国体明徴の声明を出した）で排除される昭和一〇（一九三五）年まで、国家公認の憲法学説であって、天皇自身も機関説論者であったことは周知の事実となっている[63]。

美濃部の機関説はドイツ流の国家法人説にもとづく明治憲法の解釈であった。即ち、国家を人格的なものでなく、法的な主体としてとらえる。国家は共同の目的を以てする多数人の結合（団体）であり、統治権はその「共同の目的」を達成するためにあり、団体（国家）自身が統治権の主体であること、その共同目的（即ち国家意志）のために働く機関が不可欠で、その最高の機関の一つとして天皇が位置づけられる。したがって、天皇は国家の中に包摂される。天皇主権説のように天皇は国家を超えた超人格的な存在ではない。美濃部と同じ東京帝国大学法学部教授で天皇絶対主義の立場から天皇主権説を展開した上杉慎吉は、一九一二年頃、機関説を主張する美濃部と激しく論争したが、時流は美濃部説の方が常に主流であり、公認の学説であった。(64)

尾藤正英は美濃部の「天皇機関説」は民主的な方向にむけての「解釈改憲」の努力であったとする考え方を批判し、(65)「美濃部の学説の特色をなしたとされる自由主義ないし議会主義的な政治思想はもともと明治憲法に含まれていたもの、あるいは少なくともこの憲法によって許容される範囲の中にあったものとみなさなければならない」「この憲法を自由主義や議会主義に反する『絶対主義的』な性格のものとみる考え方についての再考が必要となる」とし、天皇機関説は伊藤博文ら憲法制定の当事者らの真意に即した正統的解釈であるとしている。この最後の点はすでに家永三郎が伊藤博文が内心天皇機関説を採用していたこと、機関説が政府の正統学説として保証されたことを実証している。(66)いわば、天皇機関説でなければ、実質的に資本主義化した近代国家運営はできなかったわけである。

このように明治憲法がかならずしも天皇絶対主義を規定したものでないことは明らかであるにしても、この憲法が下からの、民間の憲法草案（とくに自由民権派のもの）に対抗して作られた上からの欽定《きんてい》憲法であり、国民は天皇の「臣民」として位置づけられ、その権利義務も法律によって制限されたことも事実である。

天皇の権威・絶対性は実は明治憲法や政治制度にあるのでなく、思想・教育の場を通して（教育勅語、御真影の式典、国史教育、靖国神社など）国民に徐々に浸透していった。この点で有名な久野収の顕密体制論(67)がある。久野は以下にみるように、明治憲法下の近代天皇制は天皇主権説と天皇機関説の二つの微妙な調和の上に成り立っていたと解している。

天皇は国民全体にむかってこそ、絶対的権威・絶対的主体としてあらわれ、初等・中等の国民教育、特に軍隊教育は天皇のこの性格を国民の中に徹底的にしみこませ、ほとんど国民の第二の天性に仕あげるほど強力に作用した。しかし天皇の側近や周囲の輔弼機関からみれば、天皇の権威はむしろシンボル的・名目的権威であり、天皇の実質的権力は機関の担当者がほとんど全面的に分割し、代行するシステムが作りだされた。注目すべきは、天皇の権威と権力が「顕教」と「密教」、通俗的と高等的の二様に解釈され、この二様の解釈の微妙な運営的調和の上に伊藤の作った明治日本の国家がなりたっていたということである。顕教とは天皇を無限の権威をもつ絶対君主とみる解釈システム、密教とは天皇の権威と権力を憲法その他によって限界づけられた制限的君主とみる解釈システムである。はっきりいえば、国民全体には天皇を絶対君主として信奉させ、この国民のエネルギーを国政に動員した上で、国政を運営する秘訣としては立憲君主説、すなわち天皇最高権威説を採用するという在方である。

右のような解釈が成り立つとすれば、明治憲法によって確立した近代国家は「天皇制国家」と規定するよりは、のちにみるように「国民国家」と本質規定するのが良いであろう。

明治維新は神武創業にもとづく王政復古として出発した。しかし明治維新の王政復古がイデオロギー上は後醍醐天皇が鎌倉幕府を倒して建武の新政という天皇親政を回復した歴史と重ねあわされていることは、南北正閏論争によって明らかである。

この王政復古には、祭政一致の天皇親祭・親政の古代天皇制の理念性を追求する国学者（とくに平田系）や復古神道家の動きもあったが、倒幕運動を主動した薩長閥の革新派下級武士達は天皇を「玉」として利用した。天皇親政は、明治一〇年頃天皇の年齢が成人をこえてくる（明治一〇年で二六歳）とともに元田永孚《ながさね》らの侍補グループ（明治一〇〈一八七七〉年宮内省に設置された天皇側近の職）によって運動として展開するのであるが、結局、藩閥政府の伊藤博文らの力によって、明治一二（一八七九）年一〇月の侍補職の廃止によって一応決着がつけられた。

そもそも、近世（江戸時代）の天皇と近代の天皇との決定的な違いは、古代以来の天皇の朝廷、宮廷世界が解体させられているということである。赤坂憲雄は、天皇制の本質が不執政か天皇親政かという論争の中で、朝廷を支配共同体としてとらえ、天皇は朝廷とよばれる排他的な支配共同体に擁される存在であって、その朝廷＝支配共同体が最終的に解体されたのは実に明治維新であり、個としての天皇をまって、はじめて天皇が親政であったか、不執政であったかという問題が出てくるといっている。(68) 即ち、赤坂は天皇の本質を天皇親政におくか不執政（天皇は単なる権威者）におくかという議論は、近代になって始めて起ってくる問題だといっているのである。

親政－不執政の議論はここでは行わないが、明治維新における朝廷の解体→個としての天皇の出現の意味は重要である。

この点では具体的に高木博志の指摘(69)が注目される。高木は朝廷の解体事情を以下のように説明している。

（1）一八六七（慶応三）年十二月、摂政・関白・縉紳《しんしん》（公卿）をはじめ、天皇側近にある内覧（天皇奏上文書、裁可した文書を予め見る）、議奏（御側衆、年寄衆）さらに国事御用係（朝議参画）、武家伝奏《ぶけてんそう》（朝廷、幕府間の連絡・交渉）などの廃止、摂籙《せつろく》門流（摂政、堂上《どうじょう》家）の廃止。

（2）一八七一（明治四）年八月の後宮改革、女官の罷免と再編。

（3）家職の解体。白川・吉田家の神道、土御門家の陰陽道、聖護院の修験道、冷泉家の和歌道の廃止、即ち公家の属性としての家職の廃止。

（4）畿内における朝廷の地域的基盤の解体。即ち山城国を中心とする領主的な存在であった天皇（三百万石余の大名の実力に相当）が、一八六九年三月、京都から東京奠都によって、禁裏御料所の村々は京都府管轄下に入り、山城を中心とする村々からの慣例・臨時の宮中行事への献納あるいは労働奉仕は廃止され、畿内に住んでいた芸能賤民や在地の陰陽師などが宮中から排除されることになった。高木は「天皇は裸で絶対的権威を有する個としての天皇へと変化する」とした。

いわば、古代ヤマト朝廷以来の「朝廷史」は明治維新によって終ったのである。近代の天皇が絶大な権威をもって、あるいは絶対性をおびて登場してくるのも、「朝廷」という支配共同体の解体の中から個として飛び出した天皇が明治国家機構の中に位置づけられ、教育や思想宣伝を通してそのように仕立てあげられたものであったからである。

（2）

そこで、ここでは明治の時代を絶対主義天皇制、その階級的基盤に政商ブルジョアジーと地主との二つのブロックを指摘した講座派の見解を検討しておこう。

問題なのは、講座派理論では明治の地主的土地所有を封建的性格のもの、封建的土地所有とみていた点である。それは、（イ）生産手段の所有者と生産者の直接的関係が農業資本家と農業労働者の関係ではなく、地代は近代的・資本主義的な地代ではないこと。（ロ）小作料が全余剰を収奪するほどの高率にしてかつ現物形態であること。（ハ）地主の小作人に対する搾取は「経済外強制」にもとづいていること。以上の三点を、封建的性格とみる論拠としている。

右の点について講座派に理解を示していた山崎隆三は、（イ）に関して、地主と直接対立しているものが農民であるということから、直ちにその地代が封建地代であるとはいえない。（ロ）について、確かにそれは封建地代にみいだされる一属性であるにしても、それだけで封建地代とする根拠は薄弱である。（ハ）についても、封建的収奪関係を保証するところの土地への緊縛、身分的隷属は明治維新以後解消していること、「小作農民は――封建社会における質地小作のようなばあいとちがって――土地を喪失し、土地から『自由』になってはじめて小作農民となるのである。つまり小作農は潜在的に賃労働者として離農しうる可能性をもつものであり、またじっさい資本主義の発展にともなって賃労働者化したのである」と指摘している。(70)

山崎は、地主が農業資本家としてのブルジョアジーでなく、地主と小作農の関係が資本家と賃労働者の近代的関係とは異なるものであることは勿論だが、なぜこの関係を封建的と規定しなければならないのかと講座派理論に疑問を呈している。いわば講座派においては、絶対主義天皇制（ヨーロッパの絶対主義王政に対応する）が封建制国家から近代資本主義国家への過渡期に出現する中央集権的専制国家であることから、その階級的基礎たる地主制も封建的、あるいは半封建的な地主制を規定しなければならないということからきていよう。したがって、この地主制を検討するとき、江戸的代の地主制に遡って考察しなくてはならない。

地主制を考える前に江戸時代の百姓の土地所有についてみておこう。

渡辺尚志は田畑（耕地）の所有権について、それは百姓と武士（領主）がそれぞれに所有権をもっていた。その場合、領主の所有権は国家の領有権に近い性格をもっていて百姓の所有権とは位相が異なっているとし、さらに村も土地（耕地）の所有権者であって、個々の百姓の家の土地所有は村によって管理・規制されていたとする。[71]

渡辺の見解では、江戸時代には土地所有者は単一でなく、百姓、領主（武士）、村のそれぞれが重層的に位相を異にして一つの土地にかかわっていたということである。この点で近代的な私的土地所有とは違っていたといえよう。右の渡辺の指摘に異論はないが、「位相の違い」を考慮すると、あくまで現実に使用（耕作）している百姓の所有権（所持権）が基本であり、それと位相を異にして領主と村の「所有」権が取り囲んでいるという重層構造になっている。この点では国制史の方から早い時期に石井紫郎が「強いて土地所有を求めれば農民がそれであり、幕藩領主は土地所有者でなく後述する如くその権力は土地所有に基かない政治権力だというべきである」（傍点、筆者）としている[72]のは考慮すべき見方であった。

明治維新後の地租改正は基本的に百姓の耕地（土地）の私的所有権、即ち排他的な独占権を認め、版籍奉還・廃藩置県を通して、領主（武士）と村の土地所有権を否定した。いわば領主（武士）と村の所有権とはまさしく領主的土地所有（領知）、村請制的土地所有であって、それは領主（武士）の軍役・年貢賦課↓村請という形で機能していたものである。一八七三年の地租改正はそうした領主制――村請制を否定（廃止）したのであり、まさしく近代的土地改革であった。逆にいえば、江戸時代にあって百姓の土地所有（所持）が事実上の土地所有権であったことを示している。もっとも法制史の方面では、近世領主権（領知）は「土地所有権」の概念ではなく、「統治権」「分与された統治権」「施政権」とみているから[73]、明治維新改革（版籍奉還、廃藩置権、秩禄処分）によってそうした「政治権力」が否認されたとみる方が合理的な説明になるかもしれない。社会経済史の方面から説明されているように領主権（領知）を「土地所有権」と規定すると、明治維新の過程で領主階層がその土地所有権に対して権利の正統性をもっと強硬に主張し、争ってもよかったと思われる。

兵農分離、検地帳によって百姓の耕地の永代知行が認められた。百姓は田畑が自己の所有地であるが故に、自己の計算で田畑を自由に耕営し、時にはそれを抵当（質）として売却することもできたのであって、「とりわけ元禄期以後になると、田畑は、現実に資産として売買されることがきわめて多く一般的となった」[74]といわれている。江戸時代の百姓の田畑の所有権は、近代的土地所有に一歩も二歩も近づいていたといえよう。

そこで地主制の問題になる。江戸時代中期以降、大河川下流域や干潟・湖沼の干拓によって耕地が飛躍的に拡大し、[75]金肥（干鰯《ほしか》・油粕）の利用、栽培技術・農書の普及、農具の改良（備中鍬、千歯扱《せんばこき》、唐箕《とうみ》、千石簁《せんごくどおし》など）等によって、各種の商品作物（木綿、菜種、生糸、紅花、藍《あい》、茶、楮《こうぞ》、甘藷、煙草《たばこ》、麻、櫨《はぜ》など）も拡大して、商品経済が一七世紀後半から一八世紀後半にかけて発展していく。

この点について、山崎隆三は、次のように述べている。[76]

（1）高位生産力地帯（畿内や東海・瀬戸内の一部に典型的にみえる）では、商品・貨幣経済が農村に浸透し、小農民経営に分解作用を及ぼし、農村内部に新しい階級関係をつくりだした。具体的には、中位以上の農民層（二〇～五〇石）が小商品生産者に転化し、剰余の蓄積、土地所有、経営の拡大から、年雇・日雇の賃労働を雇用する富農経営を展開する。一方、中位以下の農民層（五～二〇石、一七世紀中期には本百姓として自立するが、一方、小作人あるいは年季奉公人も兼ねる）は、商品経済の発展の中で持高を減少・喪失させ、五石以下の、または無高の農民が増加し、小作・年雇・日雇・マニュ労働者・家庭内労働者となるものが増加していくという。いわば富農層と小作以下の層の両極分解（山崎はこれをブルジョア分解としている）である。

（2）江戸時代全体にひろくみられる型、即ち比較的生産力が低い地域では、剰余が未成立のまま商品経済にまきこまれた場合で、農民に富農化の可能性がなく、中以下の農民層の窮乏化がみられる。即ち、一七世紀後半には、（イ）

家族の一員を質券奉公人、長年季《ねんき》奉公人として放出したり、（ロ）土地の質入れによって資金繰りするようになる、いわゆる質地小作関係が広く展開した。この質地小作は、貞享四（一六八七）年、元禄七（一六九四）年には、永代質入れ（無年季質入れ）の禁止、質地年季の最大十七年の制限、年季明け後請戻しできない時も流質禁止が定められたが、享保期（一七一六〜三六年）には、流質を公認し、同時に地主を新田開発に公然と勧奨し、生産力の向上によって小作料収取も安定し、質地小作関係も安定して定着するようになる。その結果、大土地所有を集約した巨大地主も各地に成立するようになるという。

この地主小作関係の成立について、山崎は「剰余が存在しなければ小作料はありえず、したがって地主小作関係は成立しようがないが、また剰余が農民の手に残るような事情の下では、農民が地主に土地を質入れしたり売却したりして、わざわざ小作料を払ってまで小作人になるはずがないというディレンマがある」とし、「この問題を解く一つの方向は小作農の負担する小作料は農民の必要労働部分を超過する意味での剰余を前提としたものでなく、必要労働部分の喰い込によってはじめて成立するものであると考えることであろう。つまり農民に剰余が一般的に形成されていたのを地主が突如横奪するのでなくて（略）、農民の再生産が破壊される危険性をはらみながら、他方では徐々に形成されていく剰余をなしくずしに収奪していく結果であると考えなければならない」（傍点、著者）とする。しかし、そうした地主小作関係の「不安定な経過のなかでも、徐々に生産力が向上することによって一般的に土地に剰余が成立するようになると、はじめて地主小作関係が安定することになるのである」（傍点、筆者）と述べている。

右の山崎の地主小作関係の成立論は、「生産力」信奉論であり、剰余収奪による「小作人窮乏論」であるが、しかし田中圭一はそうした小作人窮乏論を修正している。(77) 田中の示したその具体例を以下にみたい。

嘉永三（一八五〇）年の越後百間町新田村の百姓山田重右衛門が長岡新田村の久右衛門から分米高一〇石とされる田地を質にとった。契約にあたって実際の生産高は帳簿の倍の二〇石とされ、直小作する久右衛門の小作料は一年に実生産高の五割、一〇石とされた。そのうえで山田重右衛門は、六八両の金を質入れした久右衛門に渡した。このような例は地域や時代が異なっても同様であるという。いわば越後国では小作人は実収量の二分の一を小作料得分として確実に確保している。また年貢は地主が小作料のなかから支払っている。いわば生産量の半分ずつを地主と小作人が分割しており、直小作人は収量の二分の一が収入となり、その収入が生活を安定化させている。重要なことは、検地土地台帳にあらわれている石高（これに年貢がかかってくる）＝分米高に対して、実際の収穫高（刈上高）がほぼ二倍となっていることが地主小作関係を安定的にささえているといえよう。

もう一例、田中の引く事例をみておこう。

越後国魚沼郡塩沢村の大塚銀右衛門の享保二（一七一三）年の質地証文である。そこでは十助が公帳簿上の一反七畝二九歩、高二石三斗八升五合の田地を銀右衛門に質入れし、自ら直《じき》小作をして小作料（作得米）二石六斗を支払うことを約束した。この場合、田地の帳簿上の分米高（生産高）二石三斗八升五合より小作料二石六斗の方が多くなるが、分米高は公の年貢納入基準であって、小作料算定とは関係なく、検地帳にはない一三〇苅（五石三斗）という苅高表示が質地証文に記載されている点である。普通一〇〇苅の生産高は四石とされ、そこから地主は小作料を二石（五俵）とりたてるというのが常識とされていた。いわば、地主小作関係において、その収穫を二ツ割（半分ずつ）していた。そして地主銀右衛門はその小作料二石六斗のなかから本年貢九斗三升を幕府に納め、ほかに諸役（高掛物）として合せて二斗九升を上納した。残った一石三斗八升ほどが地主の取り分であった。田中によると、小作人の権利は収穫物の二分の一を獲得することにとどまらず、すすんで小作地を取り上げないという永小作権の確立へとすすんだといわれている。

田中は百姓が田地を質（抵当）に入れて資金を調達したことを、百姓の貧窮を語るものとするのは〝古典的な常識〟にすぎないとしてそれを批判している。そして、百姓が田地で得た金を酒造資本にするなどは日常的におこなわれていたことであり、質地小作が一般的におこなわれるようになったのは、ひとつには質入れ人は今まで通りに耕作をつづけることができることから安心して借金ができる、さらに田地を質にとって金を貸すことが、金の貸し手にとってはほかに投資するのと同じくらい、あるいはそれ以上に確実で安定した利殖法になった。こうして、田畑が資産価値をもち、金融の手段として働いた。そしてその大前提として、個々の百姓の田地所有権がしっかりと社会に根を下していたことだといわれている。

ところで田中のいう検地台帳の石高と実際の収穫高（刈上高）の相違に関してであるが、すでに早くから石井紫郎の以下のような指摘があって参考となる[78]。

石井は検地帳のイメージに関して通常「幕府領主はその領国内の田畑を一筆一筆の正確な面積を測り、その単位面積当りの生産高を調査（石盛）し、農民には必要最小限度（必要労働部分）を残して、あとは全部（全剰余労働部分）自己の手中に収めようとした」と考えられているが、しかし決してそのようなことはなく、領主は『全剰余労働部分』を収奪することを実現しえなかったばかりでなく、少くとも政策に現われた限りではそのような意図を有していたとは考え難い」として、このことは「領主にとっては村高、即ち村単位の土地の生産高が関心の対象であり、個々の農民がどれだけの面積及び生産高の田畑を持っているかは検地帳から算定することはできないし、そもそもそういう目的に沿った形式で検地帳は作られていないのである。言いかえれば、検地帳は村単位の年貢賦課のための土地台帳であり、個々の農民の経営規模を調査した台帳ではないのである」（傍点、筆者）と重要な指摘していた[79]。

これは早い時期（一九六六年）に指摘されていたが、領主による農民の全剰余労働の収奪＝封建領主制＝農奴制という安易な公式主義への批判であったろう。

（3）

ところで近世初期の農奴主的地主・小作関係について山崎隆三の見解[80]をみてみよう。

それによると地侍的系譜をもつ農奴主的地主の下には隷属的身分の譜代下人《ふだいげにん》、それより自立のすすんだ家持下人、被官《ひかん》・名子《なご》などがなお完全に自立できないまま包摂され、その大土地所有地は地主の手作地と一部分は零細な土地をもつに過ぎない被官などの経営の補充として小作させていた。これは畿内においてもみられる。例えば、河内古市郡碓井村の庄屋松倉家はもと武士といわれ、慶長一五（一六一〇）年に村内最高の四三・三石余の持高で、その内二〇石余を二五人の下作人に小作させ、残りを手作りしたが、これらの下作人のほとんどは松倉家のみに専属していた家持下人の小作であった。また和泉国大鳥郡豊田村の庄屋小谷家も地侍であるが、慶長十二年の所持石高は九五石余で、その内六〇％以上を下人、被官、分家などに小作地としてあてがい、残りを手作地としていたという。それでは農奴主経営とそのもとでの下人小作はその後どうなっていったのか。小作人である家持下人、被官、名子などは生産力の発展、土地の開墾などによってその自立化を進め、その隷属性を薄めつつ小作料取得を目的とする普通小作に転化するとともに、一七世紀後半には本百姓の形成へ進むとされる。

こうした下人小作の自立化、本百姓への身分上昇という経路が必然的なものではないという点は、次にみる平野哲也の研究[81]によってよくわかる。

平野は「前地」（まえち）という隷属農民を検討し、前地を一概に小農（本百姓）自立化をはたせなかった弱小農民とみなすわけにはいかないという。平野の見解を以下にみておこう。

下野国芳賀《はが》郡給部村は、近世初頭戦国大名宇都宮氏の家臣であった綱川家が家来衆（のちの前地）を中心に、在来の百姓も参加して開発した新村であった（綱川家の家伝による）。この開発に尽力した家来衆（前地）はその結果、家単位に経営地（小作地）を与えられた。村方地主である綱川家と前地の関係は親方－子方（子分）の関係で、研究史の上では主家の個別人身的な支配をうけ、本百姓・水呑百姓よりも経済的に零細で身分的に下位に位置する隷属農民とみなされてきた。即ち、前地は全国的には名子、被官、門屋《かどや》、家抱《けほう》、譜代下人などの様々な呼称で知られる隷属農民と同じとみなされてきた。

綱川家の前地は公式的には綱川家という家の構成員として宗門人別帳（元禄一〇〈一六九七〉年）に記載され、当時前地は二四家族、総人数九一人であった。この前地は分付《ぶんつけ》地の形で綱川家から耕作地を分与され（分付地を介して綱川家との間に地主小作関係を結んでいた）、同家に「御年貢」（小作米永）を納めていた。また前地は綱川家に対して様々な賦役を果《はた》し、またそれに対して反対給付をうけた。前地は単独名請地《なうけち》（田畑、屋敷地）を一切もたない分付百姓で主家綱川家が唯一の分付主であった。この検地帳の分付記載の登録によって、前地は田畑（分付地）を耕作経営する権利を獲得していた。そしてこの分付地（小作地）は当主が変わっても親から子、子から孫へ、あるいは兄から弟へと引き継がれて、前地の家の小作地はほぼ固定していた。いわば前地の小作地は綱川家の名義であっても、実質的には前地の財産に等しいものになっていた。主家綱川家は田方の小作料を引きあげず幕末を通して固定化させていた。その結果、小作米永を納めれば、それをこえる余剰米永をすべて自分のものとすることができた（これは分付地＝小作地が本来的に前地の財産であったことを示している——筆者）。しかも前地は独自に販売市場と接触し、自家の余剰生産物を自家の判断で売っていた。

綱川家は多角経営をめざし、荷継問屋を営み、また山林九八％おさえていたこともあって、炭生産にも手をだしていた。こうした多角経営に前地は附子・馬士（輸送人夫）の担い手となって駄賃銭をえたり、炭を焼き、炭俵を作り炭を河岸場まで輸送し賃金を得ていた。いわば前地は農業のみに従事していたわけでなく、諸稼ぎ、職人渡世、奉公稼ぎなどで現金蓄積をしている。

こうして前地は村にあっては本百姓と協力し、村運営や生産環境維持の役割を果し、地域運営にも一定の発言権を有した。いわば、主家綱川家と前地の関係は親方‐子方の関係にあったが、お互に相手を必要とする「協力関係」の立場にあって、江戸期全般を通じて安定した地主小作関係を継続していたのである。

平野の前地の研究をみると、地主小作関係が小作料を取得することのみを目的とする関係とは違って、前地は綱川家の多角的経営体と深いつながりをもってそれを支える存在となっており、したがって地主小作関係もそうした経営体の一環として存在したとみなされる。いわば、収奪、抑圧、規制という隷属農民のイメージをもつ「農奴経営」のなかの地主小作関係という山崎の規定は、綱川家と前地の地主小作関係にはあてはまらない。この場合、村が村落共同体として強い規制力（階層性）を前地など隷属農民に及ぼしていたのでなく、逆に村の環境は小作人を保護する立場に働いたこと（越後や佐渡にあって凶作には地主が一定額の小作料を減免するということが広くおこなわれていたこと、綱川家が田方小作料を引き上げずに幕末を通して固定化していたことの事例）は注意される。

江戸時代は小農経営の自立、兵農分離と検地によって百姓の立場が権利と責任あるものとして確立した。そして村（村落共同体）という環境が隷属農民まで含めて農民層を規制しつつも保護したという側面を忘れてはならない。[82]即ち、江戸時代の村は、石高制・兵農分離の結果、領主（武士）と対立するものでなく、領主は村の内部に立ち入らず、年貢・諸役の徴収は村請制という形で村の責任にゆだねられていた。しかし、明治となって近代資本主義システムのなかで小作農には経済原理の強い風当りが待っていた。

5　近代国民国家の成立

（1）

そこで近代の地主小作関係についてみておこう。

近代の地主制は資本主義の発達に沿ってその条件に応じて盛衰を結果したのであるが、明治中期からさかんにおこなわれた耕地整理事業で、旧来の刈上高と検地帳の落差が消滅させられることになったことを田中圭一が指摘しているのは注目される。[83]いままで二畝歩とか三畝歩とか公的な図面（検地帳）にのっていた田畑が耕地整理によって一反（一〇畝）にもなってしまった。公（おほやけ）の生産高（検地帳）と実生産高（刈上高）が同じになってしまい、小作人が大打撃をうけてしまったという。近代資本主義のもとでは、地租改正により、また明治憲法二七条（「日本臣民ハ其ノ所有権ヲ侵サル、コトナシ」とある――筆者）により私的土地所有権の絶対性・排他性がみとめられ、また小作権を貸借権と規定した民法により、地主の地位が絶対化され、地主は自ら農業経営に従事せず所有地の大部分を小作人に貸し出し、私的な形で高率の小作料収入を生活の基礎とする寄生地主（大部分は居住地外に貸付地をもつ不在地主）が形成され、明治三〇年代（一九〇〇年代）には確立した。その小作料は明治二〇年代で四〇％、明治四〇年代では四五％（明治六〈一八七三〉年の三七％から明治四〇〈一九〇七〉年の四五％に急増）[84]に達したという。このため各地に小作争議が頻発した。

このように地主小作関係は江戸時代では領主制——村落的秩序のもとで比較的安定して展開したが、近代になって領主制の解体、村請制の撤廃によって、その安定性や秩序化した環境（規制と保護）を失い、高賃貸の投資を目的とした寄生地主と貸借者としての小作人が直接相対する事となった。いわば地主小作関係が近代資本主義システムの力に左右されるようになったのである。

こうしてみると近代の小作人の窮乏化、悲惨さは、江戸時代以来の遺制ではなく、まして封建的性格を示すものでもなく、近代資本主義の運動の中に放たれたが故の姿なのである。[85]これをもっといえば、近世の地主小作関係は村請制のゆえに公的な性格の側面をもっていたのであるが、地租改正を経た近代資本主義のなかにある地主小作関係は、個人対個人のより直接的な私的関係に転化したといいうる。[86]

このように小作人の悲惨さは、地租改正などによって資本主義システムのなかになげだされた結果なのであるが、地租改正そのものも農民や地主の土地所有をみとめ、幕藩体制下の領主の土地所有（これを統治権、管理権とみる法制史家の見解があることはすでにみた）を全面的に否定した近代的土地改革であった。

この点を説得的に展開したのは中村哲である。[87]中村は、地租改正において明治藩閥政府が旧封建的貢租水準確保のため現実とかけはなれた高地価を押し付けたという説（中村はこの説は誤りであるとする）をもって、地租改正は封建的地代の単なる形態転化（生産物地代の貨幣地代への転化）、または半封建的貢租に過ぎないという有力な見解があるが、以下の点を挙げて成立しえないと反論している。（1）地租改正は、旧来の幕藩的土地所有制度を完全に否定し、農民的土地所有を公認するという土地制度の根本的変革である。（2）その上に立脚する新しい地租制度は地価に対する課税という近代的収益税制である。（3）地租の量的水準も幕末に成立していた農民的剰余を公認するものである。（4）徴税主体である維新政府は、資本主義化政策を強行する国家権力であり地租はそれに沿って使われる。

中村が指摘しているようにフランスのブルジョア革命においても、領主直営地については領主の近代的所有権が認められているのに対し、日本では領主の近代的土地所有が全く否定された点で、明治の地租改正（土地改革）は徹底した土地改革であった。(88)

この点について注目すべき指摘をしているのは石井紫郎である。(89) 石井は、西欧の貴族が領地の大半を既得権として、世襲財産不可侵性を主張して近代革命から守ったのに対して、日本では版籍奉還――廃藩置県――秩禄処分によって武士の特権を簡単に廃棄してしまったという。その理由を石井は、国制史の中の「私」「私権」のもつ性格（わが国の場合、「私権」は当初から国家によって認められ、作られたものであった、あるいは最初から国家の枠の中にとじこめられていた）や、職業ないし職務としての武士の性格（官僚としての武士）によるものとしている。

（2）

さて、明治以降の近代国家は国民国家として規定するのが一番妥当のように思える。(90)

「国民」（nation）は、我が国の場合、単一の、同質の民族であるとの観念（幻想であるにせよ）をもち、一定の国境に囲まれた〝日本国〟の国家の一員（構成員）であるとの自己意識をもっている。

江戸時代の身分社会、通常「士農工商」（四民）とよばれる階層を国民という一体感もつ人々に転換したのは明治維新を契機としてである。これは比較的スムーズに成功した。社会的には支配身分であった武士層が歴史の舞台から比較的スムーズに退いたからである。これを三谷博は武士の社会的自殺としている。(91)

江戸時代の武士層（士族）は全人口の七％ぐらいで、維新時、総人口三千五百万人のうち二五〇万（家族も含めて）程で(92)あったが、江戸時代以来大半が生活困窮者であって、また近代の新しい波にものりきれなかった。版籍奉還、廃藩置県、秩禄処分、士族の特権の廃止（廃刀令）、徴兵令、士族の反乱とその鎮圧を経て彼らは一般国民（士族という族称は、大正三〈一九一四〉年に戸籍法でその身分記載は廃止され、昭和二二〈一九四七〉年には消滅した）の中に解消されていった。

一方、「農・工・商」の百姓・町人（平民）は、明治政府の近代化政策の進行の中で、法的・制度的には身分差別も撤廃され、〝国民〟という権利と義務の主体となっていった。一つは、税金の負担者としての国民である。新しい税制改革である地租改正によって近代的土地所有権が確立し、政府はなんとかその財源を確保し国家予算を編成することができた。第二に徴兵制（国民皆兵）である。明治六（一八七三）年徴兵令が出されたが、種々の免除規定があった。明治二二（一八八九）年に徴兵猶予の制が廃止され国民皆兵による国民軍が確立した。西南戦争（明治一〇〈一八七七〉年）では、西郷隆盛の率いる薩摩士族に対して、熊本鎮台の谷干城《たにたてき》は徴兵した国民軍をもって対抗した。第三に明治五（一八七二）年の学制に「一般ノ人民、必ズ邑《むら》ニ不学ノ戸ナク、家ニ不学ノ人無カラシメン事ヲ期ス」に示される国民皆学が目指され、明治一九（一八八六）年の学校令によって尋常小学校四年制が義務教育とされた（一九〇七年には六年制に延長された）。さらに教科書は一九〇三年に検定制から国定制になり、日本歴史が〝国体〟の大要を知らしめるため、国民たる志操を養うためにと定められた。〝国体〟とは、万世一系の天皇の統治する神聖国家日本ということである。その意味で教育の面から日本の国民づくりが推進された。

さらに第四になるが、石井紫郎は、地方自治制の整備を国民づくりの政策として挙げている。[93] 石井によれば、山県有朋は地方自治制を国民の「公共心」の育成、とくに国家的行政に協力するために必要な知識を与えるものと考えていたという。また地方自治の道場で「財産を有し知識を備ふ所の有力なる人物」が育つ事を期待していたといわれる。即ち、「財産と教養」をもつもの（名望家）が、形成期の「国民国家」の核もしくは指導者として、国家と国民を媒介するために必要であり期待されていたということである。

以上は上からの〝国民〟づくりであったが、国民という自覚、一体感はそうした上からの責任感、義務のみでは生まれにくい。欧米は市民革命によって近代国民国家を建設したが、日本の場合はよくいわれるように、上からのブルジョア革命、近代革命であったから、この点、下からの自覚的な〝国民〟意識の形成には紆余曲折があった。福沢諭吉は、啓蒙思想家としてこの国民意識（国民国家思想）の形成に努力した。(94)「天は人の上に人を造らず、人の下に人を造らずと言えり」の一文で始まる『学問のすすめ』（明治五年〜九年）では、国民は国の自由独立の精神とむすびつけて論じられている。福沢は国と国とは同等であるが、国中に人民の独立の気力がないときは、一国の独立も危うくなるとして「一身独立して一国独立する」と述べ、国民一人一人の独立の気風の大切さを指摘している。福沢の歴史認識は、日本の人民は数百年政府支配の政治に苦しめられてきたこと、「日本にはただ政府ありて未だ国民あらず」(95)の状況にあること、また「概していえば、日本国の歴史なくして日本政府の歴史あるのみ」(96)として、これを国の一大欠点であるとする。そして全国の権柄が政府の一手に握られていることなどを指摘して、そのため人民には気力がなくなっていることを強調した。それ故、そうした専制、暴政を避けるためには人民が学問を志し、自ら才徳を高くし、人民独立の気風を高めなければならないとする。福沢の人民（国民）の独立気風を高めるキーワードは、〝文明〟であった。福沢の文明論はつとに有名な『文明論之概略』（明治八〈一八七五〉年）に述べられている。

そこでは「文明とは人の安楽と品位の進歩を云ふなり。又その人の安楽と品位を得せしむるものは人の智徳の進歩と云て可なり」（傍点、筆者）としている。この場合、安楽とは「衣食を饒《ゆたか》にする」という物質に関わるものであるが、一方品位とは「心を高尚にする」ということで精神の活動を意味する。福沢は文明をこの精神の問題として議論しているのである。(97)また智徳の智は智恵であり、それは主に近代西洋の学問体系、天文、地理、化学、窮理（物理）などの科学的な知識体系を学ぶことが中心となっている。一方徳は人の心を高尚にするということとかかわり、結局、福沢のいう「独立自営」の精神を身につけることであった（「全国人民の間に一片の独立心あらざれば、文明も我国の用を為さず」とある）。(98)それは「古習の惑溺」「専制抑圧の気風」から解放されて、自由にものごとを考え、それを身につけ行動できることであったろう。

福沢には、自ら海外渡航（洋行）の経験もあってのことであるが、ペリー来航以来の近代という国際システムの中で、西欧列強の圧力（外圧の患《うれい》）から日本の独立、安全を確保するという思いがあって、そのためには人民の独立・自由の気風、即ち「独立自尊」の精神がなにより必要であるという認識があった。いわば下からの国民意識――正統なナショナリズムの成長という課題が、福沢らによって「啓蒙期」（一八七七、明治十年頃まで）には果たされたのである。

なお『学問のすすめ』（一篇～十七篇）は初編正版二〇万、当時盛んであった偽版を合わせて二二万部とすると、当時の日本人の人口三五〇〇万人に対して一六〇人ごとに『学問のすすめ』一部が買われたことになるという。さらに二篇以下の発行部数も毎篇凡そ二〇万とすると一七篇合せて三四〇万冊流布したという。

後年福沢は、日清戦争（一八九四～五年）を文明（日本）対野蛮（清国）の戦争とみて、この戦争を喝采、正当化したが、この戦争には上からの〝国民〟意識の動員もあるが、下からの〝国民〟意識の昂揚もあった。日清戦争は、大国清と新興国日本のどちらが朝鮮国を保護化におくのか、影響力を行使できるのかの、アジアの盟主をめぐる争いであって、近代システムにうまくのった日本が伝統的な華夷秩序（冊封体制）を志向した清を破った。日清戦争、そのあとの三国干渉（下関条約による日本の遼東半島領有に反対する露・独・仏三国の干渉）は国民国家の意識を大いに昂揚させた。

（3）

明治維新（近代化）は、欧米のように市民革命を経たものではない。その点で民主主義の課題が残った。我が国の場合、民主主義の出発点は「五箇条の御誓文」に求められるであろう。

一、広く会議を興し万機公論に決すべし
二、上下心を一にして盛に経綸《けいりん》を行ふべし
三、官武一途庶民に至る迄、各其志を遂げ人心をして倦《う》まざらしめん事を要す
四、旧来の陋習《ろうしゅう》を破り天地の公道に基くべし
五、知識を世界に求め、大に皇基を振起すべし

この御誓文は、明治元（一八六八）年三月に京都御所内の紫宸殿《ししんでん》で明治天皇が天地神明に誓う形で発せられた。この誓文の草案は福井藩士由利公正（三岡八郎）が執筆、土佐藩士福岡孝弟が手を入れ、さらに木戸孝允が修正した。そこでは民主主義のルールである幅広い政治参加による議論の形成（公議世論）、経済振興、古い習慣にとらわれないで国際法にもとづいていくべきこと、広く世界と交通をむすび新しい知識を導入する（開国和親）こと、そしてそれが「上下心を一つにして」「官武一途庶民に至るまで」という形で「国民国家」を志向するような文言が示されている。

勿論、この御誓文は天皇が百官をひきいて神々に誓約するという天皇親政の形式をとったのであるが、そうした為政者の思惑はともかくとして、時代の激しい変転のなかで自由に解釈され、藩閥政府への批判となったり、また自由民権運動の理論的拠り所となったり、つとに有名なように戦後、昭和二一（一九四六）年一月、昭和天皇が「新日本建設に関する詔書」、即ち「人間宣言」のなかで、この五箇条の御誓文を引用し、官民あげての平和主義・民生の向上・新しい文化の構築が宣言された。

さて、この五箇条の御誓文は、同年閏四月の「政体書」（副島種臣、福岡孝弟の起草）の公布によって、太政官への権力集中、三権分立、府藩県三治制、官吏公選制（藩士、平民からの人材登用）などの形で具体化していく。ただ御誓文公布の翌日（三月一五日）、庶民にむけて「五榜の掲示」が示された。そこでは五倫の道の勧め、徒党・強訴・逃散の禁止、キリシタン・邪宗門の禁止、外国人殺傷・暴行の禁止など旧幕府時代の民衆統制を継続する方針が示されており、御誓文とは対照的であった。

一方、下からの民主主義を求める運動は自由民権運動として現れた。それは一連の士族反乱鎮圧のあと、板垣退助・後藤象二郎らによる民選議院設立建白書の提出（明治七〈一八七四〉年）を契機として始まった。それは士族の藩閥専制政治打倒の運動として始まったが、その拡がりは豪農、豪商、そして平民へと拡大され、その要求も国会開設・憲法制定から地租軽減、不平等条約改正、地方自治（地方民会）の要求へと多様化していった。その運動・参加者は一八七四年から八一年にいたる間、三一万九千人以上にのぼった一大運動であった。(99) 運動はきびしい弾圧（新聞紙条例、讒謗律《ざんぼうりつ》、集会条例）をうけ、自由党急進派と没落した困窮農民とが結びつき、明治一七（一八八四）年の群馬事件、加波山事件、秩父事件などの激化事件（武力闘争）を経て衰退していく。この運動の帰結が大日本帝国憲法の成立・議会の開設であったとしたら、それはこの運動の一定の成果であったし、民主主義革命という規定（性格）を与えれば一つの挫折であったかもしれない。しかし、この自由民権運動の経験が次の大正デモクラシー、政党政治へと引き継がれていくとみてよい。

この自由民権運動を民主主義革命（ブルジョア民主主義革命）としてとらえようとする講座派史観は、明治維新の性格を絶対主義専制（天皇制絶対主義）の成立と考え、自由民権運動はそうした絶対主義を打倒する下からの民主主義革命（ブルジョア民主主義革命）とみる。これは、欧米の市民革命としてのブルジョア革命をモデルとして、ブルジョア革命に民主主義「革命」の課題もふくめて考える革命史観であろう。

大藪龍介は「我が国ではブルジョア革命の歴史的性格をブルジョア民主主義革命とする誤解が通説としてすっかり定着して、革命によって直ちに民主主義国家が成立するかのような主張が支配的であったが、（中略）そうした歴史的事実はどこの国にも存在しないのである」として、ブルジョア革命＝ブルジョア民主主義革命の等式に反対し、明治維新を後進国型の上からのブルジョア革命であったと結論づけている。(100)

筆者は明治維新を時間軸としては、一八五三年のペリー来航から一八八九年の明治憲法体制までの間と考え、各種の改革が継起的に積み重なって近代国民国家が成立したとみる。それ故、明治維新は近代資本主義革命（ブルジョア革命）と規定してよいし、それは多分に、政治・経済面のみならず文化革命・民族革命の面もあわせもった社会的全面的革命であったとみている。

明治維新史のなかで、たしかに「民主主義」という課題は残されたものの、それを近代革命＝ブルジョア革命の基軸になる課題として〝革命〟規定の中にもちこんで明治維新を性格づけることは、大藪のいうように正しいものとはいえないだろう。ただ大藪のいう「後進国型の上からのブルジョア革命」という規定も、どうしても欧米のブルジョア革命をモデルとした見解なので問題点は残る。

おわりに

筆者は、島崎藤村の『夜明け前』（本書の第三章参照）をよんだ時、第一部（前篇）の江戸時代と第二部（後篇）の明治維新後の叙述描写、風景が全く明と暗との対象になっているのに強く印象づけられた。この小説の主人公青山半蔵の父の代は、信州馬籠《まごめ》で本陣、問屋、庄屋を兼ねる豪農の家であった。その維新前の世界は安定的で暖かい雰囲気につつまれた時代であって、読んでいて心暖まるものであった。しかし一転明治維新後、半蔵の家は近代資本主義の荒波にのみこまれ、半蔵は戸長という形でみじめにも中央政府の行政区画の末端に位置づけられる。そして明治国家による近代化政策の進行、資本主義の競争原理のもとで没落していく。維新は半蔵の家にとってはみじめな悲劇であった。

明治維新は支配層である武士層の幕引き、消滅を招いたのであって、それはどの階層にとっても未知の世界への突入であったろう。それはそれまでの日本人の生活環境を根本的に変えていく方向にむかった。いわゆる文化革命ともいうべき文明開化である。髪型が丁髷《ちょんまげ》からざん切り頭（散髪）へ、和服から洋服へ、下駄・草履《ぞうり》から靴へ、肉食（牛鍋）の出現、石油ランプやガス灯の明るい世界の出現、自転車の使用、人力車・鉄道馬車という新しい交通手段、レンガ造りの洋風建築と椅子の生活、日刊新聞・雑誌の刊行。さらに旧俗の廃止（混浴、裸体、異装、春画、入墨など）、淫祠の除去、乞食の禁止、梓巫《あずさみこ》、市子《いちこ》、憑祈祷《よりきとう》や玉占《たまうらない》、口寄《くちよせ》などの迷信の禁止。そして旧暦から新暦（太陽暦）の採用にともなって、五節句（人日《じんじつ》、上巳《じょうし》、端午《たんご》、七夕《たなばた》、重陽《ちょうよう》）の行事も公的には廃止された。こうした変化が中央都市、そして官庁、上流階層から始まって徐々に庶民、農村にもひろがっていったが、基本的には明治の時代はビゴーの風刺画[101]にもみられるように、アンビバレンスの日本型洋風化の色彩が強いものであった。

ピエール・ロチは「この日本という国は千五百年乃至二千年の伝統を墨守しながら、しかも突然、眩暈《めまい》のように彼を襲ったところの近代的な事柄にも心酔して、いかにもちぐはぐな、木に竹をついだような、本当とは思えない国である」と述べた。[102]

西欧文明は、その新奇さ、豪華さ、利便性、大量化、安価さ、大衆性ゆえに普遍性をもち、江戸時代の伝統的な生活文化を徐々に変えていった。それは文明のもつ必然的な勢いであったろう。そしてそれが日本人にとって幸福な世界の到来であったかといえば、決してそうではなかった。

古い日本をこよなく愛したラフカディオ・ハーン（小泉八雲）は明治二三（一八九〇）年に来日した当初は、日本を「小さな妖精の国——人も物もみな小さく風変わりで神秘をたたえている」とみていた。[103] また日本に来た外国人の大体は日本の庶民が生活にすっかり満足しているという事実の発見に驚きをもった。[104] 例えば、アメリカ総領事タウンゼント・ハリスは「人々はみな清潔で食糧も十分にあり、身なりもよろしく幸福そうであった。これまでにみたどの国にもまさる簡素さと正直さの黄金時代をみる思いであった」（一八五八年）と述べた。[105] 一八八九年に来日した英国の詩人エドウィン・アーノルドは、日本を「地上で天国あるいは極楽にもっとも近づいている国だ」と賞讃し、「その景色は妖精のように優美で、その美術は絶妙であり、その神のようにやさしい性質はさらに美しく、その礼儀正しさは謙譲であるが、卑屈に堕することなく、精巧であるが飾ることもない」と述べている。[106] こうした印象を日本の近代化はどんどん消滅させ、幻想にかえていった。それは「国をあげての緊張過剰」の時代、「無理矢理に途方もない知的発展の大事業に乗り出した」時代、「無理が祟《たた》って神経衰弱が生じるのは不可避」の時代の出現であった。ハーンは「旧体制の下で育った日本人は礼儀正しく、利己的でなく、善良でみやびやかであった。それらはいくら褒《ほ》めても褒め足りぬ美徳である。しかるに近代化された新世代の青年の間から、そうした美徳は消え失せてしまった」と嘆き、「日本は何という恐ろしい速さで近代化していくのでしょう。それも服装や建築や習慣ではなく、心と態度においてです」と指摘した。[107]

また少し時期は下るが（一九三五年九月）、近代登山の開拓者として著名なウェストンも「明日の日本が、外面的な物質的進歩と革新の分野においては、今日の日本よりはるかに富んだ、おそらくある点でよりよい国になるのは確かなことであろう。しかし、昨日の日本がそうであったように、昔のように素朴で絵のように美しい国にもう一度なることは決してないであろう」と述べている。[108] 渡辺京二がいうように、[109]「日本の近代が前代の文明の滅亡の上に打ち立てられたのだという事実を鋭く自覚したのはむしろ同時代の異邦人たちである」。筆者の身近な経験でも、安藤（歌川）広重の名作「東海道五十三次」の風景画と、それに対比する形で現在の「東海道五十三次」の写真が展示されていたのを江戸東京博物館でみたことがあるが、御伽《おとぎ》の国のような美しい風景と現代の殺風景で夢のないコンクリートとビルディングの風景の違いに驚きを禁じえず、深い溜息をついて館を出た想い出がある。これは明治の時代のみならず、現代になっても進行している誰もが感ずる深い溜息であろうが、二度とそうした美しい「御伽の国」に戻ることはできまい。それが近代文明化の必然であろう。

それにしても、明治の文明化のスピードはすさまじく、ハーンがいうように、無理しすぎて神経衰弱になっていることは、夏目漱石[110]や島崎藤村[111]の文明論でもいわれていることである。この文明論として興味深いのは、幕末の一八六一年に箱館のロシア領事館付主任司祭として来日したニコライの以下の指摘である。[112]

中国の場合、「中国は何百年にもわたって、ヨーロッパ人に接しながらいまだに、自分たちがヨーロッパ人に学ぶ筋合いはない、ことは逆であって、ヨーロッパ人がやってくるのは中国の賢なる知の光を借りるためなのだと思っている」と。一方日本の場合、このことは「日本人の民族としての才能の矮小さを（中略）証明しているといえばいえるであろう。しかし、同時にこれは日本人が驚嘆すべきほどしなやかな気質をそなえているということをはっきり知るための好例でもある」と述べている。近代化、文明化にたいする中国と日本との対応はおもしろい。

同じようなことは、日本型の近代化を唱えた国粋主義者の三宅雪嶺が『真善美日本人』（明治二四年〈一八九一〉年）の中でチグハグな西洋近代化を問題にした箇所で「今や外人往々にして支那人が豚尾の髪、チャンチャンの服依然として旧習を改めざるを見、陽に笑うて陰に畏《おそ》れ、わが邦人が高帽、洋装、不恰好を顧みず、兢々《きょうきょう》として他に従うを見、陽に誉《ほ》めて陰に侮《あなど》る」と述べている。[113]

こうした近代化・文明期のすさまじいスピードを日本（日本人）の歴史的伝統的特性とみるか、あるいは当時における民族的危機意識の敏感さからの対応とみるべきか議論はあろうが、両者は重なりあっているのであろう。

明治維新後の近代化（文明化）は欧米列強の外圧――そして競争というなかにあって、殖産興業、富国強兵、脱亜入欧の国策を優先させて突き進んだため、かなり無理のある偏向された近代社会になってしまったことは否めない。江戸時代を決して一面的に美化するわけではないが、江戸時代が従来強調されてきたような封建制社会の、抑圧された悲劇的な社会であったわけではないことを強調しておきたい。

第二章　日本近代史学と筆禍事件

はじめに——戦前の歴史教育——

戦前の歴史を一括してみた時、国体史観、あるいは皇国史観による歴史叙述が著しい特色となっている。とくに、歴史教育の場においては、それが国定教科書によって一貫して堅持されてきた。

明治五（一八七二）年の学制発布によって小学校が創設されたが、そこでは歴史が独立の教科として取り上げられた。ただ歴史といっても西洋史が中心で、国史は、支那（中国）史と合体したものであった。明治一四（一八八一）年の小学校則綱領で、初めて歴史教育が日本史だけに限定されるようになった。この教則綱領では歴史について「生徒ヲシテ沿革ノ原因結果ヲ了解セシメ殊ニ尊王愛国ノ志気ヲ養成センコトヲ要ス」という目標が定められた。

明治一九（一八八六）年に小学校令が発布され、そのなかで教科書検定制度が定められた。翌二〇年から検定制度が実施された。この時、文部省は歴史教科書編纂旨意書をつくって、歴史教科書の草稿を募集した。その編纂の主旨は「王室ノ隆替時勢ノ変遷ニ関スル著名緊要ノ事蹟ヲ掲示スルコトヲ力《つと》メ兼テ文化ノ進退制度ノ沿革等ニ注意シテ之ヲ編纂スベシ」というものであった。しかも要望として「名君良相英将賢婦碩学《せきがく》高僧ノ美行善言ハ便宜ニ之ヲ挿入シ生徒ヲシテ自然ニ愛慕ノ念ヲ起コサシムルコトヲ力《つと》ムヘシ」「児童ノ教育ニ在リテハ歴史ヲ誦習《しょうしゅう》スルノ際自然ニ尊王愛国ノ情感ヲ養成セシムルノ必要ヲ忘ル可ラズ」という精神的な教化の側面を強調し、さらに一二篇に至る目次まで列挙していた。文部省が主導権を取って、あるべき歴史教科書の方針を積極的に提示した点で注目される。

明治二三（一八九〇）年は教育勅語が渙発された年であるが、その翌年の改訂小学校教則大綱（七条）によると、「日本歴史ハ本邦国体ノ大要ヲ知ラシメテ国民タルノ志操ヲ養フヲ以テ要旨トス」という主旨が強調された。その後、検定制度は教科書疑獄事件（明治三五年）を契機に国定教科書制へと転換する。国定教科書制は、明治三六（一九〇三）年小学校令改正によって制定され、翌年から実施されることになった。(1)

さて、明治三七年から使用されることになった第一期国定教科書『小学日本歴史』１・２の古代史の部分の目次は以下のごとくであった。

第一天照大神　第二神武天皇　第三日本武尊　第四神功皇后　第五仁徳天皇　第六物部氏と蘇我氏　第七聖徳太子　第八天智天皇と藤原鎌足　第九聖武天皇　第十和気清麻呂　第十一桓武天皇と坂上田村麻呂　第十二傳教大師と弘法大師　第十三菅原道真

右に挙げられた天皇や人物は、一部を除いて第六期国定教科書（昭和一五年の『小学国史』）まで目録として変わることなく挙げられているのであって、それは一定の歴史観というか、人物評価がはっきりしているためである。

まず第一に、必ず天照大神がとりあげられている。『古事記』『日本書紀』の神代から始まるわけである。この大神がとりあげられるのは、現在の皇室（天皇家）の始祖（皇祖神）であること、御孫のニニギノ尊に日本の国（大八洲国《おおやしまのくに》、豊葦原瑞穂国《とよあしはらみずほのくに》）の統治を委任したこと（その時の大神の天壌無窮《てんじょうむきゅう》の神勅が特別に掲げられている）、天皇位のシンボルである三種の神器をニニギノ尊に授けたことによってである。第二の神武天皇の所では、神武が初代天皇であること、大和に都を定めたことや紀元節（二月一一日）や神武天皇祭（天皇崩御の日とされる四月三日）の由来などが強調されている。また、東遷説話のなかでは金色の鵄《とび》が飛来して天皇の戦いを助けたことが目につく。第三の日本武尊《やまとたけるのみこと》は、東西の熊襲・蝦夷を征服し（教科書では、しばしば〝わるもの〟という言葉で熊襲や蝦夷が表記されている）、皇国の基礎を固めたが、不幸にも途中で倒死するという悲劇の英雄として登場する。叙述中、天叢雲剣《あめのむらくものつるぎ》（改名して草薙剣《くさなぎのつるぎ》）はとくに三種の神器の一つとして強調されている。第四の神功皇后では、いわゆる「三韓征伐」（三韓とは新羅・百済・高麗〈高句麗〉のこと）が日本帝国の朝鮮（韓国）植民地支配の起源を示すものとして強調されている。また新しい中国の文化文物が輸入され、我が国が増々開けていったのは、神功皇后の「三韓征伐」の御陰であるとされている。さらに、叙述中日本の軍隊が「神兵」（『日本書紀』の記事にもとづいている）として強調されていること、朝鮮からの渡来人が（一般に「帰化人」といわれてきたのであるが）天皇の徳を慕って移住して来たものであることが特記されている点が、特徴として目につく。[2] 第五の仁徳天皇は、聖王として民草を憐れみ、税金を六年間に限って免除したこと、荒れ損じた皇居を新たに造ろうと人民が申し出たがこれを許さなかったことが強調されている。第七の聖徳太子は、支那と対等の付き合いをはじめたこと（「日出処の天子、日没する処の天子……」の国書がとりあげられる）が強調されるが、エピソードとして一時に一〇人の訴えを聞き分けた才人としてよく取り上げられる。[3] 第八の天智天皇と藤原鎌足の所では、中臣（のちの藤原の姓を賜う）鎌足の協力によって中大兄皇子（のちの天智天皇）がわがままな蘇我氏を打倒したこと、大化改新によって天下の土地や人民がすべて天皇のものとなったことが強調されている。なお第六の物部氏と蘇我氏は、第四期以降目録上取り除かれている。

ところで、国史教育の眼目は、第四、五、六期の国定教科書の最後の所に「国民の覚悟」[4] としてのせられていて、簡潔に強調されている。そこでは、歴代の天皇の御盛徳を讃え、そのもとで国民が天皇に身命を捧げて忠誠を励むことによって、万世一系の天皇を戴く世界に比類なき我が国体を護持していくべきことを「国民の覚悟」として促している。この点をもう少し具体的にみていこう。

歴代天皇の御盛徳の段[5]では、皇祖天照大神の天壌無窮の神勅、神武天皇の大業弘布、「元の来寇に対して御身を以って国難に代わらんとした亀山上皇」、「幕末の外患に当って国難克服を念じ給うた孝明天皇」、「六年の租税を免じて、民草を憐れみ給うた仁徳天皇」、「維新の大業をなしとげ国威を世界に輝かし給うた明治天皇」、「日常の御不自由をおしのぎになって、ただ万民の上を思し召し給うた後奈良天皇」のことが特記されている。このうち後奈良天皇（明応五年〈一四九六〉～弘治三年〈一五五七〉）は、戦国時代の皇室が最も衰微した時の天皇で、即位の大礼を上げる事ができなかった（一〇年後、戦国大名の献金によってようやく挙行できた）天皇として戦前は有名であったが、戦後の高等学校教科書では一切現れていない。

国民の忠誠の所では、天皇に忠誠をはげんだ人物、藤原鎌足、和気清麻呂、菅原道真、楠木正成、新田義貞、菊池武時、水戸光圀、本居宣長らが挙げられている。鎌足はすでにみたように無道の蘇我氏を滅ぼし、中大兄皇子の大化改新を助けた人物、和気清麻呂は称徳女帝のあとをねらって皇位に即こうとした道鏡の非望をくじいて国体の尊厳を護った人物、菅原道真は大宰府に配流されたが天皇の君恩に感謝して忠誠の真心をあらわした人物、楠木・新田・菊池らは後醍醐天皇の南朝の忠臣として有名、水戸光圀は『大日本史』の編纂を始め、水戸学の大義名分・尊王論に大きな役割を果たした。宣長は『古事記伝』をあらわして国体の精神を明らかにしたことでそれぞれ顕彰されている。

1　喜田貞吉筆禍事件

こうして国定教科書の基本路線が確定していく段階で、大義名分論にもとづく一つのイデオロギーが歴史教科書を著しく教条化していく事件が起こった。喜田貞吉（一八七一～一九三九年）の筆禍事件（南北朝正閏事件）であった。この事件については、すでに種々の研究書があり、(6)また松本清張の『東京帝国大学』(7)という小説の中でも詳細に論じられているので、事件の経過、内容については詳しく立ち入ることはしない。ただ、事件の概要は示しておくのが便利であろう。

明治三六（一九〇三）年、喜田貞吉によって編纂され、翌年三七年四月から使用されていた国定教科書（尋常小学日本歴史）のなかの二十三課「南北朝」の部分が明治四三（一九一〇）年の末になってから問題にされたものである。この事件は、教科書自体の記述が直接の契機となったものでなく、喜田の『教師用国定教科書』（明治四三年）や『国史之教育』（明治四三年六月）の著書が氏の講演会の中で問題視されたものである。喜田自身の『六十年之回顧』によると、(8)最初は一一月の初め頃に東京高等師範学校で中等教員の地歴講習会、ついで一二月の六日～一四日までの文部省主催の師範学校修身科講習会があったが、その時聴講に来ていた峯間信吉（富士前小学校校長）を中心に、喜田の南北朝対立説が攻撃された。それが、翌明治四四年をむかえて読売新聞紙上でもとりあげられ、[9]果ては政争の場にまでもちだされて政治問題に発展してしまった。大阪府選出の無所属代議士藤沢元造が衆議院にこの事件について質問書を提出したのである。当時の第二次桂太郎内閣がこの事態を憂慮して藤沢に対して懐柔策を弄して、なんとかして藤沢の質問書を取り下げることに成功した。この事件は結局、喜田の休職処分・教科書編集官の辞職、二十三課「南北朝」の教科書改定という形で決着をみた。

喜田にとって不幸だったのは、明治四四年一月にいわゆる「大逆事件」とされた幸徳秋水事件の判決があって、世論は大義名分――南朝正統論に敏感になっている時であった。『回顧』によれば、大逆事件と南北朝正閏論争が結びつけられ、「はては喜田は幸徳一派の一味で、国体を破壊し、国体の顛覆を図るべく、永遠の計画を以って先ず其の思想を小学児童に植え付けんとするものだとのデマまでが飛んで来る」、さらに暗殺を示唆する脅迫状まで舞い込んでくる始末であった。

喜田貞吉

そこで巻頭に小松原文部大臣の賞讃的序文のついていた『国史之教育』[10]や、『南北朝』[11]（明治四三年三月）によって喜田自身の南北朝の考え方をみておこう。

喜田は、(1)南北朝が歴史上の一種の変態であること、(2)明治九年の元老院の「纂輯御系図」をみると北朝の天皇も天皇として認めながらも、南朝によって御歴代を数えており、そこではこの御系図は一時の挙で、宮内省修理の御系図の出現をまって補綴したいといってはいるが、宮内省の方では今もって発表していないこと、(3)太陽暦では、御歴代の御祭日として南朝の天皇も北朝の天皇も同様に掲記されているし、また宮内省諸陵寮では両朝の天皇が御陵として取り扱われていることなどを指摘して、「実際に南北両朝に就いて正閏を定め、其の間に軽重を附することは慎まねばなるまい」といっている。とくに「国史教育上に於いて教師が児童に向ひ、従来天皇として尊栄し奉り、現在に於いて亦天皇として同様に御祭典をも行われ、其の御陵の如きも同様に尊敬を以ってお扱ひになって居らるる御方々を容易に判断し此の御方は真の天皇ではない、此の御方は偽であるなどと論ずることは避くべきことと存じます」と述べている。

以上の喜田の考え方は、現皇室（北朝系）に対する配慮が大きいが、喜田の南北朝に対する歴史的見方からもきている。喜田によれば南北朝の争いは、南朝（大覚寺統）の御筋が栄えるか、北朝（持明院統）の御筋が栄えるかという争いでなく、武家政治復興を望む武家方と天皇親政の御代を望む宮方との争いであって、北朝の天皇は直接事に関係はない。尊氏が自分の私欲で己《おの》が賊名を遂げんがため北朝の天皇を奉戴したのである。その意味で尊氏は南朝に対して朝敵のみならず北朝に対しても不忠の臣である。即ち、南北朝の争いは皇位争いではないから、南北正閏論に立ち入る必要はないというものであった。

次に、光厳天皇について。一般的にはこの天皇を北朝五主の一人として首《はじめ》においているが、決して北朝の君ではない。また維新以後一般の歴史は『大日本史』に倣ってその存在を認めないが、南北朝以前の君としてその統治を認めなければならない。光厳天皇は、寿永の先例（安徳天皇が平家に擁せられて西海に赴いた時、後白河法皇の院宣によって後鳥羽天皇が擁立されたこと）によって、花園上皇の院宣で践祚《せんそ》し奉られたもので（一三三一年）、しかも皇太子（量仁《かずひと》親王）であった。その後、光厳天皇は、後醍醐天皇より三種の神器[12]をうけてりっぱに即位の礼もあげた。してみると、単純に神器の所在をもって皇位の正、不正を論ずる筆法よりしてこの天皇の位を否認することは絶対にできない。況んや後醍醐天皇が隠岐にましました間は、事実に於いて主権は行わせられず、光厳天皇が天下を治《しら》しめされたのであった。その意味では光厳天皇の位は寿永の後鳥羽天皇より余程根拠の強いものである。とくに神器と天皇位の関係について、「よしや光厳天皇にお授けになった御品が擬器であったと致しても、又光明天皇がお伝えになった御品が新しく作られた御品であっても其れを奉じ、院宣に基づき、形式通りに御位に即き給ひ、実際に天が下を知らしめしたならば其の皇位は、否定すべからざるものである」と述べて、皇位を現実論の立場に立って考えている。最後に喜田は、冷静に考えた場合、今上《きんじょう》天皇陛下は持明院（北朝）の流れであるから国史教育においては特に注意しなければならないこと、また南朝の忠臣を賞揚せんとする余り、万一北朝の天皇まで不正な君であったかの如く考え敬を失する様なことがあってはならぬと配慮したまとめをしている。

以上にみた点、喜田の書いた教師用国定教科書（『尋常小学校日本歴史』巻二）では、どうなっているのであろうか。そこでは、本課（第二十三課「南北朝」）の要旨として以下のような狙いが述べられている。

本課に於いては御深草・亀山両天皇が御兄弟を以て相継て即位し給ひしより、皇位は両皇統の間に交互に継承せらるることとなり、姦臣之に乗じて其の私を成し、遂に南北両朝の対立を見るに至りし顛末をあきらかにせんことを要す（傍点、筆者）。

ここで、姦臣といっているのは、足利尊氏（補1）のことである。また「南北両朝の正閏について」は、要するに鎌倉時代に於いて持明院と大覚寺の両統が交互に皇位を継承していたものが、「偶々時を同じくして南北に対立し給ひし一時の現象にして、容易に其の間に正閏軽重を論ずべきに非ざるなり」としている。

「宮方と武家方につきて」の項では、以下のごとき注意が述べられている。

……足利尊氏はもと武家政治の再興を希望せる者にして、之に従へる将士も亦所謂《いわゆる》武家方なれば、固より皇室に対する忠誠の士とは謂ふべからず。之に反して楠木正成・同正行・新田義貞・北畠親房・同顕家・名和長年等宮方の人々は何れも勤王の忠臣にして、一意王政の復興に努め、終始其の筋を変ぜず、是れ一旦緩急あるに際して義勇公に奉じたる者なり。されば教師は南北朝の事歴を説くに当たり、児童をして是等忠臣の人となりを敬慕せしめ、忠君の精神を涵養せしめんことを要す（傍点、筆者）。

右の注意をみる限り、教育上、十分皇室のことが配慮されているし、姦臣・忠臣の区別も強調されている。なんら喜田が教科書編修官の辞任にまで追い込いこまれるような問題ではなかったのである。むしろ、喜田は自分の学説を抑え、国史教育との調和をはかっているとみられる。もっとも、学説を抑えるといっても、児童の教育上の配慮からきていることであって、喜田は「国史教育は必ず真正なる事実の上に築き上げられねばならぬ。ただ、被教育者の程度如何によりて、材料の取捨選択を試み説明の方法に加ふることを必要とするのみです」（傍点、筆者）といっており、また「虚偽の歴史の上に強ひて愛国者を作れ、尊王者を作れという様な、そんな方法は採りません」ともいっているのである。

以上の点は、種々の誤解を解くために小松原英太郎文部大臣に提出した開陳書(13)（明治四四年二月一七日付）のなかでも、真意と配慮の苦心がみられる。

小官ノ所説ハ（中略）南北朝正閏問題ニ触ルルコトナク、臣下ノ側ニツキテハ正邪順逆ノアル所ヲ明ニシ国民教育ノ本旨ヲ達スベシトノ義ニ外ナラズ。随ツテ其ノ所説固ヨリ北朝正統論ニアラズ、南北対等論ニモアラズ。其ノ容易ニ正閏《せいじゅん》軽重ヲ論ズベキニアラズトハ、正閏軽重ナシトノ義ニアラズシテ年少児童ニ対シ軽々シク正閏軽重ヲ説キテ敬ヲ失スルコトナカラントノ義ニ有之候

また、喜田が神器を一つの器物に過ぎずとして権力論を説いているとの批判に対しては、それは誤解であるとして開陳書で以下のように述べている。

過去ニ於テハ史上ニ変態アリテ、或ハ神器ニ所ニ分レタルコトアリ、或ハ宮中ヨリ出デタルコトモアリ、神器モトヨリ無上ノ尊器ナレドモ、既ニ右ノ如キ史実アル上ハ、必ズシモ神器所在ノ一理由ノミニヨリテ、過去ニ於ケル皇

位ノ正閏ヲ決定スベキニアラズ。必ズ他ノ条件ヲモ併セ考フルヲ要ストノ意ヲ演述セシモノニ有之候

結局、喜田の教科書編修官の辞職と教科書を改定することでこの事件も終息したのであるが、その結果、明治四四年の第二次国定教科書の改訂版が急遽つくられ、第二十三課「南北朝」が、「吉野の朝廷」（編者は広島高等師範の重田定一）に改められた。(14) 叙述上、以下のような相違が目につく。

第一に尊氏の専擅《せんせん》が強調され、その率いる軍が「賊軍」と規定されたこと、第二に北朝天皇は「〜院」と称されて、天皇位からはずされたこと、第三に楠木正成の忠臣さが一層強調されて湊川の戦いで「七生報国」の話がとりいれられたこと、第四に「南北朝合一」ではなく、後亀山天皇（南朝）の京都還幸となり、北朝の後小松天皇に神器を「伝え給ふ」たとされている（改定前の教科書では、神器を後小松天皇に「譲り給ひき」とあった）、第五に明治の世になって南朝忠臣の顕彰がなされたことが付加されている、第六に元号とともに紀元（皇紀）の紀年法が新しく使われている。

改訂版の教師用『尋常小学日本歴史』巻一では、本課の要旨を以下のように述べている。

> 本課に於いては、建武中興の業挫折し、姦猾なる尊氏が勢に乗じ皇族を擁立し其の私を成し、朝廷吉野に移るの已《や》むを得ざるに至りし事情を知らしむると共に、北畠・新田・楠木・名和・菊池等諸氏が何れも勤王の赤誠を致し、父子兄弟相継ぎてその節を変ぜず一意王政の復興に努めし事蹟を説き、児童をして、是等忠臣の人となりを敬慕せしめ忠君の精神を涵養せんことを要す。（傍点、筆者）

改訂版が一層歴史離れして教化的になっていることが容易にわかる。ともかくこの改訂によって歴史教育上は南朝正統説が公認のイデオロギーとなったのである。(15) 喜田は南朝正統説の「論拠は実に大日本史、日本政記の旨趣と同じものにして、武家時代に於ける而も当時の不完全なる歴史研究が王政維新後既に四十余年を過ぎ史学の研究も進める明治今

日の世論となりて、遂に勝を制するに至りしなり」とこの事件をふりかえっている。南北正閏論とは、その論争の過程の中で歴史学上の研究が必要となってくるが、結局は政治論議である。喜田自身は、そうした南北正閏論争から離れて事実の上に立って、しかも歴史教育＝国体教育という点を配慮して南北朝という時代を解釈しようとした。それは、すでにみたように喜田が南北朝の争いは、朝廷には関係のない武家方と宮方の争いであると解釈していることによってもわかる。もっとも喜田も国体論の枠に規制されて武家政治は変態であるといっているのであるが、しかし喜田の武家政治の見方には歴史家らしいリアルな見方になっている。例えば鎌倉幕府が起こったのは、実に天下が之を要求したのであるとし、承久の乱で三上皇を遠島にしたのは大不敬であるが、北条氏からみれば、天下の静謐にはかえられないというつもりであったろうとみている。即ち、喜田は武家の実力、その出現の必然性を歴史的に考えていたのであって、武家政治を変態とみているのは、当時の国体論からの発言とみられる。

なお、海後宗臣が指摘しているように、[16] 明治一四年の小学校教則綱領（十四条）にすでに「南北朝の両立」という項目が明記されていた。また明治二三年九月に発行された『稿本国史眼』（重野安繹・久米邦武・星野恒仝纂）は、編者三人が帝国大学文科大学教授ということもあって権威ある通史として通用していたのであるが、そこでも南北朝対立論をとっていることはよく知られていた。喜田が国定教科書に南北朝対立で叙述したからといって、当時（明治三六年発行）は全く問題ではなかったのである。

2　南北朝正閏論争

（1）

そこで次に南北朝正閏論争についてみておこう。

一般に江戸時代までは、『神皇正統記』（北畠親房、一三三七年）、『増鏡』（応安年間〈一三六八～一三七五〉の成立か）を除いて南朝正統説はみえないのであるが、江戸時代になって、とくに『大日本史』（三九七巻。徳川光圀により着手、明治三九〈一九〇六〉年完成）以後、明確な南朝正統説が目立ってくる。その研究史については、喜田貞吉『南北朝論』[17]、山崎藤吉・堀江秀雄『南北朝正閏論纂』[18]、本多辰二郎・花見朔巳監修『異説日本史第四巻、人物編四』[19]、村田正志『南北朝史論』[20]などを参照されたい。ここでは、明治時代以降の南北朝対立説、北朝正統説、南朝正統説のそれぞれについてその論拠をまとめておこう。

まず南北朝対立説であるが、すでにみた喜田貞吉がそれであったが、その外、三上参次[21]・久米邦武[22]がそれであった。

（1）皇位の正閏は口をさしはさむべき問題ではない。支那（中国）のごとく革命の多い国では正閏は論ずる必要はあろうが、日本のような国体の国には必要はない。それは、一時の変態に過ぎない。また、南北朝ともに正当の皇系に属するから万世一系であり、南北朝対立であっても、少しも国体に影響する所はない。

（2）南北朝の対立とは、実に足利氏の武家方と、新田・北畠の公家方の争いであって、足利尊氏がたとえ姦臣であったとしても、それは北朝の天皇には関係のないことである。

（3）一時の変態としてみとめず、強いて正閏論を主張することは事実に伴わざる道徳説である。事実を知らず或は誤解し、又曲解し、それにもとづいて道徳を説いてはならない。

（4）両朝の対立を認めたからといって、それがために国民道徳の根本が覆ることはないし、又君国に忠愛なることは十分できる。大義名分は大事であるが、それを唯一の理由として、十分史実を明らかにせずして御歴代を是非することは不穏当である。

（5）皇位と主権がわかれた院政時代、上皇側と天皇側との争いであった保元の乱、寿永の変における「天に二日、地に二王をみる」現象の道徳的判断はいかん。

（6）国家統治の主権を行う御政務は京都の北朝において行われていたものであって、当時の臣民は職分として各々その仕ふる所に忠を尽くしていた。従って、これを不忠ということはできぬ。ただ、神器を大切に護るのが天子の職務とは思われない。(23)

以上、よくみると、南北朝対立説は南朝正統説に対する反論の姿勢が起点となっている。北朝正統説が武家社会という歴史的事実の積み重ねが背景にあって主張されたのに対して、南朝正統説が真に大義名分論として、熱烈なイデオロギーとして強調されだしたのは、『大日本史』がはじめてなのであって、それを頼山陽の『日本外史』『日本政記』が強烈に鼓舞したのである。いわば正統性ということを論拠に南北朝時代の歴史的逆転をイデオロギー的に果し、それを明治維新の王政復古にあてはめようとするものであった。こうした南朝正統説に対して、歴史学としての学問、実証主義の立場を堅持しようとするもののなかから、南北朝対立論が出てきたのであり、また北朝正統説も「正統性」を云々しているけれども立場（姿勢）は南北朝対立説と同じである。南北朝対立説の立場は、いろいろいってはいるが、畢竟「事実」尊重の立場で道徳論を差し控えるというものであった。そして対立論者の事実認識は、北朝正統論者ほどは強烈ではなかったにしても、南北朝の時代というのは、武家の時代であるという認識が根底にある。このことは、北朝正統説の場合、もっと力強く「威力」＝実力という形で主張されている。

北朝正統説の根拠は以下のようなものである。

（1）皇位というのは、国家の威力の源泉である。故に皇位の正統は国家の威力の存する所でなければならない。古今三千年の歴史上の興亡は「理」によって生じたのではなく、「力」によって起こった。「力」を離れたる大義名分は「紙上の空名」にすぎない。

（2）天意人心が南朝に向かわず北朝に帰したのであるから、事実上の正統をもって法理上の正統性とするまでである。天下の帰順ということは天人合意の結果としてすべての正統なる天皇の資格となっている。即ち、正統の皇系に属し、天下の民心帰服するときは正統の天皇とみなされる。

（3）北朝系の皇統は、千代万世と栄えているが、南朝の系統は衰滅している（南朝正統論者は、南北朝正閏論は現皇室に関係のない問題であるといっている)。

(4)『太平記』『梅松論』の如く、南朝方の書物にすら北朝の年号(元号)を用いている。

(5)正嫡、血統上、持明院統(北朝)は後嵯峨天皇の長子を引き継ぐ正流である。

(6)神器の所持だけをもって皇位の正統性を云々するのは、たとえば寿永の先例(寿永二〈一一八三〉年)や嘉吉の事件[24](嘉吉三〈一四四三〉年、)をみるが如く問題である。また、南朝側に神器が一貫してあったとするのも問題である。

(7)北朝の初代とされている光厳天皇は、寿永の先例(平氏一門が幼主安徳天皇を擁して神器を奉じて西走してしまったため、後鳥羽天皇は神器の伝授のないまま後白河法皇の院宣によって践祚した)によって皇位を践んだ。光厳が皇位を継承すべきことは、両統迭立の習慣を確定した文保の御和談(一三一七年)によってすでに決まっていたものであって、後醍醐天皇の処置(元弘三年の遷幸の折、光厳の在位中に行われた一切の事を否定して、単に皇太子とされたこと)は不当である。

(8)南北朝の合一について。[25]北朝の後小松天皇が南朝の後亀山天皇より正統を継承されたということでない。実際に受禅の儀式もなく、立太子といい、受禅といい、即位大嘗祭といい、北朝の後円融天皇の跡を相続したものである。いわば南朝が北朝に合一されたものである。また、神器の移動も文治の例(安徳天皇が壇ノ浦で神器とともに入水、その後神器が京都へ帰洛する)にみるように、神器の授受ではなく、帰洛、還御と考えられる。

以上、北朝正統論をみてきたが、その注意すべきは、事実という点を重くみて、「国家の威力」、「天下人心の帰順」に正統性の根拠があるとする点である。これは正統性論争より事実関係そのものを重視しようとする対立説と基本的に変わらない立場である。この辺《あた》りをよく語っているのは、北朝正統説に立つ吉田東伍の「此に維新以来の時代の思潮に従ひ輿論人気に従ひ、南朝を正統と変改せらるるもよかろう、即ち国家の威力である。併し、これは過去の歴史上の事実とは全く無関係である。明治以後の政治や思想や、教育上では南朝正統と法定せられても歴史の史学、史論上よりは、尚ほ論ずべき余地がある」（傍点、筆者）という意見である。[26] 即ち、南朝正統説が政府によって主張されだされたとしても、「歴史上の事実は抹殺することはできぬ」とする立場である。

以上のような立場（主張）の背景には、南北朝という時代に対する一つの見方（それは対立説と同じであるが）がある。たとえば北朝正統論者の一人浮田和民は、「中古以来世の中は武家政治でなければ治まらぬ時勢となった。然るに朝廷漫に武家を倒さんとせられたのは承久の謬《あやま》りである。天皇親政といへば、其の名は美であるが、実は公家専制ということに帰結する。蒙古襲来の時武家がなかったら日本はどうなっていたであろうか。思ひやらるるではないか。建武中興の御政治は正しく承久の目的を達せんとして失敗に終ったものである。武家政治でなければ治まらぬ世の中には公家政治は悪政治である。政治の内容を見ずして南朝を正位とし北朝を不正位とする今日の議論は理論上正確といふことは出来ぬ」と述べている。[27] ここには、武家政治の支配的流れを素直にみとめようとするリアルな歴史的姿勢がある。この姿勢をおしすすめていったら、正統論争は吹っ飛ぶのである。

最後に南朝正統説の論拠をみてみよう。

（1）神器があるところに正統性がある。[28] 神器は後醍醐天皇が一貫してまもりぬいた。

（2）元来、大覚寺統（南朝）は、両統迭立を否認していた。文保の御和談は、持明院統（北朝）の運動によって北条氏に圧せられた結果であって、決して後宇多天皇が進んで行った結果ではない。

（3）光厳院が皇位を践んだのは後醍醐天皇が位を譲られたからでない。神器相伝のないまま北条氏に擁立されたのである。皇位の継承は臣下のあえて容喙《ようかい》すべきものでない。

（4）絶対的主権が次の天皇に移るのは、前天皇が次の天皇の即位を承認されるか、又は前の天皇の崩御《ほうぎょ》によってはじめてできることである。前の天皇が承認された証拠のない間は次の天皇を正統となすことはできない。後醍醐天皇はどこまでも光厳天皇の即位を認めなかった。

（5）後嵯峨天皇の遺勅には亀山院系（大覚寺）が代々皇位を伝えるように遺命があった（『梅松論』）、他方、後深草上皇（持明院）には長講堂領を領するかわりに子孫に皇位を伝えることを断念させた。いわば、後嵯峨天皇の素意《そい》は亀山天皇にあったのであって正理（継承手続における正しさ）は南朝側にある。

（6）南北朝合一について。神器の移動はこれを授受とみて、父子の礼をもって授受されたもので、後小松天皇への譲位とみる。

以上、南朝正統説の論拠を種々みてきたが、結局つまるところは「南朝の天子が儼然として存するに、奸賊逆臣たる尊氏が自家の方便として敢て擁立したる北朝の天子は、その正しき皇胤たるの故を以て正統の天子と申し奉るべきか」[29]という点に南朝正統説の本音があるとみるべきであろう。とすると、後醍醐天皇に反抗するものは正統でないということになり、それでは何故に後醍醐天皇が正統で北朝の天皇は正統でないのかという問題に再び帰らざるをえない。

（2）

ところで南北朝正閏論争というのは、実際のところ学問（歴史学）の上の問題にはならず、明治維新とその後の近代国家の性格、有り方をめぐるイデオロギー的な問題であった。そのことをよく示しているのは、喜田貞吉の筆禍事件を世間に広めることになった読売新聞の社説「南北朝対立問題――国定教科書の失態――」であった。

明治維新は、足利尊氏の再興したる武門政治の顚覆にして、又北朝の憑拠したる征夷大将軍の断絶なり。而して斯の大業を誘致したる唯一の導火線は、水戸侯源光圀、頼山陽、其他幾多の学者が、南朝を宗としたる尊王論の深く天下の人心を刺激したるに在り（中略）今日の盛運は実に大西郷、吉田松陰、谷重遠を透して、水戸学に興奮《（通）》されたる薩長土の賜《たまもの》に帰せざる可らず。是を以って維新後聖上は御身実に北朝皇胤に亘《わた》らせ給ふにも拘はらず、果然南朝元勲に贈位し、別格官幣社に祀り、将た其子孫をも華族に列し、以って丕《おおい》に斯の大義名分を明にさせ給へり。

ここでは、南朝正統論（水戸学の尊王論、大義名分論）のイデオロギーが徳川幕府を倒し、明治維新を成就させたとみているわけである。いわば、徳川幕府を北朝とみ、尊皇攘夷の志士を南朝の忠臣と重ね合わせているのである。

ところで明治維新の王政復古は、玉松操や矢野玄道などの平田系国学者によって神武天皇創業にまで遡るのであって、決して水戸学のいうような建武新政（天皇親政）の再現ではなかった。また、南朝正統説の主張した尊王論は、攘夷とむすびつき尊王攘夷運動として反幕府運動の原動力となったが、実際は尊王攘夷運動は倒幕にむすびつかず、薩長土の「攘夷」が「大攘夷」＝開国へと展開して倒幕に至ったことは周知の事実であろう。したがって、社説のいうように明治維新への導火線として南朝正統論（尊王論）がその役割を果たしたのかというと疑問である。天皇親政が実現できなかったのも「王政復古」ではなかったということになろう。まさしく、明治維新は欧米列強の対外的脅威に対して倒幕を通して近代国家建設へと向かわなければならなかったのであり、維新政府は不断に自己変革をくりかえしながら立憲君主制の近代国家を完成したのである。

南北正閏論争（喜田貞吉筆禍事件）は、むしろ明治の末年の時点での現実的な社会問題であったのである。先の読売新聞社説は以下のように述べている。

> 日本帝国に於て真に人格の判定を為すの標準は、知識徳行の優劣よりも先ず国民的情操、即ち大義名分の明否如何に在り。今の如く個人主義の日に発達し、ニヒリストさへ輩出する時代に於いては、特に緊要重大にして欠く可らず。而して国民に此の情操を豊富ならしむる方法は、実に国史の教育に若くものなし。然るに今文部省が国定教科書を以て「南北朝対立――順逆不二」の観念を第二代の国民に鼓吹せば、其結果は如何。実に寒心に堪へざるなり。

右では、個人主義、ニヒリストの輩出する危機的社会情勢のなかにあって、人として、また臣民として守るべき道義上の責任（大義名分）、即ち君（天皇）に対する忠誠心が国民的情操（道徳）として強調されている。そしてそのためには、国定教科書日本歴史にみる南北朝対立説では、「順逆不二」、即ち正閏があいまいになってしまうという。いわば、正＝忠臣、閏＝逆臣（賊）の区別をはっきりさせなくてはならないとする論でもある。(30)

さて、正統論争のなかでは三種の神器の問題は重要である。ただ、その由来や所在につては大変に複雑である点もかんがみて少しばかり整理しておきたい。(31)

三種の神器というのは、ふつう皇位のしるしとされている八咫鏡《やたのかがみ》、草薙剣《くさなぎのつるぎ》（天叢雲剣《あめのむらくものつるぎ》）、八尺瓊勾玉《やさかにのまがたま》の三つの宝器の総称である。その由来は、八咫鏡と八尺瓊勾玉は天照大神が天岩屋に隠れた時、大神を招きよせるために作られたもの、草薙剣は本来は天叢雲剣といってスサノオノ尊が出雲国で八岐大蛇《やまたのおろち》を退治した時に獲得した剣で高天原の天照大神のもとに献上された。これらの神器は、天孫ニニギノ尊が高天原から日向に天降りする時、天照大神から授けられた（『古事記』、『日本書紀』神代の第一の一書にのみあらわれる(32)。このあとのことはよくわからないが、一〇代崇神天皇の時、天照大神の勢威があまりにも強いので「同床共殿」を避けて、豊鍬入姫命《とよすきいりびめのみこと》に大神を託《つ》けて倭《やまと》の笠縫邑《かさぬいむら》で祀らせた（『日本書紀』崇神天皇六年）。『古語拾遺』（斎部広成撰、大同二〈八〇七〉年成立）によると、この時、「天照大神及草薙剣」を遷したとあるから、天照大神の御神体とみられていた八咫鏡と剣が宮中から移動したことになる。次に垂仁天皇の代になって、倭姫命《やまとひめのみこと》に天照大神を託けて大神の鎮座する処を求めて、伊勢国の五十鈴の川上に祠を立てる。この時、鏡と剣も移動したと思われる。そのように推測するのは、次の景行天皇の代になって、ヤマトタケル命が蝦夷征伐をする際に伊勢内宮に立ちより姨の倭姫命から草薙剣を授けられるからである。命はこの神剣によって相模国で難をのがれ、帰還する時、その剣を尾張の宮簀媛《みやずひめ》の家に置いてくる。（『日本書紀』四十七年是歳条、『古事記』景行天皇段）。『日本書紀』によれば、「日本武尊の佩《は》せる草薙の横刀は、是今、尾張国の年魚市《あゆち》郡の熱田社に在り」（景行天皇五十一年八月条）とあって、三種の神器の一つである草薙剣は熱田神宮の御神体となっている。一方、八咫鏡はそのまま伊勢内宮の御神体として祭祀されている。また、勾玉の方は、ハッキリした伝承はなく、宮中にそのまま伝えられていたことになっている。

そこで問題になるのは、新帝の即位の時に伝授されるいわゆる「三種の神器」のことである。それらが、伊勢内宮や熱田神宮の御神体としての「三種の神器」とどう関係があるのか。一般的には「磯城《しき》の瑞垣《みずがき》の朝《みかど》（崇神天皇――引用者）に至りて、漸《やくやく》に神（天照大神――引用者）の威を畏《おそ》りて、殿を同くしたまふに安からず。故、更に斎部《いんべ》氏をして石凝姥《いしこりどめ》神が裔《すえ》・天目一箇《あめのまひとつ》神が裔の二氏を率て、更に鏡を鋳《い》、剣を造らしめて、護《まもり》の御璽《みしるし》と為す。是、今践祚す日に、献る神璽の鏡・剣なり。仍りて、倭の笠縫邑に就きて、殊に磯城の神籬《ひもろぎ》を立てて、天照大神及草薙剣を遷し奉りて、皇女豊鍬入姫命をして斎《いは》ひ奉らしむ」（『古語拾遺』）が典拠とされ、践祚（即位）の時の鏡・剣は、「同床共殿」の天照大神を笠縫に遷す時、護身用として新造したものとされている。『古語拾遺』は、天照大神（八咫鏡）と草薙剣を関連づけているから、践祚用の神器は模造説ということになろうか。そして、それは天照大神の神威と結びつけられ、その正統性が保証されたということにもなる。

以上は、諸文献を整合的に解釈しての一般的理解であるが、勿論学問的には問題がある。実際即位（践祚）の時、神器が二種（剣と鏡）であったか三種であったか議論があり、また伊勢や熱田の神器（御神体）は即位用の宝器（レガリア）の起源説話で本来は無関係であったとみる見解も根強い[33]。次に南北朝における神器の所在についてみておこう。

まず㋑北朝の第一代とされる光厳天皇の場合、神器は後醍醐天皇によって笠置山に奉ぜられていたため（元弘の乱における天皇の笠置山籠城）、神器なしで践祚した。その後、笠置山が落ち、後醍醐天皇は六波羅に遷され、光厳天皇に神器の渡御が行われた。南朝正統論者は、この神器を偽器として、実際は後醍醐天皇が隠岐に本物の神器を携えていったとしている。そして、光厳天皇は、北条鎌倉幕府の滅亡と後醍醐天皇の帰洛、即ち建武の新政によって廃される。

次に㋺光明天皇は、後醍醐天皇との対抗上足利尊氏によって擁立されたものであるが、寿永、元弘（光厳）の先例に倣って光厳上皇の院宣によって践祚したもので、神器はなかった。ところがその後、後醍醐天皇が尊氏によって花山院に幽閉されて、その結果光明天皇に神器の渡御があったが、南朝正統論者はこの時の神器は偽器で、本物は後醍醐天皇が密かに吉野へ携えて逃げたのだとしている（『神皇正統記』）。

その後、足利尊氏・義詮親子と弟の直義との内紛があり、尊氏は南朝に一時降伏することになる（観応《かんのう》の擾乱）。このため北朝の㋩第三代崇光《すこう》天皇と皇太子直仁親王は廃され、北朝の年号「観応」も廃されたので、北朝は一時廃絶となり、南朝に統一された（正平の一統）。この時北朝伝来の神器は南朝に渡ることになる（もっとも、北朝の神器を偽器だとすると、その偽器の接収ということになる）。そして、南朝の後村上天皇の入京、足利政権の接収が始まるという段取りになるが、やがて勢いを盛り返した足利尊氏・義詮は後村上天皇以下南朝の君臣を京から追放する。しかし北朝の三上皇（光厳、光明、崇光）、廃太子はすべて連れ去られてしまったため、足利氏側（北朝）は光厳上皇の第三皇子弥仁を上皇の院宣もなく、神器もないまま践祚させるという異例の措置をとった（これを㋥後光厳天皇という）。神器は京都を退去する際、後村上天皇が吉野へ持ち去ってしまったと伝えられている。したがって、北朝では次に㋭後円融天皇の時も、㋬後小松天皇の時も神器のないままの践祚であったが、ただ後小松天皇の場合は治世の後半は南北朝合一によって神器が渡御されたわけである。こうした事態を北朝正統論者は一時の変態とみて神器がようやく明徳三（一三九二）年に帰洛したと解釈していることはすでにみた。

以上、三種の神器の問題もふくめて考えると、正統論争というのは、きわめて歴史離れしている論争であった。歴史

南北朝天皇家略系図

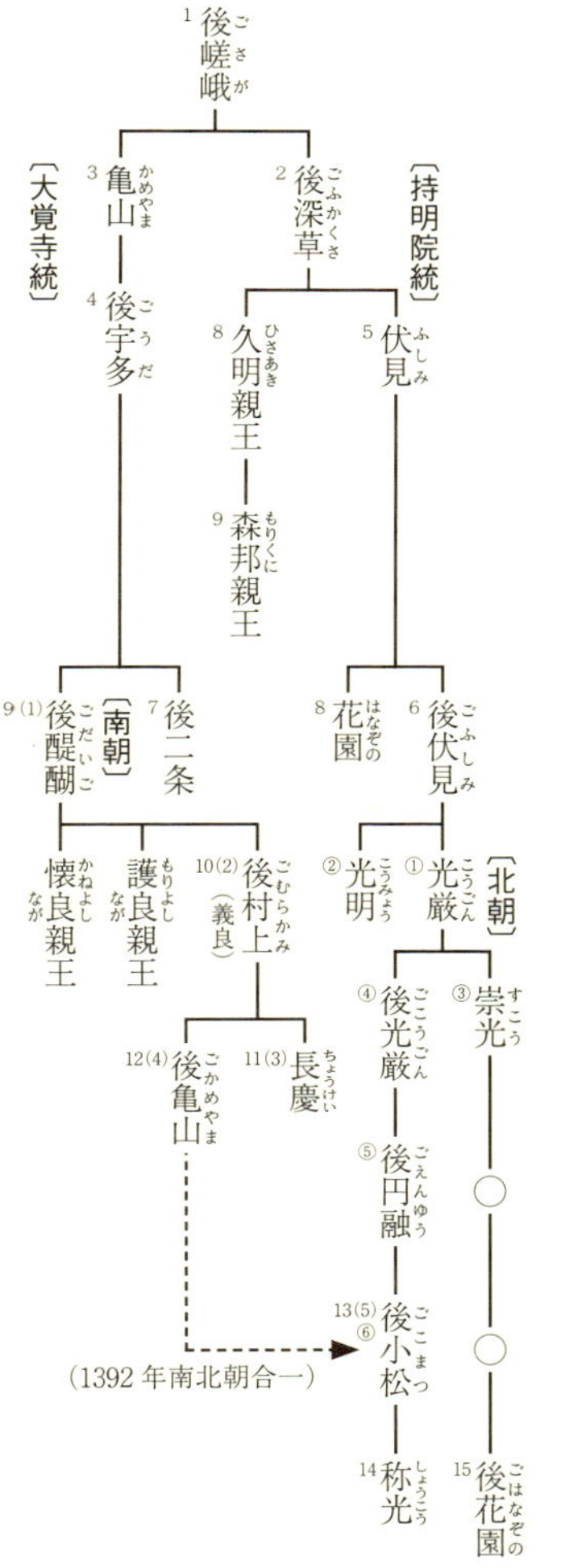

数字は皇位継承の順、○印の数字は北朝、( )印の数字は南朝の皇位継承権の順。

の事実という立場に立つ時、いわば「正統性」が貫徹していないのが歴史の現実であって、その意味で歴史は変態の連続であったともいえる。

3　国史教育と日本精神論

（1）

さて、第六期の国定教科書「初等科国史」上下（昭和一八年）は、国定教科書としてはそれ以前と比較して特異な位置にある。戦中という非常時の中にあって国史（大正九〈一九二〇〉年、日本歴史から国史へと名称がかわった）は、国語、修身、地理とともに国民科のなかに含まれることになった。国民科は、国体の精華を明らかにして国民精神を涵養し、皇国の使命を自覚せしめる教科であった。[34]

この六期の教科書は、それまでの人物本位の編集を改めて以下のような目録となった。

第一　神国　一　高千穂の峰　二　橿原の宮居　三　五十鈴川
第二　大和の国原　一　かまどの煙　二　法隆寺　三　大化のまつりごと
第三　奈良の都　一　都大路と国分寺　二　遣唐使と防人
第四　京都と地方　一　平安京　二　鳳凰堂　（以上、古代の部分）

解題（『日本教科書大系　近代篇　第20巻歴史（三）』）によると、人物中心の編集を改めたのは、君臣の分を明らかにして大義名分を正すためであり、そのためには臣下と天皇を同列にして題目としていた（例えば、九　和気清麻呂、十一最澄と空海、十二　菅原道真などが天皇とともに目録に掲げられていた）のでは大義名分に反して穏当でないという理由からであったらしい。また国史読本ともいうべき性格のものとして、美文調を以て歴史叙述を始めているのも特徴の一つである。その結果、従来の教科書にもまして、一層史実としての歴史叙述は後退してしまったことは、この国定教科書を一読すれば容易にわかる。いわば史実をもって構成するよりは、説明的な文章が多くなり、まさしく国民科を構成する国史として訓話的読本になっているのである。例えば、第一の二　橿原の宮居の叙述をみてみよう。

日向三代ののちは、神武天皇の御代であります。雲間にそびえる高千穂の峰から御恵みの風が吹きおろして、筑紫の民草はよくなつきました。ただ遠くはなれた東の方にはまだまだ御恵みを知らないわるものがいて勢を張り人々を苦しめていました。

このあと天皇による大和平定の叙述があり、以下のように続く。

大和地方はすっかりおさまって、香久畝傍耳成の三山がかすみのなかにぽっかりと浮んでみえます。民草はよみがえったやうに田や畠でせっせと働いています。やがて天皇は畝傍山のふもと、橿原《かしはら》に都をおさだめになり、この都を中心に大神の御心をひろめようと思し召し、かしこくも「八紘《あめのした》を掩《おお》いて宇《いえ》と為む」と仰せになりました。この年がわが国の紀元元年であります。（中略）。やがて鳥見の山中に天照大神を始め、神々をおごそかにおまつりになり、したしく大和平定の御事をおつげになりました。日本の国の基は神武天皇のかうした御苦心と御恵みによっていよいよ固くなっていきました。今、畝傍山の陵《みささぎ》を拝し、橿原神宮にお参りして天皇の御大業をはるかにおしのび申しますと、松風の音さへ二千六百年の昔を物語るようで日本に生まれたよろこびをひしひしと感じるのであります。

これをよむと、わずかな「事実」の何倍かのスペースをもって「事実」から離れた情景描写や説明文が記述されているのであって、国語読本を読む感じがする。なお、右の記述の「二千六百年」とは、神武即位紀元（皇紀）で、神武天皇の即位した辛酉の年（西暦では紀元前六六〇年）を起点に現代までを西暦風に及ぼしたもので、昭和一五（一九四〇）年は、皇紀二千六百年にあたり、この年はそれを記念して全国で盛大な祝賀行事が行われた。

昭和に入ると、世界的な金融恐慌がおこり不景気が引き続き、満州事変（昭和六〈一九三一〉年）を契機に中国大陸へ進出が開始される。

一方では、刑法学説が共産主義的であるとして休職処分をうけた京都帝国大学法学部教授滝川幸辰《ゆきとき》事件（昭和八年）、天皇機関説は国体に反するとして、その著書は発禁処分となり貴族院議員を辞任させられた美濃部達吉の国体明徴問題（昭和一〇年）、反戦思想によって東京帝国大学経済学部教授を辞職させられた矢内原忠雄筆禍事件（昭和一二年）、ファシズム批判によって、著書の発禁、東京帝国大学経済学部教授の席を休職させられた河合栄治郎事件（平賀粛学、昭和一四年）、記紀批判のため不敬罪の罪に問われた津田左右吉事件（昭和一五年）と一連の思想弾圧が展開された。いわば大正デモクラシー期の比較的平穏で無難な世界から暗黒の時代に突入していく。昭和になると、日本精神、大アジア主義などの国体を論ずる著作物、論文が急増し、また国史教育の使命を強調するものがふえてくる。天皇機関説追放の国体明徴運動のためか、人々は自分の態度を鮮明にせざるをえない雰囲気に駆り立てられているかのようであった。他方では「ものいえば口唇寒し」で沈黙をきめこむ人々もふえてくる。

国史教育についていえば、日本精神の陶冶、日本民族の使命の自覚を国史教育が担うべきだとする論調が目立ちはじめる。

皇国史観の主導者となった東京帝国大学文学部の平泉澄《きよし》は「歴史こそは国民教育の中心であり、その眼目であり、骨髄である」として、「国史教育は単なる年表的抜書を改めて、文化の展開、国民生活の発展、日本思想の進展を明らかにし、時代々の相違をはっきりと描写すると共に、それにも拘らず、国民三千年を貫ぬいて流れる所の精神を感得せしめなければならない」と述べ、「己を空うして公に奉じ生命を棄てて国家の為につくすといふ精神は、いうまでもなく、我が国の歴史を貫き三千年の久しきに亘って儼存している」という。[35] 広島高等師範訓導の大久保馨は、「要するに吾々日本人としての人格陶冶は日本精神を継承させ、これを発展させるにあるとする結論に達する。その為に最も役立つものは国史教育であり、且つ国史教育を措いて、真の日本人としての教育は他にありえない」として、楠木正成の「至誠純忠の精神こそ、実に日本精神なのである」といっている。[36]

また青山師範学校付属小学校教育研究会は「国体信念を培養し日本民族精神を涵養し日本の使命と国是とに対して理解と自覚を与えて天壌無窮の皇運を扶翼せんとする日本人的性格の陶冶を企図し、教授機関を通じ或は作業・体験等の実践を通じて国民的性格の覚醒・鍛練を為さんとするものである」と国史教育の使命について述べている。[37] もう少し教育の場に則してみてみると、右の研究会は樽崎浅太郎の『教育革新の本道』（昭和九年六月）を引用し「諸学科の中で神典を含む国史を最基本学科となし、これを深め又は統一化し実践化するに修身を以てし、この修身と国語を以て国史の姉妹科となしたい。是等の学科によって日本精神を喚起し、日本国の使命、日本国の根本国是並諸国是を充分に青少年の心に感銘せしめたい」としている。

それでは日本精神をどう説明しているか。それは日本民族の伝統的精神であり、①皇運無窮の信念、②君臣一体の信念、③犠牲奉仕の信念の内容をもつもので、それらの中心的根本的精神は「神ながらの精神」に帰一されるという。

この日本精神が強調されだしたのは、昭和にはいってからであるが、この言葉の提出は、国民性への理解とも重なってかなり恣意性を帯びてくる。即ち、原始より現代までの歴史の過程のなかで、自分が日本精神、あるいは国民性として感じられるものを適宜選びだし、いわばこうであらねばならないという形で理念化し、理想化して掲げる傾向が強い。

評論家、史論家として著名な徳富蘇峰は、『増補国民小訓』（昭和八年）のなかで「日本精神は、忠愛を以て経とし剛勇を以て緯とす。而して之を貫くに正義観念、責任観念を以てし、而して之を高調するに、崇高の勇気、純粋の情緒以てす」といっている。平泉澄も日本精神は「忠孝の精神、尚武の気象を以てその中核とす。この二者あって初めて日本は日本である。（中略）この精神の存する限り、日本は永久に栄える」（「日本の精神」[38]昭和五年三月）といい、「日本の歴史は日本精神の深遠なる相嗣、無窮の開展であって、その不退不転、不断不絶なる点において、凡そ歴史の典型的なるものであり、我等日本人をして初めてこの歴史を理解しうる」（『国史学の骨髄』昭和七年）として、日本史＝日本精神史ととらえている。また国学院大学長で国学者である河野省三『我が国体と日本精神』（昭和一〇年一二月）は、日本精神は幕末では日本魂、明治維新には皇道という名で現れ、日清戦争の時は大和魂、日露戦争では武士道という形で現れているといい、日本民族の伝統的情操である日本心《やまとごころ》（大和心）の特色は、神々しさ、天皇を親とも仰ぐ懐かしい気持、清々しさ、みやび、雄々しさ、大らかさであるとして、それらの根底は「清々しさ」に帰着するといっている。

哲学者として、「皇道哲学」を主唱した学習院大学教授紀平正美も①「何くそ」という外国語で以ては言い表しがたい一種の底力、反抗心、②「清明心」という心の穢醜《わいしゅう》を去った状態、③「あかぬけ」――濃厚なる甘さによって自己意識を強めるのではなく、淡泊なる酒の酔によって小我という垢を取りさって神の如くになるという日本酒的状態などを日本精神としてあげている（『日本精神』昭和五年九月）。

昭和期の国粋主義者として名高い大川周明の『日本二千六百年史』（昭和一五年刊）になると、日本軍の大陸侵攻が展開されているということもあって、日本主義の拡大された形でのアジア主義の主張となってくる。大川は「日本国家を創造し、且現に創造しつつあるものは、端的に日本精神、又は大和魂である」、日本精神の著しい特徴は「入り来る総ての思想、文明に「方向を与えることである」といい、印度《いんど》思想、支那文明・思想は「実に日本精神によりて正しき方向を与へられたが故に今日まで其の生命を護持し長養されてきた」として、「吾等の文明は全亜細亜《あじあ》思想の表現である」と主張している。いわば、印度思想、中国文明・思想は、日本の地に流れ込んできてそこで大きく育ったという岡倉天心以来の日本文化観が継承されている。

（2）

ところで、以上みてきたような日本精神論に対して、この時期に鋭いメスを入れたのが『日本イデオロギー論』（昭和一〇年）の著者、哲学者の戸坂潤である。

戸坂は、日本精神を「他人との合同調和」にもとめる紀平正美、日本精神の構成要素を「生命創造主義」「中正不偏」「輳合《そうごう》調和」「明朗」「進取膨張」「道の実行実践」とする高須芳次郎、「日本民族精神の本領は三種の神器にいみじくも表徴せられたように、清く明るき鏡の心より発する知恵の光を磨き、勇猛に正義の剣を振い、穆《ぼく》たる玉の如き徳を含んで、ついに神人合一、十六世界の全身とする努力をしなければならない」と主張する安岡正篤などを例にとりあげて、「日本精神主義なるものが如何に理論的実質に於て、空疎で雑然としたものか」「合理的に科学的に説明されていない」と批判する。そして、「それはその筈で、元来日本精神なるものは、或いは『日本』なるもの自身さえが日本主義にとっては説明されるべき対象でなくて、却って夫によって何かを相当勝手に説明するための方法乃至原理にほかならないからである」「日本主義は何等の内容もないと考えられると同時に、それと反対にどんな内容でも勝手にこれを押し込むことができる」ものだといっている。とくに戸坂は、先にみた高須の日本精神論を具体的に批判している。即ち、高須の日本精神の要素である「生命創造主義」は、ベルグソンの哲学、形而上学がこの名に値する。また「中正不偏」は、イギリス精神としての政治常識であること、「輳合調和の精神」はドイツ学術書などに模範的だし、「進取膨張」と「明朗」とはアメリカの建艦計画とヤンキー・ガールとが最も得意である。さらに「道の実行実践」は、いうまでもなくソヴィエト・ロシア精神ではないかとして、「日本精神がこういう外国精神から『構成』されているとすれば遺憾に耐えない」と皮肉っているのは痛烈な批判である。

この点、天皇機関説論者として著名な美濃部達吉も、これより早く総合雑誌『改造』（昭和四年一二月号）で、「皇道」「日本主義」「日本精神」「国家主義」「愛国主義」なる標語のもつ危険性を指摘している。(39)

美濃部は、「右の標語は吾々に快い美しい名称で誰も異議ないのであるが、抽象的観念でその語のみを以ては明白にそれによって示される思想を知りがたく、極端化され曲解される危険性がある」という。そして、「日本主義」「日本精神」「愛国主義」を「国家主義」という標語で代表させた上で、「国家主義」を検討する。

国策として「国家主義」は、その極端な形として国家を単に戦闘団体とみなして、国防――国家の戦闘力を強くすることが国家唯一の目的であるとして、一切の活動をこの目的を達するための手段たらしめようとする。これでは国民の福利を図るという国家目的の一つが失われる。美濃部は、現代の国家は決して単に戦闘団体としてのみ存在するものでなく、一般国民の生活の安全を保ちその福利を全うするための団体であり、列国と親交ある国際社会の一員として東洋の平和を維持し、東洋の文化に貢献するものだと指摘している。これは足音高くなる軍国主義への警告であった。

美濃部と同じく大正デモクラシーの中でも高い位置を占めていた津田左右吉にも「日本精神について」の考察がなされている。(40)

津田は、まず「日本精神」という標語を問題にする。それは、「やまとごころ」とか「大和魂」とかいう語があるのに何故ことさらに「日本精神」という「絶えず高い調子で叫ばれ、何となく物々しいところがある」言葉が用いられるのかとし、それは「日本精神がこうあるというよりは、こうでなければならぬという主張からであり、従ってそれは日本人のよい美しい一面を強調していい、または日本人のすべてにそれがなくてはならぬものとして要求されるものをいったものと解せられる」としている。そして歴史家らしく「日本精神という或固定したものが、古今を通じて動かずに変らずに存在するというのではない。だから日本精神を正しく理会しようとすれば、その歴史の発展の全過程の上にそれを求めねばならぬ」とし、「日本精神」論が遠い過去の時代にのみ、それらが求められ議論されているが、「現代において日本精神を説くのは現代日本のためであろうから、同じく過去を顧慮するにも、もっと近い過去に一層の注意を向けるのが適切ではないか」として「日本精神を現代から離れた過去にのみ求めることの不合理」を指摘する。そして、こうなったのは、「日本精神を世界的もしくはいわゆる欧米的な文化に対立するものとして考えるようになり、従って現代の日本は欧米文化、西洋文化に圧倒せられて日本の文化とそれに伴う日本固有の精神とが衰えたとし、そこから日本精神は欧米文化、西洋文化の入らない前の日本に求めねばならぬとしたのであろう」「この意味では、日本精神運動は、現代に対する一種の反抗的態度から出たものである」とした。

こうして津田は「現代生活の内面に動いている精神を日本精神として認め」なければならないとして、明治以降とくに日本人の現代生活の中に欧米文化に源を発した世界化した分子が古くから伝えられた分子と結びつき絡みあって、その全体を蔽《おお》って、それが現代生活（文化）の主潮となっていること、それがなくては日本の民族生活は全く失われてしまうことに注意をむけた。そしてこうした西洋に源を発して世界化した分子（例えば現代科学文化）は、西洋の文化ではなく日本文化であることを認識すべきであるとした。

日本精神論は、以上のような問題点、危険性をもっていたのであるが、この点、倫理学者としての和辻哲郎の「日本精神」[41]は、日本精神論に内在的な学問的考察を加えた点で注目してよい。

和辻は、日本精神という言葉は目下流行語の一つであるが、しかし人が日本精神とは何であるかと一度問い始めるとだんだんわからなくなってくると、冒頭で指摘する。そして、日本精神が保守的反動的な標語としてみられるのは、保守的反動的な方向を有する政治運動が日本精神という標語を「利用」する場合はもちろんであるが、そうでない場合も、この標語の示す国民的自覚の意識が根本的に把捉せられていない故であるという。以下、和辻の日本精神論への接近をまず方法論からみておこう。

人は日本精神論をその「発露」においてとらえるが（例えば爆弾三勇士の行為は日本精神の発露であるがごとき）、その場合、日本精神は行為における発露を媒介として初めて把捉せられるものでなく、発露をそれとして規定する基準としてすでにあらかじめ一定のイデオロギーが形成されている（例えば君国のための自己犠牲、忠君愛国）。ところが問題になるのは、それでは日本精神への通路を「発露」に求めるという方法的意義は失われてしまうし、またこのようなイデオロギーが何故に日本精神の発露をそれとして規定する規準に選ばれたかが新しく問題とされなければならない。したがって、社会的事象の中から単にその一契機にすぎぬ行為を取り出してそこに日本精神の発露を見るとするのは決して厳密な方法とはいえない。一般に日本民族の生活表現とみられるものはすべてこの発露である。即ち、生活のあらゆる方面に実現せられた日本の文化を通じてそこに発露した日本精神を捉えねばならないという。

以上の考え方は、戸坂や津田の日本精神論に通ずるものをもっている。それでは和辻のいう日本精神とは何か。日本精神をとらえる仕方は日本文化として「発露」せるものを通じて己れを表現せる主体的なるものに迫ることである。ところで日本文化を創造する主体はまさしく主体としての日本国民あるいは日本民族にほかならない。だから人が日本精神とよんでいるものは実は主体としての日本民族であるとしている。

右にみるように和辻の日本精神論は独特で、日本民族（国民）の全体的な文化へのかかわり方、創造という全体的な行為（立場）から日本精神を把捉することを提唱している。日本精神論を日本文化論という枠のなかで考えなおそうとする立場である。それでは、和辻の日本文化論はどう具体化されているか。

外国崇拝という日本民族・日本文化の特性は、日本民族が優れた文化に対してきわめて鋭敏な感受性をもつこと、及びかく感受せるものに対して自己を空しゅうして学び取るという謙虚な態度を持し得るということを示している。そして、この特性ゆえに日本民族は東洋文化と西洋文化との総合を否応無しに実現すべき状況におかれた。それは日本民族の理想主義のあらわれである。

次に日本文化の重層性を問題にして、かかる重層的構造において日本文化は世界的に比類がない。日本精神の把握はこのような日本文化を通じてなさなければならない。重層性とは、矛盾せるあらゆる契機をそれぞれ固有の生命において生かせるところの真の具体的統一性である。ところが、啓蒙主義というのは、歴史的考察を欠くのみならず、具体的なるもののただ一つの契機のみをとらえてそれを全体に代わらせようとする傾向にあり、対立者を生かすことなく破棄してしまう一つの抽象性であるという。

巨視的にみれば日本文化が、進取・開明－国粋・伝統・保守の交互運動であること、それが日本文化の重層性につながっていることは確かであり、そうした現象に対して一つの回答を出すことが日本文化論でもあるわけであるが、和辻は日本精神という課題から出発しながら、それを日本文化論（日本民族論でもあるのだが）にまで深化させた点は実に私達の現在の地点に立っても重要な検討課題だと思うのである。

和辻は結論で、日本精神は日本文化の主体であり、単純な一面的な〝魂〟のごときものでない、したがって日本精神という標語を政治運動のただ一つの方向にのみ独占することは、日本精神の把捉を誤らしめる最も大きな原因であるといい、日本人が真に日本的なるものを理解し、そうしてそれを否定したのであるならばそこに新しく日本的なるものを創造するであろう、そうでなくして日本的なるものを理解せずに否定するのであるならば大抵は昔ながらの外国崇拝という日本的特性を現わすにすぎまいといっている。

以上和辻の見解に紙面を割きすぎたが、要するに日本精神論は系譜的にみるならば、その時々の時代の政治的標語の一つとして流行してきたわけで、それになんらの学問的考察を加えることなく、昂揚的な気分のなかで教育への場に持ちこまれたことは、政治の教育への支配の一つの典型的な事例でもあったわけである。

4　近代史学の形成と那珂通世の紀年論

（1）

岩井忠熊は、近代史学の規準として、㋑宗教的・道徳的・政治的権威からの解放、㋺発展的歴史観、㋩史料批判＝実証主義的方法の三点をあげている。[42] 明治以降の史学も、例えば啓蒙史学（文明史学）は、㋑や㋺を追求してきたし、修史局学派（官立の国史編纂所、明治八〈一八七五〉年設立）ともいわれる重野安繹《やすつぐ》、久米邦武、星野恒《ひさし》らの人々（彼らは、修史局の事業が帝国大学文科大学に移管されたこともあって、帝国大学教授となって官学アカデミズム＝実証主義史学の基礎を

那珂通世

築いた）も、実証主義の確立に努めてきた。とくに、日本古代史においては、前記㈧はいわゆる『古事記』『日本書紀』批判（通常、記紀批判という）ということになるため、国体に触れることになった。那珂通世の『書紀』紀年批判や久米邦武の筆禍事件はその例であった。

まず那珂通世の『書紀』紀年批判からみてみよう。ただ、その前に『書紀』紀年について記しておきたい。

紀年とは、ある特定の年を紀元と定めて、それを起点として年を数えることであるが、日本では干支、西暦、年号（元号）、皇紀（戦前のもの）が知られている。我が国の正史である『日本書紀』には、初代神武天皇の即位元年を起点として第四一代持統天皇までをその治定（統治）年数をもって一代として天皇の代ごとに連続して編年しているので、これを「王代記」という。但し、神武天皇の即位の箇所では「辛酉年春正月の庚辰の朔《ついたち》に、天皇、橿原宮に即帝位《あまつひつぎしろしめ》す。是歳を天皇の元《はじめ》とす」とあるように、干支紀年が表記されており、原則として各天皇の即位年に太歳干支が示されている（但し、神武天皇の場合は、即位以前の東征の開始の年を〈太歳甲寅〉として例外をなしている）。いわば、『日本書紀』は干支紀年を基底において編年されているわけであって、神武の即位年の辛酉は西暦紀元前六六〇年にあたる。

『書紀』の紀年に関しては、とくに允恭天皇以前の絶対年代において中国史に比較してみると年代のズレ（懸隔）があり、また種々の誤謬があることが江戸時代から指摘されている。とくにこれからみていくように、神武天皇の即位辛酉年は紀元前六六〇年に当り、紀年がずいぶん遡って長く延長されている。これは応神天皇（第一五代）以前の初期の天皇群の年齢がはなはだしく長寿であり、その結果それに連動して統治期間（治世年数）がずいぶん長く延長されていることによる。そうしたことが明治の時代になって、実証主義の歴史学の方面から問題視されることになった。なお、『古事記』は編年体の史書ではないため、『古事記』だけをみる限りは、その天皇の時代が客観的にいつの時代かはわからないのである。但し、後にみるように崇神天皇以下一〇代の天皇の崩年干支《ほうねんかんし》が記されているので、客観的な古代天皇の年代判定の基準として利用しうる可能性がある。[43]

さて、那珂通世の紀年批判であるが、那珂といえば、近代東洋史の生みの親として有名であるが、日本古代史にもその実証主義的な健筆をふるった。[44]その那珂の紀年批判論は、「上古年代考」[45]（明治一一年）、「日本上古年代考」[46]（明治二一年）、「上世年紀考」[47]（明治三〇年）にみられる。ここでは第三論文の「上世年紀考」によって那珂説の大要をまとめておこう。

㋑　雄略以後には皇国の古史と朝鮮の古史との記事に異同なきも、允恭天皇以前にはきわだった牴牾《そご》があること

㋺　記・紀の応神以前の天皇の長寿（とくに書紀の方が長い）と六・七〇歳を過ぎて皇長子を生むという事態

㋩　書紀の年紀（紀年）の差謬多きこと

㊁　書紀の年紀によると、武内宿禰《たけのうちのすくね》、倭直麻呂《やまとのあたいまろ》の弟吾子籠《あごこ》、阿知使主《あちのおみ》、王仁《わに》などの異常な長寿者が出てくること

以上の㋑〜㊁のことを指摘して、書紀紀年が允恭以前において異常に延長されていると考えた。その原因は、日本の暦法が始まったのは推古朝であったこと、それ以前の記録は天皇即位の年数でなく朝鮮からの伝来の干支のみが用いられてその某干支が某天皇の何年にあたるかは容易に知りがたいものであったこと、そして書紀が支那の正史の実録の体裁に倣ったため「事ヲ叙スルニ年月ヲ掲ゲザルヲ得ズ、引用セル記録中ニ年月ノアリシ所ハ其儘《まま》用ヒテ、唯干支紀年ヲ数字紀元ニ改タメタルノミナレドモ、上代ニ遡ルニ従ヒ、年月ノ知レザル所益多カルベケレバ、此等ハ皆撰者ノ意ヲ以テ年月ヲ造リ成シテ、史体ヲ装飾セリ」という結果になったためであるとする。

ところで、右の撰者の造作、史体の装飾を具体的に指摘した箇所は神武即位紀年の辛酉年についてである。神武の辛酉即位年は、中国の讖緯《しんい》説（辛酉革命説）によって、推古天皇九年の辛酉より一蔀《ほう》＝二一元（一元は六〇年）、即ち一二六〇年前に遡らせたもので、それは推古朝の聖徳太子の「御所為《みしわざ》ナラン」と考えた。もっとも那珂は、神武天皇の実在性を否定しているわけではなく、その実在年を神武年紀（皇紀）の七世紀前半頃、漢の元帝頃（西暦で紀元前四八〜三三年）とみなしている。また、書紀紀年の信ずべからざることを、とくに神功・応神二代の年紀が韓史の事蹟と比較して二巡（一二〇年）前におかれていることを指摘し、それは「神武紀元ヲ遙ニ一千三百余年ノ古ニ置カレタルガ故ニ、

	日本紀崩年		古事記崩年		住吉大社神代記崩年		在位年数		宝算	
	干支	西暦	干支	西暦	干支	西暦	紀	記	紀	記
1　神武天皇	丙子	−585					76		127	137
2　綏靖天皇	壬子	−549					33		84	45
3　安寧天皇	庚寅	−511					38		57 (67)	49
4　懿徳天皇	甲子	−477					34		(77)	45
5　孝昭天皇	戊子	−393					83		(114)	93
6　孝安天皇	庚午	−291					102		(137)	123
7　孝霊天皇	丙戌	−215					76		(128)	106
8　孝元天皇	癸未	−158					57		(116)	57
9　開化天皇	癸未	−98					60		115 (111)	63
10　崇神天皇	辛卯	−30	戊寅	258 318	戊寅	258	68		120 (119)	168
11　垂仁天皇	庚午	70			辛未	311	99		140	153
12　景行天皇	庚午	130					60		106 (143)	137
13　成務天皇	庚午	190	乙卯	355			60		107 (98)	95
14　仲哀天皇	庚辰	200	壬戌	362			9		52 (53)	52
神功皇后	己丑	269					摂政 69		100	100
15　応神天皇	庚午	310	甲午	394			41		110 (111)	130
16　仁徳天皇	己亥	399	丁卯	427			87			83
17　履中天皇	乙巳	405	壬申	432			6		70 (77)	64
18　反正天皇	庚戌	410	丁丑	437			5			60
19　允恭天皇	癸巳	453	甲午	454			42			78
20　安康天皇	丙申	456					3			56
21　雄略天皇	己未	479	己巳	489			23		(62)	124
22　清寧天皇	甲子	484					5			
23　顕宗天皇	丁卯	487					3	8		38
24　仁賢天皇	戊寅	498					11			
25　武烈天皇	丙戌	506					8	8		
26　継体天皇	辛亥 (甲寅)	531 (534)	丁未	527			25		82	43
27　安閑天皇	乙卯	535	乙卯	535			2		70	
28　宣化天皇	乙未	539					4		73	
29　欽明天皇	辛卯	571					32			
30　敏達天皇	乙巳	585	甲辰	584			14	14		
31　用明天皇	丁未	587	丁未	587			2	3		
32　崇峻天皇	壬子	592	壬子	592			5	4		
33　推古天皇	戊子	628	戊子	628			36	37	{73 75	

崩年干支・在位・宝算の一覧表　(　)内は立太子又は生誕よりの計算

記紀の皇統譜

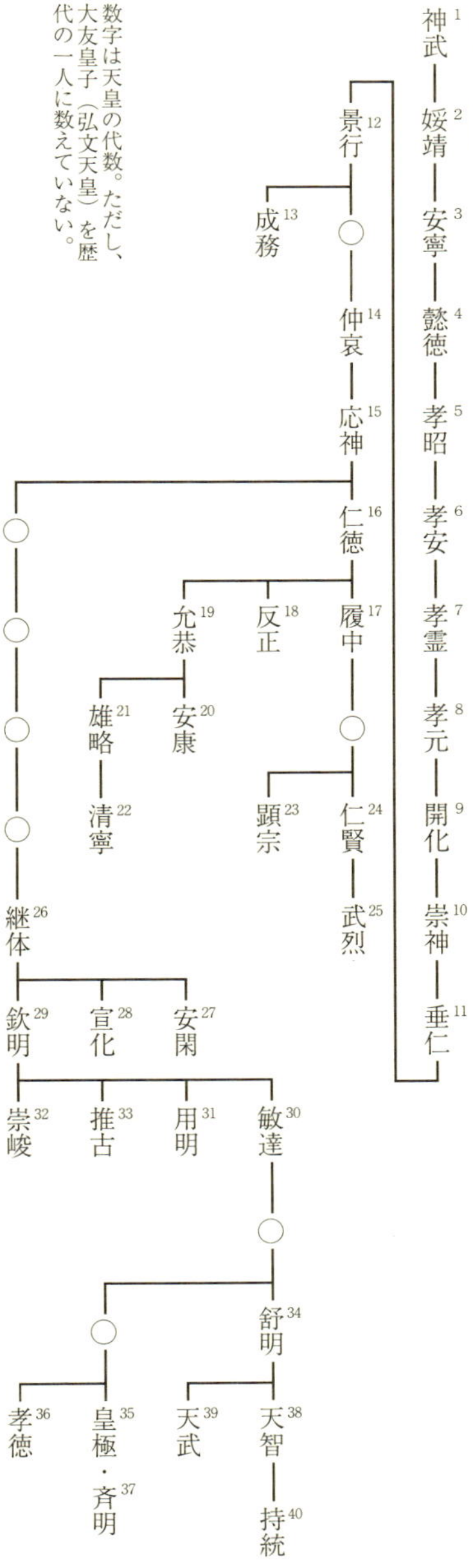

数字は天皇の代数。ただし、大友皇子（弘文天皇）を歴代の一人に数えていない。

神功皇后・応神天皇ノ御世ヲモ、自ラ其ノ相当ノ時代ニ置クコト能ハザレバ、殊サラニ諸帝ノ在位ヲ延バシ、遂ニ百済ノ列王ヲモ併セテ、二周甲（一二〇年――筆者）ノ前ニ移シテ、其ノ干支ノミハ、百済ノ原書ニ合セ置カレタル」[48]ためであろうという。

以上、那珂の紀年批判は、江戸時代の本居宣長[49]、伴信友[50]などの研究を引き継いでいるもので、またこの明治期には那珂だけでなく、他の人々の紀年論研究がみられる。現に彼の第三論文には、菅政友[51]、吉田東伍[52]、星野恒[53]、アストン[54]の研究などが引用されており、とくに明治二〇年代は紀年論研究が盛んであった。また神武即位辛酉説についても、すでに江戸時代中期の考証学者藤貞幹がふれている。貞幹は、神武帝の辛酉元年は、周恵王一七年（紀元前六六〇年）にあたるが、「窃《ひそかに》按《あんずる》に、神武帝元年辛酉は、後漢宣帝神爵二年辛酉にして、崇神帝三十八年辛酉ならん。然れば周恵王十七年辛酉よりは六百年後也。此の如く六百年減ぜざれば、三国の年紀符合せず」といっている。[55]江戸時代後期の国学者石原正明も、[56]

三善清行《みよしきよゆき》の革命勘文にふれて神武即位年の辛酉は讖緯の説によって定められたものであることを認めていた。明治に入ってからは那珂の紀年批判論が最も緻密で時期も早いものであるが、星野良作によると、橘良平、横山由清などの神武即位紀年論も時期が早いものという。(57)

那珂の紀年論は、明治一一年に『洋々社談』に掲載された「上古年代考」が最初のものであるが、橘良平によると、すでに明治七年に書紀紀年批判を自身が提出しているとのことである。(58)ここでは、明治二〇年一〇月の『博聞雑誌』にのせられた「日本紀年考概略」(『文』に転載された)(59)をみてみよう。

橘は、仁徳天皇以前に年暦の誤りが多いこと、又神武天皇以下歴代天皇の年令が異常に長い点を指摘し、次に藤貞幹の六〇〇年延長説をふまえて、仁徳以前の年暦におよそ干支十運(六〇〇年)ほどの誤りがあるとする。そしてその十運の誤りを生じた理由を述べたあとで、神武即位の辛酉は、漢の宣帝の神爵二年(西暦紀元前六〇年)の辛酉であることを結論とし、「終ニ臨ンテ更ニ一言ヲ述ン」ということで「我ガ国ノ歴史ヲ編纂セント欲スル者、我ガ国ノ古国タルヲ他ニ誇ランガ為メニ知テ之ヲ為サバ止マン、苟シクモ疑ハシキヲ闕テ真ニ近キモノヲ採ント欲セバ、上古(推古天皇以前暦日ヲ用ヒザル時ヲ云)ノ事ハ、神代巻ノ例ニ倣ヒテ年齢、年暦、歳月、時日ヲ記サザルノ正シキニ如《し》カズ」といっている。即ち、推古朝以前(暦使用以前)を神代扱いにせよという提言であり、すでに明治二〇年にこうした発言がみられるのは注目すべきである。

次に、那珂通世の紀年論に関して賛成の回答を雑誌『文』に寄せた星野恒の論文「本邦上世紀年私考」(60)をみておこう。星野は、那珂の見解を補完するということで、我が国では上世暦日がないので紀年は詳らかでないが、ただ『古事記』の真福寺本系に歴代天皇の崩年干支を記してあることをとりあげている。即ち、崇神天皇以下推古天皇までの一〇代(ただし、垂仁、景行、安康などの崩年干支のみえない天皇もある)の年紀(年歴)をあげ、最初の崇神の崩年干支「戊寅」は、西暦一九八年、推古の「戊子」年は六二八年であることから、崇神崩御年から推古崩御年までは四三一年で、書紀の年紀六五八年に対して二二七年を減ずることになり、一世平均三五年になると計算している(なお、崇神以前については、書紀と古事記の天皇長寿の差から、神武天皇の即位を西暦紀元前一八六年とみている）。そして、菅政友の「往古ノ紀年ハ干支ヲ以テ年紀トス」という見解を引いて、結局、上世には暦日がなく、したがって干支紀年もなく、崇神の世に始めて干支を以て年紀を記せることがおこったが、これは三韓の文物の輸入によって、日本でも紀年の法が始まったものであり、日本での制暦（暦日を用いた）は推古以降であるからそれ以前は三韓の暦本を襲用したものだと述べている。なお、古事記は古来の伝説をそのまま録し、書紀は潤色を加えしものなりとの宣長以来の記紀観もあって、明治時代の学者は星野も含めて古事記の崩年干支を古伝を伝えたものとして尊重していたのである。

次に『大日本地名辞書』の編著者として名高い吉田東伍の紀年論についてみてみよう。

吉田は、明治二一年の雑誌『文』に「那珂氏の年代考によりて征韓の年次を證す」という論考を発表しているが、ここでは大著『日韓古史断』（明治二六年一二月）の第一遍第一章「年表」に紀年論が展開されているのでそれによってみておこう。

吉田は「予輩は開化崇神の朝の頃より記録の術稍起りて其の以降の真紀年はなお発見し得べきも、其の以前、すなわち神武帝に至る九世、又神武帝より天祖（天照大神）一尊（伊奘諾・伊奘冊）に至る六世等の年数に至りては到底記録に依りて考定し能はず」と開化・崇神朝以前の古代紀年の確実ならざることを述べ、允恭以前神武帝までの一七世一九帝の間は一一一三年であるが、これを一世の治世になおすと平均六五年強にあたり、中古以降の一世平均が三〇年にも満たざることを考えればこれを信用することができず、神武紀年はあやしいものだといっている。

そこで吉田は、星野の紀年考にならって古事記の崩年干支に注目する。古事記には、崇神帝以降推古帝まで註記の形で各天皇の崩年干支がみえていることはすでにみた。この古事記の崩年干支が信用できる理由について「是レ註文にして正文なる言々相傳はれる者と其の出処を異にすると思わるればなり。又其の註せるは崇神以下に止まり、殊に列朝悉く備はれるにあらずして纔に数処に散在するを以てなり。予輩は此の理由を按じ、その記録の術に拠り正しく傳わる逸文なりと信ずる」と述べている。このことから星野の『古事記』註記干支により、崇神帝の崩年干支「戊寅」は、書紀紀年の仲哀天皇七（神武紀元八九八）年、漢暦の後漢献帝建安三年、西暦一九八年と考定して年表を作成している（神武帝については、崇神帝まで一〇世三〇〇年として、その東征遷都を西暦紀元前一〇二年においている）。

吉田の紀年論は、星野の紀年論とともに古事記の崩年干支に注目して、これをもって正確なる紀年を確定しようとしたものであった。もっともこの点については、すでに本居宣長が『古事記伝』で崩年干支の重要性についてふれ[61]、古伝として尊重されるべしと指摘していた。

菅政友も「古事記紀年考」（明治二四年）で古事記干支紀年を使って書紀紀年の誤りを訂正している[62]。また那珂も先の第三論文（明治三〇年）でこれをとりあげ、吉田とは違って、崇神帝の崩年干支戊寅を神功皇后摂政五八年（神武紀元九一八年、西暦二五八年）として、六〇年繰り下げたズレをみせている。

なお、吉田は「書紀紀年」は我が帝国官民通用の大号で、「考定紀年」は我が歴史彼此参照の私号なりといっている[63]。

次に、英国人W・G・アストンの「日本上古史」[64]（明治二一年）をみてみよう。

アストンは、西暦元年より四百年間の各国の帝王代数を比較して、日本は七代、新羅、高句麗、百済、支那は、各々一六、一七、一六、三八代となっていることを指摘し、朝鮮の場合は代数が少ないが他に例なきものでもない。しかし「日本史ノ四百年間ニ僅カニ七世ナルハ他ニ例ナキモノナリ」という（アストンの表によれば、日本でも西暦四百年より八百年までは三三代の帝王数になる）。このことから日本上古代史の信用できない所以を指摘し「日本史ト朝鮮史トニ相違スル所アル時ハ、殊ニ年代ノ相違ニ於テハ、寧《むしろ》朝鮮史ノ記スル所ヲ取ルベキナリ」と朝鮮史の尊重すべきことを主張している。

さらに当時、模範的で権威のある通史とみられていた『国史眼』（重野安繹、久米邦武、星野恒仝纂、巻一、明治二四年出版）でも「我古史第四紀以前ノ年紀確ナラズ。神武ヨリ崇神マデノ聖寿、書紀古事記載スル所同カラズ。已《すで》ニ二三百年ノ差アリ」（第一紀第四章、傍点、筆者）と履中帝以前の年紀の不確実さを指摘している。ここでいう四紀とは「大和ノ盛世」で、姓氏改正、史官設置をした履中天皇以降の代のことである。『国史眼』は、修史局の抹殺博士といわれた重野、久米、星野らの編著であって、官府通史に似合わない新鮮さをもっていた。紀年論からははずれるが、例えば武列天皇の所（第四紀第十八章）で「履中帝ヨリ此ニ至ルマデ九帝。其中兄弟相承ク。実ハ四世ヲ経テ仁徳ノ統絶エタリ」（傍点、筆者）と述べ、第五紀二十章の所で「大臣大連ノ三族政ヲ執ルコト久ク。皇統屢絶エ。因テ策立ノ功ヲ負ヒ。権勢漸ク盛ナリ」（傍点、筆者）と叙述しているが、「皇統絶える」という表現は戦後の王朝交替論に似ており、偏狭な国体論者を怒らせるに十分なものでなかろうか。

最後に、久米邦武の紀年論をみてみる。久米は「仲哀帝以前紀年考」を『史学雑誌』（第十三編第二号）にのせ、『日本古代史と神道との関係』（警醒社、明治四〇年）や『日本古代史』（第一巻、明治四〇年、早稲田大学出版局）でも紀年について述べている。

久米は、神武天皇の干支元年から欽明天皇までの年数に不確実な所があること、元来神代から暦はなく押し通してきたものを神武帝の時から突然暦を用いるようになったのは少々不思議なことであるとして、これは辛酉革命説に原因があるとする。そして、三善清行の革命勘文[65]を引き、斉明天皇の崩御の年（辛酉）、即ち天智天皇の即位の年（実際は称制――著者）から神武天皇の即位までを逆算してその間を千三百二十年としたので、神武の紀元元年は辛酉の年にあたる。この辛酉から辛酉まで三七朝千三百二十年が「春秋緯」のいうところの一蔀だと決定して神武紀元元年と定めたに違いないとしている。

それでは神武天皇をいつ頃の人としているのか。その年紀を考定する方法は、那珂などの当時の学者にも共通しているのであるが、「推古帝より先帝（孝明天皇――筆者）の崩御まで千二百七十四年を父子継続四十六世に平均し毎世の差率二十八年を得」て、これをもって神武の時代を西暦紀元前頃と推定している。即ち、神武降誕を漢の宣帝の神爵年中、西暦前六〇年頃と平均世率にて推算しているが、もう少し細かい事情を加味すれば、神武降誕は宣帝の元康三、四年（西暦前六二、三年）であろうと述べている。

久米は、一蔀を千三百二十年とする清行の解釈を容れ、神武即位年を天智天皇「即位」年の辛酉（西暦六六一年）から千三百二十年前と定めたのであるが、この点は傍証もあるとして以下の点も指摘している。[66]

神功皇后の三韓征服後は外国歴史に対較の必要を生じたるを以て、書紀の編修者が百済歴史に比較を試みたる跡を応神帝まで存し、紀元に乱れて吻合せぬに因て其後は止めたり、是必ず紀年の成たる後に天武帝の修史館にてなしたるものと思はるる、故に和銅養老の編撰にはこれもその儘に存じて削らざりしなり。若し然らずして其対較を和銅養老に試みたるならば、豈に不成蹟なるままに欠点を存じおかんや（傍点、筆者）。

右の指摘は、要するに神功~応神紀は百済記を引用して朝鮮史との対較を試みているが、彼我の間では食い違い（約二運一二〇年のズレ）をみせている。しかし、これはすでに天智朝期に神武紀年を決定した後の、天武朝の史局での操作であったから、和銅養老期の最終的な書紀編修段階ではそのままにしておいたといっているわけである。

一方、那珂通世は一蔀は千二百六十年で推古九年の辛酉より千二百六十年前の辛酉を神武即位紀年としたとする解釈である。後漢の鄭玄《じょうげん》によると『易緯』の辛酉革命説の注釈に「六甲為一元、四六二六相乗、七元有三変、三七相乗、廿一元為一蔀、合千三百二十年」とある。一蔀千三百二十年説が出てくるのには、廿一元の千二百六十年にもう一元を加えて千三百二十年としなければならない。三善の革命勘文では、神武即位の辛酉の年より斉明六年の庚申の年（崩御年）までの千三百二十年を一蔀としており、天智天皇の初年（「即位」）を二蔀の首とみている。那珂は一蔀千三百二十年説に反対して「鄭玄ノ説ニ於テ、一蔀ハ果シテ二十一元ナラバ、神武紀元ハ天智天皇ノ初ヨリ推シタルニハ非ズシテ、其ノ六十年前ナル推古天皇九年辛酉ヨリ二十一元ノ前ニ推シタル者ナラン。推古朝ハ皇朝政教革新ノ時ニシテ、聖徳太子大政ヲ執リ給ヒ、始メテ暦日ヲ用ヒ、冠位ヲ制シ、憲法ヲ定メ、専ラ作者ノ聖ヲ以テ自ラ任ジ給ヘル折柄ナレバ、此朝ノ辛酉ヲ以テ第二蔀ノ首ト定メテ、神武紀元ヲ第一蔀ノ首ニ置カレタルハ、蓋此ノ皇太子ノ御所為ナラン」といっているのである。この那珂説が現在通説化しているわけであるが、一蔀千三百二十年説については、支那学の権威者内藤湖南[67]などもそうであったし、原島礼二はこの那珂説と三善説を検討して[68]、千三百二十年説に妥当性があることを詳細に論

じている。(69)

（2）

以上みてきたように那珂の紀年論は決して彼だけのものでなく、明治二〇年代を中心に盛んに議論されたもので、江戸時代以来の清の考証学の流れを踏まえた近代実証主義の成果だとみなされる。ところで、この紀年論の行き着く先は、神武即位の虚構性であり、従って明治国家公定の紀元節の否定でもあった。また、書紀の允恭以前の紀年批判は、同時に朝鮮古史の尊重にもつながり、記紀批判深化の糸口となるものであったし、さらに神武〜開化の天皇の非実在性にも行きつく可能性をもっていた。

この那珂の紀年論を啓蒙的に学界に紹介したのは、雑誌『文』を主催していた考古学者・教育学者として著名な三宅米吉であった。那珂は三宅の求めに応じて『洋々社談』（明治一一年）に漢文で書いた「上古年代考」を、『文』（明治二一年九月）に「日本上古年代考」と題して仮名交じりの文にして増補添削を加えて寄せた。そこで三宅は、『文』に「日本紀元ノ正否」(70)なる論稿を出して、那珂説の大意を紹介し活発なる論争を期待した。三宅は右の論稿で、書紀の年立に種々の誤謬があり、故意に年代を伸縮するところも多いとする説があること、従って「我ガ国ノ歴史ヲ世界ノ歴史ノ一部分トシテ攷究シ、古来外国トノ関係ヲ詳ニセントスルニ当リテハ、紀年ヲ正確ニスルコト尤有用ナリ」と問題提起している。そして那珂説の大意を紹介して「余輩ハ氏ノ説ニ就テ今ソノ是非ヲ論ズルコトヲセズ、直ニ世ノ学士諸君ノ議論ヲ質ネント欲スルナリ」と学界の論争を期待したが、同時に「蓋此ノ論ハ全ク歴史攷究上ノ為ノミニシテ、今日平常用フル所ノ紀年年号ニハ毫モ関係アラザルナリ」と予想される懸念（国体を汚すものだとの非難）にも注意を怠らなかった。これに答えて『文』には多数の「学士大家の答文」が寄せられたが（先にみた星野、吉田の論稿もその回答）、「然ルニ或一部分ノ先生達ハ、年代ノ捜索ナドヲ好マズ、古文ノ誤謬ヲ指摘スルヲ以テ国体ヲ無視スルモノトシ、余輩ノ年代考ニ向テモ甚立腹セラルト云ウ。余輩此ノ先生達ガ忠君愛国ノ精神ニ富メルヲ貴ブト雖、其ノ量見ノ甚狭キヲ惜シムナリ、又其忠君愛国ノ精神ヲ我レ独専用スルガ如キ挙動アルヲ惜シムナリ。我レヨリ外ニ忠君愛国ナシト思フハ誤レリ。我レト異ナル行為ヲナスモノハ、皆忠君愛国者ニアラスト思フハ誤レリ」[71]（傍点、筆者）という釈明をせざるを得ない事態が予想通り起こってきた。

那珂説への反対の論陣を張ったのは、小中村《こなかむら》義象、落合直澄、内藤耻叟《ちそう》らの国学者であった。[72] ここでは、落合直澄の『帝国紀年私案』（明治二一年）から氏の紀年論をみておこう。

落合によれば、神武帝以下年月日があるのは、口々に傳え得べきものでないから、漢字以前に一種の文字があって記録した結果であり、『隋書』『北史』倭国伝に出てくる「刻木・結縄」が我が国の古字であるという。また漢字が用いられたのは百済直支（阿直岐《あちき》か――筆者）来朝（応神朝）以来であるが、それ以前から漢土への往来があるから漢字を学んだ者もあるし、また漢土の人が日本へ来て漢字を用いて記録したこともあろうという。

さらに歴代天皇の長寿について、種々の理由をあげて長寿の信じ得べきことを述べている。そして、秦の始皇帝が我が邦に不死薬を求めた（徐福伝説――筆者）のもその原因があるからだろうという。なお、落合は神武即位年辛酉は周の幽王二年の辛酉（西暦前七八〇年）として、書紀紀年よりさらに一二〇年遡らせている。[73]

一般に明治期に入ってからの国学者はあまりにも偉大な本居宣長の遺業に圧倒されて、己の殻を保持するに一生懸命であったようだ。ともかく、国学者などの反発はあったものの、学界の体制はやはり学問的に確かな那珂説の方に傾いており、星野恒が「千古ノ鉄案断乎トシテ動スベカラズ」[74]と強調したように、それは確固とした学問的重さをもつものとして受け取られていた。しかしながら、やはり国体論の体制をいかんともしがたく、那珂自身も「コノ年紀ノ推定ハ古史研究ノ必要性ヨリ出デタル者ニシテ、神武紀元（いわゆる皇紀のこと――筆者）ノ公称ヲ改メントスルニ非ズ（中略）謂《い》ハユル神武紀元ハ、明治六年十月ノ官令ヲ以テ定マレル者ナレバ、日本紀ノ年紀ヲ信ズル人モ信ゼザル人モ、均シク通用スベキハ勿論ノコトナリ」と公定の神武紀元（皇紀、紀元節）と歴史研究は別のものだとして『上世年紀考』を結ばざるをえなかった。かくして紀年論は、太平洋戦争が終わるまで学界のタブーとされたのである。なお、紀年論の沿革については、丸山二郎の『日本紀年論批判』（昭和二二年六月）があるので参照されたい。

5　久米邦武筆禍事件

（1）

久米邦武の筆禍事件とは、彼の「神道ハ祭天ノ古俗」[75]という論文が神道家の非難をうけ、帝国大学教授を非職になった事件である。この事件は、大久保利謙によると以下の通りであった。[76]

明治二五（一八九二）年二月二八日（『史海』に久米の論文が掲載された翌月）に麹町富士見町の渡辺重石丸の道生館塾生、倉持治休、本郷貞夫、藤野達二、羽生田守雄ら四名が京橋の久米博士邸を訪問し、論文の内容について五時間にわたって抗議難詰した。その結果、久米から一応論文取消の言質を得たが、彼ら四名の同志はさらに宮内省、文部省、内務省に働きかけ、しかるべき処置をとることを要求した。この結果、運動は功を奏し、翌三月四日に久米博士は帝国大学教授を非職になり、博士の論文の掲載された『史学会雑誌』と『史海』は安寧秩序を乱すという理由で翌五日発売禁止となった。

久米邦武

この事件は単に神道家塾生の運動の結果のみとはいえず、政府部内の上層にかねてから久米の言論に破壊的作用をみて反感をもっていた者がいた節があることを大久保は指摘しているが、宮地正人はこの久米事件を、神道が宗教とは袂を分かちて国家神道として国教化する過程のなかに位置づけられるとし、[77]そのために祭祀と宗教の分離、記紀の聖典化の流れがこの久米論文を押し潰したとみている。また宮地は、この事件は史学的には修史館の抹殺博士と称された重野安繹、久米邦武、星野恒らの名教的歴史観への批判、合理主義に裏づけられた考証主義の流れが結局権力によって押し潰されていく動きの一環であったこと、したがって「久米事件の発端はむしろ権力内部からであり、その総仕上げとして、また権力の弾圧をカモフラージュする意味で二月二十八日の道生館塾生の面会抗議事件と、彼らの諸官庁への要請行動があった」と述べている。(78)

それでは久米の論文はどのような箇所が問題になったのであろうか。

㋑「神道ハ宗教に非ず、故に誘善利生の旨なし、只《ただ》天を祭り攘災招福の祓を為すまでなれば仏教とは竝行ハれて少しも相戻らず」。また久米は、崇神朝に神人別れてから時運進み人知漸く開け、履中朝頃には神道の弊も生じ、もはや神道では治めることができなくなり、儒教や仏教も流入するようになったこと、とくに仏教僧徒等が「郡郷を巡りて道路橋梁を修架せしめ、池溝を開き、往来を通し、生産工芸を教へたる功ハ歴史に歴々と記載」されていることで、仏教の「大恩は永く忘却すべからず」と高く仏教を評価している。

㋺「天照大神は高天原（大倭《やまと》）より伊勢に遷都ありて、東国を経営し給へると思はる。磯宮《いそのみや》は其宮址なり。大神の在す時も必ず新嘗《にいなめ》殿を造りて天を祭り、其大殿にて政事を裁せらるること、崇神以前世の式の如くにてあるべし。外宮ハ其離宮なり。（中略）故に外宮ハ豊受姫《とようけひめ》を祀るに非ず。磯宮の外宮なり。又、磯宮ハ天照大神を祀るに非ず。其大宮の跡に神鏡を斎奉りたるなり」。久米は天照大神を神でなく人とみており、高天原（大倭《やまと》、大和国と解釈）から伊勢に遷都して磯宮《いそのみや》を宮都と定めたとしている。これは久米が記紀の神代をどうみていたかを示す重要な点なので後述したい。

久米が伊勢神宮は天照大神を祀るに非ず、ただ天を祭り政事を裁決する場所（宮）だとした点は、つきつめていけば、皇室とは無関係な方向へいくものだっただけに神道家をいたく怒らせたであろう。

㋩「三器はもと何用になる物なるや。是まで説く者なし。按ずるに是は祭天の神座を飾る物なるべし。（中略）三器を以て神座を飾るは、天安河の会議に創まりたるに非ず。遙の以前より祭天の古俗なるべし。韓土にも似たる風俗あり」。久米が三器（いわゆる三種の神器）の起源を景行天皇紀の神夏磯媛《かむなつそひめ》や仲哀天皇紀の岡県主、伊都《いと》県主などの地方の首長達の祭天の古俗や、『魏志』韓伝の鈴鼓を懸く風俗などに求めたことは、三種の神器のもつ神聖（神秘）性を打ち破るものとなったであろう。

㋥「神道に宗廟なし」「例えば豊前国香春神社ハ、神名帳に『田川郡（並に）辛国息長大姫大目命《からくにおきながおおひめおおめのみこと》神社、忍骨《おしほね》神社、豊比咩命《とよひめのみこと》神社』とある三座にて、辛国は韓国なり、息長大姫大目命は以前の領主にて、忍穂耳尊《おしほみみのみこと》新羅より渡り、此を行在として西国を征定せられ、後に豊姫の受領せし地と思はる。社殿は其政事堂なり」。

ここで「神道に宗廟なし」とは、中国のように祖先霊（君主の祖先霊）を祀るようなことは古来なかったということで、別の箇所では「神道に人鬼を崇拝することは古書に絶えてなきことなり。伊勢神宮は固より大廟に非ず」といっている。〝人鬼〟とは死者の魂（霊魂）のことである。また、天孫降臨したニニギノ尊の父にあたる忍穂耳命が皇祖であるのに新羅に生まれて我が国に渡来したという点が神道家を刺激した。このことは、久米が同僚の星野恒の日鮮同祖論に多くを負っており「朝鮮、及び閩越《びんえつ》、広東、安南地方は往古にあってわが日本と同国たりしや疑ひなし」[79]と道生館塾生の質問に答えていることをみてもよくわかる。

㋭朝廷の大典たる新嘗祭、神嘗祭、大嘗祭も皆祭天の古俗である。即ち「新嘗祭は天照大神を祭るに非ず。天を祭る古典」であって、韓土もまた同じものであった。

以上みた箇所は久米独自の神道観にもとづいたものであったが、それが神道家や国家主義者をいたく刺激したのである。

（2）

久米の神道論は、文明的・合理的精神にもとづいたもので、伝統的な記紀聖典化の神道への批判でもあった。久米は岩倉具視を全権大使とする遣欧使節（一八七一年）の一行に同行した経験をもつ。[80]当時三四才で、神社局大弁という役人であった久米は、日本の神社と海外の宗教、とくにキリスト教との異同を調査せんがために任命されたとの事である。[81]彼の文明的・合理的精神はこうした海外渡航経験もあずかって力をえたのであろう。

それでは、この「神道ハ祭天ノ古俗」の論文において〝神道〟はどのように位置づけられたのであろうか。その点で、久米は道生館塾生倉持治休らとの問答の中で興味深いことを語っている。(82)

即ち、宗教には一神教、多神教があるが、多神教の弊害は猛禽類などまで奉祀するため世界的に最も劣等なるものと西洋人にみられている。我国の神道もこれに類するが、皇室の賢所《かしこどころ》は天神（天津神《あまつかみ》）、すなわち造物主を奉祝する所であり、西洋の一神教の真旨に叶へる所である。したがって、この論文は賢所を西洋人及び各国公使にも参拝させて益々皇威を発揚する精神であると述べている。

宮中の賢所（内侍所）は、天照大神の御霊代である神鏡（八咫鏡）を安置して祀る所であるが、久米は賢所の神鏡は祭天の神座を飾るものであって、賢所は天神（天御中主神《あめのみなかぬしのかみ》）の祭祀を行う場所であるとしているのである。久米は、どこの国でも神を探求すれば天（天神）に行き着くとして〝祭天〟を神道の原型と考えており、それは万国に共通するものであって、日本の天神たる天御中主は、欧米ではゴッド、中国では皇天上帝、印度《いんど》では天堂（真如）にあたるとしている。したがって、賢所は〝天神〟を奉斎するものであるから、それを西洋人にみてもらえば共通の理解をえられるという提言でもある。

ところでこうした神道の原型ともいえる〝祭天〟（天神）なるものは、人智が発達し、風俗が庬雑になるに従って、その種類も増多して終には「牛鬼蛇神虫豸《ぎゅうきだしんちゅうち》」にまでも敬拝するに至った。即ち、天神から国祇《くにつかみ》（本来の神道にはなかったものとみている）へ、さらに「人鬼」（人の霊魂）へ展開し、ついには「物怪《もののけ》」まで信ずるに至ったという。いわば久米の神道論は、文明的・合理主義的精神をもって、〝神道〟のもっている長い歴史、たくさんの神々、神霊の世界を一挙に裁断して〝祭天〟に純化しようとしたものであることがわかる。久米が、神道は宗教でなく習俗であるといっているのも、開明的な宗教観、神道観にもとづくものであって、まさに宗教革命の様相をおびていたのである。

久米理論の根拠をなしたのは、記紀神代巻の解釈であろう。そこでは神代巻に登場する神々を人間とみている。これは江戸時代以来の漢学者の合理精神に通ずるもので、神代（神話）の世界を人々の営みにおきかえて考察する見解で、現在ではこうした手法は歴史学では否定されている。久米からみれば、高天原は大和の都であり、かって実在した国であり、天照大神や天忍穂耳は〝神〟でなく、人（皇室の祖先）となって、不当に歴史化されてしまっている。この久米論文を『史海』に載せた文明史家田口卯吉（鼎軒）も久米論文のこうした神代巻の解釈に強く共鳴しており、田口は「カミ」といえる語をもって「神祇《じんぎ》」二字に配したことによって、上古の「尊《みこと》〈命〉」はみな神霊と為ってしまったのであって、旧紀の尊（命）は「吾人と同一なる人種なり、即ち祖先なりと解釈するも差支なし」といっている。(83) 神道家の非難も当然この神代巻の天照大神などを神でなく人とみる見解にあって、その問答のなかで〝人と神〟の区別の話に発展している。即ち、道生館塾生は、天照大神やその他の諸神も人なれば、その陵墓が存するに、いまだかつてそれがあるのをきかないとしているのに対して、久米の答えは神と人の区別は子孫の有無をもって立つべきで、神は決して子孫無き者であるとしている。

その点で問題になるのは、天神の天御中主である。塾生は、天御中主も皇統一系たる皇室をも子孫と為しているのであれば決して神にあらざるのかと質問しているのに対して、久米は「いまだ……確定すと云ふに非ず」と答えている。道生館塾生四名の問答録にみる文章は、久米の真意が十分述べられているかどうか疑問もある。とくに天御中主の所はわかりにくい。

記紀神代巻をみると（とくに古事記による）、天中御主神以下五神の別天神があり、次に国之常立《くにのとこたち》神以下神代七代があって、このあとイザナギ・イザナミ二神による国土創生が始まって、イザナギの禊による三貴子（天照大神、スサノオノ命、月読命《つきよみのみこと》）誕生となって皇室につながっている。いわば、イザナギ・イザナミノ尊以下は皇室の祖先として、人間の姿をとって行動している。それは津田左右吉が指摘したように(84)記紀神代巻においては、太陽神や山野河海の神々という宗教的意義をもつ自然神を祭祀する神々の世界が登場しているわけではない。いわば、皇室の遠い祖先の活躍する世界を〝神代〟という場を借りて繰り広げられているのである。人代は神武天皇から始まるが、それ以前のニニギノ尊・ホホデミノ尊・ウガヤフキアエズノ尊（神武天皇の父）の三代は神代巻に属するが、日向に三代の陵墓もあって人間に近い神ということになる。

問題の天御中主神は、本居宣長・平田篤胤の復古神道でも重要視された天地創造神であって、高御産巣日《たかみむすひ》神・神御産《かんむ》巣日《すび》神とともに造化三神といわれ、「独神《ひとりかみ》」である。その意味では、久米の神と人の区別でいえば明らかに宗教的意義の神である。古事記では天御中主神以下の別天神（五神）は独神であり、又神代七代の最初の国之常立神と次の豊雲野神も独神とあって、神代七代の三代から七代までの神々は男女対偶神（耦神）となっている。

久米の真意をくめば、別天神と神代七代の神々は宗教的対象の神々で、そのなかでもとくに天御中主神が祭天の神として重要視され、イザナギ・イザナミノ尊以下から人間の世界、即ち事実上の歴史物語が展開されるということになる。

しかし、今日の記紀批判、記紀神代巻の研究は、久米のそうした見方は否定されている。とくに、別天神、神代七代の神々は、後世の付加で、神話体系の最終整理段階で付加されたものであり、肝腎の天御中主神もふくめて、それらは事実上の信仰基盤を欠いた観念的に造作されたものとみられている。天御中主神については、古代中国の道教思想にもとづく北極星の神格との関係性、あるいは中国の「天皇」＝元始天王との関係性が指摘されている。いわば久米が祭天の神とした天御中主神は、中国の天の思想と関係性があるのであって、我が国の本来の神道とは関係性のないものである。また、イザナギ・イザナミノ尊から天照大神——天忍穂耳尊——ニニギノ尊以下の神代の物語に実際の歴史を付会するのは厳しく批判されている。

以下、時代が下った久米の著書から記紀神代巻の見解をみておこう。明治四〇年に久米の講述を公刊した『日本古代史と神道の関係[85]』でも神道研究のバイブルとなる記紀神代に対して合理的精神の立場で考察を加えている。

まず久米は、神道という文字の意義は、易経に従えば聖人が教えを設けて民を教え天下を服せしむる道で、日本独自のものでなく印度にも中国にもある世界共通のものであるという。そして記紀神代にみられる神々の記述について、神道と歴史学では見方が違うことを以下のように述べている。即ち、「日本の神道といふのは、即ち日本古代史にあって、日本書紀の神代巻と古事記とがバイブルの如くなっていて、神道の方では其の中の主人公を神様とみているが、歴史の方では人間とみる。だから神道の方では神武天皇以前は悉く神様で、神武天皇から突然神様が人間となって人皇の始めというのである。（中略）斯ういふ具合に神道と日本歴史とは元来意見が合わない。歴史の方面から研究して往くとどこまでも人間として考えねばならない」。これは、「神代」と神武以降の時代（人皇の時代）を区別しなかった田口卯吉などともつながるものであって、さらに古くは神代を合理的精神で解釈した新井白石にも通ずるものである。右の講述本をみても久米の神代解釈は合理主義的解釈に徹したものであって、その解釈は今日からみると正直いって驚くほど創造的であるが、付会に満ちている。例えば、高天原は付加された〝天〟の字を除けば、「高原」となるもので、その場所は伊勢でも日向でも美濃でも何所でも神（人）の集会した首府と思えばよいという。『日本古代史』（明治四〇年）では伊勢を具体的に想定しているが、大和とみるものもあって一定していない。またイザナギ・イザナミノ尊の漂国の修理固成の条について、浮橋即ち軍艦を仕出してオノコロ島（淡路国由良を比定）に着した二尊（イザナギは伊勢国の主権者、イザナミは出雲国の主権者とみる）は婚媾（ミトノマグワイ）、即ち同盟一致して、淡路島を根拠地として日本列島を征服したことを形容した話であるとしている。また、イザナミノ尊の禊祓《みそぎはらえ》の時の三貴子の誕生、続いて天照大神を高天原の主に、月読命を夜食国《おすくに》（常世国《とこよのくに》）の主に、スサノオ尊を青海原の主に定めた点に関して、これを天照大神は高天原たる日本の統治者、月読命は常世国たる閩《びん》（中国華南の福建省・海南島辺）の統治者に、スサノオを青海原たる朝鮮の新羅国王に任命したのだと解した。『日本古代史』ではこの点について、日韓閩の三土連合時代ということで詳述している。即ち、日本の建国を日韓閩の山谿海浜に連合をなしている断髪文身の民族たる南種が沃沮《よくそ》・濊人《わいじん》・挹婁《ゆうろ》の流れである蝦夷・高志《こし》等の北種を征服する過程であると解している。その構想は雄大であり、神代の解釈も非常に発想豊かであるにしても、今日からみると何ら証拠のないものである。これは、神代のとらえ方自身に問題があるとみなさなければならない。

　久米は、『日本古代史』のなかで、神代を伝説時代とみなし、神武帝以後を有史時代と規定している。そして、神武帝の頃（久米によると西暦紀元前六〇年頃〜紀元一年前後）にはすでに伴部《ともべ》または訳語《おさ》なる漢字を心得たる人がいて、必要なことは文字によってまとめていたとされる。

右のように神代を伝説時代と解して、それを歴史時代のなかに組み込んだために、神代に登場する神々（命、尊）や事件をすべて歴史上の人物、事件と考定して雄大な構想に発展してしまった。

以上、久米の論文の内容は、今日の段階からみて、いろいろの問題点をもっているが、天皇制を支えている神秘にみちた「神道」の世界を通俗的な立場から合理的に解釈し分析してみせた点は明治の時代においては大いなる功績であった。とくに、「天を祭り攘災招福の祓を為す」という習俗をシャーマニズムの視点から切り開いていたら、シャーマニズムが東アジア世界で普遍性を持つだけに、学問的にも重要な成果を生んだであろう。

ところで久米筆禍事件は、彼の論文が田口卯吉（鼎軒《ていけん》と号す）の主催する雑誌『史海』に転載されたことに端を発す。この論文は、最初は『史学会雑誌』に明治二四年一〇月より一二月（二三～二五号）にわたって連載され、翌年一月に『史海』第八巻に再録されたものである。田口はこの論文を再録するにあって「久米邦武君の史学に於ける古人未発の意見実に多し、而して余は此編に於いて最も敬服せり」「我邦現今の或る神道熱信家は決して緘黙《かんもく》すべき場合にあらざるを思ふ。若し彼等にして尚ほ緘黙せば、余は彼等全く閉口したるものと見做さざるべからず」と序で述べ、論争を期待した。

また久米が大学教授を非職になった後、明治二五年に『史海』十巻にのせた田口の「神道者諸氏に告ぐ」という意見書は、学問の自由を守ろうとする熱烈なる気魄で満たされていた。田口は、そのなかで、久米が「一点も神道を敵視」していないこと、「断じて皇室に対して不敬の文字を陳述するの意志」のなかったことを弁護したあとで以下のように学問の自由を切々と訴えた。

唯々問題は日本古代の歴史は今日の儘《まま》に放擲《ほうてき》して可なるやと云へること是也、本居平田等が古事付《こじつ》けたる解釈の他に今日の人民は新説を出すべからざるや否や是なり、新説を出せば皇室に不敬なるや否や是なり、嗚呼《ああ》余は之を信ぜざるなり、余は固く信ず、日本人民は随意に古史を研究するの自由を有することを、余は固く信ず、随意に古史を研究するも皇国に対して不敬に渉らざることを（中略）余は固く信ず、若し此の如き旧説の外に新説を発表するは国体を紊乱《びんらん》するものなりと云ふが如きあらば、有識の人物は復た古史を繙《ひもと》くなきに至らんことを。

ともかく、久米の論文は、田口の期待したような学問的論争には発展せず「国家の秩序を紊乱するものなり、皇室の威厳を損するものなり、大学教授に不適任なり」「不義不忠なる者」という脅しによって封印されてしまったのである。

ところが久米の論文をみるとどこにも神道敵視、皇室不敬の事実はみあたらない。現に久米は、神道とは宗教でなく祭天の古俗であり、仏教と並び行われて相戻ることはなかったとしたあとで「故に敬神崇仏を王政の基本となして今日に至り、其習俗ハ臣民に結び着きて堅固なる国体となれり」（傍点、筆者）といっているし、また種々の国民崇神の習俗を説いて「雲上の至尊より野村裏店の愚民まで毎月毎年天に事へ本に報ふの勤めは一規にして、勤めずして存し、令せずして行ハれ、君臣上下一体となりて結合したるは国体堅固なる所にて、思えば涙の出る程なり」（傍点、筆者）ともいっている。久米にとっては、宗教としての「神道」を「古俗」のレベルまで引き下げ（純化し）、底辺を拡大することで、堅固なる国体の基を探しあてるのに努力したということになろう。(86)

6　抹殺博士重野安繹・久米邦武・星野恒

（1）

明治二〇年代は、天皇制国家の完成期に入ったこと、あるいは国粋主義、日本主義なる反動の波が打ちよせてきたこともあって、修史局（設立は明治八〈一八七五〉年）の重野安繹、久米邦武、星野恒らにとって受難の時代であった。もっとも二〇年代の国粋主義、日本主義といわれるものは、後年のそれとは違って、国民性というものを根底においた下からの運動であったといわれている。もっともそれらは、重野等の合理主義精神、考証主義精神に体質的に合わぬものを

左から星野恒、重野安繹

含んでいることも事実であろう。

重野ら三人は漢学系の学者であって、所謂「抹殺博士」の異名をもち、国家主義者、神道家などの人々の反撥をかっていた。

例えば重野は、『太平記』は物語であり、児島高徳《こじまたかのり》は実在の人物ではないと公表したため世間の反撥を買っていた。彼は明治一九年一二月の学士会館の講演でそのことを演説し、[87]さらに「児島高徳考」と題して史学会で詳しくそのことを講演している[88]（明治二三年五月）。

児島高徳といえば、戦前、楠木正成などとならぶ忠臣の鑑であった。明治一一年の「保育唱歌」に「南朝五忠臣」の歌がある。[89]五忠臣とは、この唱歌では楠木正成、同正行《まさつら》、児島高徳、名和長年、新田義貞である。また大正三年には文部省唱歌として「児島高徳」[90]がみえるが、その歌詞のなかには、児島高徳が院の庄で桜樹に「天莫空勾践時非無范蠡」（天勾践《こうせん》を空しゅうする莫《なか》れ、時に范蠡《はんれい》無きにしも非ず）と刻して、後醍醐天皇に密かに自分の胸中を知らせたという有名な話が載せられている。勿論、国定教科書の国語読本でもとりあげられている。

この「桜樹題詩」といわれる『太平記』の話は、今では教えられることがなく知らない人は多い。これは元弘の乱（一三三一年）の時の話である。後醍醐天皇側の計画した鎌倉幕府の討幕計画が密告で発覚し、天皇は笠置（山城）に籠城したが捕えられ、隠岐に配流される身となった。翌元弘二（一三三二）年三月、隠岐に流される後醍醐天皇の奪還を企てた児島高徳は、途中の山陽道の舟坂山（備前と播磨の境）に隠れて天皇の一行を待ちうけたが、一行の道順が山陰道に変更されたため、高徳はただ一人美作の院の庄の天皇の宿所の庭に入りこみ、桜の木の肌を削り、そこに「天莫空勾践時非無范蠡」と書き付けた。この語句の意味を警固の武士は理解できなかったが、天皇はその意味を理解して両眼に涙を浮かべ快笑したという。この「桜樹題詩」の語句の由来は、中国春秋時代の呉越の抗争に係わるものである。呉と越は揚子江の南で隣接対立する国であるが、紀元前四九六年、呉王夫差《ふさ》の父闔廬《こうりょ》は越王勾践と戦い、敗死してしまう。紀元前四九四年呉王夫差は越王勾践を会稽山に破り、父の復讐を果たした。勾践は呉の囚われの身となったが、忠臣范蠡は魚の行商人となって勾践のもとに近づき、魚の腹の中に短い手紙を入れて牢獄の中に投げ入れ、覇者となるまで決して死なないように諫言する。こうしたこともあって、勾践は命を惜しみ恥をしのんで解放され、紀元前四七三年呉王夫差を破って「会稽の恥を雪いだ」。こうした故事をもとに高徳は自分を忠臣范蠡、天皇を勾践と見立てて、「天よどうか帝のお命を空しくなくすことなきように、范蠡のような忠臣が出てこないとも限らないのだから」と伝えたということである（『太平記』巻四の付「呉越軍のこと」、『史記』とは多少違いがある）。

そこで重野の抹殺論文なるものをみておこう。重野は、『太平記』にみえる児島高徳の九ヶ条にわたる事蹟を検討しているが、ここではすでにみた第一条の「桜樹題詩」のみをとりあげる。この話については、警固の士卒は五百人ほどであるが、彼らを引率する頭役三人のうちの一人、佐々木判官入道道譽は学者で文学に秀でたる人物なれば、題詩は読み得たる人物である。警固の士卒が題詩をみいだせば、この頭役に第一に示して直に天皇に申し上げることはないはずである。しかるに『太平記』には直に天皇に御知らせ申し上げて、佐々木道譽に見せた様子がないのは、この題詩のことは拵《こしら》へもので、実際にはなかったことだとしている。

また高徳の実在性については、高徳は、児島三郎、小島三郎、児島三郎高徳、和田備後守範長子息児島三郎高徳、児島備後守高徳、三宅三郎高徳、児島三郎入道志順などと『太平記』にみえるが、「入道志順」などとあることよりみれば備後守の官名はあやしいこと、第二に高徳は神出鬼没で兵籍が少しも定まらないこと、また他人と相互関係もみえない人物で歴史の連絡は通じていない点で高徳は消滅すべきものとみなければならないとしている。

結論として、高徳は『太平記』の作者小島法師の「拵へシモノ」である。この小島法師は「叡山ノ僧徒ノ果テニシアラン、而シテ晩年ニ至リ太平記ヲ作リシナルベシ」「小島法師ハ高徳ナル人物ヲ拵へ、斯ク面白ク書イテ、夫レニ自分ノ小島ヲ児島ニ変エ、是レニ名ケシナラン」とした。

なお、世間では、高徳は勲功を賞譽して贈位の御沙汰もあるし、また摂社の御取立てもあるものを、在る無しを云うのは不都合なことではないかといっているが、「決して左様なるものにあらず。史学の発達を望み、正確なる歴史を編成するに就ては、如何なるものにせよ、充分取調べざるべからず。中には忠臣義士を地下に泣かしむる云々といえど、私共が調べし中には無くなる人は一人にて、他に出てくる人が沢山ある。況んや高徳位がなくなりても、決して差支はない」と答えている。児島高徳は、明治一六年に正四位（明治三六年には従三位）を贈られ、明治一五年児島神社が上野国（群馬県）邑楽郡大川村の地に有志（高徳の末裔である子爵三宅康保もこの事を聞き賛意を表したという）により創建されたという。[91]

重野のそうした証拠主義というものは、例えば、「日本武尊の事に付史家の心得」という論文[92]（明治二三年九月）のなかで「史実の事実を確実にするは古文書を最上とす、凡そ編修ものの良否は、其説の古文書に符合すると否とに因て弁知すべし」と述べていることによってもはっきりしている。

（2）

児島高徳の非実在性については、同僚の久米邦武も同じであって、久米は「太平記は史学に益なし」（明治二四年四月～九月）を発表し、[93]『太平記』は史学の用をなさぬことや高徳の実在を否定している。久米論文について詳しくみておこう。そこでは、『太平記』は「狂言綺語《きご》を綴りたる語りものにて、謡本・浄瑠璃同様の書」であること、今川了俊もこの書を「十の八、九は詐りなり」（『難太平記』、一四〇二年）といっている。一方水戸藩の『大日本史』の編集者は『太平記』を主にして他の材料を取捨したため「事実は為に壊れて是非の顛倒したること夥《おびただ》多し」と述べ、「片紙断簡にしても古文書の益ある」ことを強調している。

この久米論文は長文のもので、その中に児島高徳も一部とりあげられている。

即ち、児島高徳の本氏は「和田三郎」と称するものであろうが、『太平記』だけのもので、他に根拠はないこと、また高徳が路次が変わったことも知らずに舟坂山で後醍醐天皇の隠岐遷幸を待ったということは本当らしくないこと（遷幸の路次が俄かに変ることはまずない）や「微服潜行」し院ノ庄に参り、護衛厳《いか》めしき行在所《あんざいしょ》の主上（天皇）にどうして拝謁することができるのであろうか。虚談にすぎぬ。また、重野と同じく、警固の頭役に佐々木佐渡判官入道道誉がいたのだから、勾践・范蠡の事などは充分知っていたであろうこと、また「桜樹題詩」の中の勾践は主上（後醍醐）を指したことはわかるが、范蠡を地下《じげ》の武士とは判断できぬではないか、ましてこれを書いたのが高徳だと誰が判定できるのかと断じている。

一方、星野恒の論考は若干違いがある。星野は早く「内藤燦君、『太平記』ハ小説家ノ作ニ非ザル説ヲ弁ス」（明治二一年一二月）のなかで、『太平記』は誤謬に満ちていること、児島高徳は『太平記』の作者小島法師であるとしている。[94] 以下、少しくみておこう。

星野は、「洞院公定《とういんきんさだ》日次記」応安七年五月三日条に「傳聞去廿八九日之間、小島法師円寂云々。是近日翫《もてあそぶ》天下太平記作者也。凡雖為卑賤之器、有名匠聞《しょうぶん》。可謂無念」とあることに注目する。この小島法師は、児島高徳の児島と訓言全く同じく、また高徳は晩年薙髪《ちはつ》して志順と称したと太平記にみえるので、高徳は小島法師であろうという。次に『難太平記』に「此記（太平記を指す）の作者は宮方深重の者にして云々」とあれば、「平生宮方に昵近《じっきん》シテ勤王ノ志深ク、又文筆達者ニテ、争乱ノ初ヨリ国事ニ奔走《ほんそう》センコトモアリテ」とあるので、いわゆる「桜樹題詩」には「少々似寄リタル事蹟ハアリシナラン」としている。ただ、小島法師は「卑賤の人」であるから、『太平記』には作り事が多く、誇張・虚飾もあるのは勿論であると付け加えている。

いわば、星野の見解は全くの児島高徳非実在説でなく、なんらかの依り所はあるとみている。ただ、『太平記』の評価は重野・久米の線上にあるとみてよい。

なお、星野は「史学ニ対スル世評ニ就キテ」[95]（明治二六年一月）の論文のなかで、世評に（イ）忠臣義士の事蹟は破壊すべからずということ、（ロ）歴史の効用は専ら勧善懲悪に在りということ、（ハ）歴史は科学として研究すれば害ありということの三点があることを挙げて一々反論している。児島高徳非実在説も（イ）に関わる問題になるが、星野もまた重野・久米などと同じく「事実ノ正確ヲ求ムルハ、方今ノ急務ニテ」という立場から、忠臣義士の「消滅」も止む無しとの判断であった。（イ）〜（ハ）の世評を否定・克服していくことが近代史学の確立の方向性であった。

明治二〇年代の日本史学は、「抹殺博士」といわれた三人の新しい歴史学を創造しようとする意気込みが強烈に現れた時代であった。しかし、明治四〇年代になるとそうした動きにも変化が現れてくる。それは、田中義成の「児島高徳」[96]（明治四三年一月）にもよく表れている。

田中は先輩の重野、久米の高徳「抹殺」に関して「史学を革新するに与かりて大に力があった」と大いに評価しながらも、「今や抹殺革新の時代は既に去りて、平心研究の時代に入り、一旦抹殺せられし太平記も、次第に文字記録に接近し、太平記中には杜撰揑造と思はれたる記事にして、儼《げん》として徴證《ちょうしょう》を存せるもの続々として発見せられつつあり」（傍点、筆者）と指摘した。

田中は、「宇喜多能家の画像の賛」と「赤松再興記」を参照して、源氏の佐々木氏が平行盛を児島に撃ち、その功をもって児島の地を賜った結果、平氏に一党せし（備前児島の旧族）児島氏と対立した。「元弘の変起るに及び、高徳首として勤王の兵を挙げたるは、乃ち佐々木氏を倒して旧領を回復し、家門を再興せんと図りたるにあらざるなきを得んや」として、佐々木党と児島党の戦いを、その名は南北両党の戦いであるが、その実は児島、佐々木両党の在地における争いにすぎないことを指摘した。そして結論で「高徳を研究せんとせば、高徳其人のみを探索するも、恐らく要領を得ること能ざるべし、必ずしや児島佐々木二氏の興廃消長せる所以を考へ、徴證を其間に求めな」ければならないとしたのは、高徳研究の一つの新しい打開策であったろう。なお、田中の『太平記』の評価は、高徳に関する記事は「敷衍《ふえん》潤色は之《これ》あらん、架空虚構は断じて之無きを信ず」というものであった。

こうした田中論文に対して、雑誌『歴史地理』は「児島高徳存否に関する諸大家の高説」をかかげて、大家の意見を掲載している。

まず重野については、老齢ということもあって「重野博士の高徳談」という形で、聞きおよんだ談話が断片として載せられている。重野は、何分二〇余年を経過したことで今更新しく弁解する意志はないとし、とくに三上参次（当時、帝国大学文科大学助教授、史学編纂委員）が三備地方を隈なく史料蒐集したが（明治二九年）、高徳に関する真文書を発見できなかったことを述べ、自説を改めることはなかった。

また三上参次（「三上博士の高徳談」）も明治二九年の史料探訪（蒐集）では一通たりとも高徳のものは見出すことができなかったと述べているが、しかし高徳抹殺論は絶対的なものでなく、明日にも新資料が発見されて高徳が復活するかもしれないので研究の余地はまだまだあること、また高徳の贈位や後裔（今の三宅子爵は高徳の子孫）の問題もあって、高徳を訳もなく「烏有《うゆう》の人」とするのも余程考えなければならない、学問は学問、事実は事実のことでもあるという。そして学説としては星野説がまことに穏健であるとしている。星野説は高徳の実在は認めるが、『太平記』の高徳の事蹟には様々な虚飾や潤色・粉飾があるとする立場である。三上は、我が国において高徳が抹殺されたからといって、別段我が国の忠臣義士は山の如く沢山いるのでその教育上の模範人物の不足は感じられないものの、今これが抹殺されてしまうことは如何にも惜しいことで、何とかしてこれを復活させたいという立場であった。

このような立場に関しては明治四三年に星野が、「児島高徳は決して烏有の人物に非ず」(97)という論文を発表しているのでみておこう。

星野は明治二一年一二月と二六年一月の論稿（前掲）で高徳を悪様に述べたところは、いささかこれを訂正せんとしている。これは、高徳を卑賤で官爵など賜はらざらん人であると述べた箇所（『洞院公定日次記』の「雖為卑賤之器」の表現）を問題としている。即ち、高徳の父範長は備後守であって、高徳自身も備後守で父子ともに従五位であること、一方、公定は左大臣であって雲上の貴人であるから、地侍の高徳を「卑賤之器」と称するのはもとより当然のことであるとして弁明につとめている。

かくして星野の高徳の位置づけは、備前の児島郡に居住して、多少の土地を有せしは勿論で、裸一匹の水呑百姓の類でなく「終身王事に奔走するを得たる」者で、「夫れ其身命すら猶且自ら保つ能はざれば、文書旧記の煙滅に帰して、其姓名事蹟の世上に所見なきは、無論の事とす」というものであった。高徳は文書旧記に證すべきもの無き身であるけれども義士忠臣としての側面は残されたのである。

このように、正統（官学）史学のなかでも徐々に高徳の実在性や義士忠臣の色あいを認めようとする流れに対して、久米邦武は早稲田大学教授という立場（明治三二年、東京専門学校〈三五年九月早稲田大学と改称〉に赴任）であった所為か上記の流れに批判的である。久米は「田中博士の備前児島一族の発見について」（明治四三年）のなかで興味深い見方を示している。[98]

そこでは、田中博士の発見の実証的部分は評価できるとしながらも、『太平記』の中の物語・小説の事蹟に一、二の人が抹殺されたからといって大騒ぎする史学界は幼稚であるとし、さらに田中が「今は革新時代去りて平心研究時代に入り、太平記も次第に文書記録に接近し杜撰捏造《ずさんねつぞう》とは思われし記事も徴證を発見す」といっている点については、「少くも語病あるを免れず」という。そして、右の田中の見解が「史料編纂掛の周囲に於て狭小なる区域には或は言得べきも、日本全国は相替らず太平記類の物語小説様を歴史となして見る」現状があること、重野らが高徳を抹殺したのは平心研究の結果であること、また『太平記』の価値については、「一度棄《す》てられて復《ま》た採用さるべき根本史料とは信ぜず」として、「史学界は依然として幼稚なり」と酷評している。

そこで久米の結論を以下に示しておこう。

備前に児島一族の存在して宇喜多氏となりとの発明は確信するに躊躇せず、されば鎌倉時代まで国司受領は頗る重んぜられたるを以て、和田範長が備後権守に任ぜられ高徳に備後三郎の称あるからは、以て其門族の強大なるを證さるゝ、彼が源氏党の加治赤松両氏の間に介在して平氏党として存したたるは南北朝の初めより必ず反対して相争ひたる者なるを知る。されば此より太平記の記事にも注意を生じて繹《たず》ねざるべからずと信ずと雖も、桜樹題詩の復活せざる限りは、高徳は彩羽の剪去られたる孔雀の如し、世間には只普通の土豪が失敗歴史を描きつゝあるまでにて、更に興味を興へざるべし笑止なり。（傍点、筆者）

右の久米の結論は、在地における土豪としての児島高徳の実在性は、『太平記』における忠臣義士としての高徳の承認にはならないということである。

久米のこうした厳しい見方があるものの、田中の論は、高徳研究の一歩の前進であったようだ。同じ年の三浦周行（法制史家、京都帝国大学教授）の「太平記と児島高徳」[99]の見解が当時としては大局的で客観的（中立的）見方といえようか。

三浦は、田中の近業に対して、高徳実在説にとって有力な史料を提供したものの、高徳の世系について、田中の発見した宇喜多能家の画像の賛、赤松再興の文、ともに史料としては高徳死後百数十年乃至二百年前後の後世に係り、附会誤謬の記事を含むもので一等史料とはいえないと史料批判の必要性を指摘する。[100]また、高徳の事蹟に関して田中の提出した文書記録についても、「太平記の高徳の事蹟を以て文書記録に対照する時は際どきところ迄接触するも、不思議に急所を外るゝもの一二に止まらず」と批判的である。

三浦の結論は、「今日迄世に出たる限りの史料につき試みに判断を下せば、将来最後の鉄案を下すべき時機の到達せん迄は、史上の注意人物として姑《しばら》く其存在を許すの雅量を要するに似たり」として、「高徳の実在架空の問題を今日に決定するを避け、田中博士と共に徐に異日の発見に依りて、其実在を証拠にすべき一大光明に接する日を待たんとす」というものであった。[101]

（3）

重野らの抹殺論といわれるものが、いわば実証主義を基本とする修史局における史料蒐集の成果によるものであったことは、先の「児島高徳考」の講演のなかで重野自身が述べていることによって理解できる。その意味で「抹殺論とはこの考証的研究の外貌に過ぎない」とする大久保利謙の指摘[102]は当を得ている。修史局における大日本編年史の編纂は明治一四（一八八一）年から取り掛かられていたが（明治三五年廃止）、その叙述が後醍醐天皇の即位（文保二年〈一三一八〉年）から開始されていることも、[103]『太平記』の史料批判にまず結びついた所以《ゆえん》であろう。

この点については、久米は「余は同僚に、明治維新は建武中興を継がせられたものであるに、『大日本史』は南北朝時代が最不完全で、今は其新材料が山の如く推積されて居れば、之を補充するは最緊要であるから、後醍醐天皇より起こしたいといいたれば、同僚尽く大賛成」であったという。そしてその編修の過程で、『太平記』（水戸の大日本史は太平記に拠っている）は記録日記文書と一向に突き合わず「捏造談多くして事実とは信じ難い」ということになって、楠公の楠木の夢、児島高徳の桜樹題詩、楠公桜井駅の訣別は協議によって不採用になったと述べている。[104]

さらに重野の「史学に従事する者は其心至平ならざるべからず」[105]（明治二二年一一月）は、重野らの主催する史学会第一回大会における彼の講演を掲載したものであるが、これも「至平の心」が問題とされた。重野はこの講演のなかで歴史は名教を主とすると主張するものがいて、自説に引き付け強引に歴史を解釈するものがいて問題であること、至公至平の心をもって歴史に臨まなければならないとした。そのため『利国新誌』（四号）という雑誌で草奔生《そうもうせい》（国家主義者）の反感を買った。重野は「利国新誌に載する草奔生の説に答ふ」[106]（明治二三年一二月）で弁解に努めている。それによると、草奔生は重野が「史学者は公平ならざるべからず。国家思想のごときはいささかもその間に介すべからず」と述べたとして非難している。それに対して重野は自分は決して「国家的思想を棄てて、世間公平の道理を求むべしといったのではない」「一体日本に生れて自国を愛せないことがあろうか」と述べ、最後に草奔生が愛国をもって自分に忠告してくれたことに感謝すると結んでいる。

草奔生の発言は、明らかに重野の講演を曲解しているのであるが、こうした重野の弁解について、三浦周行は、後年以下のように回顧している。[107]即ち「一無名の士が斯る常識的批判を加えたからといって、重野博士程の大家が態々答弁を試みられることはなかろうかと思われるにもかかわらず、斯くまで丁寧に反覆理義を尽して誤解をとくに努められるとともに論者の感情を緩和するためにも周倒の用意を尽されるのは、今からみても痛々しく感ぜられる」と。

一方、星野恒「本邦ノ人種言語ニ付鄙考《ひこう》ヲ述テ世ノ真心愛国者ニ質ス」(108)（明治二三年一〇月）の論文も国体を汚すということで非難をうけた。この論文の結論は、日本と韓国とは「もと一域にして他境に非ず。其全く別国に変ぜしは天智天皇以後に始まる」とするもので、久米邦武にも共通した日鮮同祖論であった。星野は「皇祖はもと新羅の主にましませしが諾冊二神に至り、本州を発見し始めて天下りまして国土を経営し給ひ、素戔鳴尊《すさのおのみこと》・大国主命《おおくにぬしのみこと》等之に継ぎ、方を省み治を施し、出雲地方は大に発達の運に赴き（中略）天照大神本州の土地肥饒、夐《はるか》に万国に勝れるを以て、天忍穂耳尊《あめのおしほみみのみこと》を降し給ひしに、国中平和ならざるを以て還り其由を白させ給ひしかば、諸神を遣して計画せしめ、遂に忍穂耳尊の御子瓊々杵尊《ににぎのみこと》を降し給ふ、西州の宮是に於てか建つ、其後神武天皇の東征ありて、皇基定まり」（傍点、筆者）と述べ、皇祖がかつて韓土の主であったこと、スサノオノ命やその子の五十猛神《いそたけるのかみ》が韓土から来たこと（出雲国意宇《おう》郡の諸社の韓国伊太氐《いたて》神は五十猛神のことであるという）、また皇祖天照大神の子天忍穂耳尊は韓土から備前国に来住した神であることなどを考証している。さらに言語が日韓同一であることを新羅弔使が「〜ハヤ」と思わず嘆息したこと（允恭紀四十二年正月条）をとりあげて「ハヤ」という間接詞が新羅弔使のみならず日本武尊《やまとたけるのみこと》（古事記では倭建命）の言葉や和珥坂《わにざか》での少女の歌などにも出てくることから証明しようとしている。

こうした日鮮同祖論は、神功皇后のいわゆる「三韓征伐」にも波及してくる。星野は「神功皇后大に皇威を輝かし啻《ただ》に旧土を恢復《かいふく》し給ふ（中略）是より日鮮復た一域と為り、彼金帛源源として輸し来り我が府庫に満ること数百年、これ皇威の遠覃《えんたん》に由ると雖ども、一には彼地は我旧国にて言語風俗同一なるを以て、服従の速なると輸誠の久しきを得たるならん」（傍点、筆者）と神功皇后の「三韓征伐」の意義を強調している。そして天智天皇の時（いわゆる白村江の戦い）に百済を救わんとして唐に敗れ韓地を失って別国に変じたとする。

さらに近時の征韓の議や江華島の事件などで世間一般に朝鮮を属国視するのは、豊臣秀吉の朝鮮出兵・八道併呑の戦役に原因があること、秀吉の朝鮮出兵は神功皇后の三韓征伐に原因があること、しかしまた神功皇后のそれは、太古に皇祖が韓地の国主であったが故ではないかとして、それは結局「皇祖の大御心数千載の後に至る迄深く人心に泌して消滅せざるに因ると云て可也」とまでいっている。いわば朝鮮属国視の風潮を皇祖の大御心まで遡及し、日鮮同祖論の国体に添う所以を強調しているのである。しかるに星野にいわせると世間の一派の人は、こうした日鮮同祖論に対して「国体を汚すと為し、愛国心なし」とする。そして彼ら一派に対して「何ぞ其眼孔の高からざるや、又何ぞ推恕《すいじょ》の心に乏しきや、試に思へ、凡そ皇国に生々する者、誰が愛国の心なからん、誰れが国体を汚すを喜ばん」と重野と同じような弁明をしている。現にこの論文に対して『随神天神《かんながら》』という雑誌に深江遠広が長期に亙って反駁文をのせているとのことである。[109]三浦周行はこの星野の論文について、「今日からみると何等発表を憚るべき論文ではなく、殊に朝鮮が我領土になった後においてはさうであった。しかるに当時は日鮮が昔同国で人種言語も同一であったとするのは国体を汚し愛国心なき非国民とみなされていたから右のごとき論文の題になったのであろう」と述べている。[110]たしかに三浦のいうように、後年の国体論では非難どころかむしろ朝鮮植民地化のイデオロギーとして重要な補強となったのであって、その意味で星野にとっては時間が若干早かったということにもなる。

ただ星野のこの論文は、明治時代の研究条件に規定されて根本的な問題点をもっている。

星野は記紀の神代を古史とみなして、そこに登場する神々は皇祖であったり、有力氏族の祖であるとした。即ち神とは「人鬼」（神霊）でなく、在上貴人であって、その意味で人代の歴史が反映しているとみている。こうした神代に史実を求める方法は、今日の歴史学では否定されている。このあたり神代に史実を求めようとしてもそれを証明する手立て（同時代史料）もなく、いつの時代になるかもはっきりせず、往々強引な付会が目立つだけである。神代に史実をみようとするのは、新井白石の合理主義的思考から始まることで、同僚の久米邦武も同じであって、久米は神代に語られていることは譬喩としてとらえ、それを歴史的事実として古代史を叙述している。こうした神代へのアプローチに対して、明治の末頃から神話学の高木敏雄や民俗学の柳田国男、歴史学の津田左右吉などの批判がでてくる。[111]いわば神代を古史とみるのではなく、神話とみる立場である。

第三章　『夜明け前』の歴史的考察
――国学思想との関連で――

はじめに

木曽路はすべて山の中である。あるところは岨《そば》づたいに行く崖であり、あるところは数十間の深さに臨む木曽川の岸であり、あるところは山の尾をめぐる谷の入り口である。一筋の街道はこの深い森林地帯を貫いていた。

右の有名な出だしで始まる『夜明け前』は、島崎藤村が昭和四（一九二九）年四月から昭和一〇（一九三五）年九月まで、『中央公論』に連載された歴史小説である。(1) 木曽路（中山道）馬籠《まごめ》の庄屋で本陣・問屋を兼ねた青山家を舞台に、嘉永六（一八五三）年のペリー来航からこの小説の主人公青山半蔵が狂死する明治一九（一八八六）年までを、明治維新という大きな歴史的転換過程を藤村が独自の発想をもってまとめあげた大作である。

本章は、この大作を歴史学を専攻する者の立場から評論してみようとするものである。とはいっても、維新史の史的事実をベースにこの大作を分析・検討するということではない。今までのこの大作の批評（評論）の傾向・特徴といった点から出発して、藤村の歴史意識、明治維新のとらえ方、国学観を通して、この作品で藤村が真にいわんとしたことを私なりに把握してみたいと思っている。その際私が留意した方法は、この作品の主人公半蔵と、そのモデルになった島崎正樹（藤村の父）を一応分離して、別々に考察した上でその統一としての『夜明け前』を再考してみようとするものである。

1 『夜明け前』の批評と藤村の歴史意識

(1)

文学作品というものは、それをものした作者の人生観・世界観ばかりでなく、その人の癖・性格といったものまでがそれなりにみえてくるものであろう。とくに藤村のように「真正面から自己を語りつくし、書きつくした作家」[2]の場合そうである。作品の批評にもそうした作者の性格・癖・生き方への好感やその反対に嫌悪といったものが入り込んでくる。『夜明け前』をトルストイの『戦争と平和』と並ぶ傑作と断じたのは、早くは徳田秋聲であり[3]、そのあとは篠田一士であり[4]、加賀乙彦もこれに全く賛成であるといっている[5]。このような最大級の評価がある一方、早くは正宗白鳥が第一部刊行のあと、「トルストイの『戦争と平和』が作者の豊かな想像力が作品全体を生き生きさせているのに対して、この小説は作者の筆が萎縮していて、対象がはつらつと動ひてくれないことに歯痒くなる、じっと立ち止まって考えこむ半蔵と作者に読者は退屈してしまう」といっている[6]。

この作品を大作と評価しつつも、退屈な作品、明治維新というものを正しく掴み得ていない、その国学観や維新史に倦怠を覚える、ドラマティックな歴史がなく静的で回想的な歴史に終わっている、登場人物の人間的否定面が全く切りすてられて人間類型に単調さがみえる、人間関係の描写に乏しくすべて核心が避けられ回想に終わっている等々の批評も多い[7]。この作品の評価が真っ二つに分かれているという印象はもたなかったものの、やはりその評価の落差は大きい。

この作品を絶賛する理由はどこにあるのか。

篠田一士は「ここに日本の小説があるということである」「ここには日本そのものがえがかれている」「『夜明け前』はヨーロッパ小説の技法のほとんどすべてを咀嚼し、消化しながらも、その根本において、千数百年まえの祖国の可憐な歌謡のポエジーを息づかせている」といっている[8]。また加賀乙彦も「今ここでは『夜明け前』が実に日本人的な故郷、山里を描いているため『夜明け前』は世界文学的視野では外国人に分かりにくい小説かもしれない」といっている。[9] こうした「日本的な小説」を強調する評論[10]は、すでに早くから小林秀雄によって指摘されていた。

小林は、「この小説の持つ静かな味ひは、到底翻訳出来ぬものである。これを書いたものは日本人だといふ、ある絶対的な性格がこの小説にはある」「『夜明け前』のイデオロギーといふ言葉自体が妙にひゞくほど、この小説は詩的である。この小説に思想を見るといふよりも、僕は寧ろ気質を見ると言ひたい」「実際わが国の小説でこれほど日本的といふ観念を高い調子で表現したものはないのである」といっている。[11]

この〝日本的〟ポエジー（詩）という受けとめ方は、きわめて主情的なものである。もう少し具体的にいうとどういうことになるのか。

『夜明け前』執筆の頃の島崎藤村

加賀乙彦は「この小説を読んで私がほのぼのと懐かしい気持ちを覚えるのは、私の心の底に眠っている故郷を暖かくゆり起されるからだと私は思う」という。[12] 篠田一士は「『夜明け前』を読んで、誰しも感心するのは、その自然描写のみずみずしさであり、またその背後に歴然とうかがわれる作者の自然に対するかぎりなく深い心持ちは読者を容易にさめやらぬ陶酔にとひきこんでゆく」といっている。[13] また野間宏[14]は「この作品は読むたびに作品の大きさが増す優れた作品であり」「近代日本文学の最も重要な作品の一つであって、しかも近代日本文学から大きくはみ出している作品」という最大級の評価[15]を与えているのであるが、その評価の主眼は「それは自然がそこにあるようにあるそのような作品である」「藤村の最後に明らかにすることの出来たものといえば、それは日本人が生き死にする、自然に接したその地盤そのものなのである」というものであった。和辻哲郎も「この作にはかなりいろいろな人物が現われてくるが、作者はどの人物にも同情をもって描き、それぞれにその所を得させるように努めている。従っていろいろな事件が起こるにもかかわらず、いやな人物は一人も出て来ない。作品の世界全体に情緒的な気分が行きわたり不幸や苦しみのなかにもほのぼのとした暖かみが感ぜられる。それは全く独特な光景だと私には思われるのである」「藤村の作品からは我々は苦労人の目からみたしみじみとした人生の味を味わい取ることができる」といっている。(16)

以上のような評者の見方をみると、そこに自然・風土・故郷のあたたかさ、しみじみとしたもの、やさしさといったものへの共感という共通したものが流れているのを感じる。こうした評価の仕方というのは、批評としては少し特異な印象をうけるのである。

(2)

自然・風土・故郷といったとき、勿論、そこで生を営み、歴史を経験した人々を含みこんだ自然・風土・故郷である。それは木曽馬籠の自然・風土・故郷のなかに生きる名もない人々への藤村の眼差しがやさしいということであろうし、自然や風土への気持ちがしみじみして暖かいということであろう。これは、十歳で故郷馬籠をでて、人生の荒波を藤村らしいねばり強さでのりきってきた初老にかかった人のもつ静かな落ちつきの故であろう。そして、故郷馬籠への〝やさしさ〟〝暖かさ〟といったものが、この作品全体を覆っている。

この作品は、二部では主人公半蔵の悲劇へと進んでいくのであるが、狂死に至る諸事件が暗い、悲劇的なものであるにもかかわらず、しみじみとした感じが残るのは、この作品の背景全体にひろがる自然描写の所為であろう。亀井勝一郎が、この作品の「文章に内在しているのは、静座の姿勢で語る市隠《しいん》の音楽性である」といっているのは、(17)よくわかる。それでは、こうした作品全体を覆っている根本的な基調は一体どこから来るものなのか。

藤村は、十五代将軍徳川慶喜が大政奉還を決意する心境を以下のように書いた。

徳川の代もこれまでだと覚悟する将軍は、討幕の密議がそれほどまで熟しているとは知らなかったが、禍機はすでに達していることを悟り、敵として自分の前に進んで来るものよりは、もっと大きなものの前に頭を下げようとした。[18]（傍点、筆者）

この「もっと大きなもの」というレトリックを篠田一士は「これをぼくたちの父祖、いやぼくたち自身さえもが経験した時代、あるいは日本の近代という風にいささか浅薄に翻訳してみてもいい。一口でいえば、これは歴史ということになる」といっている。[19]筆者は、これを〝歴史〟というよりも、〝時勢〟といった方が語感的に良いと思う。「大きなものの前に頭を下げる」ということは、〝時勢〟を〝時勢〟として受け入れるということで、服従とかあきらめといった気持でない。戦い終えたものが、その結果をそのまま受けとるといった形のものであろう。これは、『夜明け前』ではよく使われている「一切は神の心であろうでござる」という平田篤胤の言葉に近いものであろう。

ことごとく夢がやぶれ、万福寺の本堂に火を放つ少し前に半蔵の述懐が次のように述べられている。

夕方に、半蔵は静の屋の周囲を一廻りして帰って来た。夕食後二階に上って行って見ると、空には星がある。日の出もやや遅くなった頃であったが、青く底光りのするような涼しい光が宵の空に流れている。その時彼は秋らしく澄み渡って来た物象の威厳に打たれて、長い時の流れの方に心を誘われた。先師篤胤の遺した忘れがたい言葉も、また彼の胸に浮かんで来た。

「一切は神の心であろうでござる」

彼はおのれら一族の運命をもそこへ持って行って見た。空の奥の空、天の奥の天、そこには顕れたり隠れたりす

> る星の姿があたかも人間歴史の運行を語るかのように高く懸っている。あそこに梅田雲浜があり、橋本左内があり、頼山陽があり、藤田東湖があり、吉田松陰があり（中略）
>
> この国維新の途上に倒れて行った幾多の惜しい犠牲者のことに想いくらべたら、彼半蔵なぞの前に横たわる困難は物の数でもなかった。彼はよく若い時分に、お民の兄の寿平次から夢の多い人だと言われたものだが、どうしてこんなことで夢が多いどころか、まだまだそれが足りないのだ、と彼には思われて来た。月も上った、虫の声は暗い谷に満ちていた。かく万の物がしみとおるような力で彼の内部まで入って来るのに、彼は五十余年の生涯をかけても、何一つ本当に掴むことも出来ないこのおのれの愚かさ拙《つた》なさを思って、明るい月の前にしばらくしょんぼりと立ち尽した。[20]

右のような述懐のあと半蔵は、万福寺放火という行為におよぶのであるが、この放火事件を世間では狂気沙汰としたが、藤村はこの半蔵の行為を万福寺の松雲和尚をして「そうとばかりは思わない」といわしめている。いわば、万福寺放火事件の根底に平田学の廃仏があるといわしめている。もっとも廃仏が即、放火ということにはならないわけであるが、すでにみた半蔵の述懐と放火事件をつなげてみると、半蔵はこの放火行為によって最後の夢多き戦いをいどんだのであり、それによってようやく〝神の心〟を受け入れることになったのだろうと解釈できる。この作品における藤村の歴史に対する基本的姿勢は、「大きなものの前に頭を下げる」「神の心にしたがう」というものであって、[21]これが半蔵の人生の総括にもなっているし、犠牲となった数多くの志士たちの総括にもなっている。維新の犠牲者となって死んでいった数多くの志（こころざし）あるものたちを天に輝く星の姿にみる気持ちといったものは、そうした藤村の人生・歴史への見方の表現であろう。また、半蔵の狂死という結末にもかかわらず、〝暗さ〟〝陰惨さ〟が残らないのは、藤村の右にみたような見方にあるのであろう。

確かに半蔵が「わたしはおてんとうさまを見ずに死ぬ」という言葉を残して死んでいったのは、恨みが残るのであるが、この恨みは半蔵の弟子の勝重が半蔵を墓地に埋葬することによってひきつがれる。また『東方の門』で松雲和尚がひきついでいる。

藤村は、この作品の最後のところで、半蔵の死の明治一九年あたりが維新の一つの転換期とみて、以下のような叙述をしている。

ひとり彼の生涯が終りを告げたばかりでなく、維新以来の明治の舞台もその十九年あたりまでを一つの過渡期として大きく廻りかけていた。人々は進歩を孕んだ昨日の保守に疲れ、保守を孕んだ昨日の進歩にも疲れた。新しい日本を求める心は漸く多くの若者の胸に萌して来たが、しかし封建時代を葬ることばかりを知って、まだまことの維新の成就する日を営むことも出来ないような不幸な薄暗さがあたりを支配していた。その間にあって、東山道工事中の鉄道幹線建設に対する政府の方針も各地に興り、時間と距離とを短縮する交通の変革は、あたかも押し寄せて来る世紀の洪水のように、各自の生活に浸ろうとしていた。勝重は師匠の口から僅かに泄れて来た忘れがたい言葉「わたしはおてんとうさまを見ずに死ぬ」というあの言葉を思い出して悲しく思った。(22)

鉄道工事に代表される近代化の勢いは、人々の恨み、悲しみ、嘆き、悩みにかかわりなく、どんどん進行していく。しかし、薄暗さの支配する明治一九年あたりにも、新しい芽がめばえつつあった。まさに『夜明け前』である。藤村は時代の波、時勢というものをそのまま引きうけつつ、そのなかに新しい日本の芽を期待してこの作品を締めくくっている。

（3）

藤村は、青年期の「文学界」時代をふりかえり、極端な欧化主義と、一方での国粋保存の声の対立のなかにあって、東西そのものの調和的思想が一切の学問と芸術の世界に支配していたことを批判し、「漠然とした調和といふやうなものが何を自分等に齎《もたら》さう。自分等青年はもっと直接に自分等の内部《なか》に芽ぐんで来るものを重んじなければ成らないと考えた」といっている。(23) 藤村が「自分らの内部に芽ぐんで来るもの」を大切にしていきたいと語ったとき、藤村は自分の気持ち――情熱に正直でありたいと願ったのだと思う。この〝正直〟は、〝誠実〟につながるものである。藤村は、尊敬する友人北村透谷に〝天才の誠実〟があったという。「この誠実が彼を導いて短く、傷ましくはあるが、しかし意味の深い生涯を送らせたと思う」といっている。(24) 明治はまさしく誠実の時代であった。

藤村の歴史の見方にも、自分の内部から湧きあがってくる時代の精神を大切にしたいという気持ちがあったようだ。

考証家は表面にあらわれただけの事実を成るべくそれを精しく捉へようとする。私は違う。私は自分の心に何度となく活き返り活き返りするものを求める。そういふものこそ、自分の生れて来た時代の源であったかと考える。そうして、さういふものを通して何度となく夜明けの時の気分に帰って行かうとする。(25)

歴史考証家のような過去の事実の詮索ではなく、時代の内部から生命《いのち》となってよみがえってくるもの、時代精神といったもの、そうしたものを求めていこうとする気持ちがあったものと思う。(26) これを小谷汪之のいうように(27)「歴史の内発性」(社会発展の内在的契機を重視するという歴史観)の重視という形で置きかえてもよいが、そこには多分に情熱というか、生命というか、時代精神というか、主情的な気分がただよっている。

夏目漱石は講演「現代日本の開化」(明治四四〈一九一一〉年八月)で、西洋の開化は内発的で、近代の日本の開化は外発的であること、明治維新以前の日本の開化は比較的内発的に進んできたのであるが、維新以後、「急激に曲折し」、「急に自己本位の能力を失って外から無理押しに押されて否応なしにそのいう通りにしなければ立ち行かないという有様になった」と述べている。(28) ここで漱石が〝自己本位〟といっているのは、自立の精神であり、個人主義であり、自己の自由や主体性を重んずる精神である。漱石は、外発的な開化によって、日本の社会は「神経衰弱にかかって気息奄々《きそくえんえん》として今や路傍に呻吟しつつある」として、近代（開化）批判を展開しているのであるが、藤村にもそうした近代批判がみえる。

> 何という焦燥な時代に私たちは生れ合わせたのであろう。その焦燥は独り私たちの苦しむものなのであろうか。一生を通じて各自の天性を尽して行くようなことは、如何にして私たちには許されないのだろう。それも理のあることだ。彼ら欧羅巴人は長い歳月をかけて今日の社会生活に達している。私たちは極く短期の間に彼らに追い付くかねばならぬ。（中略）彼ら欧羅巴人が半世紀もかかって成し遂げたことに、私たちは明日にも追い付かねばならない。私たちの時代の焦燥は全くこの駆け足の息苦しさから来る。[29]（傍点、筆者）

藤村も漱石も決して開化、近代化を否定しているのではない。漱石は「皮相上滑《ひそううわすべ》りの開化」を批判し、「ただ出来るだけ神経衰弱に罹《かか》らない程度において、外発的に変化していくのが好かろう」と言っている。[30] 藤村も「吾儕《われわれ》日本人はまだまだ保守的だ、吾儕に必要なことは国粋の保存でなくて、国粋の建設でなければならないのではないか。吾儕はもっともっと欧羅巴から学ばねばならない。そして自分の内部にあるものを育てねばならない」とフランスの旅から帰ってきて（大正五年七月にパリ三年間の生活を終えて帰国）述べている。いわば、近代化（開化）を〝内発的〟（内から自然に出て発展するという意味で）に考えた漱石と、〝自らの内部にあるものを育てあげる〟あるいは〝各自の天性を尽す〟という主体的・個性的な近代化を主張した藤村との二人の文明批評家の姿が浮かびあがる。[32]

2 『夜明け前』にみる藤村の明治維新観

(1)

藤村が『夜明け前』を書いたとき、近代化の出発点であった明治維新はどのようにとらえられていたのか。藤村は、「『夜明け前』成る」という談話で以下のようにこの作品の意図を述べている。[33]

維新前後を上の方から書いた物語はたくさんある。私はそれを下から見上げた。明治維新は決して僅かな人の力で出来たものではない。そこにはたくさんの下積の人たちがあった。維新というものが下級武士の力によって出来たものだと説く人もございますが、私はそうではなしに庄屋たちがたくさん働いている。それは世の中にあまり知られていない。私の『夜明け前』はまゝ歴史ぢゃございませんが、維新前後の歴史を舞台として働いたさうした下積の人たちを中心とした物語でございます。

こうした藤村の意図がどれだけ成功しているかについては議論もあるが、戦前、昭和四(一九二九)年～一〇(一九三五)年の時代にこのような下から見あげた維新史を書きあげた歴史小説家はいまだかつてなかった新しい作品であった。なるべく「やさしい平談俗語」[34]をもってこの作品を書きあげようとしたのも〝下から見上げた歴史物語〟にふさわしいものにしている。

〝下から見上げた歴史物語〟〝下積みの人たちの物語〟とは、結局それらの人達の犠牲の上になりたった維新史物語という側面が強い。明治維新は、狂死をもって終った半蔵個人ばかりでなく、庄屋・本陣・問屋を代々家職としてきた青山家自身の没落を意味した。それはまた、藤村が愛した故郷馬籠宿の荒廃――木曽谷の村民たちの没落でもあった。

木曽谷三三ヵ村の村民は、山林なしには生きられない生民であった。廃藩置県が施行された明治四（一八七一）年一二月[35]名古屋県の福島出張所に明山《あきやま》の停止木《ちょうじぼく》（桧《ひのき》、椹《さわら》、明桧《あすひ》、槇《まき》、杜松《ねず》の五木）解除の嘆願書を提出したが、翌五年二月には木曽谷は筑摩県の管轄にうつされ、六年後半から七年にかけて県官（権中属）本山盛徳によって、官林公有地私有地の領域区分調査がおこなわれ、停止木のあるところは官林であるという方針のもとに、村民の立ち入りを禁止していた留山《とめやま》、巣山《すやま》はもとより、村民の自由に出入りしていた明山二二万町歩を官有地に強制的に編入してしまった。明治初年巣山は一千六七町、留山は二万六八九町、明山は三五万四四四一町あった。いわば明山のほとんどが官有地にくみ入れられてしまったのである。[36]明山は、家作木を採取する森林、燃料（薪、雑木）を採取したり、切畑を開いた柴山、飼料（肥料）の下草などを採取する草山などに区分されるが、そこは村民が日常的に生活資料を採取する拠りどころであった。[37]

この山林事件を藤村は第二部の八章で詳しく叙述しているが、維新後庄屋から戸長にかわった半蔵は、責任者の一人として編入解除を求めて嘆願書を筑摩県福島支庁に提出するも、その解答は半蔵の戸長免職という無残なものであった。

> 翌日の帰り道には、朝から晴れた。青々とした空の下に出て行って、漸く彼も心の憤りも沈めることが出来た。いろいろ思い出すことが纏《まと》まって彼の胸に帰って来た。
> 「御一新がこんなことでいいのか」
> と独り言って見た。時には彼は路傍の石の上に笠を敷き枝も細く緑も柔らかな棗《なつめ》の木の陰から木曽川の光って見えるところに腰掛けながら考えた。[38]

美しい木曽川の自然は、半蔵の憤りや落胆を沈めてくれたが、そのなかで静かに考えると明治維新が木曽谷の人達にとってなんであったのかと考えざるをえない。大岡昇平は、この作品は「見事な維新残酷物語として、王政復古政府、ひいては当時の日本の軍事政権に対する抗議になっている」としている。[39]また亀井勝一郎は、「維新は果して維新であったか。王政復古は達成せられたのであるか。全篇を貫くのはこの深い懐疑の声である。『夜明け前』がかかれた昭和初頭は、国定の史観の根づよい時代であった。維新を美化し、架空の王政復古をもって歴史を歪曲した時代だ。したがって『夜明け前』を貫く史観は、『叢《くさむら》の中』を離れなかった点で、目だたぬ一の反抗であったと云ってよい」と述べている。[40]

この点は、すでに当時からもっと切実な形で問題とされていた。勝本勝一郎は藤村も交えた座談会の席で「どうしても『夜明け前』に警告の書を感ずるんです。ピンと来るんです。僕たちにはね。それは無論此本に依ってファッショも叱られて居ると思うけれども、僕達も叱られて居る。両方が叱られて居ると思うんです」と述べ、[41]宇野浩二も五・一五事件（昭和七〈一九三二〉年）、神兵隊事件（昭和八年）などを引きあいにだして勝本の見方に賛成している。

中島国彦は、『夜明け前』の同時代批評が、藤村の目が過去でなく現在と未来に向かっているという評を展開している点で、同時代感覚として注目されるとしている。[42]また籔《やぶ》禎子も同時代批評のもちえた緊張感に注目して、「昭和初年の動揺期に身を持す知識人にとって、『夜明け前』は、熱い関心と共感を寄せるのに十分な作だったのである」としている。[43]

いわば、同時代批評のもっていた現在と未来への洞察を含んだ作品、あるいは昭和史初期のファシズムへの「警告の書」という見方ができるのもこの作品のもつ魅力の一つであったろう。

この「警告の書」ということで注目したいのは、三田村鳶魚《えんぎょ》の「島崎藤村氏の『夜明け前』評判記」上・下（『日本及び日本人』一九三六年三月・四月号）である。[44]この「評判記」は、鳶魚によると、時代というものを諒解しているなら、出るはずがないという言葉を問題としたものである。たとえば、参勤交代の送り迎えをするについて、宿役人が「定紋付の麻の裃を着用して」出かけたという箇所をとりあげ、裃である以上紋のついていないものは決して無いし、また宿役人が諸大名を送迎するのに果して裃を着用するのであろうかと疑問を呈する。鳶魚はこのような細かい言葉づかいなどを逐一とりあげていくのであるが、それが皇室の問題におよんでくると、「和宮」として「様」をつけていない、「徳川将軍に嫁ぐ」というような平等な言葉を用いることは許されるべきことではない、「むらはづれに宮を迎へさせることにした」とある「迎へさせる」というのはけしからん言葉であるということになっていく。こうして鳶魚は大義名分、国体明徴、君臣の大義を振りかざして藤村を非国民呼ばわりし、「島崎さんも帝国の臣民に相違ないから、この点に対してはよく熟慮されて改悛の心状を明らかにされることを急なければなりますまい」と結んでいる。

鈴木昭一によると、藤村はこの鳶魚の批難に対して性急な改版を試みて訂正をおこなっている（昭和一一年七月）という。[45] 藤村が本来〝君臣の大義〟〝大義名分〟〝国体明徴〟ということに批判的であったことは、下から見上げた歴史、下積みの歴史、草叢からの崛起という姿勢をみればわかることであるが、ただこの『夜明け前』に積極的な昭和初期の軍事政権——ファシズムへの抗議の意味が含まれていたとみることは、改版による性急な訂正を考えると疑問となる。即ち、鈴木昭一は、鳶魚の批判の言葉と藤村の改版訂正を逐一検討しているのであるが、例えば降嫁→御降嫁、和宮の一行→和宮様の御一行、和宮の東下→和宮様の御東下というように敬称の付加が多岐にわたりなされていることを指摘している。したがって、軍事政権——ファシズムに対する姿勢に対しては、亀井勝一郎のいうように「目たたぬ一の反抗であった」という程度にみておくのが藤村の気持にもあっていよう。

ところで、藤村がフランスの旅にあったとき（一九一三〜一六年）、わが国における一九世紀研究に興味をもって、「フランスだより」のなかでそのことについて書いていたことはよく知られている。いわば、二〇世紀初頭の地点に立って、一九世紀（江戸後期天保〜明治三三年）をふりかえったのである。

もしわが国における十九世紀研究ともいうべきものを書いてくれる人があったら、いかに自分はそれを読むのを楽しむだろう。明治時代とか徳川時代とかの区画はよくされるが、過ぎさった一世紀をまとめて考えてみると、そこに別様の趣が生じてくる。まず本居宣長の死あたりからその時代の研究を読みたい。[46]

藤村は、「これを書いた時の私のつもりでは、そう短期間の間に今日の新しい日本が仕上げられたのは間違いだといふことをいいたかった」「近代の精神は西洋の文物に接触して初めて開発されたもの」でなく、「元禄の昔にすでにその曙光を発して居ることを心にとゞめて置きたい。芭蕉の詩と散文、西鶴の小説、近松の戯曲はやがてその精神のあらはれである」と当時の気持ちを述べている。(47) いわば、近代精神をもった新しい日本は、けっして明治維新の外圧＝西洋との接触によって成立したものでなく、徳川時代の封建社会のなかにその芽＝根をもっていたという主張であった。

この一九世紀は、藤村の父の時代であった。藤村は「前世紀を探求する心」(48)（大正一三年）のなかで、先のフランスだよりをふりかえり、「好かれ悪しかれ私たちは父をよく知らねばならない」と言っている。また、そこでは、契沖、真淵、宣長らの国学者の功績は「古語の研究によって、幾世紀にわたる支那の模倣的な風潮から自国の言葉を救ったところにあろう」し、前世紀（一九世紀）のはじめの代表者ともいえる平田篤胤については、「国学を神道にまで持って行ったような人で、あの人の歩いた道は宣長あたりよりずっと窮屈なものという気持ちがするが、当時の人の心に刺激を与えたことは争われまい」と評価する。そして、国学思想が二〇世紀の時点では、保守的（国粋主義）、反動的な位置づけをされている大勢の上にたって、あらためてその見直しを考えようとする。藤村は以下のように国学思想を位置づけようとした。

私は前世紀のはじめに起ってきた保守的な精神を単に頑固なものとばかり見ずに、もっと別な方面から研究されたものを読みたい。それがさかんな愛国運動となって行った跡を読みたい。この保守的な精神は、吉田松陰らによって代表されるような世界の探求の精神と全く腹ちがいのものであったろうか。何といっても前世紀での大きな出来事の一つは明治維新であろうが、旧制度の打破、民族の独立、外国勢力への対抗ということにかけて、前世紀のはじめから流れてきたこの二つの精神が相交叉し、相刺激した跡を読みたい。

父を知ること、父の時代を知ること、父の参加した国学思想――平田神道を知ること、国学思想を時代の精神として捉えること――そうした思いや探究心（スタディー）が、『夜明け前』という大作をうみだす力となった。小泉浩一郎が、「私たちは、藤村が一般にアナクロニズムだと嗤笑《ししょう》される国学に生きた生命を認め、その生命に自己を一体化させ、いわば国学思想小説としての『夜明け前』を書いたのだという単純明瞭な一事を率直に認め、その歴史認識のアクチュアリテイを再検討すべき時点に到達しているのではないか」と述べていることは、(49) 国学思想小説として成功しているかの検討は別個に行わなければならないとしても重要な指摘であると思う。(50)

国学思想については、次節で検討するとして、ともかく藤村は明治維新を一九世紀史に位置づけることによって、それを相対化できる視座を得たといえよう。そして、明治維新の虚偽性、その未完性を指摘した点、「草叢《くさむら》の中からの崛起」「下から見上げた」維新過程を馬籠宿を軸に絵巻物をみるように展開してくれた点で、歴史文学上巨大な位置を占めた作品であることは承認されよう。

（2）

『夜明け前』のなかで主人公半蔵とならんで独自の位置をしめている人物は松雲和尚（永昌寺の智賢のち桃林和尚がモデル）である。

> ある朝、半蔵は村の万福寺の方から伝わってくる鐘の音で目をさました。（中略）谷から谷を伝い、畠から畠を匍うそのひびきは、和尚が僧智賢の名も松雲と改めて万福寺の住職となった安政元年の音も、今も、同じ静かさと、同じ沈着《おちつき》とで清く澄んだ響きを伝えて来ている。一音、また一音。半蔵の耳はその音の意味を追った。あの賑かな「ええじゃないか」の卑俗と滑稽とに比べたら、まったくこれは行いすました閑寂の別天地から来る、遠い世界の音だ。それにしても、この驚くべき社会の変革の日にいたっても日々の雲でもかわるか、あるいは陰陽の移り替るかぐらいにしか、心を動かされない人の修行から、その鐘は響き出して来ている。その異教の沈着は一層半蔵を驚かした。

多くの憂国の士が生命をかけて幕政に抵抗したり、国事に奔走したりするというこの難しい時代に、こういう和尚のような人も生きていたということは、猶々彼を驚かした。(51)

これは、「動」の世界にいる半蔵が、自分とは違った「静」の世界(あるいは異教の世界)を発見した驚きである。しかし、この「静」の世界は、実は半蔵がひそかに想いを寄せる世界であり、藤村の好む世界であった。

第一部七章では、半蔵と同じ平田没後の門人であり友人であった蜂谷香蔵も、これも同じ友人で京都で国事に奔走している浅見景蔵の後を追って京都に上って行ってしまった。一人のこされた半蔵の心はさわぐ。そうしたおり、半蔵は父の病の回復を禱《いの》るために御岳《おんたけ》神社への参籠を思い立った。この参籠の間、半蔵は自らの騒ぐ心をおさえるために決意を固める。

「そうだ、われわれはどこまでも下から行こう。庄屋には庄屋の道があろう」

とかれは思い直した。水垢離と、極度の節食と、時には滝にまで打たれに行った山籠もりの新しい経験をもって、もう一度彼は馬籠の駅長として勤めに当ろうとした。(52)

庄屋・本陣・問屋としての日常的な生活のなかで、自分の〝志(こころざし)〟をつらぬいていこうとの決意である。これは松雲の世界に近い。松雲は臨済宗の僧侶である。半蔵は、平田神道であり、本居国学以上に廃仏的である。この松雲が青山家の祖先が建立した万福寺の住職として赴任してくるのであるが、半蔵は初めて会ったこの禅僧の印象を「とてもこの人を憎むことの出来ないような善良な感じのする心の持主」(53)であったといっている。松雲は日ごろから闘うまいとしていたことが四つあった。「命と闘わず、法と闘わず、理と闘わず、勢と闘わず」(54)。

過ぐる月日の間、どんなさかんな行列が木曽街道に続こうと、どんな血眼になった人達が馬籠峠の上を往復しようと、日々の雲が変るか、あるいは陰陽の移り替わるかぐらいに眺め暮して、ただただ古い方丈の壁にかかる達磨の画像を友として来たような人が松雲だ。(55)

しかし、そうした松雲も禅僧らしく戦おうとはしていた。明治維新は、仏教徒に大きな変革をもたらした。神仏分離→廃仏毀釈運動であり、神葬祭、仏葬の自由化であった。松雲は、こうした事態のなかで、仏教興隆の父聖徳太子の言葉に「神道はわが国の根本である。儒仏はその枝葉である。根本昌《さかん》なる時は枝葉も従って繁茂する。故に根本をゆるがせにしてはならないぞよ」とあるのに着目して、「これだ。この根本に帰入するのが、いくらかでも仏法の守られる秘訣だ」(56)と考えた。松雲はそれ故、教部省に設置された神官と僧侶の合同による国民教化の教導職の一員に加わる。

禅僧としての松雲は動かないように見えて、その実、こんなに静かに動いていた。この人にして見ると、時が移り世態が革《あらた》まるのは春夏秋冬の如くであって、雲起る時は月日も蔵《かく》れ、その収まる時には輝くように、聖賢たりとも世の乱れる時には隠れ、世の治まる時には道を行こうという風に考えた。(中略)さてこそ、明治の御一新も、この人には必ずしも驚くべきことではなかった。仮令《たとえ》その態度をあまりに高踏であるとし、他から歯がゆいように言われても、松雲としては日常刻々の修行に想いを溜め、遠く長い眼で世界の変革に対するの一手があるのみであった。(57)(傍点、筆者)

明治維新を相対化する眼、静かに動き、しかも遠く長い眼で変革に対拠しようとするこの松雲の態度は、やはり藤村の人生観、歴史観が、投影されているとみてよい。

すでにみたように、松雲は、半蔵の万福寺放火を〝狂気の沙汰〟とはみていなかった。また、神仏分離、廃仏の動きについても、そうした強い衝撃をうけることがなかったならば、「おそらく多くの仏徒は徳川時代の末と同じような頽廃と堕落とのどん底に沈んでいたであろう」[58]と考える人であった。松雲は半蔵のもっとも良き理解者であった。『東方の門』（昭和一八年）は、『夜明け前』をうけて第一～三章に七〇歳になった松雲が全国行脚の旅をする様子をえがいているのであるが、半蔵を思う松雲の誠実な気持がよくあらわれていて胸をうつ。

最早、半蔵と松雲のへだたりは、死者と生者のへだたりである。しかしその人が一生を通して変らなかった平田門人らしい態度は、亡くなった後になって見て一層和尚の胸に迫った。言ってみれば、それは最後まで拒まうとする人の残して行った声である。日ごろ、仏教をおのが精神の支柱とも頼む和尚の身に取って、これに勝る深い打撃もなかった。松雲は一切をそこに投げ出してかゝっても、仏徒らしい何らかの形で、あの半蔵に答へなければならなかった。[59]

松雲を共感をもって描いている藤村の姿勢がうかがわれる。この点に関しては、『夜明け前』の完結後ほどなく青野李吉との「一問一答」[60]のなかで、藤村が「あゝ、それからあの松雲和尚といふのは面白い人でございませう?」と自らいいだしている。そして「あれは桃林和尚というのが本名で桃林和尚遺稿といふものを残して居ります」といっている。

3　青山半蔵と国学思想

（1）

この作品の主人公青山半蔵は、藤村の父島崎正樹であることは藤村自身も語っている。ただ、藤村は、父正樹四三歳の時の子で、数《かぞ》え一〇歳の時に東京に遊学し、一三歳の時、父が一時上京したのが父をみた最後であった。そうして一五歳の時、父が死去したが、その時藤村は帰っていない。父との縁は薄かった。したがって、藤村の父親像というものは、年齢とともに藤村の内部で次第にふくらんでいったものであろう。

青山半蔵を考えるとき、それは大正二（一九一三）年のフランス旅行を切っ掛けとしている。遠い異国で、西欧近代世界との対比で、祖国日本、近代化を用意した父の時代を強く意識するようになったことはよく知られている。フランス旅行後の藤村は、自分の血に直接つながる島崎家の家長としての父でなく、維新前後に生きる時代のなかの父（父の生きた時代）に強い関心をもつようになった。青山半蔵は、そうした関心の産物でもあって、父正樹とピッタリ重なり合うわけではない。半蔵には、「精神の自由」をかかげて新しい近代の時代を「最も高く見、遠く見た」北村透谷が反映しているし、なによりも藤村自身が反映されているとみなければならない。

半蔵は、平田篤胤没後の門人である。『夜明け前』によると、安政三（一八五六）年一〇月、半蔵は義兄寿平次と相模に青山家の祖である山上家を訪れるために江戸に出るが、その時に平田鉄胤《かねたね》を訪れて篤胤没後の門人となっている。しかし、すでに指摘されているように島崎正樹（天保二年生れ、重寛、明治五年に正樹と改名）は、文久三（一八六三）年、友人間秀矩《はざまひでのり》（『夜明け前』の蜂谷香蔵のモデル）の紹介で没後の門人となった。[61] 三三歳の時であった（『気吹舎門人帳』）。紹介者の間秀矩は、美濃国中津川宿の年寄、家業は酒造業、安政六年に平田家に入門している。

信濃国（長野県）は、平田派国学の入門者が全国一多いことで知られている。篤胤没後の入門者は六三五人を数える（全国では、没後の門人は三八〇〇名をこえる）。そのうち伊那郡が圧倒的で三八七人、ついで筑摩郡八一人、佐久郡七一人、諏訪郡三六人となっている。正樹（半蔵）の木曽馬籠村は筑摩郡に属するが、馬籠からは正樹一人であった。[62]

馬籠宿は、木曽街道十一宿（上四宿、中三宿、下四宿に分れる）中の下四宿（野尻、三留野、妻籠、馬籠）の一番南にあって、美濃国（岐阜県）と境を接していた。したがって、美濃国との関係は深い（平成一七年二月、長野県木曽郡山口村にあった馬籠は山口村が岐阜県中津川市に編入されたことによって、岐阜県の側に立つことになった）。正樹の眼を国学に向けさせた

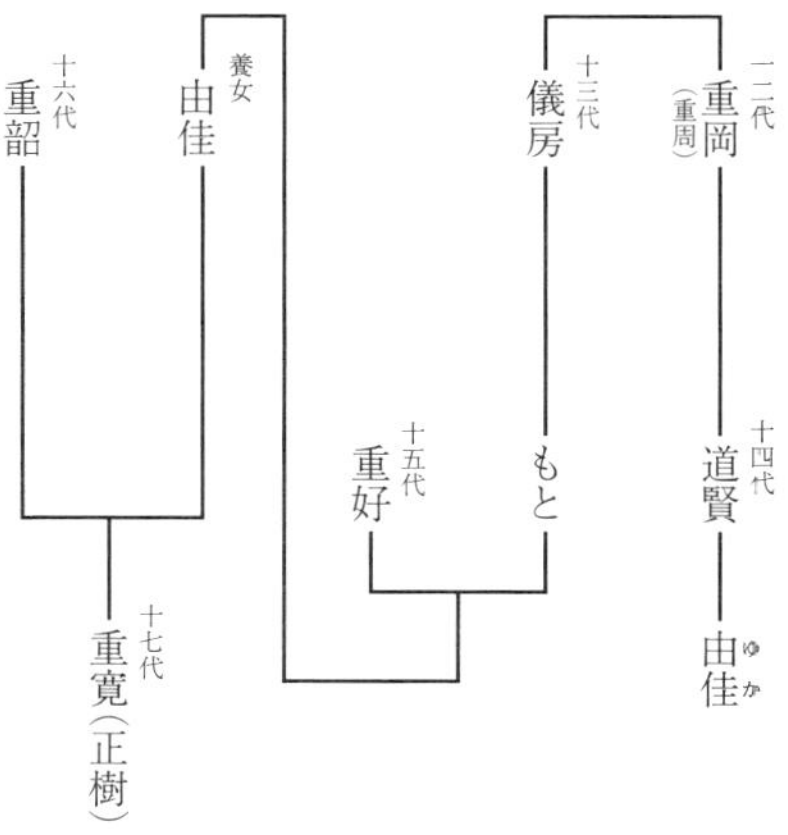

島崎氏系図

※「島崎氏系図」（『藤村全集別巻下』）では12代の重岡は重周とある。

のは中津川（美濃国恵那郡）の医者であった馬島靖庵（『夜明け前』の宮川寛斎）であり、同じ中津川の友人間秀矩や市岡殷政（『夜明け前』の浅見景蔵）とともに弟子として勉強に励んでいる。したがって、正樹は信濃よりも美濃の国学仲間との関係が深かった。そもそも正樹（重寛）の父、一六代重韶《しげつぐ》（『夜明け前』では通称吉左衛門として登場）は、美濃の城下町岩村の山上家から島崎家に養子（婿）に入った人物である。このあたりは北小路健の考証に詳しいが(63)、重韶の妻由佳《ゆか》は、一五代重好と妻もとの養女である。由佳は、一四代道賢の娘である。一五代重好も実は美濃岩村の森伝六郎方祝の三男で、一三代儀房の娘もとに婿として入ってきた養子であった。このようなことは、養子縁組を通して、家職・家号を存続していくという日本社会の一つの特徴であるが、それにしても重寛（正樹）をめぐる系譜は複雑である。

『夜明け前』では、青山吉左衛門（島崎重韶がモデル）は馬籠の村で生まれたと、信州生れの人物として強調されているが(64)、これは商才に富んだ美濃人と実直で固陋《ころう》な信州人気質の対照性(65)ということと関係があるのであろう。半蔵もまさしく信州人気質を持った人物として描かれている。直情的で実直で、それゆえ頑固なまでに自分の気持に正直であろうとする。この気質が半蔵の国学観にも反映していて、彼は師匠の宮川寛斎が開港後の横浜で生糸貿易に一役買っていることに、国学者にあるまじき行為として批判的であった。こうした国学者の「簡素清貧論」は作者藤村の頭の中だけで通用する国学観であるという服部之総の批判(66)があることはよく知られているが、「簡素清貧論」は実直で慎ましく生きてきた藤村の人生観でもあったし、美濃人に対する信州人の気質の強調ということともつながっていよう。半蔵は父吉左衛門とともに山国木曽の馬籠に生まれた信州人であって、終始馬籠を離れることなく、そこで戦いそこで死んでいった庄屋であった。そこに藤村は誇りというか美意識のようなものを感じ、一〇歳で郷里を出て、馬籠に帰ることができなかった自分の身の上とを重ね合わせているように思われる。

　実際の正樹は、地理的に見ても美濃と関係が深い[67]にもかかわらず、『夜明け前』の半蔵は信州――木曽という風土にとりこまれているような印象をうける。北小路健は、藤村は美濃岩村の地を訪れ、そこで吉左衛門・正樹連署の借用証書（美濃の浅見為俊からの一〇両の借用）や書簡をみる機会があったのに、それをしなかったのは、「祖父のマイナスを背負って、文豪藤村が岩村に姿を現すことを、みずから規制したとしか思われないふしがある」といっている[68]。「みずからの規制」が何故に働いたかは北小路がいうようなことであったかは検討してみなければならないが、半蔵像を造形しようとする時、山国木曽の風土を強調するが故に美濃は脇に寄せられた感もある。美濃との縁をもっと強くもちこんだとしたら、半蔵像はもっと違ったものになっていたと思われるが、しかし、それは一方では半蔵の独特のスタイルというか、『夜明け前』で強烈なイメージをもって語られている半蔵像をこわしてしまうことになったかもしれない。半蔵はイコール父正樹ではない。

（2）

　半蔵の狂死は、すでにいわれているように時代の悲劇として描かれている。急激に進行する時代（近代化）のなかで、次々と自分の夢がやぶれ挫折してついに狂死する。

　幕末の動乱期では、友人香蔵や景蔵の平田派としての京都での国事奔走を目の前にして、思い切った行動のとれない自分に煩悶、嘆息する。本陣・問屋に生まれてきた自分の身の上を考えては溜息ばかりを吐《つ》く。鳥羽伏見の戦いの後、中山道軍の先鋒となって来た赤報隊の相楽総三一行に金子二〇両を用建てたために福島代官所に出頭してお叱りをうける。

明治二年に入ると父吉左衛門が亡くなる。明治五年一一月、太陽暦が採用されるが、半蔵は皇国暦という我が国の風土に適した暦を建てるべきだと建白するが、当局の耳をかたむけるところとならず落胆する。この頃から半蔵は変わり者だという風評がたつようになる。さらに明治六年に娘のお粂が自殺未遂を図り、婚約を破棄する。またこの歳の六月、四年以来の木曽山林解放運動に奔走していたが、当局の忌諱にふれるところとなり戸長免職の処分をうける。これは、「御一新がこんなことでいいのか」という明治維新政府に対する深い憤りとなっていった。

明治七年五月、半蔵は東京への旅に出る。途中、松本の師範学科の講習所の講習会にでてみるが、そこでは洋算一点ばりで和算が行われていないこと、小学読本をみるとまず世界人種のことから始まっていることが、自分には面白くなく、そこそこに松本を立ち去る。東京では文部大丞《だいじょう》の田中不二麿の勧めで教部省に奉職するが、「眼前に開けつつあったものは、帰り来る古代でもなくて、実に思いがけない近代である」ことを知って、僅か半年ほどでやめてしまう。半蔵の心の底には憤懣ばかりが推積されていく。

こうして一一月、神田橋外で献扇事件を引き起こす。「東漸する欧羅巴人の氾濫を自分等の子孫のためにもこのまま放任すべき物ではなかろう」の意味の歌を書き付けた扇子をもって、帝《みかど》の巡幸の馬車に向かって投進した。「彼の耐えに耐えた激情が一時に堰《せき》を切って、日頃慕い奉る帝が行幸の御道筋に溢れてしまった」事件であった。裁判の沙汰は、贖罪金三円七五銭ということですんだ。

翌明治八年二月馬籠に帰った半蔵は家督を長男宗太（本名は秀雄）に譲り、飛騨の水無《みなし》神社宮司兼中講義となって任地へおもむく。飛騨では「半蔵としては、本教を振い興したいにも資力も足らず、宮司の重任を蒙りながらも事が挙らない。しまいには、名のつけようのない寂寞《せきばく》が彼の腰や肩に上るばかりでなく、彼の全身に上ってきた。」——こうして四年の在職で一二年一〇月飛騨を去った。翌一三年六月末には明治天皇の東山道巡幸があり、馬籠の青山家も行在所《あんざいしょ》になった。巡幸に先立って半蔵は奉祝の長歌を詠進した。しかし、村の人達は献扇事件のことを思い、半蔵が粗忽な挙動を繰り返すことをおそれ、彼はなんらの名誉ある役割を与えられず、裏二階で家族とともにひっそりと巡幸が通り過ぎるのを待つばかりであった。

この間、青山家も傾きかけていた。田畑・屋敷地などが手放され、旧本陣の母屋・土蔵が貸し渡され、長男宗太夫婦は裏二階にすみ、半蔵夫婦は隠宅に別居した。このような事態を招いたのは、「年来国事その他公共の事業のみに奔走して家を顧みない半蔵であるとの非難さえ、家の内にも外にも起こってきた」。こうして突然狂気が彼を捉える。明治一九年には万福寺放火事件をおこし、座敷牢に幽閉されたまま五六年の生涯をおえるのである。

以上のようにみてくると、平田国学を道筋に新しい世の中の到来——王政復古、古代への回帰の〝夢〟をみつづけ、次々とその夢がこわれ、周囲からも家族からも孤立して、ついには狂気へと駆り立てられていった半蔵の悲劇は一応わかる。しかし、万福寺の放火事件によって、息子の宗太が父親を縛り座敷牢に幽閉してしまうというのは、その狂気や対応がただのものではなかったことを示していないか。これは思想——時代の悲劇というだけではなかなか理解しがたい。

小原元は、「いったい藤村は『夜明け前』では、なぜあれだけおそれおののいていた〈業の深さ〉を、その系類のいっさいからああもみごとに消し去ってすましえたのであろうか」「現実の島崎正樹が、人一倍つよい性欲の持ち主であることや、異母妹とさえ通ずる人間であることとや、その酒豪ぶりや、その一方子にたいしては異常な厳格さをもつ等々の思想の裏側の複雑な性格などはどこにもでてこない。母親の不倫がかかれていないことは問うまでもない」といっている[69]。

確かにこうした血統にかかわる〈業の深さ〉[70]まで包みこんだ半蔵を造型すれば、〝狂死〟はリアルさと必然性をもつかもしれない。しかし、半蔵はすでに述べたように正樹にピッタリ一致しているわけではない。『夜明け前』は、父正樹の史伝小説といったものでもない。後述するように、平田派国学者としての正樹と半蔵もずいぶん違っている。

狂気というのも、自殺というのも本当の原因はこうだと指摘できるものではない。複雑な因子がからみあいながら、ある日突然〝狂の世界〟に落ちこむものだ。自殺も、死の底にむかってジャンプする決意をするかどうかが、死の分かれ目である。

藤村は、半蔵の狂死にいたる軌跡を時代の流れのなかで描いてみせてくれたが、別に狂死の原因をあれこれ説明しているわけでない。『夜明け前』完成のあとも青野季吉との一問一答で、藤村は半蔵（正樹）の狂死についてふれている。(71)「どうもあの主人公は本当に気が違って死んだ人か、それとも悶死とでもいふやうなものであるか、それがはっきりしないやうでございますね。村の人なんかは全然発狂して死んだといふ風に言って居るようでございますが、又一方にはどうもそうばかりではないと云ふ人もあるのですからね」。藤村は一〇歳の時故郷を出て、ほとんど父を知っていないのであるから、この狂死ということについても実際のところわからなかったのが本当の所であろう。

正樹の絶筆の言葉が残されている。(72)

以不勝憂国之情、濺慷慨之涙之士為発狂之人、豈其不悲乎。無識之眼、亦己甚矣　観齊

（憂国の情に勝《た》えずして、慷慨の涙を濺《そそ》ぐの士を以《もっ》て発狂の人と為す、豈《あ》に悲しからずや。無識の人の眼、また己《おのれ》に甚だし）

右の言葉などをみると、狂死というよりも悲しみに耐えて死んでいった冷めた人の心をみる思いがする。こうした正樹の人間の部分（業の世界、人の裏側）迄深く踏み込むことで、はたして狂死の問題が解決されるとも思われないし、それで小説が成功するとも思われない。大切なことは、半蔵が幕末から明治という激動の時代のなかでいかに生き、いかに戦い、いかに死んだのか——その人生をおそらく愛惜をもって、ときには憤怒の心をもって描いたということであろう。一つの時代のなかに半蔵という魅力ある人間がいたということであろう。固陋で実直な、あくまで夢を追い求めた半蔵、下からの眼をもちつづけた半蔵は、狂気（悶死）という悲惨な結末ゆえに、一層印象深い人物として読者の胸にしみこむ。

なお補足になるが、マルクス主義歴史学の立場から服部之総が半蔵の悲劇（狂死）について発言している。(73)

服部は、半蔵がほかの平田派とは違っていたこと、その違いはほかの平田派門人——豪農（名主・庄屋）・豪商——が

農民一揆に対してその鎮圧者であったが、半蔵は木曽の山林事件で人民の側に立ったばかりか先頭を切ったこと、彼以外の平田派門人はこの人民と運命をともにすることによる失意の激しさはなかったこと、そこにあのような死に向かって進まなければならなかった半蔵の一切の悲劇がおこってくると述べている。

こうした階級闘争史観（今日からみるといささか類型化されているが）に立って半蔵の悲劇を指摘した点は、注目すべき一つの歴史学的観点であるにしても、それは半蔵の悲劇の一つの側面を指摘したにすぎないのであって、全面的に悲劇をとらえたということではない。むしろ服部の議論で注目したいのは、『夜明け前』の平田神道（国学）が、宣長的な「簡素清貧」趣味でアクを抜かれていること、ブルジョア的側面（宮川寛斎にみる開港－貿易に手をそめたとする半蔵の非難）に対して窓を閉ざしていることを、藤村の頭の中だけに通用する国学者の「簡素清貧」論であると批判している点である。この点は、平田国学――草莽の志士の国学の歴史的評価の問題となるので後述したい。

（3）

島崎正樹（重寛）は実際にはどのような国学者であったのであろうか。正樹が平田没後の門人となったのは、文久三（一八六三）年であるから早くはない。信濃では安政二（一八五五）年に角田忠行（佐久郡長土呂村）、同四年には片桐春一（伊那郡山吹）、同六年には北原稲雄（伊那郡座光寺）や原信好《きよみ》（伊那郡清内路）、松沢義任（諏訪郡上諏訪）などが没後の門人になっており、早い方である。彼らはそれなりの足跡を残しており、『夜明け前』にも登場する。例えば、片桐春一は、山吹社中の中心人物として篤胤の『古史伝』や『玉襷《たまだすき》』の上木《じょうぼく》（木版印刷）運動や本学霊社（荷田春満、賀茂真淵、本居宣長、平田篤胤の四大人の霊をまつる神社）の建立運動に尽力した。北原稲雄は座光寺社中の中心人物で、『古史伝』上木運動の発起人であり、『弘仁暦運記考』の上木運動にも尽力した。また水戸浪士（水戸藩の尊王攘夷派天狗党の乱、元治元〈一八六四〉年）の中山道通過にも協力している。角田忠行は、文久二年に入京し、三年二月には京都等持院の足利三代（尊氏、義詮、義満）木像梟首《きょうしゅ》事件(74)を起した人物で、幕府に追われ伊那谷に逃げ込み、国学者仲間の間を転々とする。慶應三（一八六七）年には米川信濃の変名で上京し、やがて明治維新の世となって皇学所監察、学制取調御用掛、大学出仕をはたすが、明治四（一八七一）年三月に政府弾圧による平田派国学犯事件（神道国教化政策を推進しようとした矢野玄道、角田忠行、権田直助、丸山作楽らの追放）があり追放されてしまう。平田派国学者として、もっともはなばなしい活躍をした人物である。[75]

右にみた人物たちと比べると正樹の国学者としての活躍ははなばなしくない。正樹は〝志〟をもちながら平田派の尊王攘夷運動には参加できなかった。島崎家の家職である本陣・問屋の本務をすてて国事に奔走することはできなかった。維新前において正樹の平田派国学者らしい行動と思われるのは、『古史伝』上木運動に協力したことや水戸浪士の中山道通過に協力したことぐらいであろうか。明治の世になってからは、明治六年の神葬祭改宗、明治七年の教部省考証課への就職、献扇事件、明治八年の飛騨水無神社の宮司兼権中講義への就任、さらに明治一三年の明治天皇東山道巡幸の際の建白書二通の献呈があった。

死者の葬儀と祖先祭祀を仏式から神式に改めるという神葬祭改宗は、平田派国学（神道）の一つの思想運動でもあった。篤胤には、宣長にくらべて排仏意識が強かった。[76]しかし、それは単なる排斥意識でなく、同時に仏教的世界の一部を国学（神学）にも取り込もうとする姿勢をもっていた。村岡典嗣が指摘しているように、[77]篤胤は自分の国学を定義して、我が国を益するならば、支那・印度・西洋の学とても、国人の学ぶところ凡て国学であると述べた。篤胤の「幽冥界」の提示は、死後の世界を構想・体系化しようとした表われであるが、[78]それは神道が忌みとしていたケガレ（穢）の世界である死――葬祭の世界を神道に取りこむことになったのである。葬式仏教といわれるように葬式はまさしく仏教の独占物であったが、平田神道は民衆に向き合うなかで神葬祭（祖先祭祀）を思想運動としたのである。

平田派国学者内の早い時期の神葬祭運動は、信濃の上伊那郡小野村の豪農倉沢義髄《よしかた》が担った。[79]正樹とも親交があり、文久元（一八六一）年に平田没後の門人となっている。慶応元（一八六五）年、京都に出て神祇伯白川家の地方《じかた》用人となり、慶応二年頃から神葬祭改式運動に積極的にかかわるようになる。この点『夜明け前』でも「義髄はそのために庄屋の職を辞し、京都寺社奉行所と飯田千村役所との間を往復し、初志を貫徹するために前後四年を費やして、その資産を蕩尽してもなお屈しないほどの熱心さであった」と記している。

また正樹の同門の友人間秀矩（『夜明け前』の蜂谷香蔵）も「皇国神葬祭平民ニシテ出願セシハ是ヲ以テ嚆矢《こうし》トス」と過去帳に注記されており、これは慶応四年五月のことであったと北小路健は指摘している。(80) 倉沢義髄とほぼ同じ頃の、早い時期の神葬祭の例である。

なお、正樹の耳目に入る範囲にあった東美濃の苗木藩（遠山氏）の例がある。苗木藩は廃仏毀釈の激しさでよく知られているが、ここでも明治三年七月に知事（旧藩主）の自家神葬祭願い出があって以後、領内全域にもそれが及ぼされたといわれている。(81) 苗木は、中山道を通して馬籠に近く、東美濃においては中津川とならんで平田没後の門人が多く、平田国学の一つの拠点であった。(82) この苗木は『夜明け前』にはなぜかあらわれていない。

正樹の神葬祭改宗については、『夜明け前』では、明治六年一一月に筑摩県（信濃の西部の県名）から神葬仏葬の願いは今後は願い出るにおよばず各自の望み次第であるとの布告があったので、半蔵は万福寺の菩提寺から父祖の位牌を持ち帰り、墓地の掃除も寺任せでなく家のものの手で行うことになったとある。(83) 時期的にみても、正樹の神葬祭改宗というのは、それほど切実さはないように思われる。島崎家の菩提寺永昌寺（万福寺）が島崎家の祖先（第一代重通、道斎と号す）によって戦国時代に創建されたという事情(84)があったためかもしれない。

次に教部省考証課への就職をみてみよう。教部省は、神祇官→神祇省の廃止後、明治五年三月に設置されたものである。その本来の目的は、天皇制イデオロギーの国民への浸透と、キリスト教防遏《ぼうあつ》のための国民教化にあった。四月には、一、敬神愛国ノ旨ヲ体スヘキ事、一、天理人道ノ道ヲ明ニスヘキ事、一、皇上《こうじょう》（現在の天皇）ヲ奉戴《ほうたい》シ朝旨ヲ遵守セシムヘキ事の三条の教則が定められ、教導職の神官と僧侶が合同してこの三条を奉体して説教すべきことが定められた。しかし、すでに平田派主流のめざす神祇官による祭政一致の構想は否定され、明治四年三月には、矢野玄道、小河一敏などの平田派主流の突然の拘禁処分があって平田派は大きな打撃をうけている。(85)『夜明け前』で、暮田正香（角田忠行がモデル）が半蔵のもとを訪れ「しかし君、復古が復古であるというのは、それの達成せられていないところにあるのさ」といい、二人で深い溜息をつくのは、この事件による平田派の悲劇にある。

明治七年の教部省は卿はなく、大輔《たいふ》宍戸璣《たまき》、少輔《しょうふ》黒田清綱、大丞三島通庸《みちつね》であった。黒田、三島とも薩摩閥であって薩摩閥の「神道一辺倒」派が主流を成してきた時期であった。この時期、常世長胤《とこよながたね》（中録）のような平田派もいたが、常世も『神教組織物語』[86]のなかで不満を述べているように、教部省が平田派にとって住みよい職場であったとは思われない。常世は、神祇官・宣教使の廃止は「福羽ノ因循ニ起リ、小野氏ノ私権ヨリ起ル」（『神教組織物語』）として、いわゆる福羽美静を中心とした津和野（大国隆正）派国学のグループに不満を持っていた。

教部省は、五年三月設立であるが、この時の人事は卿に嵯峨実愛、大輔に福羽美静、少輔に黒田清綱、大丞門脇重綾、少丞小野述信であった。[87]神祇官――神祇省において、平田派とは一線を画して、長州閥の木戸孝允などの維新功臣グループとむすんで開化路線的神祇行政を主導してきたのは、津和野派（福羽主導路線）の福羽美静、門脇重綾（鳥取藩）、小野述信（長州閥）であったが、彼らは教部省においても当初は力をもっていた。しかし、教部省設立には、西郷隆盛や左院の尽力するところが大きかったため、左院の薩摩閥が教部省に力をもってくるようになった。[88]常世は、津和野派の福羽美静路線には、平田派としてかねてから批判をもっていたらしく、薩摩閥の「神道一辺倒」に近づいていた。

ところが正樹は津和野派グループと「交流」があったようだ。『松が枝』に「明治七年甲戌東京に在し頃華族亀井茲監君のつかさとりて小中村清矩ぬしのあつらへ給へるまにく」ということで、「柿本人麻呂千五百五十年忌」の歌を詠んでいる。即ち、亀井茲監の主催する「柿本人麻呂千五百五十年忌」の祭で小中村の注文するままに歌を詠んだということであろう。小中村清矩は平田派とは関係のない本居内遠《うちとお》系の国学者で文献考証学を得意としていた。神祇官――神祇省時代、福羽は小中村などの考証家に古典考証をまかせ制度的改革をおしすすめていた。[89]亀井茲監は、すでに政治から身を引いていたが、津和野藩の藩主で明治維新当時神祇行政に力を尽した津和野派（大国派）の象徴的存在であった。

小中村はこの時教部省では大録の地位にあった。正樹は考証課に勤務していたためか彼と面識があったのかもしれない。正樹が教部省内の派閥のしがらみにあって苦しんだとは思われないが、尊王攘夷の思想をこの時期になっても強く持ち続けた彼にとっては、教部省の仕事が肌に合わなかったことは考えられよう。正樹の教部省出仕は明治七年六月からわずか半年ほどであった。(90) このあと一〇月、献扇事件がある。(91) この事件は半蔵（正樹）が狂に走る発端になった事件のように『夜明け前』にみえている。

正樹の遺稿である『松が枝』(92)には以下のようある。

明治の七年甲戌の冬十月十七日東京の神田の錦町に天皇の巡幸を拝みし時献りしつねに持たり扇の奥書
古（右カ）『闢邪管見録』(93)所載川北重憙主「原城紀事」総論也。方今異教将㆓復萌㆒。因表㆓章斯篇㆒、以備㆓鑑戒《かんかい》㆒且以示㆓同志㆒云

かにのあなを　ふさきとめすは　たかつつみ　のちにくゆへきときなからめや

としつきに　こころつくして　えみしらか　うかゝひをるか　やまとしまねを

（万左幾《まさき》）

右の歌には文明開化によって、異教キリスト教が順々に浸透し、今のうちに塞ぎ止めなければ日本が破壊されてしまうこと、えみし（蝦夷）＝外国勢力がやまとしまね（大和島根、日本）を侵略せんとしているとの危機感があらわれている。『松が枝』の歌にも

皇都の道ゆく人をまとはすは仏と耶蘇のともにこそありける

外国の耶蘇のまかことふせきてし徳川の君の御功蹟おもほゆ
島原の耶蘇まかことのありし世をかきてささけつ今のみかとに

などと耶蘇教（キリスト教）の禍事《まがこと》を排斥せんとする歌は廃仏の歌とともに多い。幕末以来の尊王攘夷の思想がそのまま維新後七年たっても正樹の気持ちのなかで昂《たかぶ》りをみせている。これは、学校教育でも、和算と洋算を併用して行うべきところを洋算一点張りの教育をしているとの批判、小学読本にはまず世界人種の事柄から始めている（いわば神代が最初にこないということであろう）ことへの憤慨と同じ質のものである。このことは、『松が枝』の歌を通覧してみても〝神国〟〝憂国〟〝皇神の道〟、耶蘇と仏教の排斥、天皇（日の御子）讃歌など、尊王攘夷思想による憂国の情をうたったものが多い。ただ恋歌も多く、このあたりには国学者らしい面目があらわれているといえよう。『夜明け前』では半蔵の歌について「半蔵さんの歌は出来不出来がある。そのかわり、どれを見ても真情は打ち出してあるナ。言葉なぞは飾らうとはしない。あの拙いところが作者の好いところだね」と伊之助にいわせ、「これらの歌にあらわれたものは、実は深い片思いの一語に尽きる」と藤村は述べている。(94)

歌道は、神道・史学・有職故実とならぶ国学の一つであるが、歌を通して本居宣長のいう〝物のあはれ〟を知るための実践行為であった。

明治八年（一八七五）になって、正樹は飛騨の国弊小社水無神社（一ノ宮八幡）の宮司兼中講義として赴任する。(95)水無神社は、飛騨国の旧一ノ宮で両部神道(96)（真言系の神仏習合神道）であったが、ここで教導職（教部省に属す）の中講義（一級～一四級中の九級）として教説活動を行うのである。正樹の説教が成功しなかったことは『夜明け前』によってわかる。正樹が平田神道で説教したとすれば、三条の教則の趣旨とはズレがでてくる。安丸良夫によれば、「『説教大本大意』（「社寺取調類策」一五五）は、天照大神の『御神徳』と現人神《あらひとがみ》天皇の『御徳沢』を全面的に強調して、教化の内容をのべた一例である」という。(97)いわば三条の教則は、教育勅語のような道徳的規範に近いものになっており、規範化（その意味では儒教道徳的）が強く出ているのである。これは、本居国学とは大分違う。もっとも平田神道は、本居国学にくらべると、規範力が強く、民衆レベルの五倫五常の道徳も取り入れられているから、(98)三条の教則に矛盾することはないにしても、平田神道の「幽冥界」の考え方をみると、やはりズレを感じる。篤胤の幽冥界の思想によると、人間の霊魂は死後大国主神の主催（支配）する幽冥界に入り、そこで生前の行ないに対して大国主の審判をうけるという。それ故、生前の日常的な五倫五常の道徳的規範をきちんと守っていくことが要求される。いわば篤胤においては、幽冥界――大国主神は、顕明界――天皇と等しい重要性を与えられている。(99)この時期国民教化策は、天照大神――ニニギノ尊――歴代天皇という形で政治的天皇制イデオロギーを国民の意識のなかに注入していこうという方向をとっていたのであるから、平田神道を純粋に教化しようとしても無理が生じたと思われる。また政府――教部省では、文明開化（近代化）という立場から猥雑《わいざつ》・懶惰《らんだ》・浪費・迷信としてみえた民俗信仰・民衆宗教を抑圧したから、そうした世界に興味を示していた篤胤とは対照的であり、民衆レベルで「敬神愛国」（三条の教則）が成功したとは思われない。

結局、正樹は二年少しの神社勤めで馬籠に帰ってくる(100)（『夜明け前』では四年間ということになっている）。

次に明治一三年の天皇巡幸の際の二つの建白書呈上事件についてみてみよう。この点は『夜明け前』とすこし事情が違っている。『夜明け前』では、この二つの建白書のことについてはふれていない。また巡幸をむかえる正樹の情況も違っている。

伊東多三郎によると、正樹は長歌を詠進すると共に二通の建白書を供奉の三条太政大臣、有栖川宮《ありすがわのみや》左大臣、元老院議官に呈上したという。(101)一通は神祇官の再興に関するもの、もう一通は、皇国暦の採用、衣冠・衣服制を洋制に拠ることを止めて古式に則って新たに制定すべきこと、衣住食の洋式模倣は百害あって一利なき故にこれを改めて皇国風を採用すべきことというべきものであった。

友人北原稲雄宛ての手紙（明治一三年八月一七日付）によると、「詠進の長歌と建白書はかねてから用意して、三条公玉輦《ぎょくれん》より御先に御着きなられて御休息の節、県の官吏の手を経ずして、直接に公に上申したが、御一覧も悉くはこれなき様子にて、直に県官に御渡しになり、県官より拙者（正樹――筆者）へ返却された」、そして「県官より粗暴の旨の御叱りを受け、警衛人を付けて他所へ追出された。その為に、御着御より御発輦《はつれん》まで他家に押籠られ、辛うじて御輿《みこし》を拝し奉ったのみであった」という。

神祇官は、王政復古・祭政一致の理念のもとに明治元年閏四月に復興された。明治二年七月には太政官より上位の官になったが、四年八月には太政官の一省として神祇省に降格され、五年三月にはその神祇省も廃止されて教部省に変わった。正樹の友人北原稲雄は、すでに明治七年四月に「神祇官再興」についての建白書を左院に提出している。[102]稲雄は当時筑摩県十等出仕であった。そこでは、男女同権・門閥廃止論を説く洋学の弊、旧典を排斥し究理学（物理学、哲学）に沈溺《ちんでき》することの愚、「皇国固有ノ大道ヲ誤リ、神国ノ風土ニ不応徒」＝福沢諭吉を追徴《ついちょう》すべきことが述べられ、「神祇官再興、祭政一致ノ大典ヲ回復」せんとしている。

正樹が建白書を提出した時には、教部省はすでになく（明治一〇年一月廃止）、内務省に事務が引き継がれ、その中に社寺局がおかれていた。正樹は、神祇官再興の建白書のなかで、仏寺・僧徒の多きこと、皆民の膏血《こうけつ》を浚《さら》って浮食無益の徒を養うことになっていることを指摘し、断然廃仏の断行を建白しているという。

廃仏の主張は、どうみても時期遅れの感がある。すでに教部省設立で、僧侶は教導職において公的位置を認められていたし（キリスト教防遏のための仏教の役割）、信教の自由が仏教側からも再三もとめられ、明治八年一一月には、教部省でも「信教の自由」を達書のなかで述べている。[103]

第二の建白書では、太陽暦を外国の法だとして皇国暦の採用を説いている。太陽暦（グレゴリオ暦）は明治五年一一月に太政官布告によって用いられるようになった（明治五〈一八七二〉年一二月三日を明治六年一月一日とした）。また、衣冠、衣服、衣住食一般の洋式模倣一辺倒を批判している。これについても、従前の衣冠を以て祭服としたり、直垂《ひたたれ》・狩衣《かりぎぬ》・上下《かみしも》等を礼服とすることはすべて明治五年一一月の布告によって廃止されている。[104]

ところで、『島崎氏年譜』[105]（『夜明け前』ノート）をみると、いくつかの『夜明け前』にはあらわれていない正樹の国学上の問題を考える手がかりがある。

（1）明治七年
「この年の春、正樹文部省に建白（和洋美術兼設のことにつきて）、用いられず。時にリュウマチを療治せんがため官庁に告げて東京に赴けり」とある。教部省につとめるのが六月であるから、東京に行く前に文部省に建白書をだしたのである。教部省考証課の就職が文部大丞田中不二麿の紹介によるものであるから、建白と就職はなにか関係がありそうである。「県庁に告げて」とあるのは、『年譜』に「明治六年五月七日、筑摩県学事掛申し付けらる」とあるから、戸長を免じられたあとも学事掛として子弟の教育にあたっていたのである。

（2）明治十二年
十一月に正樹の「正朔服色宜立国体議」稿。

（3）明治十四年
六月十六日、正樹（陰暦辛巳五月二十日先祖忌日に記すの稿）。「居廃仏之邑観溺仏之里」云々。

（4）明治十六年
二月、正樹の「正説邪説を弁別すること肝要なるの説」稿（そのうちに忠君愛国は正説、自由党改進党は紫の朱を奪ふの類にて下流にゐて上を訕《そし》り人の悪を称するものこれ邪説なり云々とあり）。

（5）同年
正樹、国体維新に関する上表の稿（これ草稿の止るか）。

（6）明治十七年
正樹、「乞立国体」表の草稿。

（7）明治十九年

二月には正樹の「乞更作皇国暦」表の草稿あり。

右の『年譜』をみる限り、忠君愛国、国体維持（皇国風維新）、廃仏などの精神は、『松が枝』の歌にみる精神と同一のものである。『夜明け前』では、明治維新後の正樹の国粋主義的・尊王攘夷的色彩は無視されるか薄められるかしている。

以上、青山半蔵ではなく、島崎正樹に即してその国学的事蹟についてみてきた。頑迷固陋なまでに幕末以来の尊王攘夷の大義をもって、文明開化路線に反対しつづけ、王政復古・祭政一致の夢を追い求めた正樹の姿がうかぶ。しかし、その手段は、献扇事件や巡幸時の建白書呈上にみるようにきわめて激情的な行為であった。また激情的な行為であるが故に、積もり積もっていた悲憤慷慨の思いを一挙に吐きだしたといえよう。先に述べたように、正樹の国学者（神道家）としての行動が他の国学者仲間に比べて遅いのも、庄屋、本陣、問屋の立場にふみとどまってそれに苦労してきたこと、明治維新後も山林問題で忙殺されていたことを考えると、正樹にとってはやむをえぬものであったろう。それにしても尊王攘夷――文明開化批判の姿勢の強さは明治になってからも終始かわらず、この点ではずいぶん半蔵像とは違った印象をうけるのである。

4 藤村の国学観

（1）

尊王攘夷運動は、倒幕↓明治維新を生みだす通路を切り開く役割を果したと評価できるのであるが、実際に維新国家を実現した力は、尊王攘夷に固執する勢力から生みだされたものではなかった。藤田省三は「維新の変革の政治的側面を担った者は、実は天皇への忠誠に飛びついたものでなく、逆に最も不忠に、『謀の手段』としての『玉』を操作したものであった」「維新国家のステイツマンが、伝統的価値としての『天皇』シンボルの絡みつきから内面的に解放されていたが故にこそ、己の伝統的価値すなわち『玉』を自由に操り、そこに国家建築が可能になった」という。[106]

攘夷もそうである。大攘夷を唱えることによって、攘夷思想をのりこえ、この大攘夷＝開国政策を推進することによって、逆に外圧を回避でき、自国の独立を達成できる保証をえたといえる。この尊王攘夷論は「尊王攘夷の四字を眼目として何人の書にても何人の学にても其長ずる所を取る様にすべし、本居学と水戸学は頗る不同あれども尊攘の二字はいつれも同し」（吉田松陰[107]）といわれるように、水戸学や国学とは密接な関係があるとはいえ、松本三之介は「むしろ尊攘思想の特色は、一つの学派や特定の学説にとらわれることなく、水戸学、陽明学、蘭学等様々な学問を必要に応じて接取し、その内容も道学・史学・兵学・有識故実など時事当用の知識・教養を多岐にわたって吸収した点にあった」といっている。[108]これは尊王攘夷思想が自己展開をとげたものではなく、尊王攘夷運動の進展とともに形成され展開されていったためであろう。それは、この運動の主体であった志士たちの個性に規定されつつ形成された思想であった。

藤村は、攘夷に対して、『夜明け前』では批判的な考えを妻籠宿の寿平次に述べさせている。寿平次は「半蔵さん、攘夷なんていうことは君の話によく出る『漢《から》ごころ』ですよ。外国を夷狄の国と考えて、無闇に排斥するのはやはり唐土《もろこし》から教わったことじゃありませんか」「今日の外国は昔の夷狄の心とは違う。貿易も、交通も、世界の大勢で止むを得ませんさ。わたしたちはもっとよく考えて、国を開いていきたい」という。[109]これに対して半蔵は「君だってもこの社会の変動には悩んでいるでしょう。良い小判は浚《さら》って行かれる、物価は高くなる、みんなの生活は苦しくなる――これが開港の結果だとすると、こんな排外熱の起って来るのは無理もないじゃありませんか」といっている。[110]半蔵は攘夷のやむをえない事情はみとめているものの、尊攘激化によるラディカルな排外主義を批判的にみていた。例えば、文久三年の平田急進派による足利三代木像梟首事件の首謀者の一人、暮田正香（角田忠行がモデル）がかつて江戸に出て水戸の藤田東湖の塾に学んだことがあることを指摘し、「平田大人歿後の門人と一口に言っても、この先輩に水戸風な学者の影響は多分に残っていることは争えないとも考えさせられた」とすべてを正当化していない。[111] いわば水戸学の影響が攘夷を激化させているという考えである。この点をさらに「同じ勤王に志すと言っても、その中には二つの大きな潮流のあることが彼に見えて来た。水戸の志士藤田東湖などから流れてきたものと、本居平田大人に源を発するものと。この二つは元来同じものでない。名高い弘道館の碑文にもあるように、神州の道を敬い同時に儒者の教をも崇めるのが水戸の傾向であって、国学者から見れば多分に漢意《からごころ》の混じったものである」「この国は果してどうなるのだろう。明日は。明後日は。そこまで考え続けて行くと、半蔵は本居大人が遺した教を一層尊いものに思った」と半蔵の気持を述べている。[112] 水戸学の尊王論と本居・平田国学のそれとを区別し、さらに本居国学を高く評価しているのである。

さらに、元治元（一八六四）年の水戸天狗党の浪士の伊那――木曽通過の所で、友人同士の半蔵・景蔵・香蔵の三人が水戸浪士の尊皇攘夷について語る場面がある。そこでは、景蔵が、尊王と攘夷とを結びつけて「王室回復の手段」とするのはだんだん疑問となってきたこと、「尊王は尊王、攘夷は攘夷――尊王は遠い理想、攘夷は当面の外交問題である」「尊皇と攘夷とを切り離して考えられるような時が漸くやってきた」「尊攘ということもあの水戸の人達を最後とするんじゃありますまいか」と語っている。[113] 水戸天狗党の挙兵に批判的であることがわかる。

さらに翌元治二年に、平田門人の倉沢義髄が京大坂の旅から帰って来て馬籠本陣に立ち寄った。半蔵は、最初水戸学から入っていったこの先輩義髄を以下のようにみて、水戸学の位置づけに及んでいる。

> 半蔵は一時代前の先輩ともいうべき義髄に何と言っても水戸の旧い影響の働いていることを想い見た。水戸の学問は要するに武家の学問だからである。武家の学問は多分に漢意の混じったものだからである。例えば水戸の人達の中には実力をもって京都の実権を握り天子を挟《さしはさ》んで天下に号令するという何か丈夫の本懐のように説くものもある。仮令《たとい》それが止むに止まれぬ慨世のあまりに出た言葉だとしても、天子を挟むというのは即ち武家の考えで、篤胤の弟子から見れば多分に漢意の混じったものであることは争えなかった。

武家中心の時は漸く過ぎ去りつつある。先輩義髄が西の志士と共に画策するところのあったということも、もしそれが自分等の生活を根から新しくするものでなくて、徳川氏に代わるもの出《い》でよというにとどまるなら、日頃彼が本居平田諸大人から学んだ中世の否定とはかなり遠いものであった。その心から、彼は言いあらわしがたい憂いを誘われた。[114]

以上の叙述は、藤村の国学思想を考える上でも重要な点である。いわば、水戸学——武士の学問、国学——草莽（庶民）の学問という対比がある。それとともに新しい時代（御一新）は、武士のものでなく、もっと下の草莽の望む時代であったことを語っている。このあたりについては、もう少しあとのところではっきりしてくる。

半蔵は、友人の香蔵から借り受けた写本に以下のようなことが書いてあるとして紹介する。

建武の中興は上《かみ》の思召《おぼしめ》しから出たことで、下々にある万民の心から起こったことではない。だから上の思召しがすこし動けば忽ち武家の世となってしまった。ところが今度多くのものが期待する復古は建武中興の時代とは違って、草叢《くさむら》の中から起って来た。そう説いてある。草叢の中が発起なのだ。それが浪士、藩士から大夫、大夫から君侯という風に、だんだん盛大になって、自然とこんな復古の機運を喚び起こしたのであるから、万一にも上の思召しが変ることがあっても、万民の心が変りさえしなければ、また武家の世の中に帰って行くようなことはない。そう説いてある。[115]

『夜明け前』にでてくるこの写本とは『復古論』[116]（慶応四〈一八八六〉年八月執筆）のことである。ここでは今度の「王政復古」の原動力は草莽の力であること、したがって建武中興との差異が明確にされている。即ち、建武中興で一度王政に復して程なく足利氏に権を奪われた失敗があるように、「王政ニテハ世ハ治マラズ」という「俗論家」の説に対しては、それは建武中興の時代と今度の王政復古の時代との「時勢ノ移変ニ眼ヲツケズ、何時モ世ノ中ハ同ジモノト思ヒ居ル」ところからくるものであること、また「王政ニ復スルヲ名トシ、其実ハ諸侯カ天下ノ政権ヲ奪ハントスルナラン」という点に対しては、変革の根元は「草奔ヨリ起リテ盛大ニナリシ事ナレバ、仮令《たとえ》諸侯ハ何ト思ハル、トモ、決シテ自由ニナラサル也」としている。[117]

　ところが藤村は、『夜明け前』では、この「復古論」の論理を「王政の古に復することは、建武中興の昔に帰ることであってはならない。神武の創業にまで帰って行くことであらねばならない」という国学者の王政復古・祭政一致の主張にスライドさせている。

「王政復古」は、はじめは建武中興にならおうとしたが、平田学派の玉松操や大国隆正らが公家の岩倉具視に献策することによって「神武創業ノ始ニ原ツキ」（慶応三〈一八六七〉年一二月）ということになった。〝建武中興〟は、まさに王政復古なのであるが、一気に皇統譜初代の神武天皇まで遡ってしまったのはなぜか。

〝古代復帰〟ということで、中世＝武士の時代にあたる〝建武中興〟を嫌ったということであれば、大化改新の孝徳天皇、律令国家をつくりあげた天智天皇、あるいは後世の公家から天皇親政の理想とみられていた醍醐・村上天皇の「延喜・天暦の治」でもよかったのではないか。

　国学者のもとめたものは、儒・仏渡来以前、即ち中国の漢意《からごころ》のおよばない時代であった。孝徳天皇（大化改新）以後は、律令制導入によって政治支配者の頭が完全に漢意の世界に没入していった時代ということになる。したがって、「古代《いにしえのよ》」を、即、歴史時代の古代世界と解釈してしまうとズレを生じることになる。

　藤村は、『夜明け前』でも、他の評論文でも、国学者の理念として、古代復帰＝中世（武家の世の中）の否定を強調しているが、まことの「古代」とは歴史時代としての古代世界をとびこした時代にあった。

　阪本是丸は、神武創業について、「このことは維新政府指導者にとって歴史的拘束性を否定するという政治的機能を果たした」「神武創業にもとづく復古とは、明治新帝の創業という意味合いを濃くもっていたともいえよう」といっている。[118]　いわば、神武創業とは、国学者・神道家が理念的な宗教革命を実現する手段であったということにもなる。伝統的な朝廷（公家グループ）・宗教世界（神仏混淆）・神祇世界（吉田・白川家の神祇・廷臣グループ）は、まさに古代世界が生みだしたものであるから、そうした世界をこわし、理念的な国学者の祭政一致の夢を実現するには〝神武創業〟の方がよかったのである。神仏分離・神道国教化や民俗信仰・民衆宗教の抑圧など明治維新政府・神祇官がとった政策は、大きな問題はあるものの、やはり革命的なものであったことは間違いない。

論はややこしくなったが、要するに藤村は、維新創出過程を下から、すなわち草奔の中から掘り起こしたものをみる視点を打ちだし、それを国学と結びつけたわけである。藤村は、水戸学――武士の学問――漢意《からごころ》に対して、国学――草奔の学問――古代の復帰を対置し、水戸学のとった尊王攘夷を批判したのである。

ところが正樹と水戸学の関係になるが、正樹が水戸学を〝漢意〟ありとして批判的であったとは思えないのである。正樹の蔵書類は日清戦争前に大火で焼けてしまったらしいが、落合の国学者林彦右衛門と正樹は親しく、林家の蔵本のなかに正樹から譲渡された本がいくつかあり、そのなかに水戸学の会沢正志斎（名は安《やすし》）の『新論』もあったという。[119]『新論』（文政八〈一八二五〉年）は、外敵脅威や危機意識を強調することで、尊攘派の志士たちを鼓舞した本である。正樹が後期水戸学の『新論』に関心をもったのはごく自然であって、尊攘運動に好意をもっていたことがうかがえる。平田学と水戸学とは親近性があることはすでに指摘されている。

すでにみたように角田忠行や倉沢義髄が水戸学から国学へ入っていったことは、その学問・思想に親近性があるからである。水戸天狗党（尊攘派）の挙兵、西上の水戸浪士の一行のなかに、平田門人の山国兵部、亀山嘉治、横田東四郎の三人が参加していたことは『夜明け前』（一部十一章の一）にも出ている。この水戸浪士一行が隊を組んで京都に向かう途上、信州に入ってきた。伊那・飯田の平田派国学者たちが一行の通過に種々便宜を図ってやり、また半蔵もこの一行に援助の手をさしのべている。『夜明け前』では半蔵は、この浪士一行に同情的であったが、それほど積極的であったようにえがかれていない。半蔵は寿平次に対して、一行が「もし来たら、わたしは旅人として迎えるつもりです」（傍点、筆者）といっている。静かな迎え方である。

しかし、北小路健が市岡家の文書の中からみつけだし紹介した、重寛（明治五年、正樹と改名）の天狗党一行の西上について、中津川の同志国学者に宛てた一片の書状がある。[120]

尊王攘夷之赤心　誠忠之軍隊邂逅　忝二一宿一察二僕之微心一　依二僕乞一助二護於諸君一　仍達啓如レ件

十一月廿七日　　島崎重寛

市岡君

馬島君

肥田君

間君

この書簡には、正樹（重寛）が中津川の平田派門人の市岡殷正、馬島秀生（馬島靖庵の長男）、肥田通光、間秀矩らに対し、浪士一行の無事安全をお願いする気持がよくでている。一行の通過に対して、尊王攘夷の赤心に好意を示して積極的に動いた正樹の姿がみえる。正樹の尊王攘夷に水戸学の漢意が混じっていなかったとはいえまい。

そもそも漢意の否定というけれども、この時代のだれもが学問の初めは四書五経の儒学（漢学）から入っていくわけで、正樹の場合もその点ではかわりない。[121]そうした幼少期の儒教体験のもつ意味は大きいのであって、[122]明治の啓蒙思想の展開も多く漢学畑の人たちの手によってなされていくのである。この点は藤村も『回顧』（昭和一六年一月）のなかでふれている。[123]

吉田俊純は、後期水戸学の藤田東湖が『弘道館記述義』に認められるように国学に傾斜していたことを指摘しているが、[124]尾藤正英も後期水戸学の歴史観が前期の儒教的・合理主義的歴史観から神話的歴史観へと転回されたという。[125]一方、本居学と平田学との相違は種々論議されているが、平田学が神道を宗教化し、日常化・生活規範化したことが指摘されている。[126] いわば、本居学がきびしく儒教批判を展開したのに対して、平田学はその規範的・実践的性格の強さにおいて儒学への傾斜がみてとれる。篤胤が儒教に対して比較的寛容であって、むしろ既成の神道（垂加神道）や仏教を強く論難したことはよく知られている。

こうしてみてくると、平田学と水戸学とは相互に浸透しあう条件をもっていたのであって、[127] 尊王攘夷論ということでは同じ水脈下にあったのである。ただ、新しい国民国家・近代国家を実現するためには、実はこの尊王攘夷の思想からどれだけ自由になれるか、あるいはどれだけ解放されているかということが課題となることはすでに述べた。

藤村自身も尊王攘夷が維新を実現させたとはみとめていなかった。その意味で平田学ではなく、平田学をもつつみこむ本居宣長の国学精神といったものの地点までもどり、国学者が幕末から明治維新という激しい時代の流れのなかで、水戸学とも儒学（漢学）とも違う、なにか別の〝歴史精神〟ともいうべきものをつかんでいったのではないかということで『夜明け前』という作品を書き進んでいったのであろう。その歴史的精神とは具体的に何であるかがわかりにくいのは、藤村が「広い芸術の世界には君、思想から作品が生れて来るのぢゃなくて、作品から思想が生れて来るという場合もあらうではありませんか」[128] と『夜明け前』完成のあとの座談会で自分の作品について述べている姿勢と関係があるのではないか。

（2）

藤村が平田学以上に本居国学に大きな評価を寄せていたことは、すでに多くの人によって指摘されている。[129]『夜明け前』でみてみよう。

半蔵や香蔵の師匠宮川寛斎の横浜生糸貿易関与への批判がある。香蔵は「宮川先生も君あれで中津川あたりじゃ国学者の牛耳を執ると言われて来た人ですがね、年をとればとるほど漢字の方へ戻って行かれるような気がする。先生にはまだまだ『漢ごころ』のぬけ切らないところがあるんですね」という。商才と「漢ごころ」が等価でむすばれて批判されている。そして、その対極にあるのが儒教（漢学）の「漢ごころ」を徹底的に排除した本居宣長ということになる。半蔵は「国学者簡素清貧論[130]」の立場から、宮川先生には「今まで通り簡素清貧に甘んじていて頂きたかった」といい、本居宣長の遺した仕事が一層光って見えるようになってきたといっている。

　一切の「漢《から》ごころ」をかなぐり捨てて、言挙《ことあ》げということも更になかった神ながらのいにしえの代《よ》に帰れと教えたのが大人だ。大人から見ると、何の道かの道のいうことは異国の沙汰で、所謂《いわゆる》仁義礼譲孝悌忠信などというやかましい名をくさぐさ作り続けて、きびしく人間を縛りつけてしまった人達のことを、もろこしの方では聖人と呼んでいる。それを笑うために出て来た人があの大人だ。大人が古代から見つけて来たものは、『直毘《なおび》の霊《みたま》』の精神で、その言うところを約《つづ》めて見ると「自然《おのづから》に帰れ」と教えたことになる。より明るい世界への啓示も、古代復帰の夢想も、中世の否定も、人間の解放も、又は大人のあの恋愛観も、物のあわれの説も、すべてそこから出発している[131]。

右の半蔵の独白は、藤村が『直毘霊』（明和八〈一七七一〉年）の主旨を要約したもので、藤村の見方と考えてよい。そこには、「漢ごころ」＝聖人の道と「自然に帰れ」＝神の道の対比がはっきりでている。すでに早く勝本清一郎は、水戸学＝「漢ごころ」と半蔵の平田学の「対立と云ふか同じ復古運動の内部の矛盾と云ふか、ともかく此の二つのものの格闘こそが『夜明け前』全篇の眼目なのである」という鋭い問題提起をしていたが[132]、それは水戸学なども含めてもっと大きな「漢ごころ」＝聖人の道↔「自然に帰れ」＝神の道という国民思想——民族精神の問題として提起されているのかもしれない。

半蔵の宣長への傾斜として歌の道がある。半蔵は「でも、香蔵さん、吾家《うち》の阿爺《あや》が俳諧を楽しむのと、わたしが和歌を詠んで見たいと思うのとでは、だいぶその心持に相違があるんです。わたしはやはり本居先生の歌にもとづいて、いくらでも古の人の素直な心に帰って行くために、歌を詠むと考えたいんです。それほど今の時世に生れたものは、自然なものを失っている思うんですが、どうでしょう」（『夜明け前』一部五章の二）という。歌よみというものが、宣長の〝物のあわれ〟を知るという国学精神の実践であるということを語っている。

それならば平田篤胤についてはどうか。

あの本居宣長の遺した教を祖述するばかりでなく、それを極端にまで持って行って実行への道をあけたところに、日頃半蔵が畏敬する平田篤胤の不屈な気魄がある。半蔵等に言わせると、鈴屋の翁には何と言っても天明寛政年代の人の寛濶《かんかつ》がある。そこへ行くと、気吹舎《いぶきや》の大人《うし》は狭い人かも知れないが、しかしその迫りに迫って行った追求心が彼等の時代の心に近い。（中略）同時代を見渡したところ、平田篤胤に比ふべきほどの必死な学者は半蔵等の眼に映ってこなかった。(133)（傍点、筆者）

半蔵は、篤胤の本居国学の実践者、強い追求心、不屈な気魄、必死さといった精神を評価している。いわば半蔵は、平田門人であるにしても、本居国学の精神を求めるバランスのとれた求道者タイプの国学者として造型されている。こうした半蔵像は、国学者の一つの型としてありうるであろうが、すでにみたように正樹がこうした半蔵像に一致しているかどうかは疑問である。

正樹は、平田学の門人らしく、「古道大道、出定笑語、西籍概論、静の岩屋、此書等を読みて後、霊の真柱、玉たすき等を熟読せば道の大旨を知るに足れりと謂へし」（『松が枝』）と述べているように、平田神道の〝道〟を求める平田学徒であったことは明らかである。また正樹が残したたいそうな歌も本居宣長に直結させなくても、平田篤胤もまた「物のあわれ」を知るために歌の道が大切なことは『歌道大意』一巻で示している。(134)吉田健一によると正樹の歌のしらべは真淵系統の万葉ぶりではなく、時代の風潮に従っての桂園派ぶりであったという。(135)桂園派といえば、香川景樹《かげき》を中心とする流派で『古今集』を旨としている。ともかく、正樹の遺されたものにあたっても、本居国学といったものの影は薄いのである。

藤村は『夜明け前』を執筆する以前、「前世紀を探求する心」（大正一三年三月）のなかで、「契沖、真淵、宣長、その他先覚者の大きな功績は、古語の研究によって、幾世紀にわたる支那の模倣的な風潮から自国の言葉を救ったところにあろう。一大反抗の精神の喚起したところにあろう」と述べ、[136] それをフランスの旅で自覚したという。さらに平田篤胤は宣長よりずっと窮屈なものだが、当時の人の心に刺激を与えた点は争われない、平田学を頑固な保守的精神とばかりにみず、もっと別な方向性でとらえたいといっている。フランスの旅で父の時代＝平田国学を自覚し、さらに国学全体の評価に進んでいこうとする藤村の認識が窺われる。篤胤より宣長を評価する見方は、『夜明け前』執筆以前からみえるのも注意したい。

『夜明け前』完成以後のものでは「本居宣長」（昭和一一年六月）がある。[137] そこでは、「明治維新に対する本居宣長の位置はあたかも仏蘭西《フランス》革命に対するルウソオの位置に似ている」として、「わたしは儒教風な男女の教に対して大胆な恋愛を肯定して見せた最初の人は明治時代の北村透谷だとばかり思っていたが、本居宣長の恋愛観に接した時に、この自分の考え方を改めなければならなかった」といっている。そして、「ルウソオと殆んど時代を同じくして東西符号を合わせたように「自然に帰れ」と教えた人がわが国にも生れたということは、不思議に思われる」とし、宣長を〝近代の父〟と呼ばれるべきとしている。〝大胆な恋愛の肯定〟と、〝自然に帰れ〟という新しい時代への指針を示したという点で、〝近代の父〟としての宣長という位置づけになったのである。

下って、「回顧」（昭和一六年一月）では、平田篤胤や父らの平田門人の位置づけが問題とされている。[138] そこでは、まず篤胤の学問が「雑駁《ざっぱく》」で「所説随分危く、篤胤自身期待したような強い結合も生まれなかった」とし、父らが篤胤の真意を捉えるのに苦労しただろうという。しかし、一方、篤胤は「熱心なる者」「すぐれた『信』の人」であって、「当時の国民運動ともいうべき大波に多くの弟子を導いて、国民的な自覚を喚び起すことにあずかって力のあったその骨折は没すべくもあるまい」と評価している。その認識は『夜明け前』とかわらない。

さらに、父ら平田門人の考察に入っていく。

「父らには中世の否定ということがあった」。それは自然の帰結かもしれないが、「明治の御代を迎えた日になってまで、そういう否定を固執すべきものであろうか」と疑問を出し、「もう一度父らが本居派の人たちと手を握って、互いに荷田、賀茂、本居等諸先人の仕事を回想し、暗くのみ考えられていた中世から流れ伝ったものに思を潜めるような日は遂に来なかったであろうか。（中略）好かれ悪しかれ、この国民が中世以来の体験を基礎とすることなしに、何処に父らは第二の春を求め得たであろうか」と父ら平田派の中世否定の問題点を指摘している。すなわち、国学者の大きな手柄が「古代の新しい発見」＝「復古の精神」にあったが故に、「中世の否定」に終わってしまった平田派の国学者の姿をふりかえりつつ、平田派の人々は中世から流れ伝ったものを基礎に進んでいくべきだったと回想する。こうした視座から、藤村は蘭学と国学とを結びつけた佐藤信淵や、『静の岩屋』の篤胤が一概に西洋を排斥しようとするほど頑な人でなく、漢土のみならずインドやオランダまでも受け入れようとした人として評価する。さらに漢学にもおよび、「わたしたちの先人が西洋よりするものを先ず受け入れた力は民族としての長い鍛錬や才能によることはいうまでもないが、就中日本の漢字ともいうべきもの——即ち支那渡来の文化を同化し得たその能力を主なる素養の一つとして数えねばならない」として、漢字の畠から出た人たちの手によって、医書、兵書、万国地理、万国公法等の西洋よりするものが受け入れられていったことに注目している。

これは藤村がフランス滞在中につかんだ「十九世紀日本の考察」というテーマから当然導きだされてくる結論みたいなものであるが、そこでは宣長〜篤胤らの国学を一九世紀史のなかで相対化することによって、「一切を創造の精神において捉る」べく国学の再生を願ったのである。そこには、「自分らの内部に芽ぐんで来るもの」を重視しようとする、正当な歴史的な見方が主張されている。

そこで先に述べた「漢《から》ごころ」＝聖人の道に対置される「自然《おのづから》に帰れ」＝神の道が、単純に儒学（漢学）とか仏教とか、西洋文明といったものの否定を意味するものでないとしたら、藤村自らが『直毘霊』から摘出した〝自然に帰れ〟という言葉（精神）[139]はなにを意味していたのであろうか。さらにいえば、〝自然に帰れ〟というのが、単純に中世の否定の上に成り立つ古代への復帰（復古の精神）でないとしたら、それはなにか。なにか藤村の人生観につながるものがそこにありはすまいか。

この点を考える上で興味深いのは藤村の文体論にかかわる指摘である。和辻哲郎[140]は、藤村がしばしば「……と言ってみせた」という言い回しをするのに注目し、そこに人は思わせぶりな態度とか、特殊な癖を感じるのであろうが、実はこれは藤村が「言葉に現しきれない、どういっていいかわからない気持を抱きながら、何とかいわずにいられなくて、試みにこうでも言い現したらどうであろふという態度で、そう言ったということであろう」とし、「それが無遠慮に発揮されないで、何となく人の気を兼ねるという色合いを持っている」という独自な性格から来ているという。つまり、「藤村は、自分の文体が物の言い切れない文体、『……と言って見せる』文体であることを認めている」といっている。そして、それは幼少のころから他人の気を兼ねて育ったという境遇から来ているとしている。同じようなことは伊藤整も述べている[141]。伊藤は、「自分のようなものでも生きたい」とか「その頃の彼と妻は獣であった」などと書く藤村の文体をとりあげ、それは「物事を明確に言わず、暗示的に言い、しかも圧力が強く強引である」という。それは「礼儀、挨拶の言葉、長上への服従の中で自己を貫くものの言ひ方が、彼の生活における表現方法であった」からだとし、「十才頃から郷里をはなれ二十才になるまで事実上寄食的に他人の家にあって人となった」事情から来ているとしている。平野謙もこの伊藤の「挨拶のスタイル」という藤村の文体論に賛同している[142]。

和辻も紹介しているが、藤村は『言葉の術』のなかで、「言葉といふものに重きを置けば置くほど、私は言葉の力なさ、不自由さを感ずる、自分等の思ふことがいくらも言葉で書きあらはせるものでないと感ずる。そこで私には物が言ひきれない。……別に思はせ振りに物をかくつもりはない。五合のものを一升にみせるつもりは毛頭ない。たゞ私には物が言い切れないのだ」といっている[143]。また『芥川龍之介君のこと』の中で次のようにいっている[144]。

芥川君は懺悔とか告白とかに重きを於いてあの『新生』を読んだやうであるが、私としては懺悔といふことにそれほど重きを置いてあの作を書いたのではない。人間生活の真実がいくらも私達の言葉で尽せるものでもなく、又書きあらはせるものでもないことに心を潜めた上での人で、猶且つ私の書いたものが嘘だと言はれるならば、私は進んでどんな非難に当たりもしようが、もと〳〵私は自分を偽るほどの余裕があってあの『新生』を書いたものではない（傍線、筆者）

これは、芥川が『或る阿呆の一生』のなかで、「『新生』の主人公ほど老獪な偽善者に出逢ったことはなかった」といい、『侏儒《しゅじゅ》の言葉』のなかで「果して『新生』はあったのであろうか」と述べている点についての藤村の釈明（？）である。ここでは、『新生』の問題を扱うのではなく、藤村の「言葉では全体真実は語り尽せない」という点を問題にしたい。

藤村が「物が言い切れない」、すなわち断定できないというとき、言葉・文章のもつ不完全性への認識がある。これはある意味では作家のみならず文章を書く時すべての人々につきまとう不安であり、悩みではないか。もっとも、そのことをはっきり認識しながら、暗示的にいったり、強引にいったり書いたりするのは、あるいは偽善ということになるのかもしれないが、それを偽善ととるか、もともと言葉・文章につきまとう矛盾（宿命）への一つの対応の仕方とみるかという問題ではないか。和歌・俳句などもずいぶん暗示的な言葉である。それが暗示性をもっているが故に、読者はそこに大きな想像力を働かせてイメージをふくらませる。ある意味では、すぐれた読者の想像力・理解力によってそれらの作品は完成されたものになる。

これと同じことが、〝自然に帰れ〟＝神の道の精神にも通じている。

『直毘霊』(145)は、宣長の〝道〟というものについて論じた入門書である。そこでは、異国（中国）の聖人の道や老荘思想の天地自然の道に対して、神の道としての皇国（日本）の〝道〟の独自性を説いている。日本の〝道〟は、神代のまにまにそのままさかしら（賢しら）を加えられることなく伝えられてきた道であるが、中国の道はいろいろ言挙《ことあ》げされ、さかしらを加えられた聖人の道、人間の作為された道である。それなら〝神の道〟とは何か。それは「可畏《かしこ》き高御産巣《たかみむす》日神《ひのかみ》の御霊《みたま》によりて、神祖伊邪那岐《いざなぎ》大神・伊邪那美《いざなみ》大神の始めたまひて、天照大御神の受けたまひたもちたまひ、伝へ賜ふ道なり。故是以《かれこれをもっ》神の道とは申すぞかし」ということである。さらにこの〝神の道〟は、異国の「聖人設二神道一」（『易経上』の「観」の卦の彖伝）の〝神の道〟とも違うという。

かの国にては、いはゆる天地陰陽の、不測《はかりがた》く霊《あや》きをさしていふめれば、ただ空き理のみにして、たしかに其物あるにあらず。さて皇国の神は今の現に御宇天皇《あめのしたしろしめすめらみこと》の皇祖に坐て、さらにかの空の理をいふ類にあらず。さればかの漢籍なる神道は、不測くあやしき道といふこゝろ、皇国の道は、皇祖の始め賜ひたもち賜ふ道といふことにて、其意いたく異なるをや

野口武彦は、要するに宣長の所論は「すべての原拠をカミの実体的実在性に求めてゆく立場である」といっている。[146]こうした「実体的実在性」をもつ神、すなわち「実物の神」[147]の「御所為《みしわざ》」によってなりたっている「天地のことわり（理）」は、「いとも〳〵妙に奇しく、霊しき物にしあれば、さらに人のかぎりある智《さと》りもては、測りがたきわざなるを、いかでかよくきはめしつくして知ることのあらむ」という。そこには、人智有限説と神の御所為→天地のことわりの不可知論がある。『くずばな』上巻にも「すべて神の御所為は、尋常《よのつね》の理をもて、人のよく測り知るところにあらず。人の智は、いかにかしこきも限りありて、小さき物にて、その至る限の外の事は、えしらぬ物也」とある。[148]

〝自然に帰れ〟が、〝漢ごころ〟と対極のものとすると、それは賢《さか》しらを加えたり、言挙げしたりすることの拒否、あるいは「物自体」を概念化したり定義したりすることの拒否ということになる。平俗的にいえば、素直な心で「物自体」をみるということにもなるが、宣長のいう〝漢ごころ〟の拒否というのは、そうした平俗的なものでなく、概念化、定

義化の拒否という徹底した意味である（『直毘霊』をみる限り）。宣長の場合、それは伝統的で強固な既製のもの（儒教的世界）を打ちこわす必要性があったためであろう。それはまた〝神〟の不可知論、人智の有限性につながっている。藤村が物事を明確に言わず、暗示的にいったり、「物が言い切れない」とするのも、結局は人智の有限性、「物自体」＝神の不可知論ということが背景にあるのではないか。そうした人生観・世界観というのは、他人への気兼ね、長上への服従といった境遇のなかに育ってきたという点に出発しているのかもしれないが、それが一つの人生観となってくるのは、そうした経験を超えて、もっと大きな神――人間という歴史的、風土的な認識のなかからでてくるものであろう。この場合、〝神〟というのは、宣長にあっては、タカミムスビ――イザナギ、イザナミ――天照大神――歴代天皇という「実体的実在性」「実物の神」であるが、藤村の場合の〝神〟は、むしろ宇宙、あるいは天地自然というように置きかえた方がよいと思う。

（3）

最後に平田学について補足しておきたい。

平田学（神道）は、篤胤没後、広く全国の草莽層の間に拡大していったが、藤村はすでにみたように水戸学――武士の学問――漢意《からごころ》、国学――草莽の学問――古代の復帰と対置し、水戸学のもつ漢意に批判的であった。

しかし両者は、決して豪農・豪商（草莽）のレベルでは対立するものでなかった。この点、幕末草莽運動に詳しい高木俊輔の研究でみておこう。[149] 高木は「平田学において水戸学に共通する要素といえば、村政に対する村役人の責任意識を喚起した点であり、それは一般的には『御依《みよさ》し』論として知られるものである」と述べているが、それを体現した草莽国学者として三河国設楽《したら》郡稲橋村（現在、愛知県豊田市）の古橋暉皃《てるのり》（一八一三〜九二年）の例をあげている。古橋暉皃は、島崎正樹と同じ豪農・名主の出身であるが、維新後は悲劇に終わった正樹とは対照的であった。古橋家の六代暉皃は、天下の三老農（篤農《とくのう》）として、その地では「高等小学校読本」にも取り上げられているという。この暉皃は、文久二（一八六二）年九月に平田没後に入門しているが、その前に水戸学の影響をうけている。とくに開明的改革派の九代藩主、水戸斉昭の『告志篇』と『明君一班抄』を読んで、村政の責任者たることを自覚した。いわば暉兒は、後期水戸学と平田国学の双方の影響をうけた。そして、維新以後も尊皇攘夷の発想をこえて殖産に努め国を富ませ、国力をつけて攘夷するという内容の「富国攘夷」（大国隆正のいう「大攘夷」[150]）を説くようになったという。そうした在地に根ざした「地域殖産」の立場から、製茶、タバコ、産馬の物産振興、更に農談会を通しての農業改良、農業知識の普及・指導、そして学校設置運動へと手を伸していった。こうした草莽国学者の事例は全国には多いと思う。[151]

ただ、藤村が指摘した水戸学——武士の学問——漢意、国学——草莽の学問——古代への復帰の対置が全く無効かというと、決してそうではない。

後期水戸学に詳しい吉田俊純によれば、後期水戸学でも藤田幽谷・相沢正志斎（安《やすし》）の水戸学・国体論は、武士の学問で儒教的な思想が強く、民衆には不信を抱いており、民衆の生きた実体からの発想はないという。[152]それが東湖（幽谷の子）の『弘道館記述義』（一八六四年初稿）においては、国学の影響をうけ、非合理的な古典を信奉し、古代を理想化するとともに、「国体の尊厳」を風俗に帰し、風俗を形成する民衆を評価し、権力の基盤を民衆におくことになった。東湖によって、水戸学は幕藩体制を批判する思想になった。また、東湖が「国体の尊厳」を「風俗」に帰したのは、国学の影響もあるが、藩主徳川斉昭の天保改革の下で重用された東湖が、民衆の生きた現実の生活にある程度むきあい、そこに根ざし汲みとった発想をしているので、幽谷や会沢とは違って、商品経済の発達した現実を単純に否定するような態度ではなかったという（いわば天保改革の実践の中で改革派と豪農層はむすびつきを強めたのである）。

次に、『夜明け前』にみる平田神道が宣長的な「簡素清貧」趣味でアクを抜かれているという服部之総の藤村「国学者簡素清貧論」批判がある。

この点は、その後、高橋昌子が藤村の国学観は平田学のもつ生産者としての人間観、経済意識の面——それは性や生殖にもつながっている——が排除されているという指摘をして、「文献学や自然主義という概念によって近代化され、聖化された宣長学を被せて平田学の物質性を封印する『夜明け前』」という評価をしている。[153]

平田学は近代になって、その排外主義、国粋主義の面が強調され、ウルトラ・ナショナリズム運動の中核思想を形成したということでその評価は低かった。しかし、平田学は幕末から草莽層に広く受容されたことを考えると、その魅力の面がもっと強調されてもよいと思われる。近年は、平田学の見直しも行われ、篤胤の宇宙観、幽冥界——そこからでてくる産霊神《うぶすながみ》信仰・祖先祭祀、そして生殖行為、性信仰、それとむすびついた経済行為の面は注目されてきている。(154)

幕末国学研究で著名な芳賀登は「平田学における幽冥観はあきらかに庶民生活の安心のささえであるといってよく、かつそれと同時に生産を発展させるための理論的根拠であった」といっている。(155)維新後の近代化の中では、顕界（現世）の主宰（統治）者である天皇は、宮中において皇祖（天照大神）・皇霊（歴代天皇・皇后らの霊）・天神《てんじん》地祇《ちぎ》（全国の神々）の神々を親しく祭祀（天皇親祭）する「祭政一致」の政治的君主としてその地位を確立した。それを推進したのは長州藩（木戸孝允など）と結びついた開明的な津和野派国学者（大国隆正、亀井茲矩、福羽美静ら）であった。一方、幽冥界の主宰神は大国主神（それとむすびついた産霊神）であり、人は死後その霊魂は大国主のもとにおもむき、それに服し、そこから生前に親しかった親類縁者たちを見守りつつ鎮まる。死後霊魂は穢い暗い黄泉国《よみのくに》（夜見の国）におもむくことなく、永遠にこの国土にある。そして霊魂の属するこの幽冥界は現世のいずこにもあるが、しかし境を異にし、現世にある人間にはその世界をみることはできない。(156)いわば篤胤の幽冥観は、人々に死後の安心感をあたえるものになっており、神道が仏教に抗して、死後の世界にも明確に目をむけるようになった点で、その宗教性を著しく色濃くした。それはまた神葬祭運動にもよく現れており、仏教の独占物であった葬祭を神道の方に引きよせようとするものであった。

しかし、近代化の流れのなかでそうした幽冥観は後退せざるをえなかった。それは、神道（復古神道）というものが国家神道という形で宗教色をうすめて、即ち〝祭祀〟という面のみが強調されて国家——天皇によって管理されてしまったからである。しかし、このことは藤村の国学観から離れてしまうことになるので、ここで止めておこう。

おわりに

藤村は漱石、鷗外とならぶ国民的人気作家であるため、その評論・批評もたいへんな数にのぼる。『夜明け前』に関しても、論点は出し尽された感がある。勿論、藤村の取り扱った史実の適否などの検討はいろいろあろうかと思う。また北小路健の研究[157]に示されるような『夜明け前』周辺の地道な資料蒐集という作業は、史実の裏付けとしても、また論点を深め検討するといった意味でも大きな業績であった。こうした方面の研究（史実・資料）は今後ともいろいろ出てくるかもしれない。ただ、『夜明け前』の書かれた時代やその情況を考えてみれば、それはもう『夜明け前』という作品をこえた問題になってくるのではなかろうか。

この作品が完成したばかりの頃の合評会で林房雄がいっていることは[158]注目される。

林は、日本の作家が歴史とか社会への知識、教養が低いこと、バルザックはフランスの歴史をいかにマスターしていたか、トルストイにしてもドストエフスキーにしてもロシアの歴史をマスターし、まるでロシアの歴史・社会史そのもののなかにおいて作品を書いている。ところが日本の場合、藤村という大家でさえ『夜明け前』というような題材にぶつかると七年もかかる。文明と文化の不足だ、それが藤村を妨たげよろめかせている。外国では作家は同時に自国史及び世界史のマスターでなければならぬという常識または伝統が確立している。この伝統が教養だ、と言っている。

これは作家の教養不足というよりも社会や国家の問題であろう。藤村が下から、草叢の中からの歴史を書くには、やはりこの方面での資料が不足していたし、またそうした歴史書もほとんどなかった。ようやく維新史研究も科学的な軌道に乗りはじめてきた時期である。[159]いわば歴史家が国民や国家の教養となるような量と質をもった歴史を提供し、文化（教養）として根づかせていくことができなかったわけである。その際、明治以後、戦前において、歴史教育――歴史研究が特に大きな制約を国家権力から受けていたという事実も確認しておきたい。

第四章　藤村操の自殺と明治の青春

はじめに

悠々たる哉天壌　遼々たる哉古今　五尺小軀を以て此大をはからんとす。ホレーショの哲学竟に何等のオーソリティーを價するものぞ　萬有の真相は唯一言にして悉す
曰く「不可解」、我小《（こ）》の恨を懐いて煩悶終に死を決するに至る　既に巌頭に立つに及んで胸中何等の不安あるなし
初めて知る大いなる悲観は大いなる楽観に一致するを(1)

藤村操が「巌頭之感」という右にあげた有名な美文を残して日光華厳の滝に身を投げたのは明治三六（一九〇三）年五月二二日のことであった。(2) 時に一六歳一〇ヶ月（数えで一八歳）の若さで、第一高等学校（一高）の一年生であった（明治一九年七月生れ）。

その死が世間にセンセーションをまきおこしたのは、若き一高生であったこと、「巌頭之感」という哲学的遺書ともいうべき美文を残して華厳の滝に身を投じたこと、それに彼の叔父に那珂通世《なかみちよ》がいたことも理由の一つであった。那珂通世といえば、日本史では神武天皇紀元（辛酉革命説）の思想性、作為性を考証した人として有名であるが、また東洋史の生みの親でもあり、『支那通史』（明治二一年刊）は名著として知られている。当時東京高等師範学校の教授であり、東京帝国大学の講師も勤める身であった。操の父藤村胖《ゆたか》は、盛岡藩士藤村政徳の子で、那珂通世は胖の弟になる。弟の通世は藩儒の江幡《えばた》通高（後に那珂と改姓）の養子となっている。操の父胖は大蔵省の役人から北海道の屯田銀行の頭取としての札幌に渡り、その地で死亡した（明治三二年九月）ため、残された操と母子四人（母は晴子、長男操、次男朗《あきら》、

三男蓋《すすむ》、長女恭子）は上京し小石川区新諏訪町に住んでいた。操は東京に帰ってから開成中学から京北中学に移って一高に入る。

操と一高の同級生であり、かつ彼の妹恭子を妻にした安倍能成《よししげ》は、彼の横顔を、五尺五寸頬が紅くて眉目の整った美少年、体格も良く運動にも興味をもち、痩せこけた神経質の文学青年という面影はなかったと述べている(3)。この点は、写真(4)からも、意志の強そうながっちりした体格の様子がみてとれる。また親友藤原正によると、「平素読書を好み寸暇あれば必ず図書館に入るを楽しみとする篤学の人、沈鬱性といふよりも寧ろ快活の性にて友人間の評判もよい」ということである(5)。

さて、操の死は、予定された行動であったようだ。安倍能成によると、「死ぬる一月前に亡父への土産にと一家して写真を撮ったこと、書籍を友人にかたみわけしたこと」(6)が知られるが、また自殺行の様子も落ちついたものであった。「万朝報《よろずちょうほう》」(7)に載った那珂通世の手記によると藤村操の行動は以下のようになっている。

> 去る二十日の夜、二弟一妹と唱歌を謡ひ、相撲を取り、一家愉快に遊び楽しみ、翌二十一日の朝、学校に行くと出でたるまゝ、廿二日になりても帰らず、母大に憂ひて、机の引出しを明けて見たるに、杉の小箱の蓋に「この蓋あけよ」と大書しあり、開けて見れば、七枚の半紙に、二弟一妹と近親五名と親友四名に配賦すべき記念品と学校その外十餘名に返すべき借用書籍の名とを（本箱の番号までも書き添へて）委しく列記せり

右にみるように死後の始末もきちんとして日光に向かった。「東京朝日新聞」によると、そのあと二一日は午後三時頃日光に到着し小西別館に投宿、「幾通となく書状を認め」、翌二二日の朝「携帯せし財布中より華厳瀧迄の旅費を取り自余の金銭は下婢等に與《あた》へ」案内者は要らぬと単身出立し、途中前夜の書状をポストに入れ「神橋《しんきょう》先より腕車《くるま》に乗りて途中羊羹《ようかん》五本を買ひしも僕は要らぬからとて皆車夫に与へ馬返し（地名——筆者）にて車を降り華厳瀧に向ひたり」と

藤村操と華厳の滝

している。(8)

親友南木性海（一高）宛に、投身前夜、日光にて認めた書状には、「君が数多度《あまたたび》の熱き情けのさとしの文の甲斐もなく、意気地なくも空しく亡ずる此身を憐み給へ。明日華厳の滝に入水せんとする、藤村操」とあった。(9)

例の「巌頭之感」は「瀧坪の絶頂なる大楢《おおなら》木の反面を削りて」記したもので、「楢の木の側には洋傘と筆硯及びナイフ一個」があった。(10) 筆や硯、ナイフなどの器具は家を出るときあらかじめ用意したものであった。(11) いわば計画された、予定された華厳滝行であった。その死自体については表面的には悲愴めいたものはみられない。ただ藤原正の直話によると、死の二週間前から「何時もの快楽も何となく打沈み図書館に赴くの風もなく亦読書に親しむ事もなさず、暇さえあれば必ず校裏の芝生に横はりて眠れるがごとく亦睡むらざるが如く鬱々として人と語を交ふるさえ進まざりし様子」であったという。(12) 華厳滝行は、そうした苦悶を経た覚悟のあとだったのであろう。

1　藤村操の残したもの

（1）

ところで「巌頭之感」の内容についてはよくわからない点が多い。この美文は「すでに巌頭に立つに及んで胸中何等の不安あるなし」という文句をみれば、その場での文作と思われるが、やはりあらかじめ下書きを用意していったとみるのが常識的な判断であろう。そうすると操は以前に華厳の滝に行ったことがあるのであろうか。あるいは、斉藤栄『日本のハムレットの秘密』(13)にあるように、華厳経に興味をもち、それに符号する華厳の滝をあらかじめ選んでおいたのであろうか。

また「ホレーショの哲学」の部分も難解である。ホレーショは、シェイクスピアの悲劇『ハムレット』中の人物ということでは一致している。『ハムレット』のなかで、ホレーショはハムレットの「心の友」として登場しているが、特別哲学者としてあらわれているわけでもなければ、哲学めいた議論を好む人物でもない。ハムレットには何人かの友人がいたが、ホレーショだけが最後まで残った本当の心の友であった。ハムレットはホレーショを以下のように評価している。

はばかりながら、ハムレット、自分で自分の好き嫌いがわかるようになり、人間の善し悪しも見わけがつくようになってからというもの、ホレーショこそは心の友と固くおもいさだめてきたのだ。人生のあらゆる苦労を知っていながら、すこしもそれを顔にださず、運命の神が邪険に扱おうと、格別ひいきにしようと、いつもおなじ気持で受け容れる、そうした男だ、ホレーショというのは。心臓と頭の働きが程よく調和している。けっして運命神の指先で手軽に操られ、その好きな音色をだす笛にならない。まことに羨ましい男だ。激情の奴隷とならぬ男がほしい（三幕二場）(14)

右のハムレットの言葉は、逆にいえばハムレットにはホレーショのような生き方ができないということである。ハムレットの性格は複雑であっていろいろに規定ができようが、ホレーショとの対比でいえば、激情家であり、運命というものに興味を示す人物である。一幕四場の所で、父の亡霊が出てきて、ハムレットを手招きした時、ホレーショは、その亡霊は魔性で「理性の力を奪う」ものであるから危険である、付いて行くべきではないとして引き止める。ハムレットはこれに対して、「おのれの運命がはじめて目をさましたのだ。体内の血管は力に満ち溢れ、ニミアの獅子の筋がごとく、それ、このように張りつめている」（一幕四場）として、ホレーショの表現によれば「憑かれたように」亡霊のあとに付いて行くのである。そこにハムレットとホレーショの大きな違いがある。

ハムレットの「運命へのめざめ」、亡霊への興味は、実は厭世に原因がある。父王が死んで、叔父のクローディアスが王位に就く。しかも父王の妃、すなわちハムレットの母は、夫の死後二か月もならぬのにクローディアスと再婚する。ここに厭世の出発点がある。ハムレットはドイツのウィッテンバーグ大学から新デンマーク王クローディアスの戴冠式のためにもどってくるのであるが、虫の好かぬ叔父、その叔父の胸に身をゆだねる母にどうしても許せぬものを感じる。

> あゝ、この穢らわしい体、どろどろに溶けて露になってしまえばいいのに。せめて、自殺を大罪とする神の掟さえなければ。あゝ、どうしたらよいのだ。この世の営みいっさいがつくづく厭になった。わずらわしい味気ない、すべてかいなしだ！　ええい、どうともなれ。庭は荒れ放題、はびこる雑草が実を結び、あたり一面、むかつくような悪臭（一幕第二場）

厭世から自殺への誘惑は、キリスト教の神の掟によって禁止されている。したがって、ハムレットの心の煩悶を救済する手だてはなかった。しかし、父の亡霊の出現によって、叔父クローディアスが父を暗殺して母を奪い、王位をわがものにしたことを知らされ、復讐を亡霊に誓う。復讐を決意したことによって、彼は心の煩悶を救済する手だてを得たことになる。

ところが、復讐をかたく決意したハムレットがその復讐を遅延させる。「覚悟」というものがつかないのである。それは亡霊の言動にまだ十分確信がもてないからである。亡霊が父の亡霊でなく、悪魔が父王の姿を借りて現れ、衰弱と憂鬱に悩む自分につけ入ったのではないかと思う。すでにみたようにハムレットがホレーショを評して、「運命神の指先で手軽に操られ、その好きな音色をだす笛にならない」と評価していることからは、逆にいえば、亡霊というものに感情的に興味を示してしまったことへの反省をしているハムレットの姿をみいだせる。

そうした迷いは次のハムレットのあまりにも有名な独白によくあらわれている。

生か死か、それが疑問だ。どちらが男らしい生き方か、じっと身を伏せ、不法な運命の矢弾を堪え忍ぶのと、それとも剣をとって、押しよせる苦難に立ち向かい、とどめを刺すまであとには引かぬこと、一体どちらが。いっそ死んでしまったほうが。死は眠りにすぎぬ——それだけのことではないか。眠りに落ちれば、その瞬間、一切が消えてなくなる。脳を痛める憂いも、肉体に付きまとう数々の苦しみも。願ってもないさいわいというもの。死んで、眠って、ただそれだけなら！　眠って、いや眠れば夢も見よう。それがいやだ。この生の形骸から脱して永遠の眠りについて、あ、それからどんな夢に悩まされるか、誰もそれを思うと——いつまでも執着が残る、こんなみじめな人生にも（三幕第一場）

ここでは「死に対する十分な覚悟ができていないことを表現」していると思われるが、(15) それはまた、死というものを眠りと同様なものとして思考するということから来ている。いわばそうした思考、あるいは内省といったものが行動を鈍らせ、「人を臆病にしてしまう」（三幕第一場）ことを語っている。右のハムレットの独白の内容が復讐を遅延させている直接的理由ということではないが、ハムレットのなかにまだ「覚悟」というものができていないということはいえると思う。ハムレットは「ときに激情に身をゆだねるかと思うと、またつまらぬことに心をわずらわし、いつまでも大事の命令をはたさぬ、この腑がいなさ」（三幕第四場）と自分自身を分析している。

ところで、中村保男もいうように、(16)「生か死か……」と逡巡したハムレットが劇の終局では迷いを吹っ切っている。即ち、オフィリアの兄レイアーティーズと決闘することになったハムレットに向かって、「ハムレット様、この賭け、負けるような気がいたしますが」とホレーショがいうのに対して、ハムレットも「なんだかこの辺が妙だ。胸さわぎというやつかな――ま、そんなことはどうでもいい」といいながら、以下にみるような自分の「覚悟」を述べている。

前兆などというものを気にかけることはない。一羽の雀が落ちるのも神の摂理。来たるべきものはいま来なくても、いずれは来る――いま来れば、あとには来ない――あとに来なければ、いま来るだけのこと――肝要なのは覚悟だ。いつ死んだらいいか、そんなこと考えてみたところで、誰にもわかりはしまい。所詮、あなたまかせさ（傍点、筆者。五幕第二場）

右のハムレットの言葉には、自分の定められた運命というものに身をゆだねようとするその「覚悟」が強調されている。内省（思考）を断ち切って「運命の神」に身を任せる――そこに「覚悟」が出てくる。ハムレットはそういっているように思える。「所詮、あなたまかせさ」というのも、なげやりな態度とみることはあたらない。

筆者は、ハムレットの厭世→心の煩悶→生か死かの逡巡→覚悟という心の軌跡に、藤村操の自殺行への覚悟に通ずるものをみることができると思う。おそらく操は『ハムレット』を読みながら、そこに自分をダブらせていたのではないか。

その場合、「心の友」ホレーショの位置づけが問題になるが、すでにみたようにホレーショはハムレットとは好対照な人物として登場している。ハムレットは、ホレーショの態度・人生観を羨ましく思いながら、そういう態度・人生観をもてなくなってしまった自分の「運命」を自覚している。ハムレットは「この世の関節がはずれてしまったのだ。なんの因果か、それを直す役目を押しつけられるとは」（一幕第五場）といっている。この発言は、ドイツのウィッテンバーグ大学で純粋の学問を学んできた一人の青年が故国に帰ってみて「庭は荒れ放題、はびこる雑草が実を結び、あたり一面、むかつくような悪臭」（一幕第二場）の世界・人生の醜悪さをみてしまったことへの歎きが表現されている。いわばハムレットは、ホレーショの出会わなかった「運命」に出くわしたのだ。

児玉久雄は、操の「ホレーショの哲学」云々という文句は、

There are more things in Heaven and earth, Horatio, Than are dreamt of in your philosophy,

〈天地の間には、ホレーショ、君の哲学の中で夢みられているよりも、もっと沢山の物事があるのだよ〉から来ていると指摘している。[18]

右の場面は、ハムレットがホレーショに亡霊出現のことを他言せぬように誓いを立てさせる一幕第五場であるが、どのような文脈の中で語られているか考えてみなくてはならない。

ホレーショは、当初から亡霊を魔性・魔物とみておそれていた。[19] 一方、ハムレットは迷いながらも亡霊を父の霊魂と信じている。そうしたハムレットがホレーショに対して語りかけた言葉が右のセリフである。福田恒存の訳によれば「ホレーショ、この天地のあいだに人智の思いも及ばぬことが幾らもあるのだ」となる。[20] ここでは、ハムレットがホレーショに語りかけたことになっているが、ハムレット自身の驚きもふくめたセリフである。それは、今まで自分達が学んできた学問（哲学）——おそらくドイツのウィッテンバーグ大学での学問・哲学——とは異質な世界を感得した驚きである。

したがって、以上のような解釈からは、「巌頭之感」のいう「ホレーショの哲学竟に何等のオーソリティーを價するものぞ」という「ホレーショの哲学」なるものを引きだすのは拡張解釈であって、読み込みすぎである。北条元一は、「顔に笑みをたたえてしかも悪党たりうる」クローディアスのような人物がいるということの真理をつかんだハムレットにとって、「笑みをた、えたものは悪党でないと考えるような観念的な哲学」が、ここでいう「your philosophy」であると

いう。[22]「ホレーショとハムレットは学校友達として大体同じ哲学で育ってきた。しかるに、ハムレットは今や人生の危機に遭遇して、かゝる哲学に見切りをつけざるをえないのである。かくして『夢をみる』という言葉で、その哲学の観念性、机上性、空論性、非現実性が痛烈に批判されている」といっている。

文脈からみる限り、北条の右の解釈には拡張解釈がみえるが、いろいろな要素を加味すればそういう解釈をしうる余地もあろう。そそらく藤村操もそういう読み込みをした結果「ホレーショの哲学」云々という言葉になったのであろう。

安倍能成は、「当時藤村はデイトンの註によってシェイクスピアの『ハムレット』を読み、ハムレットの煩悶が友人ホレーショの空なる哲学的談義によって救われる由もないことを知ってこの言を成したもので、井上さんの議論は全く的を外れた議論だったのである」と述べている。[23]少し脇道になるが、ここで〝井上さんの議論〟といっているのは、東京帝国大学教授で当時哲学界の権威と目されていた井上哲次郎が「ホレーショの哲学などは哲学史上にも価値のない哲学であって、藤村は更に学問や哲学の研究をすべきである、という意味の言をなした」ことを指している。井上哲次郎にしてこれであるから、当時、「ホレーショの哲学」なるものがあったと受け取る人は多かったであろう。現に内村鑑三などもそうであった。[24]

それはともかく、安倍の指摘にしても読み込みすぎのきらいがあるが、デイトンの註なるものがそういう解釈をしていたのであろうか。この点は、まだ筆者の調査が行き届いていないのは遺憾である。

黒岩涙香になるともっと極端になる。[25]涙香は、ホレーショの哲学は「今でも似而非《えせ》哲学者の代名詞の如く使わるゝ名前と為るなり、藤村が此語を用ひたればこそ、一切の哲学をば似而非哲学と一言に蹴落して哲学者能く何の真理をか捕へ得んやとの感慨が活躍して聞るなれ」として、藤村は世の既成の哲学者を権威のない似而非哲学ときめつけたのだといっている。

「ホレーショの哲学」をどうみるかは、右にみたように種々の解釈がありうる。しかし、それは読み込みをしているのであって、「ホレーショの哲学」なるものの実体はかえってつかみにくい。ホレーショは、ハムレットに助言をあたえ、彼の煩悶を救ってくれる「心の友」として期待されているとみることはできる。しかし、実際のホレーショは極めて常識的でハムレットの煩悶を心底から理解できた友人とは思われない。彼はなによりも王子ハムレットの従属的身分（従者）の鎖からは解き放たれてはいない。

「Hamletは一種の魔法の鏡であり、あらゆる時代のあらゆる人が一度はのぞきこんでそこに自分の姿を見いだすのだ」とする見解があるように、(26) 藤村もまたハムレットのなかに自分をみいだし、あの美文を書いたのであろう。しかし、現実の問題として、藤村には「心の友」ホレーショがいたのであろうか。また「ホレーショの哲学」なるものを説いて藤村の自殺への「覚悟」にプロテストした友人がいたのであろうか。

わずか一六歳一〇ヶ月の青年ゆえの美文であるから、「ホレーショの哲学」を深読みして、そこから藤村を規定してしまうのも危険である。「この劇にはいろいろの思想が寄せられそこからさまざまの哲学を組み立てることが可能である。ほとんどどんなことでもいえるのである」という菅泰男の意見は当を得ている。(27)「巌頭之感」を読む限り、そこに悲愴めいたものがみられないのは、美文の所為《せい》ばかりでなく、そこに「覚悟」のあとが述べられているからであろう。したがって、この美文だけで藤村の自殺を判定すると一般的に膾炙《かいしゃ》されている「思想のための自殺」という見方が出て来てしまう。

（2）

藤村が三人の弟妹(28)（実は従兄弟）にあてて書いた遺書は左のようなものであった。(29)

A　日本文学に大なる三あり。万葉・源語・巣林子《そうりんし》是なり。中に就て時代最も近く用語最も俗に近きものは巣林子是なり。僕、人生の問題の解決を得ずして恨みを徒に華厳に遺すと雖も、卿等を思ふの情に至つては、多く人に譲らざるを得ず。今此書を残して一は卿等が文芸に対する注意を喚び、一は人生に対する真率の研究を促す。

五月二十日夜

「思想のための自殺」といわれた藤村が、「人生に対する真率の研究」のためとして挙げたのが万葉集や源氏物語の古典、江戸時代の戯曲家近松門左衛門（巣林子は号）という「畑ちがいの抒情・情緒の文学」であったという、唐木順三の指摘がある。[30] しかし、林田茂雄もいうように、[31] 右の三者は「人生の真実に対する『叙情・情緒』的な肉迫は鋭い」のであって、その意味でもそうした古典や戯曲が藤村の人生や死とどうかかわりあっているのかという考察こそが必要であろう。

さらに藤村は「日光町小西旅館」から母に次のような手紙（遺書）を送っている。

B　不孝の罪は御情の涙と共に流し賜ひてよ。十八年間の愛育の鴻恩は寸時も忘れざれども、世界に益なき身の生きてかひなきを悟りたれば、華厳の瀑に投じて身を果す。

この母への手紙[32]についても、唐木順三は「月並み」な文として、「母と子の間の断層が著しい」、親子の間に「思想を語るべき共通の領域がなかったごとくである」と指摘しているが、[33] この点も明治期の家制度の問題もふくめて、母と子との独特な絆――日本的伝統の問題として考察する必要がある。これは、依然として今日的な問題としてある。[34] というのは、年令は藤村より五才ほど年長であった岩波茂雄も、落第したため一高では安倍能成などと同級生となり、藤村の死を契機に煩悶がますます昂じて自殺寸前まで追いこまれる。ところが「母」の存在によってその危機を回避する（後述）。[35] 母という存在が子どもの精神領域に占める独特の位置、かかわりを問題にする必要がある。

ところで右の母への手紙は、那珂通世が『万朝報』紙に右のような「趣意を委しく告げよこせる」として掲載された[36]ものので、次に挙げる「投瀑の前夜母君に書いた手紙」として安倍能成が掲載したものとは大分違っている。

C　不孝の罪は御情けの涙に御流し下され度候。十八年の御恩愛決しておろそかに存じ候はねどもこらへかねたる胸のなやみあり、只死するほかに致方無之候、何事も因果と御諦め被下度憂世はすべきて涙にて候ものぞ（傍点、筆者）

後者のこの手紙には、煩悶の中身については述べられていないものの、前者の手紙に比較して、人生の痛みが背後に感じられる文言であり、かなり切実な煩悶があったことが読みとれる。前者の手紙は、那珂通世が手紙をそのまま『万朝報』に載せたものでなく、那珂の要約がなされているのではないかと推測される。後者の手紙は、藤村の妹を娶った安倍能成の提供したものであるから、義母への手紙をそのまま掲載しているのではないかと思う。

次に藤村が死ぬ前日の夜（二一日）藤原正に送った絶筆の文は以下のようなものであった。[37]

D　宇宙の原本義　人生の第一義
不肖の僕には到底解きえぬ事と断念《あきら》め候程に敗軍の戦士本陣に退かんするにて候

ここには、「巌頭之感」に通ずる宇宙・人生の懐疑の問題が出て来る。

また同じく藤村の親友であった北島葭江に遺品として贈った幸田露伴の『五重塔』（明治二四年六月）に併せて収められている『血紅星』という作品の後に「我もこの血紅星の星よ」[38]（E）といった意味の詞を書いていたという。『血紅星』[39]にはすべてを非とみる「皆非居士《かいひこじ》」という一人の青年が主人公として登場する。彼は読書千巻、詩作に精通するが、結局功ならずして、所持したすべての書物を投げ捨て、山中の庵室に籠って自然を相手に世捨て人的な生活をおくる。ある日、月界（仙界）から仙媛が「皆非居士」を迎えにきて月宮殿に連れていく。そこで「皆非居士」に詩の吟詠を所望するが、居士は酒と女に溺れてなかなか吟詠しようとしない。ある日、居士は仙媛に対して、汝の望みどおりの題詠で吟じようと承知する。そこで媛は、人間というもの、とくに「皆非先生自身を題にして」吟詠していただきたいと申し出る。その途端「脳は沸《に》え心裂け膽《たん》破れ、畏懼《いく》の氷胸に結び無念の火腹肚《はらわた》を焦がし、鬱悶に半身の筋脱け力亡び、憤怒に半身の肉動き脈躍ると斉《ひと》しく、熱血霧となって八萬四千の毛孔より飛び、黒煙頭上に登って奥歯の軋《きし》る音烈しく、見る見る眼は輝き渡り五體に火焔《かえん》の燃え立つ途端、呀《おう》と一聲《いっせい》叫ぶ刹那、身を躍らすこと八萬由旬《ゆじゅん》、血紅の光りを放つ怪星となって流れ隕《お》つる無辺際空」ということになる。

大宇宙に身を躍らせ、血のような光を放つ血紅星になってしまった一詩人に藤村は自己を投影させているわけであるが、血紅星という存在は決しておだやかなことではない。そこには、煩悶・憤怒をかかえたまま八萬由旬の大宇宙で真紅に光っている血紅星の姿がある。詩的ではあるが、「大いなる悲観は大いなる楽観に一致するを」と悟った「巌頭之感」とは違ったものを感じる。

さて、藤村操への関心は現在に至っても衰えず、『朝日新聞』が藤村の意中の恋人として馬島千代（明治一七年生れ）のことを報道している（一九八六年七月一日、夕刊）。それによると馬島家は北海道開拓長官黒田清隆の主治医であった。藤村家と同じように馬島家も北海道から出て来て水道橋に住んでいた。千代は茶道師範であった藤村の母から指導をうけていて、その時二人は知りあった。自殺する直前、藤村は馬島邸を突然訪問し、「これを読んで下さい」といって手紙とともに高山樗牛の『滝口入道』を手渡した。手紙にはただ「傍線を引いた個所をよく読んで下さい」とだけ書かれていたという。傍線は何ヶ所も引いてあったが、とくに力を込めていたのは、主人公斎藤時頼（滝口の武士）が自分の恋慕する建礼門院の雑仕《ぞうし》横笛との結婚を父左衛門に許しを請う場面である。父は「人若き間は皆過ちはあるものぞ、萌え出る時の美はしきに、霜枯れの衰れは見えぬとも」と諭した行《くだり》に藤村は以下のように赤インクで書き込みをしている。

F　そハ色ぞかし　恋（愛）にハあらじ

色ハ花よ
無情《常》の嵐に散りむせむ
恋《愛》ハ月よ、真如の光に
春秋のけじめの
あるべしやは(40)

つまり、父は色の事をいっているのだ、恋は光であり、永遠なのだ――と藤村は千代さんに告げていると『朝日新聞』は解読している。

千代は、鉱山学者崎川茂太郎と結婚し、九七歳で一九八二（昭和五七）年に死亡したが、その時遺品の中から藤村の手紙と『滝口入道』の本が出てきたという。この馬島千代については、すでに伊藤整が『日本文壇史7』でとりあげているが、(41)それによると千代は藤村より二つ年上で、東大の裏門のすぐ前の邸宅に住んでいた千代をなつかしく思い次第に恋着するようになったという。だが千代は彼の気持ちには動かされず、反応はなかった。

千代の場合は、その噂は表面に出ず、ほとんど知られていなかったが、一方、もう一人の恋人、旧文部大臣菊池大麓男爵の長女多美という女性の場合は、表面にこそ出なかったが、潜行する形でその噂は広く伝わっていた。例えば日夏《ひなつ》耿之介《こうのすけ》は、藤村の出た京北中学校の後輩であったが、同期生某から藤村が菊池大麓の娘に恋していたということを聞いていたと記している。(43)藤原正も明治三八年二月の回想で藤村操失恋説の捏造に憤慨したと記している。(44)また、安部能成も、昭和二四年七月の稿で、「私は近頃になって彼から求愛された婦人のあることを耳にした」と述べている。(45)藤原、安部の失恋説とは、多分多美夫人のことではなかろうか。『東奥日報』（明治三六年七月九日）に藤村の自殺の原因を失恋とみる記事がある。(46)それによると、藤村は那珂博士との関係で文相菊池大麓の令嬢松子一八歳（磯田光一の注に民子《たみこ》の仮名と思われるとある）(47)を知り、彼女に激しい恋愛感情を抱いていたが、彼女は美濃部達吉（当時、法科大学助教授）と結婚したため、その失恋によって自殺したという記事である。
この菊池大麓の娘多美については、一高同窓会誌『向陵』で田村善之助（昭和二年、一高理甲一卒）が、「藤村操の失恋自殺説」[48]という短文で、最近知人から藤村操の自殺の真因は失恋で、その相手は美濃部達吉の夫人となった人であると初めて聞いたので、その詳細を御存知の方は発表して欲しい旨訴えた。『東京新聞』（一九八六年五月九日、夕刊）は、これをもとに取材したらしいが、それによると多美夫人は美濃部達吉に嫁し、元東京都知事で経済学者の美濃部亮吉を生んだ。鳩山道夫（七五歳、昭和五年、一高卒）からのハガキでは藤村の求愛は「実家の方では既知のこと、今さら」と田村に伝えてきたという。というのは道夫氏の父は東京帝国大学教授秀夫氏で、母の千代子夫人は菊池大麓の次女で多美夫人の妹であった。従って、菊池家の内情にはよく通じていたわけである。ちなみに鳩山秀夫は一高に明治三四年九月入学で、阿部次郎と同級生であり、安倍能成や藤村操より一年上であった。いつも主席を占める一高始まって以来の秀才であったという。[49]
以上みたように、藤村の自殺に失恋がからんでいたことは事実である。ただ注意しなければならないのは、藤村の自殺の原因を失恋かもしくは思想のための自殺かというように二者択一的にとらえる見解である。恋愛は近代的自我、個人主義、家制度からの解放として、きわめて密接に人生・思想の問題にからんでいる点を見落とすべきではない。後にみる一高生の魚住影雄や岩波茂雄の厭世観・懐疑、そして煩悶に恋愛が色濃くからんでいるのは注意される。

（3）

次に藤村操が二高の友人南木性海に送った私信（手簡《しゅかん》）は藤原正に送ったものと同じく、煩悶が滲み出ている。[50]それは一高入学前後からのものであった。以下、その手簡は長くなるので、要点のみ示す。

G　（1）　明治三五年一〇月一七日

僕此頃又運動がいやになって来た、ドウモ悲観に陥り易くて困る。之は一は信仰を有せざるによる事であらうし、一は又哲学智識の足らざる為であらう、また一つは現実の俗務がウルサイので、又た旧思想の親戚間の感情のメントウ臭ひ等の事より来たのであらう、ドウモ相変らず煩悶子であって困る、君よ、余を愛するならば希くば慰籍を与えよ

(2)　同三五年一一月一日

先ず兄の第一の忠告、即ち徒らに悲観に陥るの非を諭された事、喜んで受ける（中略）僕は元来ポリシーとかミーンズとか云ふ事が嫌いで、ナンでも赤心を人の腹の中に置かん事を努めて居るので、其代り人から何も遠慮なしに仕向けられん事を望むで居る、殊に良友の忠告の如きは最も希望し喜んで受くる所である。（中略）君よ願はくは僕の此の問題に解釈を与えよ、「理想と現実との衝突を避くる方法如何」、此問題は幼稚の僕の差しあたり困っている所である。

(3)　同三五年一二月一六日

赤心を以て君に云ふが、今や僕の亨《う》け得る慰籍の方法は唯二途に過ぎない、一は我慈母の渾身の愛であって、他は即ち貴兄よりの細字の端書《はがき》である、（中略）僕の端書で御推察であらうが、僕は此頃懐疑に陥って居るのである、僕の脳は今や又破壊を行って居るのである。思ふに此時代は最も危き最もツヽシムべき時代であるから、大いに修養に注意している。此間も桑木博士を訪ふてかなり知識を得て来た。（中略）僕は近頃如何なる書を読むべきか如何なる順序に読むべきか迷ふて居るのであるから、暇もなからうが、何冊か君の知れる範囲に於て君の考へ知らせてくれ給へ。此間『即興詩人』を一寸のぞいて非常に面白いと思った。

（4）　同三五年一二月二五日

嗚呼如何したら宜いであらうか、僕は日々益々自己の弱きを嘆ぜざるを得ない、此間は俗世間が気に入らぬなど、ツブヤいたが、昨今は全く自分が嫌でしかたがない、僕は今や哲学的懐疑と、倫理的煩悶とが同時に来襲して来たので、其の苦痛は到底言語筆紙の表はし得るところでない僕の懐疑の内容は「凡て」の一言が尽していると思ふ、空間を疑ひ、時間を疑ひ、道義を疑ひ（中略）、審美を疑ひ、実在を疑って居るのである、所謂《いわゆる》理法なるものも軽々しく信ぜられんのである、と云ふことを一言して置いて君の教導を待つのである。昨日高山博士が愈々《いよいよ》他界の鬼となった、君よ、兎《と》に角に彼は偉人だらふ

（5）　同三六年一月三〇日

先ず君に二つ喜ぶべき報告をなし得るのは僕の最も喜ぶ所である、と云ふのは、一つは僕の思想が、此前に手紙を出したときよりは、余程健康に向いて来たと云ふ事、一つは僕に満足慰籍を与ふるものが一つ殖えた事、即ち前には僕の感情の対象が殆んど人生に限られて居った、即ち人格的の愛（其他）が僕の感情に満足を与ふる殆んど凡てゞあったのが、此間旅行をして来た（一泊で三浦半島を一廻）のちは、僕の感情の対象に自然なる大なるものが入って来た、換言すれば自然の美なるものが僕の感情に多大に慰籍を与ふるに至ったと云ふ事である。

（6）　同三六年一月二九日

僕は今や高上の哲理等よりは寧ろ実践倫理に於て強力なる鼓吹《こすい》者を望んでいるのであるから、此ソクラテースの如き実践の偉人は僕の要求に最も当って居るのである。然しながら僕思ふに親しく接しなければ如何なる偉人とても到底究竟の感化を能ふることは不可能である、で僕はソクラテースより寧ろ君南木君に望む所甚だ多いのである、イムプレッションを与ふる唯一の鎖はプラトニックのラヴである（中略）デ文学書の机上にあるものは、デートン

の註のシェークスピアの「ハムレット」、それから早稲田の巣林子撰註位のものである（中略）ドウモ漢文の力がなくて仏書が読みたくても読めんで困る。

（7）同三六年二月一八日

何時もうら、かなる東京の春も、此年は疑ひてふ大雪に襲はれ、又煩悩てふ嵐吹きて苦痛絶ゆるいとまなし、今日は学窓に友を避けてハーミットを気取り、昨は愚俗とノンセンスの雑談に時を浪費する等千変万化一律の以て準とすべきなき事、近日の天気に彷彿たり（下略）

（8）同三六年三月一九日

君は相変らず幸福であらうが、僕は益々苦悶せねばならぬ様運命を定められてをる（中略）あ、今日は非常に君が慕はしい、君に会ひたくて堪らない（中略）此程漢詩を読んで見やうと思って、李太白集などを机に置いてある、又露伴の血紅星（尾花集中）を読んで大いに興味を感じた。

（9）同三六年四月二日

僕は相変らず懐疑にあって不愉快である、然るに稍もすれば真の懐疑者の取るべき方法を離れて危険な我儘《わがまま》勝手な独断に陥り、所謂 pessimist に近き思想の傾きがあって困る、明治の小説では露伴の血紅星が大好きである。

（10）同三六年五月九日

僕其後変った事もなく一家団欒《だんらん》身体健康、先ず客観的には至って幸福だと知り給え、扨《さて》主観の方面は日に益々非である。第二学期には僕の生活は全く煩悶と苦情とで盡して勉強は少しもせず（中略）運動は絶対的に大反対、其最大の原因は、運動家と云ふ動物と[51]一所になるのがいやだと云ふ偏狭心である、音楽は不器用な僕には迚《とて》も御手にあはず、依て何の慰籍もなく（中略）何もかもいやでいやで仕方がないと云ふ有様である、此間にすきなものは、永劫の不変の自然と云ふ奴である、机上には君の真似をして山ぶきや躑躅《つつじ》などを生けて置いてある、ウォーヅウオースの詩にNature did never betray the heart that loves herという句があるが、これが僕の唯一の慰めである。

※原文にルビを付した。

以上、この南木あての手簡は、藤村関係資料としてはもっとも詳細なものであって貴重である。南木は世間の粉々たる批評（虚栄心、弱行薄志、失恋、借金苦、哲学的死など）に対して彼の書信を公にして、「彼の自殺が真個宇宙人生問題に煩悶しての極なりし事を明にし、世人をして、事実の真相を諒知するの材料を得て、一は以って彼に対する誤解を解き、一は以って公平なる批評をなすの資となさしめんとする」ためのものであった。この手簡を通して藤村の煩悶・苦悩がいかに深いものであったか、それは決して机上の哲学的学問的な煩悶・苦悩であったのではなく、生きていく上での煩悶・苦悩であって、それが文章を通してではあるが、リアルにせまってくる。そしてなんとかしてこの煩悶・苦悩を解決せんともがき苦しみ、努力した様子もわかるのである。それは読書を通しての数々の哲学・思想・文芸への傾倒であったり、著名な博士（例えば哲学者桑木厳翼《げんよく》など）への訪問や講演聴講であったり、信仰への接近であったりしたが、結局その深い煩悶・懐疑を慰籍してくれたのは母の愛であったり、親友南木へのプラトニック・ラヴであったり、自然の美（旅行）であったりした。しかし、慈母、親友、自然という存在は彼の煩悶・懐疑の〝病い〟を癒やしてくれたが、それを治すことはできなかった。

この手簡からなにを汲み取るべきか、いろいろな見方があろうが、筆者としては一八歳の青年が、自分が罹った煩悶・懐疑にもがき苦しみながら、ともかく一生懸命努力してこれをなんとかして解決したい、〝病い〟を治したいとした誠実な姿に切なくも感動するのである。これを〝病い〟と表現するのは、藤村が罹った〝煩悶・懐疑・懊悩あるいは悲哀〟

は人間の根源的存在の問題であるからである。

2　藤村操の自殺の背景

(1)

以上、A～Gにわたって藤村の自殺にかかわる資料をみてきたが、以下ではそれらを材料に藤村の自殺を誘因したものはなんであったかを考えてみようと思う。もっとも、ここで自殺の原因を決定しようとするものでない。〝自殺〟というものは一つの原因によってなされるものでなく、種々の条件がからみあって、その自殺が誘発されるものであり、自殺そのものに踏み切るのは、ジャンプしようとする〝決意〟、あるいは〝覚悟〟でしかない。いわば、「明治三〇年代」という一つの時代環境のなかで藤村は何に煩悶したのか、その苦悩にできる限り迫ってみたい。

まず彼の家庭環境であるが、彼は父胖の三男であり、実は腹ちがいの兄が二人いた。母は芦野晴子といい、東京女子師範学校の出であって、後妻として入ってきて操と二弟一妹を生んだ。(52) 彼の母（晴子）について安倍能成は、「私の遭遇した日本婦人の中では最もすぐれた人物だと思って居る。真正直で親切であると共に理性的であって愚痴をこぼさず、何か気宇の大きい、女性の缺點を脱した人であった。彼女は子供を親戚の厄介にかけて卑屈にしないやう、父なき家庭を楽しくして子供をのびのびと成長させるやうに全力を尽くした」といっている。(53) いわば、インテリで理性的なしっかり自立した女性像が目にうかぶ。当時、共立女子職業学校で教師として働いていた。(54)

また藤村は父亡き後長子として「母の苦労を軽くしようといふ志は、彼が開成中学から京北中学に転学することによって一年を節約し、同級生で最年少者だったことからも知れる」と安倍能成は指摘している。(55) 家庭の重責を負わざるをえない藤村の姿がある。

ところが彼は一高入学時には「道徳と経験を超越せる純正哲学」をやるという野心に燃えていたという。[56] 野心と家庭事情との間にはギャップがある。また伊藤整によると、藤村の父の死因は札幌丸山公園での自殺だったということである[57]（明治三二年六月）。この「事実」は重大であるが、安倍能成はこの点については知らなかったものか、〝病死〟したと述べている。[58]〝自殺〟だったとすると、藤村少年に与えた精神的影響は大きなものがあったとみるべきであろう。

以上からみる限り、藤村の家庭事情は複雑な因子をもっていたと考えることができる。

それでは、一高生の藤村は一体なにに煩悶したのであろうか。

「巌頭之感」や藤原正宛の手紙（D）をみる限り、「宇宙の原本義」「人生の第一義」、即ち、宇宙とは、人生とは何ぞやということに対する「不可解」、宇宙と自己との対比から出てくる虚無感といったものがある。とはいっても、それはあまりにも抽象的である。藤原正によれば、藤村は藤原とともに「セルフの有無、死後の境界等を語った」ということであるから、[59] 自己存在への疑問、死後の自己の問題などが出てくる。同じく藤原正によれば、「又雨そぼそぼと降りかけたる夜の九時頃、四隣聲なき護国寺畔の墓地をさまよえる折柄、俄に木の葉のがさがさと風に音せるに我手をとりて淋しと言ひしこともあり」（傍点、筆者）という。この藤村の〝淋しい〟という声は、周囲の情景からくる感傷的な〝淋しさ〟というものではなく、近代の人間存在に本質的にかかわる〝淋しさ〟であったと思う。勿論、夜の護国寺の墓地の散歩という雰囲気が〝淋しい〟という声を誘発させたということはいえるにしても、それは夏目漱石が『こゝろ』で問題にした「先生」や「先生の友人」の〝淋しさ〟に通ずる近代的自我（個人主義）のもつ〝淋しさ〟であったはずである。

漱石は「自己本位」という言葉を使っているが、[60] 自己本位＝個人主義は党派心がなくて理非のある主義であって「我は我の行くべき道を勝手に行く丈で、そうして是と同時に他人の行くべき道を妨げないのだから、ある時、ある場合には人間がばらばらにならなければなりません。其所が淋しいのです」といっている。『こゝろ』では、「先生」の友人Kは失恋のため自殺してしまったが、落ちついて考えてみると、「淋しくって仕方がなくなった結果、急に自決したのではなかろうか」と「先生」は考える。「先生」はいう、「自由と独立と己れとに充ちた現代に生まれた我々は、その犠牲としてみんなこの淋しさを味わらなくてはならないでしょう」と（第五章の4参照）。

こうした〝淋しさ〟を藤原正は以下のように表現している。[61]

何かしら無限の空虚が自分の胸に出来たやうな全宇宙を以ても満たすに足りないやうな、地の極から、隣の宇宙から深刻なる悲歌が聞こえてくるやうな、或る偉大な寂廖《じゃくりょう》の感じ。さういふ風なもので日に日に私はなやまされた。私の霊魂はすみやかに痩せおとろえた。（中略）はてしない宇宙にただ独りあるやうな、この心もちは之をどうしたら善いの乎。寂廖は悲哀に、といきは涙に次第に変って行った。すべての物が蒼白く見えて来た。

藤村が恋人をもとめたのも、また友人関係に熱かったのも〝淋しさ〟からきている。勿論、これは藤村だけではなく、彼の周辺にいる一高生全体にもあてはまることだったろう。藤村が「巌頭之感」を残し、いくつかの遺書ともいうべき手紙を母や弟妹や友人に送り、また形見分けとして本などを友人に分与したのも、なんらかの繋がりを保持しておきたいと思う〝淋しさ〟からきている。世間が非難するようなポーズではないはずである。

もっとも筆者は、〝淋しさ〟が藤村の自殺の原因であるといおうとしているのではない。それが煩悶の一つであったことをいいたいのである。

論は前に戻るが、宇宙――自己存在、生と死の問題はなに故に煩悶となるのであろうか。このことは、藤村のわずかな材料からではわからないので、あまりよい方法ではないが、同じように煩悶し死を思い立った友人の側からみてみよう。

「最も多く藤村の死に動かされた一人である」[62]魚住影雄（号は折蘆《せつろ》）は、京北中学校時代に藤村を知り、一高受験には失敗したため安倍能成や藤村操より一年おくれて一高に入学した。入学したのは、藤村死後の明治三六（一九〇三）年九月であった。しかしすでに『新人』に「藤村操君の死を悼みて」を発表しており、[63]藤村の没後一周年に当っては「自

殺論」を一高の『校友会雑誌』に発表した。(64)

魚住もまた「死を慕う身」として煩悶しつづけてきたのであるが、彼は「私は海老名先生がどうであろうが、新島先生がどうであろうが、私の天職がどうであろうが、日本がどうであろうが、宇宙や人生が怪しくなったならば何の未練もありません」「私は今懐疑者になってしまいました（中略）私と藤村君との相違は同君は無神論者に安心を問ふのと、私は有神論者に説明を乞ふのとの別で、私の猶ほ研究的態度をすてざる所以です」「私にもし道徳の絶対的価値に対する疑問がいよいよ絶対的価値なしと決定してしまへば、一死あるのみ。即ち道徳の根拠即ち神の存在せぬことが明白に断案を下し得た時のことです。私は成るべく此根拠を得たいのですから、藤村君のように無神論者にその安心して居る所以を聞きません。私はまだ其に十分の未練があるのです。又愛に未練があるのです」（傍点、筆者）と手紙に書いている。(65)これは魚住が上州（上野国、現群馬県）にいる心の恋人田中きゑ子に宛てた手紙の一部分である。ここでは神の存在の有無が問われており、藤村は無神論、自分は神に懐疑を抱いているが、しかしなお信仰への態度をすてないということが語られている。「宇宙や人生が怪しくなる」というのは、神という存在への疑問であり、それが確信をえたものになれば、その場合は一死あるのみという。ただ、神の有無の他にもう一つ「又愛に未練があるのです」といっているように、そして「私はきゑさん一人だけでも世はすてられないんです」ともいっているように、自分の信仰の中に田中きゑ子との愛の問題もふくめて考えている。田中きゑ子は、キリスト教信者でもあるため、彼にとっては信仰との関係で愛の問題も位置づけようとしている。彼はいう、「私は此世に未練があるだけ愛を欲します。あはれだと思って下さい。きゑさんの愛を通して復活させたいと望んで止みません」と。この恋人の問題は後にみるように藤村の場合も関連するので注意しておきたい。

魚住はまた増田小民という熱愛する女性に与えた手紙で藤村の自殺にふれて以下のように述べている。(66)

先日藤村操君が日光で自殺しましたが、私もあの様な感情に襲はれたことがあります。（中略）私は世の多くの人を見るに何が故に生きて居るのかよくわかりません。富、金銭、名誉、肉欲のために奔走し、嫉み、恨み、傷つき、争ひ、悪み、疑ひ、怒り、憤り、嘲り、罵りながら無意味に暮して居ります。私は彼等が生きて居ても死んで居ても別に変りのない人間の様に思ひます。何一つ高尚な希望もなく生を送って憐れなものではありませんか。私は宇宙は何故に在るや、人は何が故に生れたるやと云ふことを考へずに居られません。私は藤村君の自殺を実に立派な至誠な死だと思ひます。（中略）私に富貴淫楽のほか望がないとすれば私は一日も此世に生きて居りません。（傍点、筆者）

青年らしい思考の一途さ、それ故の視野の狭さもあるが、ここでは人生の根源的な意義――人格的で高貴な生き方を求める姿勢が出ている。この人生の意義に関しては、同じ手紙のなかで「私は神に仕へて清き高き生を送り、神の命に従うて此□□《不明》と戦ひ腐敗と戦ひ此国を清くせねばすまぬ覚悟です」といっているように、信仰問題に絞られている。

魚住が宗教を求めた動機は「生存の疑義」が主であったが、その「生存の疑義」は、彼の一九歳の春、明治三四年二月一〇日の出来事が契機になった、記念すべき日になったと『自伝』で述べている。(67)

僕は此日（二月十日――筆者）東洋史を読みつ、蒙古の諸王の興廃、タメルランやヂンギスカン、バシーなどの運命を思うて、其風の如く来り風の如く去る人間生存の意義の果していかなるものなるぞと感慨に無限の寂しさと哀しさを催した（傍点、筆者）

そしてこの「寂しさと哀しさ」は、彼が交際していた看護婦井上さんの大病とともに一層切実なものとして成長していった。

僕は此人の大病によって死の威嚇をしみじみと感じた。二月十日の悲しみは死即ち無に対するおそれであった。井上さんの死は其人の消滅（アンナイヒレーション）である。人間のアンナイヒレーションといふことは、僕の恐しさに堪へぬ二月以来否その以前よりの感情である。愛する人の大病は僕を恐怖不安の極に導いた。僕は宮崎牧師（宮崎胡処子のこと――筆者）の前に此恐怖を訴えて聲を放って號哭《ごうこく》した。それでも神を信ずることは出来ない。五月二十九日の水曜日の聖書講義の後に、僕は宮崎氏の問に答へて、宇宙は原子分子の偶然の集散だと思ふと答へた。

（傍点、筆者）

ここには信仰への動機が語られているが、二月一〇日東洋史の英雄達の栄枯盛衰の話を読んで、ふっと彼の心に隙間風《すきまかぜ》のように人間生存のむなしさ、はかなさが侵入してきた。そして、それが井上さんという女性の死の恐怖を契機に、死＝人間の消滅＝無という恐怖が彼の全体を占めるようになった。彼が宮崎牧師の前でその恐怖を訴えて慟哭したのは、勿論、自己の死＝自己の無に対する恐怖の慟哭であった。そして、それは「宇宙は原子分子の偶然の集散だ」とする唯物論的、無神論的世界観がその認識の背後にあった。

死＝無＝自己の消滅、あるいは「この世の生の時間は一瞬にすぎないということ、死の状態は、それがいかなる性質のものであるにせよ、永遠であるということ」[68]――こうした観念は、〝神〟あるいは〝絶対者〟を信ずることができなくなった近代人の恐怖として、多くの悩める人たちを生みだしたが、魚住もまたそうした恐怖観念の擒《とりこ》となってしまった。ただ魚住の場合は「生存の疑義が天国永遠の生命の信仰の獲得で一安心した」とあるように信仰によって救われた。

同じような体験は有島武郎も明治三六年五月末の「日記」に記している。[69]

余嘗《かつ》テ一橋上ニ立チシ事アリキ。時ハ暮秋、水稍《やや》枯レテ銀ヨリ白シ。既ニシテ一枯葉アリ、丹ノ如ク赤キガ流レヲ浮沈ニシテ来リ橋下ヲ過ギヌ。余ハ是レニ眼ヲ注ギヌ。カクテ暮秋ノ悲観的ニ泌ムガ如クナリキ。カノ枯葉ハ今橋ノ下流ニアリ。余ハ首ヲ回《めぐ》ラシテ凝視シヌ。潺湲《せんけん》タル水ハソヲ弄《もてあそび》ビツ、漸ク遠ク行キヌ。余ハ凝視ノ眼ヲ放ツ能ハザリキ。枯葉ハ礫間《れきま》ニ留リ浮萍《ふひょう》ト語リ次第ニ我ガ視線ヨリ遠去カリテ、ヤガテ一閃《いっか》紅ヲ我眼ニ留メタル儘再ビ見ル可ラズナリヌ。是レ平凡ナル語ニハアラザルナリ。余ノ嘗テ一度見タリシ枯葉ハ永遠永劫再ビ我ガ眼ヲ過ラザルヲ思ヘ。人ヨ、猶且ツ面ヲ掩テ泣カザルヲ得ルヤ。（傍点、筆者）

川面に浮び流される枯葉に〝人生の虚無〟を感得した点は、魚住が東洋史の英雄達の栄枯盛衰の話にそれを感じた点と同類のものである。

有島武郎は、明治一一年生れ。従って藤村操より八歳の年長となる。彼自身、明治三二年二月の第一札幌時代に定山渓心中未遂事件を起しており、右の「嘗て」で示された経験はやはり二〇歳前のものだったのではなかろうか。

なお、明治三六年五月末の「日記」では、藤村操の自殺について講演した（五月二九日）キリスト教者植村正久を痛烈に批判している。(70) 有島によれば、植村は「唇辺ノ冷笑ヲ以テ」「彼ハ哲学者一巻ノ厭世家ノミ」と藤村を断じたが、これは「死世ニ対スル尊敬ナキ批評」であったと論難している。栗田広美によれば、(71)「有島は『自殺』に対する植村の外在的批判に怒りを発し、彼ら〝日常性の中に棲む者〟の『死』に対する発言を断罪しているのである。『死』は自殺する者の情念、『内的世界』の内側から、（想像力の問題として）内在的に語れねばならない」（傍点、筆者）と有島の心情を解明している。有島もまた〝死〟というものに直面した経験をもつ故、藤村の自殺を人間の根源的な人生の問題としてとらえることができたのである。

ところでこの点は藤村の場合はどうだったのか。

藤村の場合、世間一般には宇宙の本義、人生の意義に関する「不可解」という「巌頭之感」の美文の印象がつよくて、哲学的・思想的な死と受け取られているが、その根底には藤村の全存在をかけた人生の問題があったことを忘れてはならない。親友であった藤原正は、世間が藤村の死を「罵詈非難」する声に対して、「人生問題とは人生問題なり。哲学の問題に非ず。文学の問題に非ず。赤裸々の人生に面接して起る、吾人の問題、これ人生問題なり。人間本来の悲哀に触れて、悶え、苦しみ、これが得脱の方を求むる。これ人生問題なり」として、「人間本来の全人的要求の発露させるもの」が藤村や自分達青年の「人生問題」であると述べている。[72] いわば世の識者が藤村の自殺に対して、わずか一八歳ぐらいで宇宙の「不可解」をいうのは生意気である、大早計であるというような非難に対する藤原正の反駁であった。すでにみたように藤村は藤原に「セルフの有無」「死後の境界等」を語っている。推測をたくましくすれば、おそらく父の自殺が契機となって、死＝自己存在の無＝消滅の恐怖という魚住と同じ観念が彼の全体を擒《とりこ》としてしまったのであろう。魚住は、『自伝』のなかで、明治三六年四月の中旬頃、藤村と早稲田の方へ散歩していたが、その時、藤村は「煩悶といふことは其言葉さへ耳に快い」「信仰はほしいが得られぬ」と語ったと述べている。[73] 藤村の知性は神を信じることができなかった。神にすがりつきたいという気持があったができなかった。彼をとらえてしまった恐怖を解脱する術がなかったわけである。

　魚住や藤原、藤村と同じような煩悶は、岩波茂雄の場合もまた経験している。岩波は、とくに藤村の自殺以後は熱狂していたボート部もはなれて、野尻湖（長野県）の弁天島に一人籠って煩悶の日々を送った。安倍能成の『岩波茂雄伝』のなかに以下のような話がみえる。[74]

> 岩波はいつも「死ぬることを思ふといやになる」とよく私にもいった。岩波が「悄怳《しょうきょう》録」[75] にしるして居る中に、多分小学高等科時代だったか、眠っている間に死が来てはと心配になり、睡眠を廃して死を避けようとした思ひでを語っている。

　死が慟哭をともなう程の恐怖になるのは、宇宙の広大無辺さに対する、朝露ほどの人間（自己）の生、それ故の自己存在のむなしさ、死というものが自我を消滅させ、永遠に自己（私）を無にしてしまうことへの恐怖であるが、そうした死の恐怖は、現実の身近な人の死を通してというよりも、ある時、ある場所で、何の予告もなしに体感するものである。例えば、夜の暗闇のなかで大空に打ちあげられた淡い菊色の花火の点滅をみて、突然、死＝自己存在の無というものを体感するといった具合である。魚住の場合は、英雄の物語を読んでいた時であり、有島の場合は、橋上から流れゆく枯葉一枚をみていた時、ふっと恐怖の観念が入りこんできたわけである。これは、ある意味では、人が青少年の時、ある日突然陥る〝病い〟とみるべきかもしれない。

（2）

さて、こうした人生の煩悶のほかに失恋という問題があった。この失恋説は、〝思想のための死〟という見方と対立的に提出されて、藤村の死を月並みの死、一般によくありがちな死と解釈しようとする底意をもっていた。(76) 勿論、自殺そのものには特殊も月並みも、高下もないわけであるが、こうした見方は自殺の原因というものを究明しようとして、その原因と考えられるものを種々挙げて、これが真因であるとする時によくおこりがちである。

恋愛というものが人生にもつ意義は、青少年の場合とくに大きい。また「恋愛の基盤となる男女の交際がまだ一般的に公認されておらず、放縦や堕落のように見られる」(77) 時代的環境のもとでは、それは重要な意味をもっていた。

藤原正は、明治三五年九月、安倍能成、藤村操などと一緒に一高に入学した同期生であるが、当時の一高時代を以下のように回顧している。(78)

その頃の青年、殊にいはゆる向陵の健児たちは、異性に関しては興味を有っていなかった。（中略）彼らは性的純潔についても甚だ神経が鋭敏であったとおもふ。少なくとも肉につける思ひをすべて卑しと彼らは見たのである。彼らが恋愛問題に遭遇するとしても、そこには異性の意識は殆ど働かなかった。ただ人格を、ただ霊魂を彼らは恋したのである。

そして続けて、恋愛問題は社会問題とともに当時の一高には存在せず、その代わり友情問題が「火炎のやうに、旋風のやうに、わだかまり、うづまき、湧きおこり、荒くるうた」といっている。この友情は、藤原によると、純潔のたましひ同志の合体であり、そこに永遠の平安を見いだそうとする信仰の様子をおびていた。「友情に対する彼らの心もちは全く中世風の熱情であった。（中略）何しろその中に近代人の接触し得ない敬虔《けいけん》と献心とがあったことは争はれない。（中略）いわば殉教者的心調をさへ帯びて、彼らは友情のために身をさゝげたのである」という。

また、安倍能成によると、一高という全寮制の学校では、こうした友情が同性愛的様相を帯び、「魚住は江木にラヴして居たらしく、運動場で彼にキスして居たところを同級生に見つけられることもあった、と江木は語った」とあり、またストームという慣行も上級生の荒武者などが下級生の美少年を訪問する様相をもっていたという。[79] 若い男女の交際がオープンな形で展開する環境を閉ざされていたこの時代、友情がそれに代わるような役割を果していたわけである。しかしながら、近代の自由主義、個人主義の波は少しづつでも動いていた。

北村透谷が明治二五年、「恋愛は人生の秘鑰《ひやく》なり、恋愛ありて後人生あり。恋愛を抽き去りたらむには人生何の色味があらん」[80]と恋愛の自由・意義を高唱したのはきわめて意義ある発言であった。[81] 透谷と文学論争を展開した史論家・評論家山路愛山も「恋愛は人生に実在せり、人生をして色彩あらしめ、趣味あらしめ、活気あらしむる一大勢力として存在せり。之を疑ふものは人生を疑ふ者のみ」といっている。[82] また卑俗な女性観を十分脱しなかったものの評論家高山樗牛も「女子微《なか》りせば此世如何に寂しかりなんや。哀情、美《うる》はしきもの、楽しきもの、所詮《しょせん》女子と外にして何處より来る。天にありて星、地にありて花たるもの、人にありて女子に非ずや」として、いたずらに女性を罵倒する世間の風潮を批判している。[83] さらに後年、樗牛は『美的生活論』のなかで「恋愛は美的生活の最も美はしきもの、一乎」として、恋愛を人生本然の要求の一つとみていた。[84]

こうした時代の流れのなかで、魚住の恋愛も藤村や岩波の失恋もあった。藤村の弟妹（実際は従兄弟）に与えた手紙（A）

も透谷のいう「人生の秘鑰」としての恋愛という文脈のなかで読むとき、重要な意味を持ってくる。

中山栄暁は右の手紙に関して、以下にみるような注目すべき発言をしている。(85)

> 万葉集・源氏物語・近松と、なかでも近松をとりあげることで、文芸に対する注意を喚起し、つづいて人生問題の解決を得ずして身を果てる決意についてのべる文脈のつながりには、やはり馬島千代という女性の存在や、失恋のために死んだという一部の噂なども、きっぱりと無視し去ることで、その死を思想上の問題ということばの抽象に帰するは果たして正しい理解であろうか。
>
> 「思想と恋愛とは仇讐なるか、安んぞ知らん、恋愛は思想を高潔ならしむる嬭母《はは》なるを」（厭世家と女性）というわけで、恋愛と思想とを共通の地盤において理解せねばなるまい。「ハムレット」の中に出てくる「ホレーショの哲学」ということも、そのことにおいてのみ理解されうるものであることはいうまでもない（中略）。そのいみでも巣林子をとりあげた意識は、人生の秘鑰は恋愛にあるという透谷に通う見識からではなかったろうか。（傍点、筆者）

それならば、「恋愛と思想を共通の地盤において理解」するとはどういうことなのか。恋愛はどうして「人生の秘鑰」なのか。透谷のいうところをみよう。

> 生理上にて男性なるが故に女性を慕ひ女性なるが故に男性を慕ふのみとするのは人間の価格を禽獣の位置に遷す者なり。春心の勃発すると同時に恋愛を生ずると言ふは古来似非《えせ》小説家の人生を卑しみて己の卑陋《ひろう》なる理想の中に縮少したる毒弊なり、恋愛豈《あに》単純なる思慕《しも》ならんや、想世界と実世界との争戦より想世界の敗将をして立籠らしむる牙城となるは即ち恋愛なり。

単に性欲（色欲）からくる「思慕」と恋愛を区別するとともに、理性と希望をもって想世界（無邪気の世界）に成長する人間が実世界（浮世、娑婆）の強大なる勢力の前に苦闘し、弓折れ箭《や》盡《つ》くる敗将となるとき、その敗将が立籠る牙城が恋愛であるという。こうした考え方は藤村が馬島千代に与えた『滝口入道』の書きこみ文（F）にも窺える。「色」と「恋」を区別し、色（色欲）は花のように散ってしまうが、恋は月の光のように永遠なのだと述べていた。藤村が透谷と同じくそのように恋愛を理解したのも、男女の交際が放縦や堕落のようにみられる社会的風潮への抗議であったと思われる。しかし、一方そうした現実的・社会的な条件のもとでは、恋愛がいわばプラトニック・ラブとして自己の人格を高め、男女の霊魂《たましい》の真摯のふれあいであろうとすればするほど、恋愛は実は観念的美化の一途をたどる。(86)村上信彦は、観念的恋愛観の所有者としての透谷を問題として、「観念的恋愛観は、両刀の剣である。一面では従来の卑俗な女性観を支えている社会的条件つまり現実から逃避することで、観念のなかで恋愛を美化し理想化し、恋愛と結婚を対比させて幻滅を味わった」と指摘している。(87)観念的な恋愛の純粋さを追う藤村にとって、女性は現実の生活（実世界）にしっかりと根をおろしていた存在であった。そこに失恋がおこる。

人生に煩悶していた藤村にとって、女性＝恋愛は自己を人生に繋止《つなぎと》めてくれる存在であった。透谷のいう「敗将をして立籠らしむる牙城」であった。魚住は「愛に未練がある」といったが、失恋はそうした未練を断ち切るものであった。同じく人生に煩悶し、失恋した岩波をこの世につなげたものは母の存在であった。「深い絶望と自殺病から私を救ってくれたのは、やはり母の無言の愛でした。故郷で私の帰りを淋しく待ち侘びている母の姿でした」(88)「吾人の理性が如何に生存の無意義を示すとも、吾人の感情が如何に死の安慰を訴ふるとも、吾人は我が唯一の母の天地間に存命せられる限り、断じて断じて我が生を絶たざる可し」(89)と岩波は語っている。もう少し具体的にいうと、岩波が信州野尻湖の弁天島で孤独な煩悶生活を送っている時、風雨が激しく荒れたある晩、びしょぬれになった母が自殺を心配して岩波を訪ねてくる。そうした母の愛に動かされて彼はこの島を去ることになる。おそらく、生活（現実）をひきさげて彼のなかに入ってきた母（母性）が彼を自殺から引き止めることになったのであろう。ただ母が観念のなかで存在していても、それだけでは彼をつなぎとめることにはならなかっただろう。

藤村の場合、母への手紙（B・C）は、そうした母の存在を拒否したことにある。それはいわば「出家」の行為と同じである。唐木順三はこの手紙を月並みとし、母と子との断絶が著しいとしたが、母の存在を思い切る人間にとって説明や弁明はかえって不必要であったろう。そうした場合は、むしろ未練だけが残るだろう。日本の伝統的母子関係のなかで、母と子は強い宗教的・精神的保護――被保護の紐帯でむすばれている。したがって、母子関係を断ち切った手紙は、やはり月並みというよりも悲惨さをおびている。

こうした母子関係（「甘えの構造」といってもよいが）がきわめて明瞭にみえるのは、木下杢太郎の日記である。(90)

木下杢太郎（本名、太田正雄）は、明治一八年生れ、明治三六年九月に第一高等学校第三部（医学予科）に入学している。杢太郎の生家は現在の伊東市であったためか、一高時代の夏・冬休みはかならず帰省している。生来病弱な身体であったらしく、度々病気に苦しんでいるが、おもしろいのは、東京に帰らんとすると、その直前よく発熱して病床に臥すことである。家族はまだよく治っていないからといって出発を止めるが、彼はそれをふりきって東帰する。しかし、日記をみると、学校へいってしまうと緊張のためかすぐ元気になる。例えば明治三九年一月一二日に上京する時になって発熱し、一四日の朝には上京せんとするが家族には「やめよ」ということで引き止められる。翌一五日には上京するが、「郷里の父母兄弟あり、彼等我を待つこと猫を愛する女児の如し、抱擁死に至らしめんばやまず（中略）われ病いえて東帰せんとするとき袂を引いて曰く爾病不レ直と」とその感想を記している。いわば「発熱」は上京したくないという心の奥底の想念の発現であろう。「故郷はかくれ場とす可きにあらざること、故郷あまりにも東京に近かりき、むしろ度々帰るをやめんか」と述べているように、家庭への甘えを一方では拒否しながら、やはり故郷に帰って来てしまう矛盾した杢太郎であった。房州の旅に出ては、「心甚だかなしんで故郷の母を思った」とあるように彼にとって家の温情・甘えはなかなか断ち切れないものであった。

以上、人生の淋しさ、自己存在への懐疑、死の恐怖、家庭の事情等々、その煩悶をみてきた。藤村は表面的には悲愴めいた煩悶を解決して達観して死んだようにみえた。「巌頭之憾」は美文調であるだけにその死が美化される傾向があり、その結果、その美文の背後に、さびしくて、悲しくて、どうしようもなく日々煩悶、慟哭した藤村の姿がみえてこない。藤原正によれば、死の一ヶ月程前、暗夜不忍池の畔を散歩しながら、人生問題の解決すべからざることを嘆じたすえ「願はくハ煩悶《もだ》へ煩悶へて我死なん、おつに悟りてすまさんよりは」と口吟したという。[91]

ただそうした煩悶は、程度の差こそあれ、誰れにでもありうるものである。したがって、それが即自殺にむすびつくわけでない。自殺はそうした煩悶に誘発されて、死の世界に向けてジャンプするという決意と行為の結果である。藤村は、むしろ「巌頭之憾」を美しく書きあげることによって、始めて落ちついてジャンプする覚悟をかためたといえるだろう。「大なる悲観は大なる楽観に一致するを」と藤村は書いたが、それは人生の意味や万有の真相を体得したからではないだろう。「胸中何等の不安あるなし」は、死の世界に向けてジャンプする「覚悟」がついたということを意味している。八萬由旬の大宇宙に身を躍らせて「血紅星」となった藤村は、依然として煩悶、懐疑の炎を真紅に燃えたぎらせて光り輝いているようにも思える。

3　藤村操の自殺をめぐって

（1）

まだ名もない一人の青年の自殺にしては、この藤村操の自殺は大きな反響をよび、その論評もかなりのものがある。若き一高生であったこと、「巌頭之感」という美文を残して死んだこと、叔父に那珂通世がいたことなども注意されるが、それ以上に彼の自殺が時代の象徴としてとりあげられたことが大きい。

藤村の自殺は、明治三六（一九〇三）年五月二二日であったが、世間がそれを知ったのは、五月二六日の『万朝報』『下

野新聞』に那珂通世が寄せた手記によってであった。しかし大方の新聞は翌二七日にこの事件を報道している。(92)

一般的に青少年の自殺に対して非難の多いなかで『万朝報』社主黒岩涙香は「我国に哲学者無し、此の少年に於て始めて哲学者を見る、否哲学者無きに非ず、哲学のために死する者無きなり」と藤村を評価し、(93)言外に既成の哲学者を批判する意をもった。しかし、その死については「然らば哲学の極致は自死するに在るか、曰《いわ》く何ぞ然らん、甚だ信仰の伴はざる哲学は茲《ここ》に極致するなり」といい、宇宙観と人生観を説いた『天人論』という自分の哲学書を藤村に寄献する(94)ことができなかったのは残念だとしている。

さらに涙香は、明治三六年六月一三日数寄屋橋会堂で「藤村操の死に就て」と題して講演した。(95)ここで藤村の死を後に一般化する「思想の為めの自殺」と規定し、今までに類のない自殺であると述べた。そして世人はこの死を非難することが多いが、「吾人が其死を非難し得ざるは彼れの心事に一点の私曲なく唯誠意を以て満ち満ちたると、彼の強き意志とに在り」とその死の重さをみとめたが、一方その死を惜しむのは「彼が今一歩思想を進めたらんには、死せずして大に知る所ある可《べ》かりしにと云う点に在り、又余は彼の死を非難すと雖も、其の非難は何故に信仰に入らざりしかと、信仰を無視したる点に在り」と述べた。ここで信仰といっているのは、汎神論としての心的一元論（モニズム）という意味の信仰であって、神仏信仰とは違うようである。

涙香は、「萬有は不可解なり」というのは二元論的な不健全なる思想であるという。即ち「宇宙は何処までも解釈の出来る如く作られて有れども知識が及び得ざる故、此の知識の程度を以《もっ》ては解す可からず」ということであって、「不可解とは宇宙其物を指すに非ず、人間の知識を指すなり」として、「『二二が四』的の此の数理の外に『二二が五』と為る如き理外の境もあるが如くに思ひ、宇宙を両分して、『可解的』と『不可解的』との二と為したる」のは二元論であるという。さらに「解す可き自然の外に、解す可からざる不自然ありとして、其の不自然を信ずるは暗き信仰なり、解す可き『自然』の普遍徹底を認め自然の範囲に験し得る道理を信ずるは明かなる信仰なり、二元時代の信仰は前者にして、一元時代の信仰は後者なり、真の信仰なり」ともいう。そして最後に、現在は二元的の暗い信仰から一元的の光明ある信仰への過渡の時代であるから「藤村操は時代に殉じたる者なり、彼に罪なし、時代に罪あり、此意味に於て彼をば得難かる死者の一に数ふるも不可なかる可きなり」と結んでいる。

右の一元論、二元論というのは難解なものであるが、涙香は『天人論』で物心一如、汎神論の心的一元論を主張している。[96] 彼は「一元論は物質の皆活けるを唱ふるなり」とし、「人は即ち物質の末にして物質は人の本なり、末が活動ならば基本も活動ならざる可からず、一概に物質を死物と云ふは真理に非ざるなり」という。[97] 即ち、物質はその実態は生命力、即ち心霊であるから、同じ心霊としての人間が物質の海たる宇宙を解すべき道理はあるとするものである。

魚住が「宇宙は原子分子の偶然の集散」だと愁嘆したが、涙香はその原子分子（物質）は生命であり、心霊であるとし、別のところで「物質の心は人の心の如く高尚なるに非ず、心たる本来に於て同一なるも其の発顕の程度に於て相違あり」といっているように、[98] それは藤村らの自己存在の無＝死に慰安を与えてくれる説明とはなりえないであろう。涙香は「万有の真相」の「不可解」を考察したが、その根底にある藤村らの人生の煩悶の考察には進まなかったのである。したがって、藤村が『天人論』を読んでも救われることはなかったであろう。

涙香と同様、華厳学人天尊も「懐疑と信仰」と題して藤村を評価する所見を述べた。[99]「巌頭之感」について、「文簡潔にして、旨高妙、蓋《けだ》し古の聖者霊均《れいきん》氏の離騒経に勝る萬萬《ばんばん》なるを見る」とし、「古今来哲学考究の為に、遂に、悶絶して死を敢てしたるものは、唯可憐《かれん》の少年藤村操氏あるのみ」と評価した。ただ、こうした悲惨な死は懐疑哲学の罪であるとして、華厳経の信仰の必要性を訴えた。

また浩々歌客子も「生者は須らく生者一切の為に一切此生より去る死者の死として善死たらしむべきなり」「従来、空莫無用の如く一般に思意し学術に冷淡なりし社会をして、哲学が一個人生の運命と交渉の緊密なることを証せること是なり」と好意を示した。[100]

夏目漱石は『草枕』（明治三九年九月）のなかで、芝居気があると人の行為を笑う事について、藤村操を引き合いにだしている。

彼の青年は美の一字の為めに捨つべからざる命を捨てたるものと思ふ。死其物は洵《まこと》に壮烈である。只《ただ》其死を促がす動機に至っては解し難い。去れども死其物の壮烈をだに躰し得ざるものが、如何にして藤村の所作を嗤《わら》ひ得べき。

漱石は、藤村の行為を笑う人達が、壮烈の最後を遂げた情趣を味わい得ざるが故に人格として劣等であるから藤村を笑う権利はないとしている。漱石は英国留学のあと、一高で英語講師として藤村らを教えていて、丁度この事件に出くわしたので、藤村の行為を〝芝居気〟として笑う世潮に反論したものとみられる。[101]

桑木厳翼《げんよく》もまた一高教授として藤村を教えた一人であった。桑木はカント哲学の移植に貢献し、近代認知論を展開した哲学者であった。藤村はこの桑木のもとを数回おとずれ哲学への疑惑をぶつけている（G参照）。したがって桑木は、漱石以上に藤村をよく知っており、以下のような弔文を出している。[102]

藤村は人生に全く意義なきを悟り死を選んだが、しかし「人生意義なきが如くにして自ら一種の妙味あり。必しも赤子の愚に帰るを要せず、必しも冷眼達観を擬するを須ゐず、必しも大悟《たいご》徹底を強ゆるに及ばず、煩悶疑惑の中、或は倫常に依り、或は事業に依り、或は研究に依り、自から安慰開悟の道を得ざるにあらず。若夫《もしそ》れ美術文学宗教哲学の類、未だ悉さゞる所ありと雖も各皆此問題を闡明《せんめい》するに資すべきなり」として、常識的で穏健な意見を述べ、藤村はどうしてこの事理に通じなかったのかとした。そして、藤村の絶望は「最も信頼せる研究と哲学の効力を疑ふ」ことによって、その拠るべき所を失ってしまった。こうした藤村の性急な断案を悲しむ。「然れども君の死は学徒と社会に向ひて寂寥《せきりょう》を醫するに努むべきことを促すものにあらずや。余は実に之に依りて偉大の教訓を感ぜざるを得ざるなり」とその死の意義をみとめた。

以上、藤村の自殺そのものは是認していないものの、その死を評価する、意義あるものと認める論説をみてきた。そこで次には藤村の行為を非難する論説をみてみよう。

（2）

表裏洞観生は、「少年教育の上より見たる華厳の瀑」と題し、「近頃藤村操といふ少年が未熟な頭で宇宙を観じ、不可解と自棄して」と切りだし、「ただ独り藤村操のみが八釜《やかま》しく持て囃《はや》されて」他の青少年の自殺が無視されているのは奇怪であると憤慨する。[103] しかして「藤村の死は人生問題に煩悶した結果であって、他は痴情とか借金とかのためであるという点が、即ち両者の貴いと貴くないと別れる点であ」ろうが、「成程人生を不可解と感じたのは、まアよいとして、さて死はよくこの不可解を解き呉れるものなりや否やに想到することをさへなし得ざりしが如きは、その浅薄幼稚なること、失恋の結果この世を厭ふべしと観じ、若くは債鬼の可責にへこたれて、この世を憂しと観じたる、彼の益田某、京商人某の人生観と相距る幾許《いくばく》ぞ」「彼比等しく人生問題に煩悶したるの結果なり」という。

右の論旨には、世間が藤村の死を持て囃すのは少年教育の上からも社会風教の上からいっても、甚だよろしくないという結論が基調にあるが、その理由としては藤村の行為の「浅薄幼稚」さが指摘され、他の青少年との自殺（失恋、借金ゆえの）と対比され、どちらも人生に煩悶した結果であって、両者を区別する理由はないとするものである。[104]

これと似たような見解は、評論家・英文学者長谷川天渓の「人生問題の研究と自殺」にもみられる。[105] 天渓は、人生問題の為の死が尊く、失恋・負債などの死が顧みられないことを問題として「人生問題の為に自殺するは、果して称讃すべき価値ありや否や」と反問する。

> 人生問題の為に自殺せる者は、何程を原因とせるものなりやと問はば、予輩敢て言ふ、彼等亦個性欲望の満足を得ざるが故に寂滅を追求したる者に外ならず、即ち彼等は個人性発展主義を奉じて失敗せる者なり。個人性発展主義、即ち本能満足主義は、ロマンチシズムが一面の潮流なり。彼等一派はこれを以て人生問題の解答として、個人の本性に随って幸福を求め、快楽を得んとす（傍点、筆者）

こうした個人性発展主義（本能満足主義）[106]の立場にたてば、「人生の解釈を自由とするも、恋愛とするも、金銭とするも、其の間には何等の高下優劣を画すべからざるは個性発展論」であるから、人生問題としての自殺も物質上の自殺も区別はなくなる。こうして天渓は「人生は不可解なりと論断して自殺する者は、無意識の間に自己を無上の力あるものと仮定」するもので、「他の自我の性質と活動とを顧ざるが故に、終に自殺を以て唯一無上の求楽手段とす。嗚呼《ああ》、浅見も亦甚しからずや」と藤村の行為を批判することになるのである。

右の問題をもう少し学術論文的にして、自殺の種類を分析し、その是非を論じたのが坪内雄蔵（逍遥）の「自殺是非」である。[107]

逍遥は、自殺をすべて非とするのでなく、（1）克己力（自立特行の意志剛強）ある、（2）忠恕《ちゅうじょ》の心（他人のため、人類の為という情念）ある、（3）至誠ある所の積極的自殺は是認せられるという。しかし、精神上、理性上の苦悶に起因する底の自殺（厭世の自殺、宗教・哲学・芸術等に関する煩悶にもとづく自殺など）は「自家一身の利害たるに止る以上は」貧苦、失恋、失敗の自殺と変わるところはない。即ち、いくら高尚げに思惟せられても、それは「利己的動機にいづるもの」であって、「衆生済度《しゅじょうさいど》又は忠恕献身の意堅実且つ剛毅ならざる限りは、此の種の苦悶は人類全体に何の関係なきこと明かなり」という。また人生問題に関する苦悶は「究理欲を遂げ得ざるの苦悶」であって、「此の種の苦悶を以て人間の最大苦痛と見做せるは独断ならずや。人間の最大苦悶はむしろ広く求テ不レ得の苦悶（例えば、求婚・立身・富貴・名誉・権力・達観・安心を得られざる苦悶――筆者）なり」とする。

逍遥がこうした道学者流の論文をだした背景には「彼の妄《みだり》に自殺者を天才視し、其の死を證悟の死なるが如くに讃美し、剰《あまつさ》へ彼れをして死なしめしは主として社会の罪なり、時勢の然らしむる所なりと唱ふる人々の如きは、さなきだに依頼心の盛んなる今の多数の青年輩をして益々自責の勇薄からしめ、妄に世を怨み他を咎めて自ら省み自ら治むるの心要を忘れしむるものにあらざるなきを得んや」という当時の青少年に対する心配、危機感があった。なお、逍遥は、「人生の帰趨《きすう》に関する疑」というようなものは「活人生を離れて単に読書と瞑想とによりて解決せんと試みたる、恐らく先づ一大誤謬なるべきを、まして其読書を或は科学、或は哲学、或は文学の雑著に限りて咄嗟《とっさ》證悟する所あらんとするや、其の自ら欺けるの太しき真に憫《あわれ》むべきかな」（傍点、筆者）として、読書による人生問題の解決はナンセンスであると述べている（但し、藤村が人生問題を読書と瞑想によって解決しようとしたとみるのは当たっていない）。

この〝読書〟ということについていえば、明治三六年に二八歳であった評論家・ジャーナリスト長谷川如是閑《にょぜかん》は、「茫漠たる懐疑性に包まれて低迷する」青年を「読書中毒」と片づけてしまい、自分はそうならないためにむしろ古典ものを読んだという。[108] そして、「巌頭之感」をほとんど暗誦できるまで読んで、藤村操を哀れに思ったが、彼は痩せ我慢が足りないために敗北した、その痩せ我慢できない弱体を招いたのは「読書菌」の所為だと独断していたと回想（反省）している。

さて、厳しい非難を展開した一人に踏青海人子がいた。[109] 藤村は真面目な哲学研究者でない、一八歳の青年がわずか数年の研究で宇宙の真理本体の究明をなしうるとするのは愚かなことであって、「学問はすべて常識以上ならざるべからず、然るに常識を有せず況んや哲学研究の資格をや。彼が如き意志薄弱の輩は其思ふままに死せしめよ」、まして「その慈母兄弟盟友親族の悲歎の涙にくれるのをみれば、死者の面上に唾するを禁ずる能わず」「人間斯る不道徳を行ひてまでも哲学問題を解決せざるべからざる理由何処にある。世界は斯の如き輩に幽玄を闡明し神秘を解決して貰はねばならぬ程の馬鹿げたものにあらず」「樹令を白くして文を書いたのは稚態でこっけいである」と手厳しい。そして、自分がこういうのも決して藤村の過《とが》を責めんとするものでなく、青年が哲学の研究の途につくの危険を恐れ、哲学の価値に論到するのを防がんとするからであるという。

このような感情にながれた手厳しい非難は、藤村の自殺が世間の青少年に与える影響といったものを過大視し、その悪影響を恐れているところからくる反応であることがわかる。確かに青少年の自殺は大きな社会問題となってきている。[110] 藤村操以後の華厳の滝での自殺者が六名におよんだことで、藤村操に対する見方、青少年一般に対する見方もきびしくなる。『時事新報』が載せている統計によると、藤村操の投身より明治四〇年八月までで、未遂（途中中止も含む）既遂あわせて一八五名にのぼり、そのうち投身者は四〇名になるという。(111)

『東京朝日新聞』（明治三六年七月五日）は「又も華厳滝の投身者（藤村操の死体出づ）(112)」ということで以下のように述べている。

まず青年一般について。

青年の気風柔惰に流れ一見肺病患者の如き面貌を為して苦労力行の勇気に乏しき者或は半可のハイカラ風を学びて遊食惰眠する少年の常に口するところそも何ぞ、曰く人生観と、嗚呼《あゝ》彼等黄口《こうこう》の乳児何ぞ恋の神聖を知り人世の真相を看破するの能力あらんや。（傍点、筆者）

藤村操に関して。

さきに生意気なる学生藤村操華厳瀑上の巌頭に寝言を遺して一躍数十丈の瀧壺に無比の軽業を演じ世の似非詩人等に祭り上げられて小哲学者の名を得たるより忽ち天下の放蕩児をして都合よき口実と都合よき死場所とをもとめ（中略）世人を驚かしむころ既に六度に及びぬ。（傍点、筆者）

世間一般への悪影響を配慮するあまり、藤村操の方への考察はおろそかになり、紋切型の青少年、藤村への批判になっている。

吉田雛羊は「藤村君の詩的最後について」で、藤村操のあと「墳墓に最上の甘さを夢みて彼の跡に似せ（中略）帝国が貴き生命有為の材を失う」もの既に五名、未遂二名で、これらの「自殺唯楽主義の信徒」は「人生の価値を認識せざりし結果、感情の奴隷となりしもの」であるとして、藤村の自殺について以下のように述べている。(113)

彼の宇宙の一角を流水の如く走りたる藤村君の死は、其失恋の結果なるに於て如何に詩的ならずや。彼の死は実に弱き詩人の死として吾人に美感を与ふ。然れども其故に彼の死を讃美すべからず。涙に咽ぶべく可憐なれども理性の判断は之を非とす。彼の不健なる半可通の思想家が好箇《こうこ》の少年哲学者を失へり、彼こそ真個《しんこ》の日本の哲学者なりしならぬと破鐘を撞《つ》きしに至りては滑稽の骨頂なり。失恋のために「人生不可解」てふ哲学的文字を使用して、流水に救を求む、何ぞ哲学者ならんや。仮《も》し失恋の為たらずとするも懐疑煩悶のために自殺するが如きは全然詩人的なり、而《し》かも弱き詩人的最後なり。活ける歴史は多くの賢哲が人生問題に煩悶を記す。而かも之《これ》がために自殺したるものあるを聞かず。哲学研究の目的を有するが故に必ずしも哲学者にあらず。況《いわ》んや「人生不可解」と早合点するが如き感情的なる藤村君の如きは決して哲学者たるに適せず。（傍点、筆者）

ここでは失恋投身説が出てきて、それが世間の藤村＝哲学者讃美への反論となっている。

こうして、青少年に対する忠告、処世術、教育的配慮などがいろいろな形で登場してくる。

寸耿子《すんこうし》は「不健全なる思想」と題して持論を展開している。[114]

今の青少年は動《やや》もすれば人生を不健全に解釈しようとする。例えば、二二が四というのは明白なる思想であるが、これを疑いてどうして二二が四になるのか、或は一は一なりというのは明白なのになぜ一が一であるのかという「定限」をこえた解釈をする。「人生」に解釈法なしという人はこうした類の考え方をする。しかし、平易な事実を基礎にして推及していく時、人生も宇宙も今日の知識論（エピステモロジー）で解釈を手に入れることができるようになる。したがって「今は疑ふ時に非ず、知る時なり、未だ知るを勉めずして猶ほ疑ふに溺る、是れ今の青年子弟の穉態《ちたい》」なりという。（傍点、筆者）

右の論は、近代に特徴的な形式論的、合理主義的な解釈であるが、これでは夾雑物を豊かに含んでいる人生といったものを切りすてろということにつながる。

また剣南子の「打月棒」は、右の寸耿子をとりあげ、「今は『知る時なり』に非ず、今は信ずる時なり、若《も》唯だ知を以て人生に処するとせんか挙レ世皆また彼の華厳瀑下の青年たらんのみ」（傍点、筆者）として「知識に敗れた青年」に対して「知」の無意味を主張した。[115]

一方、流水子は「人間問題」と題して、一種の不可知論を主張する。[116]

天地の雄大さに対して人間は蛆虫のように小さい。「太古より今に至るまで掛けられたる謎は素より容易《たやす》く解き得らるべき」でない。また青春の士は「若き心未だ社会を知らず、何ぞ能《よ》く人生を解せん、此時仮令《たとい》万巻を読破するも其の人生を不可解と云ふハ猶《なお》早計なり、針を上げて巨像を刺し、血出でずと云ふに類せり」といい、「人生ハ解すべからず、我今この感を為せども、願くは猶《なお》哲学と絶縁し、宗教に失望することなからん」と結ぶ。

こうした流水子の言は、かなり一般的な藤村もふくめた青少年への批判論である。

自然科学者の丘浅次郎は、進化論の立場をもとに誇大狂を問題にする。[117]

哲学というものは、「わずか三斤ばかりの、しかもなお進化の途中にあるところの自己の脳髄の働きのみによって宇宙万物を解釈しつくそうとつとめるのであるから、誇大狂の中でもずいぶんはなはだしいほうである」といい、藤村操の死も誇大狂の極端に達したるものであるという。そして、誇大狂を脱して「実験科学上確定した事実に基づき公平な眼をもって人類を観察し、その結果を利用して世を益する方法を工夫してもらいたい」と自己の学問的立場を説明する。また別のところで、従来の哲学・倫理学などは「経験に重きをおかず、もっぱら人間の持って生まれた推理力のみによって、先から先へと理を推してすすむ方法」であるが、自然科学は「経験と矛盾せぬ範囲においてのみ推理の結論を承認する」とその相違を説明し、「脳髄の進化しきたったものなることを知ってみると、人間の推理力でどこまでも絶対に信頼することはできなくなる」「実際我々の知識と称するところのものは、薄暗い提灯《ちょうちん》のようなもので、ただ足元のまわりをわずかだけ照らし大怪我なしに前へ歩くことのできるに足りるだけのものである」と述べている。(118)

右の論で、人間の知力の限定を主張するのはよいとして、ただ人間の知力を経験主義の中に押し込めようとしているようにもみえる。丘の自然科学者としての方法論はわかるが、哲学や倫理の研究を自然科学の方法論で規定しようとしているように思える。いわば、明治維新後の啓蒙期に主動的な役割を果したダーウィン・スペンサー流の進化論思想では、明治三〇年代の青年達の精神の奥深いところまでは解きあかすことができなくなってきているところに問題がある。

さて、若者（学生）への苦言、忠告、処世術といったものを展開した論をもう少しみておこう。『時事新報』は社説「学生の自殺について」を掲載している。(119)

当人の神経薄弱にして勇気の乏しきを示すものにして甚だ感心せざるのみならず、第二の国民たる可き学生社会一般に是程の人物少なからずとあらんには国家の為にも容易ならざる次第にあれば、教育の任に当るものはよくよくその原因を研究して矯正《きょうせい》の工夫肝要なるべし。

その結果、體《（体）》育の奨励をあげる。

井上哲次郎は「青年の悲観的精神に就て」で、神経衰弱・絶望・厭世のような悲観的精神を有するに至るのは衛生上の注意不足によるもので、「殊に淫欲などに対する摂養（テンペランス）の用意が必要である」という。(120) また加藤広之は「少くとも大学生か、或は其れと同等の知識を有するものならざるよりは、哲学は決して之を学ぶ可きで無い。高等学校或は中学程度の青年にあっては哲学を将来に於て学ぶ可き準備、或は予備としての哲学史の講究位に止む可きで、決して其以上に赴く可きで無い」と述べ、人生の煩悶が哲学書を読むところから起こるとする逆立ちした議論を展開している。(121) 加藤はまた藤村の自殺について以下のように述べている。

彼は唯だ学ぶと云ふ事をのみ専にせずして、これを消化せんとした、即ち其れに付て兎角《とかく》の判断を下さんと思いを悩ました結果、遂に人生を不可解と断じたのである。然《しか》し乍《なが》ら、これは甚だ生意気な話で、此宇宙此人生古来幾多の哲人が涙を揮《ふる》ひ血を灑《そそ》いでの研究も而も充分の解釈を得なかったものが（中略）況《いわん》や十七や十八歳の少年が僅《わず》かばかり研究をして、其で早くも人生は不可解と断じて、あたら有為の身を自ら殺す杯とは、実に寧《むし》ろ生意気、否狂気の沙汰たるを免れ得ない。これを詮《せん》ずる所あまり若い者が哲学などを学ぶ弊害なのである。

こうした加藤の見方は当時よくみられたものであるが、これを哲学を学ぶ弊害だといったのは、国家教育主義者らしい発言である。

一方、徳富蘇峰は「活動」と題して、青少年に対して処世術（人生観）を展開している。(122) 「愁は風雨の如く些細《ささい》の隙間《すきま》より漏れ来る」もので、次第に思い込んで自殺するの外なくなるようになる。これを防ぐ道は「人の一生をして活動より活動に進ましめ、其の来り侵かすの虚隙《きょげき》なからしむるより善きはなし」、即ち「回転する石に苔生ぜず、活動する身心には窮愁来らず」という。

また孤島氏のように「人生幾多の憂愁あり、人誰か煩ひなからん、吾等ハたゞ之を忘るゝのみ（中略）然かも人ハ遂に此くの如く忘れ、此の如く紛れて、永へに此の疑問の閃《ひらめ》きに背かざるべからず乎」とあっさりした人生観を述べるものもあった。(123) また半山子も、経世経国の眼を以て藤村の死をみると、不健全な思想であること、「願はくは人は人たれよ、直ちに人以下ならんと求むる勿れ、又戒めて動物の群に陥る勿れ、是れ我が平生の規箴《きしん》なり」と自己の信念を披瀝している。(124)

これらに対して内村鑑三の「人生問題解決の方法」はきわめて積極的で内村らしい、確信にみちた青少年への苦言とうけとれる。(125)

人生は謎でない、故に是は書を読んだり、或は頭脳で考へたりして判るものでない。人生は事実であるから、之を判らふと欲へば之を実行《おこな》はなければならない、実行に由らずして、ホレーショの哲学や、ニーチェ、ショッペンハウエルの著書に由って之を解釈せんとするからこそ、失望落胆に終るのである。人生は不可解と言ふか、然り、幾何学の問題を解するやうに人生を解することは出来ない。然し人の心を解するやうに之を解することができる。爾《そ》うして人の心を解する唯一の方法は人を愛するにある、其人を愛するに非ざれば其人を解することは出来ない。人生を愛せざるものが人生を解し得やう筈はない、失望者よ、失恋者よ、厭世家よ、汝の脳中の煩悶を廃めて、渡良川河沿岸に或は東北飢饉の地に無辜の民を見舞ひ見よ、行て彼等に同情の冷水一杯を与へ見よ、彼等が汝に呈する感謝の辞の中に汝が大哲学者の書に於て獲ること能《あた》はざる深き人生の真理を発見するを得ん、国に四千万の民の薩長政府にて古今未曽有の偽善政府の下に苦みつつあるにあらずや、汝は何を択んで飛瀑の下に、或は静池の底に汝の生命を沈めんとはするぞ、同一の生命を人類のために消費し見よ、人生の快楽は其時に汝の心の中に生じ来り、汝は永遠に生んことを欲して、暫時《ざんじ》たりとも死なんことを欲せざるに至らん。（傍点、筆者）

内村の苦言は、自己の信念を確信をもって述べたもので、(126)こうした苦言ならば、それは青年たちになんらかの人生の指針を与えることになろう。蘇峰・孤島氏・半山子の発言も自己の人生観を述べたものであろうが、処世術的な臭みがする。傍点の「静池の底に汝の生命を沈めん」とあるのは、帝国大学文科大学生村岡美麻（三六歳）が牛込区矢来町の矢来倶楽部の大池に投身した事件(127)（明治三六年六月九日家出）をさしている。美麻の父は漢学者村岡良弼《りょうひつ》であった。この事件にも女性がからんでいる節がある。

以上、長々とその反応ぶりについてみてきたが、それらはほとんど藤村操の死を「思想のための自殺」「人生不可解」の自殺、「哲学的な死」と規定したところから議論が出発している。そして其の議論の基底にあるのは「巌頭之感」の美文である。しかし問題は、そうした規定の是非ではなく、藤村や当時の青年達の煩悶を内在的に検討してみることであろう。以下ではそうした視点に近づく意味でも当時の一高生の反応をみてみよう。

4　藤村操と明治の青春

（1）

藤村の友人は、同じように煩悶・懐疑・悲哀を内に蔵していたから、一様にその死にショックをうけ、死におくれの自己を恥じている。

その頃、常に人生問題に悩み、同級生から自殺の恐れありとみられていた岩波茂雄は「事実藤村君は先駆者としてその華厳の最後は我々憧れの目標であった。巌頭之感は今でも忘れないが、当時これを読んで涕泣《ていきゅう》したこと幾度であったか知れない。（中略）死以外に安住の世界がないことを知りながらも自殺しないのは真面目さが足りないからである、勇気が足りないからである」（傍点、筆者）と考えていたと回想している。[128]

安倍能成は「私は藤村の死によって何かぢっとして居られぬやうな思ひを迫られた。それをもう少し具体的にいふとこんなにグヅグヅ生きて居ていゝのか。真面目なものなら、ひと思ひに思い切って死ぬのがほんたうではないかという声に絶えず追ひかけられるようになった」（傍点、筆者）と回想している。[129]

安倍はまた藤村の一周忌に「我友を憶ふ」という美文調の追悼記を一高の『校友会雑誌』に寄せている。[130]その文には当時の安倍の青年らしい感情が吐露されているが、そこでは、藤村に対する「薄志弱行」「驕慢」「不幸の子」「自暴自棄」

という世間の非難に対して「滔々《とうとう》たる世間は君が至誠を知らず、いかでか君を知らんや（中略）君や誠に至誠の要求を欺きてそを黙せしむる能はざりき。死を恐れて偸安《とうあん》と姑息《こそく》とを事とする能はざりき」（傍点、筆者）と至誠に殉じた友を弁護している。また「死するが為めの生にあらず」とする非難に対して、「されば死をはなれて何処に生ありや。よく死することは即よく生くるの意にあらざるか、もし死を賭《と》して求むるものだになくば人生畢境《ひっきょう》何の価値ある」として、「煩悶あるは即ち解脱ある所以、懐疑あるは即信仰ある所以」を世間は果して解しているのだろうかと逆襲する。さらに「今の世巧慧《こうえ》の人は多し、徹底許らざるの人は少し」とし、藤村に於て「徹底透明の人格を見る」ともいっている。こうして最後に自分の生涯は「偽に充ちたる我が生涯かな。幼少虚名を郷党に得てより、我れ歌はんが為に歌はずして、賞められんが為に歌ふあざむきの心を得たり。この心我に禍せしこと幾何《いくばく》ぞ。我れは眼を外にのみ注ぎぬ」と反省し、「あ、願はくは、偽らざるを以て心とせん」と結んでいる。

魚住影雄は、教養左派と位置づけられ、石川啄木と接点をもつ人物であるとされているが、彼は以下のように述べている。[131]

然しあの「巌頭之感」はいかばかり僕の心を拊《う》ったであろう。僕の曩日《のうじつ》の苦情は藤村君の外に知りうるものなく、藤村君の死んだ心は僕の外に察しうるものはないという様な気がした。又藤村君は至誠に真摯であったから死に、僕は真面目が足りなかったから自殺し得なんだのだと思った。こまかい事はわからぬが、僕は藤村君の煩悶と僕の煩悶とは甚だ似ていたものだと思ふ心は今もかはらない。羨《うらやま》しき藤村君の死は僕をして慟哭《どうこく》せしめ悶絶せしめた。僕は生れて以来藤村君の死ほどの悲痛を感じたことはない。僕は死を求めて得ざるに身を倒して泣いた。（傍点、筆者）

また藤村の一周忌にあたって書いた「自殺論」は、世間の藤村や青年に対する非難に答え、併せて自己の思想を展開

したものである。(132)

まず、「吾人は経験の壘《とりで》に隠れて理想を棄つる者多きを悲しむ」として、経験主義を強調する論者を批判する。そして「人の煩悶を笑って外聞を憚ることを教へ、他日に延期せんことを勧めて只管《ひたすら》に処世の法を授けんとす」る徒に対して、「此徒何《いづく》んぞ全人的要素の懊悩《おうのう》を解せんや、人生の至高価値を弁ぜんや、充実の生活を知らんや、『永久』の姿は煩悶に在り、『無限』の面影は懊悩にあり。（中略）現在に於て現在を解するに他人の教訓何の価値あらんや。今年今日今時今秒に於て自己の生存の意義を解せんと欲す」と反論する。

また「君国のために貴重すべき身を以て下情私情の奴隷となせり」との非難に対して、「追従と雷同以外の生活を為さんと欲する者は断じて事実のために事実を是認せざる也。則ち理念を有する也。要求を有する也。此理想・要求偶々《たまたま》他人の趣味と合せず、他人の標準と一なり能はざらんも我においては止むなし。我の趣味我の標準を以て我の満足をなすに超す所の幸はあらず。此意義に於て我等私情の奴隷たり。私情の奴隷たることを甘受するの外に復《また》人生の意義を求むるの道を知らざる也」という。

右の君国の問題は、家（父母）への不幸という意味もふくんで国家道徳（風教）にふれてくる問題であった。魚住の筆は激烈を加える。

其前（自家の理想・要求――筆者）に君国何かあらん。親と兄弟と朋友と何かあらん。我れ豈《あに》父母に乞ひて生れ来らんや。君国に誓ひて生れ来らんや。君国の恩は我等が無垢《むく》の児心に小学校教員が刻み込みたる迷信に非ずや。此迷信を脱却して自家本然の純なる中心の聲《こえ》を聞かんがために要せし苦心はそも幾何なりけん。人道の盛大と人物の尊重とは乞ふ我れの此天地の意義あるを認めたる後に聞かん（中略）つらつら観ずるに我や母胎を出づるに先立ちて道徳の実行を約したことあるを記憶せざる也。豈加之《あにしかのみならず》ならんや。よし一億年の昔に溯るとも我や生れんことをすら希《こいねが》ひたることあらざる也。誰か猶《なお》君父母名を傭《やと》ひ来って死の一念を飜《ひるがえ》さしめんとするや。

右の文章は学校当局より問題在りとして墨で消された部分である。ここまでくると、藤村の死を離れて魚住の思想問題になってくるのであるが、魚住の主張の背景には自己（個）＝自由と尊厳を押しつぶそうとする大きな国家社会の存在があることが認識されており、それが煩悶の一つであることが注意されなくてはならない。

人の尊厳は其自主自由にして外物の支配を受けざるにありと悟らずや。借問す、風教とは抑《そもそ》も何の謂《いい》ぞや。之れ今日の国家社会の所謂輿論《よろん》なるものが定むる所の所謂安寧利益なるものに阿附する死法なるか。（中略）今日の国家と社会とは過去の歴史が伝へ来りし政治組織の一形式のみ。其形式は吾人の預り知る所に非ず。或は之に不同意を表し或は之を随意に改善するは現代後人の特権に非ずや。歴史的伝承の旧物を否定せずして新天新地を開拓せしもの古来幾人かある。先づ仮定を棄てよ。仮定は時代と周囲が与ふる妄想なり。宗教を斥け、道徳を排し、人格を忘れ智識を棄つるに非ずんば遂に真相を徹見する能はず。（中略）伝説と習慣とが教わる彼の忠と孝と信と義と、これ等人為の空名は忘るゝを得べし。

右の既成の国家社会に対する批判は、手紙のなかでも語られている。(133)

此国を清くすることは支那朝鮮をも救ふことです。此豆粒な島国のみが我国ではありません。人として生れたからには世界人類と関係あることを忘れてはなりません。人は一君主の奴隷ではありません。子は父母の器機ではありません。妻は夫の玩弄物《がんろうぶつ》ではありません。人格品性は人の装飾品ではありません。人は神の子で真理に従ひ善につき良心に従ふ自由をもって居ります。天子と雖も人に悪を強いることは出来ません。人は神に従ふべきものです。

信仰、神＝絶対者といったものがあって、国家や君主（天皇）が相対化されている。

親友藤原正は、藤村の死を回想して、「あたかも新時代の到来を告ぐる鐘のやうに日本中にひゞきわたった」と述べているが、(134) その意味するところは「明治以来三十有余年、人々はやうやく皮相なる外側の文明の奔走に倦《う》みて、不識のうちに更に深き生活を求めつつあったのである。而してこの暗黙の要求がたまたま一少年の絶叫において思はぬ代言を見いだしたのである」という。この藤原の指摘は、藤村の自殺を時代とのかかわりで考えている。

藤原もまたその死にショックをうけ「人に接すること最も堪へ難く、毎日寄宿の寝室に終日籠り居」た。そして藤村の死を以下のように考えている。(135)

終始君が脳裡に往来せるは、宇宙人生其の物に対する疑團《ぎだん》にして、君が脳中の煩悶も亦実に絶対相対の争闘に外ならざりしなり。（中略）苦悶は日々に加はり、闘争漸く烈しく、自己を投じて絶対に帰入するか、絶対を捲いて自己に帰入せしむるに非ずは到底君の堪へ得ざる所。相対変転の郷は決して君が永遠の住家には非ざるなり。（中略）茲《ここ》に於てか一切を否定して常住不変唯一絶対の境に入る、狭き死の一途あるのみ。

また藤村の性格を追憶して以下のように述べる。

君は真摯《しんし》の人なりき。理想の人なりき。勢利功名は君の鄙視《ひし》して止まざる所、苟且《こうしょ》安を偸《ぬす》み、身を俗流に投じて汶々者流と群をなし、方便主義に齷齪《あくせく》せんは到底君の堪え得ざる所、不羈《ふき》自由、独立独歩は君の理想にして、また君自身にてありしなり。

一方藤原自身は「悶えながらも、吾人の生息するは単に死する能はざるが為のみ」「不可解の為に藤村は死んだ。不可解のために僕は死ねない。安じて生くることの出来ない僕は安じて死ぬることも出来ない。何れも曖昧で真相などは何処にあるやら、益々疑問は深くなるばかりである。深夜一人で考えて居ると、自分が一番怪しくなって来る。（中略）現実は勿論いやだ。理屈も面白くないので此頃座禅の真似を始めた」という精神状態であった。

さらに世間の藤村操に対する「罵詈非難の声」に対して非常に憤慨して反論を述べる。

人生問題とは人生問題なり。哲学の問題に非ず。文学の問題に非ず。赤裸々の人生に面接して起る吾人の問題これ人生問題なり。人間本来の非哀に触れて悶え、苦しみ、これが得脱の方を求むる、これ人生問題なり。（中略）されど我等が人生問題とは、自ら好んで仮設の問題を提供せるに非ず、洵《まこと》に止む得ざるに出たるものにて、全く我の必然的要求に候へば、其解釈の如何は全く生死の関する所、轉輾《てんてん》憂悶、色身を賭《と》して戦ふは全く此故に候。智識を満たさんと欲するのみの哲学問題にも非ず。欲求を満たさんと欲するのみの激昂《げっこう》せる感想の問題にもあらず。人間本来の全人的要求の発露せるものに御座候へば、一切の仮定を捨て丶絶対安立の盤石を得るに非ずんば取るべきの道は只死あるのみに候。（傍点、筆者）

青年らしい思いこみがあるにしても、人生問題ということが単に思想や学問のレベルで問題にされているのでなく、生死の境に立った全存在を賭けた戦いとしてあったということである。

また魚住とは違った角度からであるが、藤原も国家的道徳を問題にしている。

仁義・忠孝・社会の義務等国より所世の要針、されどこれ生を欲して世に所せんと欲するものに始めて価値あり、一切を否定せる自殺者に取て、自ら否定せる無限法界の粟粒にも似たらむ人生の一小部分を構成する国民社会の道徳倫理、実にゼロの価をも有せざるにて候。倫理と道徳と所世の方針とは、請《こ》ふ人生生存の価値を認めたる後に聴かむとは自殺者の心事ならむと信じ候。

岩波、安倍、魚住、藤原らの友人は、いづれも自殺しない自己を真面目さが足りないとして、藤村の誠実さに対比して恥じている。こうした点は、偽善を嫌う、純粋さや誠実さを求める青年にとって大切な資質であるが、それだけに彼等にとって世間の藤村非難は耐えられないものとなる。同じような煩悶をもつもの同志として、同じ土俵の内にいるという彼等の連帯感があって、それが負債感となって彼等を死に駆りたてようとする。そうした負債感の切実さは土俵の外にいる者には理解できないであろう。

なお一高では一学年上級であった阿部次郎もまた強いショックをうけた。彼は明治三六年五月廿六日の日記に「藤村は華厳滝に投じて死せり。萬事夢の如く、此の三四日は唯悲哀と追憶の中に暮す。如何に其死に様は美はしくして欠点なきよ、如何に其死因の瞑想的にして汚れなきよ（中略）此の五日何も読まず何もせず」と記した。(136) 阿部もまた安倍や岩波らと同じグループの一人であった。

木下杢太郎（本名太田正雄）は、明治三六年九月に一高に入学しているが、三部（医学）であったため藤村を見識っていないし、安倍、岩波、魚住、藤原、阿部などとも面識は無かったと思われるが、彼の青春もまた彼等と同じであった。木下は、職業を医者と決めていたが、一方絵画と文芸にあこがれる青年であった。日記を読むと、医学と文芸・絵画との選択で悩み、そこに人生の懐疑が加わって、きわめて不安定な精神状態に終始していたことが窺われる。したがって、彼の藤村のとらえ方も安倍らと類似している。

杢太郎の日記に「若し絶対に自ら欺かざらむを心掛けて哲学的研究をはじむる人あらば疑惑は其終りなり、若し解決を以て命とする人ならむには死は唯一の取る可きものなり、彼の藤村操を咎むる年老の碩学《せきがく》は自ら調停の上に立てるを忘却せるなり」「誰か完全なる眼を有し、完全なる耳を有するもの、若し一片誠心を保たむか、此世に悲観の外を得べきや。この種の人の眼よりは芸術も宗教も道徳も皆之《これ》小なる調停者のみ、藤村操の死を咎めし老いたる碩学の群れを知れりや、かれら調停の上に己が土台を置きしを忘れて案ずる人に過ぎざる也」とある。[137] 文意はやや難解であるが、ようするに年老の碩学者たちの藤村批判が真意をついていない、調停的な立場に終始していることを指摘したのである。阿部や魚住が老大家の対症療法的な処世術を意味ないものと否定したのと同様の立場である。

藤村より三つ年下（明治二二年生れ）の和辻哲郎も藤村の自殺に強いショックをうけた。[138] 和辻は、この事件を姫路中学校三年のとき新聞報道によって知ったのであるが、「あの『巌頭之感』という一文は忽《たちま》ちわたしの心に烙《や》きついてしまった」といい、「人生の意義についての反省を呼び起こしたのは、この藤村操の文章であった。わたしはその年の夏休に、毎晩のやうに涼み臺の上に寝轉んで空の星を眺めながらあの文章を思ひ出していた。不可解、煩悶といふ風な言葉が、くり返しくり返し意識の表面に浮んできた。春以来萌《きざ》してゐたあの不満の気持、現実への底の知れない不満の気持が、かうして人生の意義についての反省と結びついていったのである」と述べている。

和辻の場合、中学生ということもあって、安倍らと同等に論じられないのであるが、藤村事件が和辻の「不満の気持」に発火して人生問題へと発展していく方向性をもっていたことは注目すべきである。藤原正が藤村事件を「あたかも新時代の到来を告ぐる鐘のやうに日本中にひゞきわたった」と表現したのは、和辻の実例をみると当たっていると思われる。

ところが明治一五年生れで明治三五年九月に一高の三部（医学専科）に入学した斎藤茂吉の場合は違っている。[139]

斎藤は手紙のなかであるが、宇宙の真相に関しては古来より大哲学者が分らなかったのであるから、「分らざるが為めに生きて居て何の不都合がある」とし、貝原益軒の養生訓を引いて、限りある命をおしんで「楽みて月日を送るべし」「況んやうれい苦しみ怒りなどをして楽を失ふは愚なり」と自分の人生観を述べている。また、自分の未来は分からないが「明日からでも百姓になるを嫌はず候、只今は聖賢の話を誦《しょう》して自らなぐさめ居り候」と近況を伝え、自分は今は現金主義者であるともいっている。そこには、同じ一高三部であるが木下杢太郎とは大分ちがった人生観が窺われる。斎藤は「哲学を知らず又哲学の書も読まず」として山形中学時代の同級生であった藤原正から「動物党」といわれて憤慨したと記しており、一方藤原らを科学のわからない似而非《えせ》哲学者の卵と反発している。斎藤の場合、医学を志すということからくる人生観の特徴もあろうか。

一方、明治三三年九月に入学した鳩山一郎（明治一六年生れ）は、藤村操事件について当の本人も知らないし、また卒業試験の準備に夢中になっていて関心がむかなかったといっている。(140) 鳩山は「暖かい家庭がすぐ近くに在って三十分もたてば飛んで自宅に帰りつける学生の強みが」藤村事件を重大視する気がおこらなかった理由であると述べている。確かに前にみた木下杢太郎の例を考えると、そうした家庭の環境も青少年の煩悶に大きな作用を及ぼしていることはいえる。

鳩山や斎藤の例はあるにしても、時代は藤村や安倍らの青少年を生みだし、国家社会は彼らを問題視していたのである。

こうした青年らの心情に理解を示し、藤村の事件や青年の煩悶を時代との関連でとらえようとしたのは宗教学者の姉崎正治であった。(141)

姉崎はまず現代社会を次のようにみる。

　今の日本社会は窮屈な而も不秩序の社会で精神界は暗黒である、且又明治以後の教育といふ者は勉めて被教育者の「我れ」を形式の中に抑圧しようとして来た。

右の点をもう少し具体的にみると、氏は、①教育の形式化、則ち人心の束縛、②「人」でなく、「器械」を造ろうとする流行、③学科と試験のみで苦しめられる学校教育、④忠君愛国という道徳の形式化をあげ、一方社会の束縛に関して、とくに⑤男女の関係の不自由さ、即ち「青年男女の間の隔離が彼等の性情の天真自由の発露を防ぎ（中略）苦めしむる」ことなどを指摘している。

このような状態であるから、「天然の聲に耳を傾け得、自分の内の誠の『我れ』を求めようとする青年は、其自然の性情と今日の世態境遇の結果、どうしてもまじめに人生の問題を考へ、茲に一つの精神上の大問着を起すべきは自然の勢である」「教育や社会が青年に自由を与へないのが根本の毒である」。したがって、「青年の人生問題を単に物好きの知識渇求や或は活動の感情と思て、之を防止せんとするは」誤りである。「青年の苦悶は決して知識の問題でない。生活意志の問題である。巌頭の感は実に立派に此の To be or not to be の意志問題から湧き出た懐疑と其の懐疑の遂行動機とをいひ表しておるではないか。之を言葉でいひ表せばどうしても知識的にいひ表はさゞるを得ない。言葉は元来直覚的の者でないのであるから、然るに此言葉の表面だけに拘泥して巌頭の感の人生問題を単に知識の問題であろうかなどいふのは既に根本を誤ておる」（傍点、筆者）。即ち、藤村の自殺は「彼の苦悶を自由に発露せしめなかった為、即ち教育や社会の拘束圧制の為めに内の苦悶を強め、而して外からは此の決定解釈を翻へさせるだけの有力な慰藉《いしゃ》が来なかったからである」と述べている。おそらく右の姉崎の指摘は時代的社会的背景という意味では妥当であると思われる。というのは、藤村操事件以来、いよいよ青少年の問題は社会問題になっていくからである。こうして、明治三九年六月九日になって牧野伸顕文相の訓令がだされ、政府は昨今の時弊として三つをあげている。一つは、現青年子女が奢侈に流れ、或は空想に煩悶して処世の本務を閑却している、甚しきは放縦浮靡にして操行を紊乱している、第二には社会の一部が軽薄に流れ、青年子女が誘惑されている、即ち近時の発刊の文書・図書が急激の言論、厭世の思想、陋劣《ろうれつ》の情態を描きて教育上有害である、第三に極端なる社会主義を鼓吹するものが出没し、教員・生徒を誑惑せしめているというものである。[142]

この訓令をめぐっては議論もあって、[143]それはそれで一つの大きな問題となるのであるが、藤村操事件をはなれるのでここでは扱わない。

（2）

最後に出隆《いずたかし》の『哲学青年の手記』[144]に登場する森卓夫の事例から、その「煩悶」「悲哀」「懐疑」の様子をみてみよう。

森は、岡山県津山、明治二五（一八九二）年生れで倉田百三、芥川龍之介、菊池寛などと同年齢である。

森は養家の姓で、実家（本姓）は阿部であった。津山中学校を卒業したあと、岡山の第六高等学校の二部乙類（理科、農科、薬学科）に入学したが、将来の進路に迷い、中途退学し、小学校代用教員になった直後、勉学の意志が強く、兄阿部辰巳の死（明治四三年三月）後、翌月の四月早稲田大学に進学せんがため上京したが、列車事故で亡くなった（出隆の注）。一九歳であった。想像の域を出ないが自殺の可能性もある。森は自由日記の形で一三冊の手記を残している。学生時代の一〇冊は、明治四二年一二月二二日森が敬愛する東京粕谷の徳冨蘆花のもとに小包で送り、自分の煩悶を手紙で訴えた。蘆花は、それをとどめて、なかなか返事をくれなかったので、森は詫びてそれを返却してもらった（再度のハガキで会う約束になった）。そのままの形で送り返されてきたノートの第一冊目には「灰にするが可」と書きなぐられていた[145]（明治四三年三月一〇日）。

この手記を哲学者として著名な出隆が編纂して本にしたのであるが、第一冊目は明治四一（一九〇八）年正月から始まる、津山中学校の四学年（一七歳）の頃のものである。出は、序言でこの森卓夫を評して「懐疑的虚無主義的な個人主義者であった」「要するに一箇の『田舎の文学青年』といふところであったが、それよりかより多く律義で道徳的・宗教的な、しかも多分に反省的・懐疑的な青年であった」としている。

学年	年齢	
18	24	（明治27～大正7年）
17	23	帝国大学
16	22	帝国大学
15	21	帝国大学
14	20	高等学校大学予科
13	19	高等学校大学予科
12	18	高等学校大学予科
11	17	中学校
10	16	中学校
9	15	中学校
8	14	中学校
7	13	中学校
6	12	小学校
5	11	小学校
4	10	小学校
3	9	小学校
2	8	小学校
1	7	小学校

高等学校からみた学校制度
（竹内洋『学歴貴族の栄光と挫折』2011年、講談社学術文庫の表を元に作成）

（1）受験前後の手記、明治四二年六月一日〜、一八歳

森の大きな葛藤であったのは、養父母と自分の考えの違いであった。森は将来的には東京に出て大学進学を望んでいたが、養父母は地元の高校を出て教員になるか、あるいは高等学校はなるべく実務的な仕事につける二部乙類を望んでいた。二部乙類は理科、農科、薬学科志望組であった。（第一部は文科、第二部は理工科、第三部は医科に分かれていた。なお、二部甲類は工科である――著者）

森はすでに煩悶、懐疑の渦中にあり、「死は終局であり、生は苦痛である。死は一切からの解脱であり、生は悪夢である」と歎き、「夕方、先日の鉄路附近を迷って、死なう死なうと思ひながら死に切れない、小さな気量の僕にあきれてしまう」と記す。そして信仰の必要を感じ「聖書を開くが、そこに何物をも見出し得ず、文字という外なし」という状況にあった。中学校は、結局養父が農科というので二部乙類に入ったが、理科大学にもいけるから将来的に天文学を志願できるという妥協の結果であった。

この時期の煩悶には若い青年ゆえの性欲の問題もあった。罪悪感を感じながら、小さな快楽のためまた手淫したと後悔し、「美しい肉体をこっそり心に追い求め、心に姦淫して居る」と記し、またS子への片思いを綴っている。

（2）高校時代の手記、明治四二年九月〜

森は高校に入る。その煩悶は「血の出るやうな煩悶と悲観」へと深化していき、「最早や自分の運命は文学青年哲学者と定まった」といい、いよいよ養父との葛藤は深まるばかりであった。「養家に赴き、絶望し、泣すがって頼むことの出来ない、かたくなで弱い、哀れな我。その日の午後汽車に乗る。卑屈も糞もなく、自殺決行の筈のところが、途中偶然にも二部乙の級友畑中と白井の両者が乗り合せて、救はる（?）、否、妨害さる」とある。しかも寮生活も彼にとっては悲惨なものであった。寮は「悩みと自覚とのない物を保管する箱である。生徒の自覚と悩みを鈍感にする蓄音機である」。そして寮の日々は運動部員の専制であるという。

そうした中で、明治四三年一〇月二七日の日記は伊藤博文が韓国の安重根に暗殺された事件の寮での状況を興味深く伝えている。以下長くなるが引用しておこう。

昨夜「伊藤公ハルピンにて韓人に狙撃さる」との報あり。同室の諸君を始め全寮の面々深く悲しみ、顔色を変へて「日本帝国の将来はどうなるだろう」「陛下の御心配はどんなだろう」と口々に言ひ、「公を殺した韓人の肉を呉れればナイフでみじんに切って切って切りきざんでやる」だの、「六高在学の韓人をなぐれ」だのと、悲憤慷慨、周章狼狽《しゅうしょうろうばい》し、また「この伊藤公の薨去に涙なきは日本人に非ず」とまで言った。僕にあてつけて言っているやうにもきこえる。まるで蛮人であり、狂人である。僕はその気勢に圧倒されて言葉が出なかった。しかし涙も出ない、心で笑った。そして思った、憤慨した。このやうな青年の居る限り、日本は到底改革されない。救はれない。諸君は小さな感情で、ただ小さな島国日本を思って、之を大きな理智で、大きな人生と世界を、天外から考へることを知らぬ。ただ小さな現実的な血に狂った近視眼で、血走った眼で古くさい黴《かび》の生えた大和魂や愛国心で、而も生誕以来自然に植えつけられた盲従的な記憶で藤公（伊藤公──著者）とその死に対する。（中略）諸君の憤慨悲憤は諫言《かんげん》を封殺するもの、言論の自由を自ら弾圧するものと知らずや。寮の方々、殊に弁論部の闘士、運動部の猛者諸君、諸君は一片藤公の死に対して苦笑する者を、否、涙なき者を非国民と呼ぶ、その狭量、これ自ら日本国を小にする者、暗黒にする者にあらずや。あゝいやだ、寮の共同生活。

六高では、おそらく悲憤慷慨型の運動部、弁論部が中心にあって、懐疑的個人主義者の森はごく少数派にとどまったのであろう。

森はこういうこともあって、養家には、東京に出て必ず文科大学にいかせてもらう、高師（高等師範学校）や青山学院師範科など、中学教員（英語の先生）は我が欲せざる所であると決意を新たにしている。しかし、実父からの自重すべしとの手紙もあって、養父にあって話をするまでもなく退学して独学しようとの決意を固めた。

（3）小学教員時代の手記、明治四二年一二月一七日〜

結局、森は高校を退学し、御津郡鹿田尋常小学校の代用教員になる。月俸一一円で、尋常科五・六年の男女合併の組（クラス）を受けもつ。この時のけじめとして蘆花へ学生時代の煩悶と懐疑を綴った日誌を整理して送ることになる。この就職は森にとって決して望んでいたものではなかった。彼の養父も実父もどちらも教育家であった。そして「明日から愈々僕も父たちの運命の道を追って、この偉大なる東洋の虚偽帝国の教育当事者の一分子になるのだ！」と記す。森は、生徒と接する充実感を味わいながら、一方で日本の学校教育への疑問ももらしている。

「だが、しかし、問題は個性と日本だ。日本の児童教育なるもの、日本政府の国定教科書とその命に依って日本の児童を教導すること、それ自体、僕には決《ママ》して尊いこととは信じられないからこまる」と学校教育の画一性を批判する。

森のこうした批判の眼は歴史教育に対する校長の態度にもするどく反応する。

明治四三年一月一三日。

明日は保元平治の乱を教えることを校長にいったところ、中学校出身の校長曰《いわ》く、日本歴史は、余程注意して教へて貰はんと、皇室のことがどうも、言うと変な事が多うて、あまり詳しくお話しならんように。小学校では高等学校の生徒とちがうて、真面目に詳しく研究して教へて貰うと、どうもこんなことは大きい声では言へませんがどうもその……と言うのだ。（中略）腑に落ちんのは一体だれがこの校長の注意のようなことを言はせ、このやうに臭い物に蓋をするやうに全国の教師全体を指揮して居るのであらうか。ともあれ、皇室は敬せざる可らず、日本帝国の天皇様には一点の汚れなしと全国民に教へ込むためには、南北朝の争ひや保元の乱などは、どうも声をひそめて語るべきなり。否、ひそめても汚れたり、不徳などと思はせ感づかせるやうには語るべからざるなり。虚構の神話の上に立つ神聖不可侵の一系。これ文句なしに崇敬させられる哀れなる国民よ、帝国よ。

また教育勅語による教育方針への批判もみえる。二月一一日の紀元節も「無意味な祭日、帝国主義の祭日」と記している。

こうして、「悲哀の哲人は虫喰はれ、平凡な田舎教師に成り下がって行く、行く、行く……墓場まで」「鹿田校の先生や生徒たちは、個人的には済まない、気の毒である、しかし僕は潔よく去らねばならん」として小学校を辞職する（三月一五日）。

森の一九年間という短い一生は、ともかく東京の大学での勉学という強い意志に貫かれていた。しかし養家の強い反対もあって、せっかく入った高等学校を一年にもみたずに中途退学し、田舎教師の席をあたためる間もないまま、兄の死をむかえる。その死のあと東京へむかうのであるが不慮の列車事故に遭ってしまう。

その日記を読むとまさしく自分の人生を本当に誠実に生きようとした青年の一途な姿に涙するのであるが、出隆は最後に「かれは恐らく更生の思ひで、その翌月中旬、上京の途についたが、列車事故で奇禍の死を遂げたことになっている。私はそれがよかった」と結んでいる。

明治国家の確立は、生徒、青年たちを鋳型にはめこもうとする画一教育への動きとなって現われ、それは個性の強い、多様な価値観と行動力をもった生徒、青年たちの成長とぶつかりあって、大きな社会問題となっていったのである。即ち、悲憤慷慨型の政治青年から煩悶・懐疑型の文学青年への流れでもある。藤村操の自殺は、確かに「あたかも新時代の到来を告ぐる鐘のやうに日本中へひゞきわたった」のである。そして、森卓夫の場合をみると、教員として社会の現場に出たこともあって、それは、文学青年、哲学青年の煩悶・悲哀をこえて、国家・社会への批判、そして対峙へと展開していく方向性をもっていたことがわかる。

おわりに

哲学者の中島義道は「あらゆる哲学の問いは、ハイデガーをまつまでもなく最終的にはこの『死ぬ』という問題、しかも死一般でなく、まもなく自分が死ぬというこのさし迫った問に収斂すると言えるかもしれない」と述べ、哲学の最大問題は「死」であるとしている。(146) そして以下のような体験を語っている。

私が死んだ後の世界を、私は小学校のころから宇宙論的なイメージでとらえておりました。私が死んだ後しばらくしたら、私を記憶しているすべての人も死に、やがて人類も死に絶え、地球も太陽系も消滅し、その後も世界は何億年も何兆年も続くだろう。そしてこうした時間の経過のあいだ、私は二度と生き返らないだろうということです。もし私が明日死んでしまったら、私は世界の終りまで、いや永遠に、ふたたび生きるチャンスはないだろうということです。これはとても恐ろしいことで、七才くらいから私は毎夜寝る前にこう考えて「大変なことだ！どうにかしなければ！」と叫んでいました。

藤村操にはじまる懐疑・煩悶する青年たちがみなこうした〝死の病い〟（はっきりいってこうした宇宙論的な死の恐怖はある種の病いであることは間違いない）に罹《かか》っていたわけではなかろうが、〝近代〟という時代はそうした病いに罹る人達を生みだした。そう断言してよいかは筆者にはまだわからない点もあるが、神や仏の世界がなくなり、共同体——村や家族——から個（自我）がとびだし、なんらかの強い精神的な体験をえて、自然（宇宙）から強い精神的な力が及ぼされるなど、ある日突然なんの前触れもなく罹る〝病い〟は近代にならないと生まれてこないものかもしれない。

この〝病い〟は、不治の病いであるから治しようのないものであるが、しかしこの〝不治の病い〟をかかえながら生きて、人生を全うすることもできよう。それはもう歴史学の問題ではなく、まさしく人生（哲学）の問題なのであるが……。

歴史学の問題としては、〝近代〟になって生れた恐怖―病いであるとしたら、近代が終ろうとしている、現在ではどのような死の感じ方、向き合い方が出てくるのであろうか。こうした〝病い〟に罹る人は将来的には出てこないのであろうか、或いは違った形をとって生まれてくるのであろうか。

高度成長期（一九五五年〜一九七三年）を経て、一九七二年のオイルショック以後、あきらかに〈近代〉が後退して新しい時代に踏みこんだ。

このことを指摘した吉本隆明は、一九七三年前後が時代の転換点であるとして、（1）第三次産業（流通、サービス、教育、医療）の拡大、即ちモノを消費していく側の割合が五〇％をこえたこと、（2）都市と農村の対立が副次的となったこと、（3）高度資本主義（超資本主義）、あるいは消費型資本主義の到来、（4）中流意識をもつ国民が九〇％を占め、階級闘争、労働者意識、労働組合の意識が低下したことを挙げている。[147] この点で吉見俊哉は、（1）重化学工業主導型（重厚長大）から情報サービス型産業へ、日本型経営（年功序列集団主義）から成果主義的経営（能力・業績主義）へ、（2）国民国家の溶解・崩壊――近代的自我の空洞化、（3）市場原理の全面化―格差、地方の貧困、（4）家族の崩壊、そして未婚化、少子化、インターネット、携帯電話、コンビニを挙げている。[148]

確かに近代が後退し何か新しい（ぶきみな感じはあるが）時代が始まっている。[149] それは高度成長期をえて一般的には（1）情報化、（2）国際化、（3）高齢化・少子化、追け加えると（4）環境・生態系の崩壊・変容といわれてきたものである。具体的には、（1）村（共同体）の崩壊、家の崩壊、景観の変容、環境汚染、近年では生態系の変容、（2）ヨーロッパとアジアの対立の解消、（3）近代が生みだした国民国家の変容、国境の消失（市場原理のグローバル化）、（4）近代の生みだした社会主義（共産主義）国家の崩壊、（5）価値観の多様化、（6）伝統的日本文化の消失、（7）英語の多用化、カタカナ文化の蔓延《まんえん》、バイリンガル、（8）インターネット、携帯など高度な情報網の拡充。

今は、これらを定式化できないが、確実に明治以来の近代が後退し、新しい時代（超近代化）が動きはじめている。ただ、不幸なことはこうした新しい動きに対応した社会的ルール、新しい道徳・倫理観を構築できないため、人々は手を拱《こまね》いて将来に大きな不安を感じている。

近代の〝藤村操達〟は、こうした新しい時代のなかでどのような形をもって現れてくるのだろうか。

第五章　乃木将軍の殉死と明治の精神

はじめに

戦前、軍神、明治の楠公、大忠臣、至誠の人、武士道の花、剣をもったペスタロッチなどと様々な栄誉を負わされてきた陸軍大将乃木希典が明治天皇に殉死したのは、天皇崩御（明治四五年七月三〇日）後四五日目の九月一三日であった。この日は天皇の御大葬日であり、乃木は午前九時頃馬で参内し、午後四時頃邸宅に戻り、写真師を招きて最後の写真を撮った。そして乃木は妻静子とともにその日の午後八時、天皇の遺体を乗せた霊柩車が殯宮《もがりのみや》から出門するその時刻、出発の号音を聞くとともに赤坂新坂町の邸宅の二階において自刃した。乃木六四歳、静子五四歳であった。

自刃当日めずらしく一緒に撮った夫婦の写真はよく目にするものだが、軍服正装してソファに腰かけ、円いテーブルの前でメガネをかけて新聞を読んでいる乃木、後方左隅で黒の打ち掛けを着て控えている夫人の表情はどことなく寂しそうで硬い。夏目漱石は「官女のよう」と表現したが[1]、長い間なんらかの情熱（感情）を抑えた結果の「さびしさ」「硬さ」であって、宗教の教祖のようにも巫女のようにもみえる。

歌好きの乃木の辞世の二首は以下のようなものであった。神となった先帝の御霊《みたま》を追っていこうとする乃木の殉死の決意がよくでている。

うつし世を　神さりまし　大君の
みあとしたいて　我はゆくなり

神あがり　あがりましぬる　大君の
　みあとはるかに　おろかみまつる

一方、夫人の辞世は左のようなものであった。

出でまして　還ります日の　なしときく
　けふの御幸に　逢ふぞ悲しき

乃木はなぜ殉死したのか。湯地定基（夫人静子の兄）、大舘集作（乃木の弟、希次の末子）、玉木正之（集作の長男、乃木の甥）、妻静子の四人に宛てた遺書の第一条には殉死の理由が述べられている。

第一　自分此度、御跡ヲ追ヒ奉り自殺候段恐入候儀其罪ハ不軽存候。然ル処明治十年之役ニ於テ軍旗ヲ失ヒ、其後死処得度心掛候も其機ヲ得ス。皇恩之厚ニ浴シ、今日迄過分ノ御優遇ヲ蒙追々老衰最早御役ニ立候時モ無余日候折柄、此度ノ御大変何共恐入候次第、茲ニ覚悟相定候事ニ候。（傍点、筆者）

1　殉死の系譜

（1）

殉死といえば、古代においては、『魏志倭人伝』にみえる女王卑弥呼に殉葬された百余名の奴婢のそれと、『日本書紀』

垂仁天皇二十八年十一月、三十二年七月条にみえる倭彦命《みこと》に殉葬された近習者のそれが有名である。とくに後者には殉葬の悲劇が生々しく描写されている。それによると、崇神《すじん》天皇の子倭彦命が薨去し埋葬された時、近習者が悉く生きながらにして命の陵《みささぎ》の域に埋められた。しかし、日を経ても死なず昼夜泣きうめく声が満ちた。死臭に犬鳥が集まってきて死体を齧んだ。そのため垂仁天皇は殉葬を禁止して野見宿祢《のみすくね》（土師《はじ》氏の祖）の献策によって埴輪をもって殉葬者に替えたという。

殉死当日の乃木夫妻（居間にて）

右の記事は、殉死の禁の初出とみるべき史実ではなく、土師氏の祖先伝承——埴輪を製作し、埋葬儀礼を職掌とする——を採用することによって垂仁天皇の仁徳を顕賞しようとしたもので、後世になって造作された記事であろう。従って、殉葬の話と埴輪の起源は分離して考えるべきものであろう。考古学的にみても、日本においては貴人の陵墓に奴婢なり従者なりを多数殉葬させた例は聞かない。したがって卑弥呼の殉葬の例は、特殊なものかと思う。また、殉葬は強制的に殉死せしむるものであるから、いわゆる殉死とは区別されるべきものであろう。

しかしながら、古代に殉死がなかったかというと決してそうではない。『古事記』（垂仁天皇の段）、『日本書紀』（垂仁天皇九十九年二月条）に田道守《たじまもり》（多遅摩毛理《たじまもり》）が垂仁天皇の命によって常世国《とこよのくに》に「非時の香菓（トキジクノカクノミ）」を求めて渡り、無事に帰ってきたが、すでに天皇が亡くなっていたため、「天皇の陵に向《まい》りて、叫び哭《な》き自ら死《まか》れり」（『日本書紀』、傍点筆者）、「遂に叫び哭きて死にき」（『古事記』）とある。下って『日本書紀』安康天皇元年二月条には、大草香《おおくさか》皇子に仕えていた難波吉師日香蚊《なにわのきしひかか》父子が皇子が讒言によって殺害された時、父は王《みこ》の頭を抱き、二人の子は各々王の足を執《とら》えて「自ら刎《くびは》ねて皇尸《みかばね》の側に死《みまか》りぬ。軍衆、悉く流涕《かなし》ぶ」とある。

両者とも史実を記録したものとは思われないが、大王や王に仕える従者（トモビト）が主人の死を契機に自らも死ぬ（殉死）ということがありえた話の例としてあげておきたい。ただ、一般的に主人が死ぬと従者がかならず殉死するかというと、そうでなく、タジマモリの場合は、無念さ、悲歎のあまり、ヒカカ父子の場合は主人の死への憤死というような特殊な事情によるものであったろう。

また『日本書紀』雄略天皇九年三月条によると新羅征討に渡った大伴談《かたり》連が敵手に殺害されたと聞いた従人津麻呂は主人が亡くなった以上、どうして自分独りで生きられようかと敵陣に突入して死んだとある。これは戦時での殉死であり、武家社会に入ってからの武将の殉死に通ずるものがある。また『播磨国風土記』（飾磨《しかま》郡胎和《いわ》里条）には、雄略天皇の世の事として、尾張連らの上祖に殉死した婢と馬の話がある。

以上みてきた話は史実をそのまま採用したものとは思われないが、確実な史料価値のある大化二年（六四六年）三月の風俗の詔《みことのり》（『日本書紀』）では殉死を禁じているから、古くから日本には殉死の風俗があったことは事実と考えてよい。大化の詔は以下のようなものであった。

凡そ人死亡《し》ぬる時に、若《も》しは自ら経《わな》きて殉《したが》ひ、或いは人を絞りて殉はしめ、強《あながち》に亡人の馬を殉はしめ、或いは亡人の為に寶を墓に蔵め、或いは亡人の為に髪を断《き》り股を刺して誄《しのびごと》す。此の如き旧俗、一に皆悉く断《や》めよ

これによると、自ら首を括《くく》って殉死する場合と他人（奴婢などであろう）を絞殺して殉死せしめる場合があったことがわかる。なお、蘇我倉山田大臣が謀反の嫌疑をかけられ「自ら経きて」死んだ時、妻子らも首を括って殉死した記事（『日本書紀』大化五年三月条）や、大津皇子が謀反を起こして刑死させられたとき、妃の山辺皇女が「髪をして徒跣《そあし》にし

て奔り赴きて殉《ともにし》ぬ」（『日本書紀』朱鳥元年〈六八六年〉十月条）といった記事は、夫に殉死する妻の事例であって、これは時代は下るが、『令義解《りょうのぎげ》』（職員令弾正尹）にも「信濃風俗、夫死者即以レ婦為レ殉」とあって、かなり根強い風俗であったことがわかる（『令義解』は養老令の官撰注釈書で、天長一〇〈八三三〉年の完成）。

以上、古代の殉死をまとめてみると、主人の所有物たる奴婢が馬と一緒に殉死（殉葬）させられる場合と、主人の従者がある特殊な事情（主人の憤死、戦事での無念の死など）のもとで自ら殉死する場合、さらに妻が夫に従って殉死する場合があったことが知られる。

その自殺の方法は、史料的には明示のない場合も多いが、中世以降の武将にみられる切腹といったようなものでなく、首を括るなどの方法が多かったものと思われる。

（2）

さて、中世に入ると「軍の習ひは海山を隔てても大将討死したりと聞きては腹を切るも習いぞかし」（『明徳記』[2]、明徳の乱〈一三九一年〉直後に成立か）とあるように、戦場で家臣が主人とともに奮闘し、敗戦の時、主人とともに追腹を切る形が展開してくる。[3] ただ、主君の平常の死において殉死する例は少なかったらしい。天野信景の『塩尻』（巻五、一六九七年～一七三三年まで執筆）によると「義満（足利）将軍の時、細川武蔵入道常久死侍りけるに、其家人三島外記入道、朱雀の道場の傍にて腹切死せしなり。明徳記に凡そ人の家僕たるもの、戦場にて主と同じく討死するも腹を切るも多かるべし、病死のわかれをかなしみて正しく腹を切て同じく死径におもむく事、前代未聞の振舞かなといへるを以てみればこれより先にはせざる事明けし」[4]とある。これは、明徳三（一三九二）年管領細川（武蔵入道常久）に殉死した三島外記入道の話である。

中世（鎌倉～戦国時代）においては、殉死は戦場における追腹という形が通常であって、その場合切腹という形をとるのは、千葉徳爾による武力の敗北における武人の誠意・真情の表明としての切腹（中世）、或は怨念・無念の「無念腹」

としての切腹（中世末～戦国）であった。(5) また、中世における武士の死生観は運命というものを敢然として甘受するたくましさ、主体的な死の決行であり（『平家物語』）、あるいは死そのものに打ち勝とうとする生の意味がある（『太平記』）と相良亨は指摘している。(6)

右の指摘をも考慮してみると、中世の武士の殉死も、殉死というものに本質的に付きまとう「隷属性」はみとめられるにしても、その殉死は家臣の主体的な死の決心という姿勢は十分にみられる。主君の病死による殉死がほとんどみられないのも、戦乱に生きる武士の運命とかかわっており、その意味からいっても中世の武士の殉死は、近世の武士にみられない死への主体性の強さが感じられるのである。

（3）

近世に入ると、戦乱は終息して殉死も主君の平常の死にともなうものに変化していく。『塩尻』によると、尾張三位中将松平忠吉卿の薨去の時（慶長一二年〈一六〇七〉年）、稲垣将監、石川主馬らが腹切りしたのが近世はやりし追腹の始であるとしている。そして、元和・寛永より慶安・寛文頃に至って一種の流行の様子を呈した。とくに多くの殉死者を出したのは佐賀藩で、山本博文は鍋島勝茂《かつしげ》の死（明暦三〈一六五七〉年）に二六人の家臣が殉死したが、二六人中二三名が切米取り（徒《かち》、即ち御目見得以下、騎馬を許されぬ軽輩の武士）の下級家臣であった点が特徴であったと指摘している。(7)

将軍家でみると、徳川家康の時は生前から殉死は堅く禁じられていたので殉死者はなかったが、二代目秀忠、三代目家光の薨去の時は殉死者が側近から出た。家光の時は、下総国佐倉城主堀田加賀守正盛、老臣武蔵国岩槻城主阿部対馬守重次、昵近《じっきん》内田信濃守正信が各々その宅で切腹殉死したが、さらにこの時重次と正信の家士が主人のために殉死するという連鎖反応もおこった。さらに正盛の母は六三歳であったが、君にも子にも先だたれて「何をたのみにながらへんとてこれも同じく自害す」（『徳川実紀』慶安四年四月、巻八十）という話も伝えられている。『徳川実紀』（慶安四年四月）

はこのような事態をさして「此頃までは戦国の余習いまだあらたまらず。殉死を忠義と思ひ定めて、かゝる人々もひたぶるに志を決したりとみえたり。其時勢思ひやられて、いと哀れなる事どもなり」と感想を記しているが、これをみると、当時の為政者にとっても近世（江戸）の武士の殉死が理において正常なる行動であったとは認識されていない。従って、幕府としても、四代家綱の寛文三（一六六三）年五月に殉死厳禁を武家諸法度の頒布の時、別書という形で仰せ出されている。[8]

　殉死は古より不義無益の事なりといましめ置くと雖も仰出されし事なければ近年殉死の者多し。今よりさる心がまへする者おらんには、其主より常によく暁諭《ぎょうゆ》すべし。もし此後殉死あらば亡主の不覚悟なるべし。当主も又之ををしとどめざるはいかにも不良のわざとおぼし給ふべし、（『徳川実紀』寛文三年五月、巻二十六、傍点、筆者）。

右のように殉死は不義無益であるという幕府側の認定にもかかわらず、その後寛文八（一六六八）年八月に下野国宇都宮城主奥平美作守忠昌の死に際して家士杉浦右衛門兵衛が殉死している。幕府はこれに対して断固たる処置をとった。殉死した杉浦の子二人を斬首に処し、聟二人、外孫ともに追放、城主の長子昌能もこれを止めることをなしえなかったとし、厳罰に処するところを祖先の忠勤ならびに父忠昌の労を思し召して、出羽山形九万石に移封され二万石を削られた（『徳川実紀』寛文八年七月）。

これは、いくら理においても「不義無益」でも、情において殉死の余地はいろいろな条件（環境）のもとで残されていたことを示している。

近世の武士の殉死は、君主の御恩・御情に対して家臣（近臣）がその恩や情けの負債を〝死〟という形で返済する、報いる行為である。この場合君主と家臣の恩――報謝の関係は相互依存関係ではなく、先天的な主従関係の形であらわれる。即ち、主君の御恩・御情が代々のものであって家臣にとって返済しえないものとしてあらわれる。それは、主君の平常の御情であっても、家臣にとっては特別なものとしてあらわれる。だから負債感が一層強い。[9] しかも戦場という場がないから武士にとっては死はきわめて内面的なものとならざるをえない。[10]「常住死身」を説く『葉隠』（佐賀鍋島藩士山本常朝口述、享保元〈一七一六〉年頃の成立か）の死生観が出てくる所以である。

　このように近世の武士にとっての殉死は自己のなかで内面化されているから、中世の武士の殉死のように直接的で単純明快な行為としてはあらわれない。

『明良洪範』（真田増誉、江戸時代の逸話・見聞集、成立不詳）によると殉死にも、（イ）御恩に対して主人が死すれば二世の御供を致す義腹、（ロ）同格の朋輩の殉死するのをみて我も劣るまじとして殉死する論腹、（ハ）さしたる恩もなくして、死せずとも済むべきものなれども我命をすてなば子孫の光栄にもならんとする商腹の三つがあるとして、真の殉死は義腹たるべしといっている。以上、近世の殉死は中世にみられるような純粋な形を失っていると考えられる。

　その意味で森鷗外の名作『阿部一族』は江戸時代に生きる武士達の殉死に対する様々な心持ち——その気持の複雑さ、矛盾——といったものが巧みに表現されていて参考になる。

　熊本藩主の細川忠利が亡くなった時（寛永一八〈一六四一〉年三月一七日）、内藤長十郎元続が殉死することになるが、この長十郎の心理はおもしろい。長十郎は平生《へいぜい》忠利の机廻りの用を勤めて忠利が病床にあるときもそこを離れず介抱した人物であるが、忠利が重体となりもはやと思われた時、執拗に殉死を願い出て許される。長十郎は終始忠利から目をかけられて側近くに仕えさせていただいたその恩に報いなければならないということもあったが、一方また「人が自分を殉死するはずのものだと思っているに違いないから、自分は殉死を余儀なくせられていると、人にすがって死の方向へ進んでいくような心持ちが、ほとんど同じ強さに存在していた。反面からいうと、もし自分が殉死せずにいたら、恐ろしい屈辱を受けるに違いないと心配していたのである」。さらに長十郎は老母と妻のことを頭に浮かべ「殉死者の遺族が主家の優待を受けるということを考えて、それで己は家族を安穏な地位において安じて死ぬることが出来ると思った」。

そこには〝世間の眼〟（圧力）とともに『明良洪範』の概念でいえば義腹や論腹や商腹が複雑な形で絡みあって長十郎の気持を規定する。それは一種サラリーマン化した江戸時代特有の武士社会が背景にあって、長十郎の気持ちを規定しているのであるが、鷗外は人間の心理とは複雑で、そう軽々しく論断できぬといっているかのようである。

ところで、鷗外の『阿部一族』に関しては種々興味深い問題点が提出されている。『阿部一族』のベースになっている資料は『阿部茶事談』であるが、その成立は明和二（一七六五）年以前ということであるから、一八世紀になってからの古老の回顧談ということになる。しかも阿部一族はその時にはすでに滅亡してしまっている。

主人公の阿部弥一右衛門は主君忠利になぜか嫌われていたため殉死できなかったものの、世間の非難を受けて人より遅れて殉死したということになっているが、山本博文によると全く事実に反するという。[11]実際は、主君忠利の葬儀が行なわれる四月二八日（薨去は三月一七日）よりも前、新主君の光尚の許可が得られないことを悟って四月二六日に一四名の多数の者と一緒に殉死していた。このあとにも殉死者があった。したがって世間の非難があったということは全くなかったのである。そうしてみると、『阿部茶事談』は山本のいうように阿部弥一右衛門という世間の圧力によって殉死に遅れて参加せざるをえなくなった人物を描くことによって、「心ない『世間』を告発した小説だった」ということになる。

山本によると、江戸初期に流行した殉死とは忠義の心から出たものと当然のように考えられてきたが、その主流は小姓の時より、あるいは近習者として主君に寵愛された男色関係（衆道）にあるものが、主君に来世までも御供するという愛情によるものであった。[12]また、細川忠利、忠興（正保二〈一六四五〉年）、忠尚（慶安二〈一六四九〉年）の三代の殉死者の実例をみると、意外と下級家臣のものが目立つという。それは主君から声をかけられた、ちょっとした恩をうけたという取るに足らない理由から、あるいは罪を許されたという理由などから一方的に主君との間に一体感を感じて追腹を切るというもので、それは何かに強制されたものでもなく、またなにか特別の恩恵をうけたというものでもなく、犬死に近い行動として、進んで命を投げだしたものであった。それは、忠義心から少し離れたところにあった非合理的で衝動的な行動であって、成立しつつある社会の秩序に反抗し、あるいは体制から疎外を感じた「かぶき者」的武士の自己主張のひとつとしてあったものだといわれている。そして、幕藩体制も確立して一八世紀に入ると、そうした「かぶき者」的心性は過去のものとなって、「世間」というものが成立し、道徳心の心理的強制力、心理的暴力が出てくる。なお、山本によれば、『明良洪範』の商腹というものは、検討の限りではみられず、子孫も取り立てられることもなかったという。

2　乃木将軍の殉死の意味

(1)

亀井勝一郎は、乃木の殉死は「藩政下における武士の切腹、乃至今日の自殺という観念をもって律するのは冒瀆であろう」として、「将軍の死は、あらゆる死のなかで最もおのづからなる死である。天皇のかくも深い御慈愛を頂いた上は、殉死は直き明るき行為である」といっている[13]。確かに亀井のいうように乃木の殉死を江戸時代の切腹や今日の自殺の眼でみることはできないだろう。またその死が「おのづからなる死」であるという気もする。しかし乃木の死を天皇との関係でのみみることは賛成しがたいし、「直き明るい行為」であるとみるのも「乃木神話」にのった議論である。

乃木は遺書のなかで自分の死を「自殺」と考えて、その罪が軽くないものだといっている。そして明治一〇年の役（西南戦争）における軍旗喪失事件の清算と老衰を自殺の理由に挙げている。

殉死は江戸時代では家臣が主君の許しをえる場合、あるいは暗黙の了解があると世間的にみとめられている場合のほかは、いわば犬死になると鷗外は『阿部一族』のなかで語っている。阿部弥一右衛門の場合は主君忠利と気が合わず、殉死を願い出た弥一右衛門を忠利は最後まで許さなかった。許可もなく、したがって奉公もせずにいたずらに殉死しようとするのは犬死でもあるし、次代の主君への反抗とみなされる。「御主人の御用の外に一命をすて給はんこと忠義を忘れ私にあらずや」（「国花諸士鑑」巻二）[14]とある通り、平和な江戸時代にあっては濫《みだ》りに身を殺すことは主君に対する不忠であった。

乃木の場合、天皇の御跡を追う形だったが、それを単純に殉死といいきれぬのは、軍旗事件の清算という乃木自身の人生の処理が入っているからである。また殉死と規定しても江戸時代の封建的身分制の君臣関係にみられるような生々しい御恩・御情――奉公・報謝の関係が成立していたとみることもできまい。確かに天皇と乃木との間には、軍人という世界に属していたがゆえに他の官吏とは違った独自の側面（統帥権をもつ天皇の軍隊ということで）があったし、また大正・昭和の天皇とは違った古い君臣関係の絆も存在しうる余地もあったろう。しかし、近代国家という巨大で緻密化した壁を通して相対した天皇と乃木との間には、殉死というものを武士的な形で再現する条件は失われていたであろう。乃木の明治天皇に対する一方的な思い入れが目につくものの、それは両者の間の血の交《かよ》った恒常的な関係を意味するものではない。確かに乃木の天皇への思い入れは純粋で利害のないものであったろうが、それが純粋であるのは、乃木の一方通交であったからではないか。天皇は明治国家のはるか彼方に鎮座しており、政治や軍事が「国家」という枠組みで動かされる時代になっていた。

乃木と天皇の君臣関係といっても、乃木は生涯を軍人として送ったわけで、天皇の側近たる侍従、枢密院顧問官、あるいは内廷に奉仕する官僚でもない。ただ、四七歳の明治二八（一八九五）年、男爵を授けられ皇室の藩屏《はんぺい》ともいうべき華族に列せられた（明治四〇年には子爵をとびこして伯爵を授与）。明治三九（一九〇六）年、五八歳の時に宮内省御用掛を命ぜられ三皇孫宮（迪宮《みちのみや》、淳宮《あつのみや》、光宮《てるのみや》）の教育係となり、翌四〇年には学習院長を兼任している。この宮内省御用掛と学習院長の就任は、とくに天皇の指示があったといわれている。こうした要職は天皇への接近になったのであろうが、なんといっても天皇と乃木の直接の交情を考える上で重要なのは、日露戦争凱旋時の乃木の天皇への復命書奏上であろう。

日露戦争の旅順要塞陥落（二〇三高地）は、乃木の声望ぶりを東郷元帥とともに内外に高らしめたが、(15)乃木の天皇に対する復命は乃木の人格の高潔さを天皇に印象づけた。二人の息子（勝典・保典）をこの戦争で失い、さらに自分の作戦のまずさから多大の犠牲をだしてしまったこと――そうしたことの罪を詫びる乃木の態度に天皇は胸をうたれたのであろう。復命書には、天皇の御稜威《みいつ》と上級統帥部の指導と友軍の協力によって当初の作戦目的を達することができたこと、その間将卒が忠勇義烈の精神で弾に斃《たお》れ剣に殪《たお》るるものが陛下の万歳を喚叫《かんきょう》して瞑目していったこと、「然ルニ斯クノ如キ忠勇ノ将卒ヲ以テシテ、旅順ノ攻城ニハ半歳ノ長年月日ヲ要シ、多大ノ犠牲ヲ供シ、奉天附近ノ会戦ニハ攻撃力ノ欽乏ニ因リ退路遮断ノ任務ヲ全ウスルニ至ラズ、又敵騎大集団ノ戦ガ左側背ニ行動スルニ当リ、此ヲ撃催《げきさい》スルノ好機ヲ獲ザリシハ臣ガ終生ノ遺憾ニシテ、恐懼《きょうく》惜《お》ク能ハザル所ナリ」と自分の不徳を素直に詫びている。(16)

松下芳男の著書によれば、この復命書奏上のなかの旅順攻城に多大の犠牲を供したという字句にいたるや乃木の熱涙双頰《そうきょう》にながれ、幾度《いくたび》か言葉が絶え、痛恨の状極まる所を知らなかった。(17)また、復命が終ってから「ひとえにこれ微臣が不敏の罪、仰ぎ願はくは臣に死を賜へ、割腹して罪を謝し奉りたい」と言上し平伏したところ、天皇はしばらく言葉も出なかったが、やがて悄然として退出しようとする乃木を呼びとめて「今は死ぬべきときではない。卿もし死を願うならば、われ世を去りてのちせよ」といわれたと、松下は述べている。

このあたりについては、軍神乃木の物語・神話も入っているから、どの程度これを資料的に裏付けられるかはむずかしいところである。(18)

もっとも、天皇と乃木との交情はこれ以前にも下地はあるようだ。軍旗喪失事件から二五年を経た明治三五年の陸軍秋季大演習のために九州に天皇がくだった時、列車が西南の役の激戦地であった田原城を通過した際に、

もののふの攻め戦ひし田原坂
根も老木になりにけるかな

という即興の歌を詠んで天皇はこれを乃木に与えよと侍従に命じたといわれている。

また明治二九年一〇月に四九歳の乃木が台湾総督になって赴任するとき、六九歳の老母寿子は息子が国家のために御奉公するのに自分だけが安閑としていられないとして病をおして同行した。これを聞いた皇后は特に寿子を召して会ったといわれている。はたして寿子は渡台の後一二月二七日に台湾の地で亡くなったという（このことは明治三〇年頃の「乃木寿子履歴」のなかでも述べられているので、[19]確かなことだと思われる）。

右のような交情を考慮に入れても、結局乃木が華族に列せられた四七歳あたりが天皇と乃木との交情の出発点とみられるのではないか。従って、天皇と乃木との君臣関係（交情）といっても、それは乃木の人生の後半の時期で、先天的に主従関係にあった江戸時代のそれのように考えることはできないのである。だから、乃木の人生全体（とくに青年期）をみなければ、乃木の自殺（殉死）の意味は解けないであろう。なぜなら自殺とは自己の人生に対する処断を意味するからである。

遺書には、西南戦争の軍旗喪失以来死処を得たくて心がけてきたと特記されている。なぜ彼は軍旗喪失にこだわりをもちつづけてきたのか。

この事件は有名なものであるが、乃木は明治八（一八七五）年、二七歳の時に熊本鎮台歩兵第十四連隊長（陸軍少佐）に任じられ、西南戦争（明治一〇年二月二二日）に部下の連隊を率いて小倉の営所から久留米→南の関→熊本城へ支援のため入ろうとして南下中、植木駅付近で薩摩軍と相対した。乃木軍は形成不利で、乃木は退却の決意をして、全軍をまとめるべく伝令させて戦線をはなれたあと、乱戦となり河原林少尉は軍旗を身につけたまま戦死し軍旗を敵手に奪われた。[20]

『乃木希典日記』二月二二日をみると、「此ニ隊列ヲ検スルニ、河原林少尉未ダ来タラズ。之ヲ衆ニ問フ。本道最後ノ激戦、少尉刀ヲ振ヒ、率先シテ進ム、或ハ敵中ニ陥ルナラント聞テ驚嘆ニ堪ヘズ。軍旗ヲ失シ生還スル、何ノ面目ゾ、返戦旗ヲ獲ント欲スル者ハ我ニ随ヘト命ズ。従フ者一半、拒止スル者一半。村松軍曹・櫟木軍曹等泣テ我ヲ抱止シ、後事ノ措ク可ラザルヲ責ム」とある。[21] 乃木はすぐに軍旗を奪い返そうと勇み立ったが部下の軍曹等に必死でとめられてそれを断念したようだ。このあと四月一七日には、軍旗を捜索したがついに発見できなかったとして進退伺を参軍山県有朋にあてて提出している。待罪書によると軍旗はたたんで河原林が身に巻いていたのであるが、それが焼亡したのか或いは敵方の手に落ちてしまったのか分明でなく、その後度々に捜索しているが今日まで見つけることができなかったと記している（後の乃木の談話によると「軍旗を黒羅紗の袋に包み、之を捲て河原林少尉に負はしめ」たということである[22]。これに対して征討総督本営からは「旗手戦死窮迫之際萬不得已場合ニ付」何分沙汰には及ばないという解答が五月八日にあった。この沙汰書の論議については山県が極刑を主張したが、第一旅団司令官の野津鎮雄少将（薩摩閥）は乃木の戦功を賞しこれに反対したということである。

　この軍旗喪失は確かに青年乃木にとって忘れえぬ痛恨、恥辱であった。ただ軍旗への観念は、後にみるほどには神聖視されていたとは思われない。[23] 軍旗は明治七（一八七四）年一月二三日に近衛歩兵第一・第二連隊に授与されたのがその始まりということであるから、[24] まだ日も浅い。軍旗喪失に対する待罪書をみても軍旗喪失の不可抗力を乃木自身が弁明しているように思える。即ち「過ル二月二十二日、植木ニ於テ戦争ノ節、図ラズモ旗手河原林少尉事急ノ際ニ戦死候處、夜中ノ苦戦当事其死骸ノ所在ヲ得ズ、本人其節巻テ身ニ負ヒ居候軍旗共ニ紛失致シ、焼亡ト賊手ニ落候ト分明不在候、故其後種々捜索ヲ遂候得ドモ今日ニ至ル迄見当リ不申、畢竟希典不注意ノ致ス所恐懼ニ堪ヘズ、依テ進退奉伺候也」（傍点、筆者）とある。右にみるように、夜中（河原林少尉が戦死したのは午後九時四〇分過ぎ）[25] の戦闘で河原林少尉の死骸さえ引きとることができなかったこと、[26] しかも軍旗は焼亡してしまったのか敵の手に落ちてしまったのが不分明であること――その後軍旗を種々捜索したが発見できなかったことが主張されている。熊本鎮台の司令長官陸軍少将谷干城も乃木の不注意ではあるが、実地の模様を糺察したところやむをえざることだと判断していた。

　実際はどうやら薩摩軍の手に落ちたらしい。[27] 乃木がこのことをいつ頃知ったのかはっきりしないが、待罪書をみる限り、四月の段階ではまだ敵軍の手に落ちたことはわからなかったわけである。だから乃木が軍旗喪失に対して大いに責任・恥辱を感じていたとしても、喪失したという事実だけにこだわっていたのではないと思う。筆者はむしろ山県と乃木との関係に注目したい。

（2）

山県は乃木と同じ長州、しかも先輩格で、この西南戦争の時は陸軍中将、陸軍卿（卿はのちの大臣）で、征討総督有栖川宮熾仁《たるひと》親王の下で参軍に任命されて事実上の総司令官であった。ところで乃木は二六歳、明治七（一八七四）年九月一〇日に陸軍卿山県有朋の傅令使（のちの陸軍省副官にあたる。官房勤務）を命じられている。この傅令使は、明治八年一二月四日に熊本鎮台歩兵第十四連隊長に命じられるまで続く。山県との縁は深かったわけである。

断片的にのこる「日記」をみると、陸軍省での公的な接触の他に、「朝家ヲ出テ山県卿ノ家ニ至リ、談話数次、直ニ王子社ニ詣ス」（明治七年一二月三一日）、「又夕登省、途ニ滋野ヲ伴フテ山県卿ニ見ユ」（明治八年一月一日）というような私的な往き来もあったらしい。また「朝騎シテ山県卿ヲ訪フ、小話、諭ヲ受ク」（明治八年七月三〇日）とあって、山県からお説教をうけていることが目につく。

この陸軍卿傅令使は当時の陸軍省中の俊才をもって任じられるというから、乃木は明治国家の軍人として出世街道を歩みはじめていた。大濱徹也は、乃木は明治四年、二三歳の時、初任が少佐であって、これは桂太郎や川上操六が大尉で初任、児玉源太郎や寺内正毅が少尉で初任されたことと比べると乃木の評価がいかに高かったかを示していると指摘している。(28)

ところでこの頃からいわゆる不平士族の反乱がおこってくる。明治七（一八七四）年二月には江藤新平の佐賀の乱が、明治九（一八七六）年一〇月には熊本神風連の乱、秋月の乱、萩の乱とたてつづけにおこっており、この時乃木は熊本鎮台歩兵第一四連隊長で小倉の営所に赴任していた。ところが、前任の連隊長の山田頴《えい》太郎は、萩の乱の前原一誠の実弟であり、兄の前原一誠と志を同じくするものだとして罷免された。その後任が乃木であったが、皮肉なことに乃木の弟、玉木正誼《まさよし》（乃木真人《まこと》が親類筋の玉木文之進の養子となって玉木姓を名乗った）もまた前原一誠の参謀格であった。養父玉木文之進は乃木の若い頃の恩師でもあり、前原一誠とも親しく前原党に配慮をもっていた。乃木もまた山田と同じ立場にたたされたわけである。前原党につくか、あるいは官僚として軍人として出世街道を歩むかで乃木は迷ったであろうか。しかし「日記」などからは、どうも乃木が迷ったという様子は窺われない。

乃木自身の軍歴をみると、乃木は一貫して中央政府・国家とともに歩んだことが知れる。乃木は第二次長州征伐のとき（慶応二年六月）、報国隊（長府）に参加して小倉で小笠原藩と戦う。ところが戊辰の内乱（慶応四年）にはたまたま藩校明倫館での相撲で挫いた左足の治療のためにおくれ、越後の役に出戦しようとしたが藩がこれを許さず、参戦できなかった。明治二年一一月には藩の命令で京都伏見の御親兵兵営に入営することになった。乃木が軍人として中央政府・国家とともに歩み始める出発点であった。このあと明治三年正月に山口に帰藩し、山口金古曽において長州の諸隊反乱を鎮圧している。これは兵部大輔の大村益次郎が近代的な軍隊創設のため、まず長州（山口）藩の兵制改革から手を付けようとして山口の諸隊（奇兵隊、報国隊、振武隊など）を解散しようとしたことに対して、諸隊の反乱が起こったのである。乃木はこの時旧同志と戦う羽目に追いこまれたのである。このあと三月伏見兵営に帰り、さらに明治四年一月藩命で帰藩し、豊浦藩（長府藩）陸軍練兵教官として兵士の養成にあたり、その秋一一月上京し、陸軍少将として任官したのである。こうした乃木の経歴をみる時、乃木が諸隊の騒動・反乱の鎮圧のため山口へ帰藩してかつての同志と向かい合った時、乃木の決意――中央政府・国家への忠誠――が固まったとみるべきではなかろうか。

前原一誠の萩の乱は、明治九年一〇月二八日に起こっているが、「日記」をみると前年の明治八年七月一一日に実弟の玉木正誼が横浜から乃木のもとを訪れ、以後八月一四日の帰国までしばしば二人で酒を飲みかわしている。(29) また正誼は八月一四日に帰国した後は書を度々乃木のもとへ送ったらしく、「来書」の記事がみえる。この頃乃木は本省勤務の時期であったが、おそらく弟の口から前原一誠の事が語られた筈である。八月六日の「日記」には「朝前原ヲ訪フ不在。

蓋シ玉木ト共ニス（中略）夜ニ入リ玉木ヲ伴ヒ北郭ニ入ル品川楼ニ登リ、紅梅ノ室ニ飲ス。芸妓両名ヲ召ス、大酔玉木ニ花扇ヲ偶ス」（傍点、筆者）とあり、八月一〇日にも「不在中前原氏来ル」（傍点、筆者）とある。玉木を通して前原一誠と接触していたことが窺われる。なお「日記」をみると、正誼と乃木とは旧情を談じて夜のあけるまで酒を飲みあかし、ともに歓酔している。乃木が弟に愛情をもっていたことは十分よみとれる。

さて、乃木は前述したように明治八年一二月四日に第十四連隊長心得を命ぜられるのであるが、小倉に入って前任者の山田頴太郎と会って「隊務ノ下問ヲ聞」き、「書ヲ豊永ニ托シ、刀ヲ玉木ニ付進」（一二月一九日）している。また一二月二五日には「玉木へ書ヲ作リ郵送」している。そして二月二一日に正誼が松岡某を同伴して小倉へ来訪してくる。翌日正誼は豊津へ行き、二四日夜には再び来訪してくる。即ち、「玉木正誼、横山俊彦、松岡某来ル、小酌、西郷大将ノ書ヲ見ル」（二月二四日）とある。右の三人はいずれも前原一誠の参謀格であり、しかも西郷の書をもっての来訪であるから、萩の乱と関係していることは確かである。正誼は翌二五日に帰っていった。

渡部求の指摘によると、前原一誠は乃木の実弟等を遣して度々乃木に与党たらんことを説きすすめたが、乃木は固よりこのことを肯《がえん》ぜず、却って法官橋村正名をして襖の外より密に兄弟の談を聴き取らしめ鎮台司令官に報告せしめたことさえあったという。[30] またこの日（二月二四日）正誼と横山俊彦が共に乃木を訪れ、前原に党せしめんと試みたが、乃木は頑として応じずかえってその非を語り、大義名分を論じてその反省を促したが、正誼もまたこれに屈せず、遂に乃木は「さらば汝は前原に與《くみ》して父の孝子たれ、我は赤誠を以て君国に盡さんのみ」といって帰した。この時正誼は「然らば小倉の豫備銃を貸與せよ」と請うたが、乃木は言下に「銃機は官物なり私に貸與すること能はず、強ひて望まば試に来って之を取れ、我は兵を以て固く之を護らん」と答え、さらに順逆の大義を説き、せめて武士らしく戦死せよと水杯を交わして最後の別れをしたといわれている。

右の伝聞は、乃木は萩の乱に加担しなかったのみならず、かえって大義名分を説いて正誼らを諭したということであるが、「日記」にあらわれているところをみても、乃木が萩の乱に加担した形跡は無く、かえって中央政府の立場に立って行動しているように思われる。八月一一日の「日記」では前原一誠の参謀格の横山俊彦の「書」（一誠の加盟勧告文、もしくは政府弾劾書）を議すために津下少佐、赤松少佐、青山大尉の三人（ともに第十四連隊の首脳部）をあつめて津下宅で対策会議を聞いている。また翌一二日にもこのことで部下の吉松少佐と密議している。八月一三日の「日記」になるが「奥平左織等來、杢来、横山俊彦ノ書ヲ持参ス、話ヲ武司ニ隠聴セシメ、罵テ帰ラシム」とあって、前原の与党たる奥平と馬来大工が一誠の参謀横山俊彦の書（前原一誠の加盟勧告書か）をもって乃木のもとを訪れたとき、乃木は部下の武司を隠して秘かにその話を盗聴させ、さらに相手を罵倒して帰している。翌一四日には「朝熊本へ電報、昨夜ノ事ヲ武司ト両隊長ニ告グ。（中略）日夕槇峠来ル、小酌密話ス」とあって、乃木が一誠の勧告書の件で周辺と協議し、熊本鎮台へも報告しているのである。さらに、一五日にも「本日橋村ヲ熊本ニ遣ル」とあって、法官橋村を前原事件の対処のために熊本に派遣している。[31]

ところが九月六日の「日記」には「玉木亦来ル、小酌（中略）玉木ト談シ夜ニ入ル」とあって、正誼が執拗に前原の挙兵に加盟するよう乃木に訴えたらしい。正誼は一日滞在して八日に出立している。このあと九月二一日・一〇月二日には正誼の来書があり乃木も返書している。さらに萩の乱の挙兵も間近い一〇月二〇日に、田中芝玉和尚が来て、正誼の書状を渡している。また横山俊彦より南州先生の書を送ってきたとある。こうしてみると、正誼は兄の前原党加盟の望みを最後まで捨て切れなかったことが窺われる。乃木も肉親への情があって、弟にはキッパリとした態度をとれなかったのではないか。

しかし一方では、すでにみたように周辺と協議を重ねながら、前原党の情報を熊本鎮台に積極的にもたらしている。一〇月二五日に「小林軍曹ヲ福岡営所ニ遣リ警備ノ画策ヲ傅へ、帰路ヲ久留米ニ取リ、且ツ秋月ノ形勢ヲ偵察セシム」、二六日に「早暁裁判所十二等出仕橋村正名ヲ山口縣ニ遣リ、萩地方ノ形勢ヲ探偵セシム」とあって、二四日に起こった熊本神風連の乱が福岡秋月や山口萩の不平士族と結びつくことを懸念して、秋月や萩の情勢を探らせている。乃木の打つ手は軍人として確かであって、すこしも萩の乱にあいまいな態度をとった様子はみえない。乃木は二七日勃発の秋月の乱に、小倉の兵を率いてこれと闘い鎮圧している。

一方萩の乱の方は二八日に勃発しているが、この方は主に広島鎮台が赴き、乃木が直接討伐に向かうことはなかった。この萩の乱は一一月九日に前原一誠・横山俊彦らが島根県下で「縛《ばく》ニ就ク」ことで終局をみる。この間、正誼は萩城下外れの大橋の戦闘で討ち死に、玉木文之進は前原騒乱に直接関与しなかったものの、自分の家から賊徒が出たということで責任をとって自家の代々の墓所の前で割腹自殺する。一誠の父佐世彦七も探索の手がのびると短刀で自ら腹を切った。(32) この萩の乱の参加者三〇〇余名をみると、乃木の実弟をはじめ吉田小太郎（松陰の甥）、杉相次郎（玉木文之進の実弟）、佐世三朗（一誠の末弟）など文之進の門弟も多数参加しており、(33) その点で乃木となんらかの形でつながりのある人達が多かった。親愛なる肉親や恩師（文之進）、旧友を失って乃木の心中は複雑なものがあったであろう。

そもそも萩の乱は西南戦争の小型版のようなもので、当時人望のあった前原一誠のもとに長州の血気さかんな青年たちが馳せ参じた。したがって薩摩と同じように、中央と在地との二つに長州の士族は分裂していた。一誠は松陰門下の俊才で高杉晋作や久坂玄瑞と並んで三羽ガラスといわれた逸材であった。また山県、木戸らともかつては同志で、戊辰の役には山県とともに越後に出征、明治三年七月には参議、同年一二月には兵部大輔《ひょうぶたいふ》の要職に就いたが、政府部内で兵制改革などで意見が合わず、明治三年下野している（とくに木戸との対立が顕著であったらしい）。(34) こうした経歴を持つ人間であったから萩でも人望があつく、萩の古老は一誠を「忠孝両道の豪物一誠の忠義孝行には誰も及ぶ者ございませぬ」と評していたという。(35)

ところで萩の乱後、乃木の挙動についてはとかく悪評がたち、同郷の先輩である福原和勝大佐が、憤慨して詰問状を送っている（明治九年一二月二日付）。その内容は同郷人児玉少佐や諏訪大尉の武功を讃える一方、乃木に対しては豊津の小戦を除く外、一小戦をも闘わず、かえって大阪鎮台に向って援兵を乞うている（敵人ニ向ヒ一矢ヲモ放タズ而テ先ヅ助他ニ求ムル者古エヨリ未ダ聞カザル）のはどうしたことかと非難し、足下（乃木）若年にして少佐となり名声も高く才能も衆人にすぐれているので陸軍卿（山県）が望む所があって連隊長の重責につけたのであろうと信じているが、足下の挙動に種々の悪声を聞くのは長州人の面目に関係することなので早々に疑惑を解かれんことを望むというものであった。

これに対して乃木の弁明の返書は、九州各地の賊徒の反乱の動きに対して種々の準備・対応をしたことを具体的に説明して誤解を解こうとしている。そうして返書の末尾で「希典ノ去年此職ヲ奉ズルヨリ、居常寝食ノ間ト雖モ、意ヲ此騒乱ノ因起スル処ニ注ガザルナク、終ニ骨肉ノ親ヲ絶テ、己ヲ知ル者ノ為メニ報ズルアラン」としたと述べ、「此ヲ以テ嫌疑ヲ師兄朋友ニ得ルトキハ、死スルノ後ト雖モ恨ミナキ能ハズ。死期ヲ猶豫スルハ耻ノ之ヨリ大ナルハナシ」として、弁明が受け入れられないときは〝死〟をも覚悟していると述べている。[36] この乃木の返書で福原大佐の疑惑はとけたらしいが、福原は返書で今後乃木の管内で変乱が起ったならばすみやかに失錯を回復するよう望むとし、実際に戦況によっては援兵を乞わなければならないときといえども、兵備の事は陸軍卿の熟知するところであるから軽はずみな態度をとらないようにと注意もしている。乃木はこの福原の返書に対して、疑惑が晴れたことに感謝するとともに「宜シク一身ヲ以テ他日其好機ニ投ジ、前罪ヲ謝シ、且ツ閣下愛弟ノ厚恩ニ報ゼント誓フノミ」（傍点、筆者）と来たるべき戦闘での名誉挽回を決意表明している。

この福原の詰問状は大濱徹也によれば山県有朋の示唆をうけての事であるらしい。[37] 確かに福原の詰問状のなかでも「僕（福原――筆者）熊本ノ警報ヲ聞テヨリ以来、日トシテ陸軍卿ノ許ニ至リ、該地ノ景況及官軍兵備ノ位地ヲ尋問セザルハ無シ」とあって、福原は第三局副長として山県の下にあって一連の不平士族の反乱の戦況を把握する立場にいた。また同じく詰問状のなかで、乃木が大阪鎮台に援兵を乞うた事実をあげて、それは山県卿の管轄下にあることだから乃木の関知するところではないと述べている。福原が山県の示唆を受けているかどうかははっきりとは断定できないにしても、山県の意を汲んでいることは確かであろう。乃木が二度目の返書で閣下（山県）の厚恩に報いるべく失錯挽回の決意をしているのは、山県の巨大な姿が乃木の背後にあることを思わせるのである。

乃木はこの萩の乱で愛弟と恩師の「二人の死に対する罪悪感[38]」を強く感じるとともに、山県をはじめ福原などの同郷人の「厚恩」に強い恩義をも抱きながら、西南戦争では名誉挽回にむかってひそかに心に期するものがあったのである。ところが、軍旗喪失事件という重大な失錯をその西南戦争で犯してしまったのである。乃木は内心どうしたらよいかわからなかったであろう。山県・福原の顔が浮んできたにちがいない。

すこし蛇足になるが後年乃木はこんなことをいったことがあると、桜井忠温は語っている。[39]

「電車に乗っていると、座席を覗っている者は坐れないで、フラリと入って来た者が席を得る。これが世の中の運不運といふものだ。」乃木さんの一生もそれであった。

乃木さんは電車の幸運者ではなかった。

おそらく萩の乱、西南戦争そして、日露戦争（二人の息子と多くの兵達の人命を失われた）での不運を回顧してのことであろう。

この点橋川文三も「乃木は明治初年、むしろ文を志し、のち武人となり、政治家となり（台湾総督）、さいごに勅旨によって教育者となった。その生涯が自然な志を得たものとは私には思われない。彼は普通にいえば失敗者である」といっているが、[40]乃木の殉死（自殺）を考える上で参考となる見方である。

そこで山県との関係にもどるが、乃木が山県卿の傳令使をやめて小倉に赴任したあとも山県とは接触があり、どうも乃木が一連の不平士族の反乱に際し山県と連絡をとり、指導をあおいでいた節がある。

明治九年一月二三日の「日記」には山県が下関（馬関）に来たので下関の宿舎を訪れたとある。また一月二六日にも「朝山県卿ヲ訪ヒ」とある。山県は江華島事件（明治八年九月、日本の軍艦による朝鮮の江華島進入、砲撃事件）の外交接衝不調に備えて黒田清隆全権大使の陸兵増派要請をうけて下関に急派されてきていた。二月七日の日記では「松田弘道ノ書（ヲ）得、有異報書ヲ造リ、山県卿ニ呈ス」とあり、さらに二月二三日、正誼が乃木のもとにきた翌朝には「朝書ヲ山県卿ニ送ル、平吉ヲ遣ス。午前即答。友田来、直ニ帰ル。朝玉木等豊津行キ、午後出関、山県卿ヲ訪フ不在。豊永ニ至リ、卿ト福原ニ逢フ」とある。後者は正誼から得た情報の提供であろうか。三月三日にも「午後大裡ヨリ渡関ス。山県卿ヲ訪フ、不在、言ヲ残シテ去ル」とある。

以上は山県が下関にいる間のことであった。さらに八月四日、いよいよ萩の乱が逼迫する頃、「書ヲ山県卿ト豊永ニ送ル、有レ故ナリ」とあって、乃木はなんらかの意味で山県と連絡をとって行動している様子が窺える。この点について大濱徹也は、乃木は山県より反政府グループの情況ならびに小倉守護の重要性について懇ろに説かれ、私情にかかわることなく陸軍と国家への忠誠をくりかえし求められ念をおされていたにちがいないと推測している[41]。

こうしてみると、山県と乃木との関係は意外と深いものがあり、西南戦争で軍旗を喪失したことが自分の畏敬してきた山県の姿――圧力を一層強く感じさせるようになったのではないか[42]。即ち、軍旗を喪失したことよりも山県に極刑をもって処罰するように求められたことの方が乃木にとって大きなショックだったのではあるまいか。連隊旗事件を天皇との関連でとらえることのできない所以である。後にこの連隊旗喪失事件が天皇の御恩とむすびつけられていくのは、乃木の心情が山県から天皇へと占領されていくのと軌を一にしていると考えたい。

乃木は小さい頃から泣き虫で非力な少年で、武より文を好んだという。父の希次《まれつぐ》は長府の毛利氏に医と儒を以て仕え百石をうけた江戸定府の武士であった。したがって希典も江戸の上屋敷で生まれているが、この屋敷は赤穂義士の武林唯七ら一〇人が預けられて切腹した場所であったことも、乃木の運命に微妙な影を落としている。そして、武術の達人であった父希次は、嫡子の希典が文弱に傾き内気であったことから、息子の弱さを鍛えようとしてその訓育は峻厳をきわめたという。文学の才あらわれてから、志を以て萩の明倫館に遊学せんと父に請うたが、今の世に儒生、文人となって何になるのか、武芸に励めということで、遊学は許されなかったといわれている。

おそらくこうした父の厳格なイメージが山県にも投影されていることであろう。西南の役の明治一〇年時点で乃木は二九歳、山県は四〇歳、父子ほどの差はないが、山県は陸軍生みの親、陸軍卿、長州閥であるからその姿は大きなものになって立ちはだかっていた筈である。

この軍旗喪失以後、乃木はこうした罪（恥辱感）に酒という形で対処した。乃木は明治一一年一月二五日に東京鎮台の歩兵第一連隊長を拝命して途中萩に寄り、二月一四日には東京に戻っているが、確かに明治一一年・一二年の日記をみると酒に入り浸っている。もっとも乃木は、もともと酒が好きだったとみえて陸軍卿傳令使の時期、即ち明治七・八年の東京勤務の日記では若者らしく遊郭を夜ごとに遊び歩いていて、親しい芸妓も多かった。もちろん遊郭に泊まりこみ朝帰りということも度々であった。しかしこの頃の乃木の遊酒は若者らしい明るいイメージのする酒であったことが日記から窺える。

この乃木の酒浸りについて戦前の論調では、乃木は謹厳剛直、質素、身を律すること厳粛な精神主義者で通っているが、若い頃の日記をみると決してそうではないことがわかる。乃木は最初から透徹、高潔な人格をもっていたのではなく、それは人生の歩みのなかで人格を磨きあげてきた結果であり、彼は若い頃は人間味あふれる人物であったとして、この日記が引用されてきた。『日本人の死生観』の著者、明治一一・一二年のこうした乃木の酒浸りを罪の重さゆえとしたのは重要な指摘である。[43] 橋川文三も早くから『青年時代の乃木大将日記』に注目し、この遊蕩ぶりを示した青年乃木のデカダンの記録は「乃木のあの忘れられた不思議な殉死の謎を解くに必要な時代の記録である」と指摘している。[44]

一一年・一二年の日記から酒浸りの激しいものをひろいだすと、「近年稀有ノ酩酊ナリ」（明治一一年二月一二日）、「大酔放言スルモ不覚ニ至ル」（同年二月二三日）、「大酔不覚、夜半ニ帰ル」（同年三月二一日）、「大酔（中略）落帽」（明治一二年五月二六日）、「大酩酊暴言不覚」（同年六月二八日）などとあって大酔が目につく。[45] また大酔の所為であろう馬がらみの事故（落馬など）も目につく。[46] こうした酒浸りは本省勤務時代（明治七・八年）とは違って、精神の不安定さを示す泥酔型であることに注意したい。

これと平行して注目されるのは東京に帰ってからの乃木の山県への対応である。乃木はしばしば山県邸を訪れて囲碁などをしている。例えば「朝目白臺ニ山県卿ヲ訪、凝筆書翰ノ事ヲ陳ス」（明治一一年九月二七日）、「山県卿ヲ訪、午餐」

（同年九月二九日）、「山県卿ヲ訪、囲碁ス」（同年一二月一〇日）などといった記事が多数目につく。[47] これらの記事は乃木が大分気をつかって山県の許を訪れ山県にうちとけようとしているかのように受けとれる。おそらく萩の乱の失錯や軍旗喪失事件で山県に迷惑をかけたということが乃木をこのような行為に駆りたてたのであろう。大濱徹也は、かなり無理して囲碁のために訪ねてくる乃木の姿には、遊びにいくというよりは何か義務的なものが感じられると指摘しているが、[48] その通りであろう。

後年、青年から壮年になるにしたがって、ようやく山県の権威・重圧から解放され、自立化していくにつれ、軍旗喪失事件は軍旗の神聖観の発達とともに、次第に天皇との関係で考えられていくようになり、軍旗喪失の責任は天皇に対する責任という形で考えられるようになっていく。山県から解放された乃木が天皇へ思いを入れていく、あるいは天皇個人に対して忠誠心を強めていくことで、軍旗の責任問題・恥辱感は天皇への責任、そして忠誠という形で再生されていくのである。乃木は一貫して武将として終始し、陸軍大臣にも、参謀総長、教育総監にもならず、また大将をもって補任資格とする武職にも一度も就かなかった。むしろ長州閥の外で生きようとしたのも、山県の重圧——そしてその背後にある明治国家——から自己を解放しようとした結果であろう。あるいは、文人として立とうとした当初の志が屈折した形で現れているのかもしれない。

（3）

それでは萩の乱で肉親や恩師を死に追いやったその罪悪感はどのような形で再生され、乃木の殉死につながっていったのであろうか。

筆者は乃木が「武士道」に沈潜し「古武士」としての生き方を実践することで青年期の罪悪感——愛弟、恩師、旧同僚の死——の責任を果そうとしたのではないかと考える。乃木の生活態度は青年期のデカダン（酒びたり）的生活からドイツ遊学（明治二〇年遊学、同二一年帰国）を機に、四〇歳の時点で心機一転するといわれている。彼は遊学を機に徹底した伝統主義者、精神主義者、厳格な人格者へ変わっていく。彼はその思想的模範を山鹿素行や吉田松陰に求めた。

山鹿素行は、厳父希次、恩師玉木文之進、吉田松陰などが敬慕崇拝する人物である。乃木が生まれた江戸の長府毛利侯の上屋敷は、赤穂義士のうち武林唯一、松村喜兵衛など一〇名が預けられ切腹した所であったことは先に述べた。そのため乃木は父からたえず赤穂義士の逸話を聞かされ、彼らが実際にいた居間、切腹した場所などをみせられ、毎月三度泉岳寺（東京都港区高輪、赤穂藩主浅野長短と四七士の墓がある）の参詣に行ったという。[49] この赤穂義士は、素行が赤穂の浅野家の儒臣として招聘されたということもあって山鹿流の軍学の信奉者であったが、玉木文之進や吉田松陰も山鹿流軍学の家筋であった。

吉田松陰は、玉木文之進の甥（文之進の実兄杉百合之助は松陰の実父であり、実兄吉田大助は松陰の養父）であったし、また松陰はこの叔父文之進のもとで教育をうけた。乃木は一六歳の時、文之進をたよりに家をとびだし、農事をしながら勉学に励んでいる。その間、松陰自身の「士規七則」を与えられ、「義」のために死んでいった松陰の生き方・思想を文之進からうけた。

後年、息子勝典（少尉）の二四歳の誕生を祝して、松陰の「士規七則」の額一面を贈った（明治三六年八月）。その時の「士規七則」の解説のなかで、乃木は、自分は青年時代大父君や玉木先師から常にこの七則を教えられて近時特に感ずるところがあってこの恩に感謝していると述べている。[50] このことは「武士問答」でも「十五・六歳ノ頃、吉田松陰先生ノ士規七則ヲ父ヨリ与エラレ、又武教小学ヲ写セラレルナド致シ、殊ニ士規七則は常ニ之ヲ暗誦シ、後チ玉木翁ニ従ヒ十九歳頃迄ニ委敷《くわしく》講義ヲ聴キタリ」と述べていることによって知られる。[51]

なお晩年、山鹿素行の「中朝事実」「武教小学」「武教本論」、松陰の「孫子評註」「武教講録」などを刊行し友人に配ったりした（このことは日記にもみえている）。また学習院長になったあと、「武教小学」「武教本論」「武教講録」などを学習院の修身教科書として生徒の懦弱《だじゃく》の風を矯正《きょうせい》したということである。

さて、乃木の古武士としての「武士道」的実践とは、彼が少年期から青年期にかけて影響をうけた人達の生き方を四〇歳を転機に継承しようとすることでもあった。一種の回帰といえよう。それは、厳父であり、玉木文之進であり、前原一誠であり、愛すべき弟たちであった。乃木はおそらくこうした人達に「古武士」の姿をみいだしたのではないか。また自分がそうした「古武士」の生き方をすることで、亡き同僚や愛弟、恩師、さらに厳父の世界に自己を沈潜させようとしたのだと思う。

　厳父十郎希次は、寺内正毅の回想によると一般の人々には畏しきほどの真面目な人で、とても乃木の及ぶところではなかったということである。(52) 十郎自身気骨を示すさまざまな逸話を残しているが、貧乏のためとはいえ粗衣粗食に甘んじる一方、刀や槍、具足など、とくに刀は人も及ばぬりっぱなものをもって、武士の魂として一点の錆すらみせなかったということである。安政五年、無人（希典の幼名）が一〇歳の時、藩主の不興を買って謹慎の身となり長府に帰国を命ぜられた。そのため一家は貧窮のどん底におちこんだといわれている。

　後年、乃木が質素を旨として粗衣粗食をモットーとしたのも、(53) また通常自邸にあるときも外出するときも軍服以外のものを着用しなかったことも、軍刀や馬を大切にしたことなども父の生き方、教えというものに自己が回帰した結果であろう。

　玉木文之進は乃木の恩師である。玉木自身は、萩の乱に参加しなかったものの、一誠をはじめとする不平士族の心情にはずいぶん理解を示していた。松陰一三回忌の明治四年、愛弟子松陰の追憶に託して詠んだ歌賦には、「世事紛紜《ふんうん》長二慨嘆一、人情浮薄日推移。知否十有三年後、頑鈍《がんどん》依然独守レ癡《ち》」とある。これをみると玉木は日々浮薄と奢侈にながれる時勢に抗して独り頑固に自分の信念を守った人であったことがわかる。玉木が切腹したのも単に自分の家や門弟から賊徒を出したということの謝罪からでなく、そこには西洋化の波によって日々失われていく「武士道」的なものへの愛惜、そして国を憂うる心持ちがあらわれている。彼の切腹は、自分もまた前原党の心情に共感をよせる一人であったことの証であったろう。

　前原一誠は松陰門下の俊才で、「勇あり智あり誠実人に過ぐ」というのが松陰の前原評であった。萩の乱は、（1）地租改正、（2）樺太・千島交換、（3）当局大臣に責任感なきこと、（4）士族の善後処置を過てること、（5）征韓論の行わざりしこと、（6）政府首脳に汚職あることなどの不平に対する反乱であったことが、一誠の草した弾劾書によってわかるが、(54) 一誠が奥平謙輔に命じて作らせた決起の文にも「木戸孝充等帷幄《いあく》に出入し、寵待比《くら》ぶる無し。而して先君の業は掠《かす》めて己が功となし、敢て其胸臆を逞《たくま》しうし、祖宗の土地を挙げて以て献ず。其の為す所、法律を以て詩書と為し、収斂を以て仁義と為し、文明を講じて公卿を欺き、夷狄に籍《か》りて以て朝廷を脅かす。之を要するに、夷狄横行、海外は疲弊、神州は安危あるも、朝に夕べを諫らず。則ち唯に先君の仇人のみならず、抑も亦朝廷之賊臣也」とあって、(55) 藩閥高官（木戸孝充ら）への批難がみえる。この点は後述する乃木の維新の功臣・元勲に対する批判と文脈は同じである。また一誠が長州の木戸、伊藤、井上などの三姦斬るべしとの勢いであったのも、乃木が井上馨や桂太郎などを毛嫌いしていたのと符合している。乃木が井上を嫌ったというのは、乃木のドイツ留学時代、友人の桂弥一の送ってくれた号外で、条約改正運動の前に井上が罷《や》めたことを知った時手を拍って喜んだことが伝わっている。(56) 桂太郎への毛嫌いの逸話も伝わっているが、それは、乃木より後輩であり、軍人としての地位も出発もおくれていた桂が、乃木の名古屋歩兵第五旅団長の時（明治二三年七月）に第五師団長となって、乃木の上官として赴任してきたことへの反発があったものの、それよりも「ニコポン」といわれた桂の調子のよい生き方、乃木の信条とした質素な生活や厳格さとは正反対ともいえる人生観に対する嫌悪が根底にあったのではなかろうか。

　明治二三年〜二四年の名古屋歩兵第五旅団長時代（乃木は四二〜三歳）のものとみられる「軍紀の廃頽を歎く」では、「目下我陸軍々人」に「徳義ノ敗壊、風儀ノ汚乱ニ至テハ、日ニ一日ヨリ甚キ者アリ」といい、具体的には「不善ヲ為シ、悪事ヲ詢リ、上官ヲ誹謗スルニ過ギズ。賭博ヲ為シ、賣淫婦《ばいいんふ》ヲ呼ビ、不良ノ飲食ヲ為シ、遊蕩《ゆふとう》ヲ促シ、之レニ基因シテ郷里ノ父兄ニ贈金ヲ促シ、営内ニハ窃盗絶ユルトキナク（下略）」といった悪風を指摘している。そしてこうした「徳義ノ敗壊」「風儀ノ汚乱」は、実は維新の元勲たる人々、それに将校社会にまでおよんでいることを乃木は憂えていた。それは「軍人心得十五箇条」に示されている。この論稿は、陸軍中将で第一師団長時代、明治三一年一二月末より新春にかけて伊豆修善寺温泉に神経病湯治中、乃木の草稿を子息勝典中尉に清書させた論稿で、この後副官芦原甫少佐に向かい「自分の死後世に示せ。それまで発表を禁ず」と戒めて本稿を渡したものであると、和田政雄は指摘している。[57]

その論稿の第二条に「我明治元年ノ当時、所謂《いわゆる》維新ノ元勲タリシ諸氏ノ品行ハ如何。其家ヲ為シタル後、家風ハ如何ニ。其多数ハ実ニ恐ルベキ害毒ヲ後輩ニ伝染セシメタルニアラズヤ。然ルモ今日死者ニ就テハ猶更、生者ト雖モ訐《あばき》テ之ヲ言フハ忍ビザル処ナレドモ、今ニ於テ尚ホ悔悟スルナキノミナラズ、稀有《けう》ニモ其己レニ習ハザルモノアル時ハ、却テ之ヲ忌悪スルニ至ルハ如何ゾ。而シテ之ヲ憤慨スルモノナキカ。否々彼ノ行為ニ習ハザレバ、彼ノ好ム処トナリ能ハズ。彼ニ習ヒ彼ニ好マレテ、彼ノ如キ名誉モ幸福モ獲得シ能フベシト信ズルナレバナリ」とあるように、明治の元勲とよばれる人達が悔悟することなく、かえって後輩に自分の悪弊を押しつけていること、人々もこれを憤慨することなくかえって彼の行為にならって名誉や幸福を獲ようとしていると非難している。さらに我が国の上流社会は、「如何ニ模範ヲ示シツツアルヤ」と疑問をなげかけて、将校社会にも奢侈贅沢の弊が衣服の上に於て顕著にあらわれていること、宴会なども歎息すべきことが多いこと、またいうに忍びないことが多々あることを指摘し、自分も「明治十四・五年ノ頃迄ハ、或ル時ニハ主導者トナリテ料理屋宴会ヲ開キタリシハ、今更慚愧汗顔《ざんきかんがん》ニ堪ヘズ」と反省している。また「嫁ヲ権門豪商ニ索メ、又資産ヲ目的ニ養子入婿トナラント欲スルノ風ハ、我将校社会ニ流行ヲ来スノ患ヒナキカ」という。こうした元勲、上流社会、将校社会への批難は、明治国家（政府）に打撃を与えるものであって、乃木が立場上これを公表したくなかったのもうなずける。乃木が長州閥からは若干離れた所に位置していたのも、彼の生き方が明治国家の元勲や将校と合わなかったからであろうし、右の元勲・将校批判は実は前原一誠ら（実弟、恩師文之進も含めて）の藩閥政府批判の姿勢と一脈通ずるものがあるとみてよい。乃木の生き方は伝統主義にすがり復古的であるにしても、その批判は現在進行している明治国家（上流社会）に対するものであって、乃木は前原や実弟や恩師らとは違ったやり方で、自らの生活態度・日々の日常生活（質素な食事、軍服で通す生活、農村を大事にする気持ち、至誠、功利主義の排除等々）を通して明治国家（それに象徴される、元勲、上流社会、将校社会）を批判していたともいえる。見方をかえていえば、厳父や実弟、恩師らの意思は、乃木の日々の伝統主義、精神主義――「古武士」としての生き方のなかに継承されていたわけである。

以上みてきたように、乃木の「殉死」は、青年時代の恥辱、罪悪感、悔恨といったものがその後も絶えず再生され意識されつづけてその死を規定していたと考えられるわけである。[58] 従ってそれは、単なる殉死ではない。天皇の武士、天皇の郎党、天皇の忠臣だったから天皇を慕って殉死したと考えるのは、乃木の人生の襞《ひだ》をみない結論だと思われる。「遺書」では、老衰でもはやお役にたてなくなったといっているが、それは「老衰」が今までの乃木の孤高的でストイックな生き方を許さなくなってきたことの言明であろう。質素な食事、軍服で通す生活、禁欲的で厳格な生活は老齢に達した乃木にとって大変なことである。乃木の体は晩年は痔、リュウマチ、眼の悪さ、三ヶ所の戦創などの病気と創《きず》とで固められていたということである。[59] そうした「古武士」的生活は世間的に乃木の乃木たる所以として彼の評価を高めていたから、「老衰」でこうした自分の生き方が壊れるのを乃木は恐れたのであろう。

一方、天皇の死は、青年期の軍旗喪失事件以後山県（明治国家）から天皇へと苦悶しながら自らを解放させていった過程、そしてその結果としての天皇への忠誠に終止符を打つことを意味した。天皇は乃木にとっては自分の青年期以来の苦悩を癒やしてくれる存在であった。おそらく乃木は山県の背後に巨大な明治国家の存在を感じとったのであろう。軍旗喪失が山県の厳しい非難、そしてその責任感から天皇の思い入れへとその意味を変えていったのも乃木が山県――そしてその背後の明治国家から距離をとっていったことと対応している。[60] そこには国家と天皇を分離し、天皇に思いを入れることでより大きい公的存在（それを〝天〟〝天下〟といい変えてもよいかもしれない）に責任をとろうとする意識が流れているのではないか。

なお、日露戦争の旅順攻略の多大な兵卒の犠牲者（死傷者数約五万八千人）も天皇とむすびつけることで、その犠牲に意味（価値）が与えられる。多くの兵士たちは、〝天皇陛下万歳〟という形で死んでいったといわれている。それは、乃木の多大の犠牲者を出したことへの責任を免除するものではなかったにしても（乃木もまたそう考えてはいなかった）、彼らの死の意味づけをしてくれたのである。だから乃木は、ますます天皇の恩寵に身をすりよせることになった。

乃木は凱旋のすこし前、法庫門において、当時法庫門兵站司令部副官であった福井出身の三田村吉継に左の漢詩を与えた。(61)

皇師百萬征二驕虜《きょうりょ》一
野戦攻城屍《しかばね》作レ山
愧《はず》我何顔《かんばせ》看《まみえん》二父老一
凱歌今日幾人還《かえる》

この有名な漢詩には乃木の出兵将兵の父老への謝罪の念が痛切に語られている。現に乃木は凱旋から帰ってきても、「部下の将士の遺族に対しては深くその哀腹に同情し、暇さえあれば其人々の郷里を尋ね、父老、子弟、親族、朋友に会して之を慰め」たり、「廃兵院にも深き同情を有し毎月一二度必ず訪問した」という。(62)乃木の父老への罪悪感がどのようなものであったか筆者にはまだよくわからないが、おそらく乃木はこの痛恨・罪悪感を一層天皇に忠誠を誓う、天皇の恩寵に身をよせることで耐えてきたのであろう。二人の息子の死は、父老の厳しい眼を和らげるものとなった。「乃木さんも二人の令息をなくされたのだから」と。かくして天皇の死は乃木の死をも意味する。自己の悔恨に満ちた人生を生きつづける意義を与えてくれてきた天皇の存在――その天皇の死は同時に自分の人生に終止符をうつことを意味した。これが乃木が殉死した理由であろう。だから乃木の死は、自殺と殉死の絡まった死であった。もっといえば、自殺を殉死という形をとって決行したということになる。

人間である以上、誰にもありうることであるが、乃木もまた悔恨と罪悪感に満ちた苦しかった人生にケリを付けてほっとしたのではないか。その意味で明治天皇の死は、乃木の人生の幕引きを提供してくれたといえよう。ところが明治国家はこうした乃木の人生を利用して彼を軍神、忠臣に祭りあげる一方、「明治天皇に対する彼の献身は領土拡張、外人排斥、先祖復帰、そして単に狂気にすぎないものに至るまですべて国家の大義に奉仕する一般的な献身につくり変られた」のである。(63)

筆者は、乃木の死は明治という近代国家の生み出した一人の近代人の死でもあったと思う。それは死の内面化、対象化であり、六四年間の人生の「まとめ」を自殺（殉死の形をとった自殺）という形で処理したからである。したがって、「古武士道」「殉死」ということで乃木を古い封建的世界に封じ込めるのは、近代に生きた乃木の人生（個性）を見失わせることになる。だれも時代を超えて生きることはできないからである。

3　乃木の殉死をめぐって

（1）

それでは乃木の死は、当時の人々にどのようなものとして受けとめられたのであろうか。

よく引用される生方敏郎『明治大正見聞史』をみてみよう。(64) やまと新聞の記者であった生方は「乃木大将の忠魂」という記事で、乃木殉死をめぐる新聞社内の空気を伝えている。それによると社内は乃木非難の声で満たされた。

「乃木大将は馬鹿だな」と大声で、若い植字工が叫んだ。すぐその後から夕刊編輯主任のM君が「本当に馬鹿じゃわい。何も今夜あたり死なないで、他の晩にしてくれりゃいいんだ。今夜は記事が十二頁にしても這入りきれないほどあり余っとるんじゃ」といかにも残念そうに言った。外交部長のK君も「惜しいなあ。もっと種のない時に死んでくれりゃ、全く吾々はどの位助かるか知れないんだ。無駄なことをしたもんだなあ」。「全く助からない」とスマアトらしく見える若い職工長もそこへ来て叫んだ。

そのうちに夕刊主任のMが乃木の戦術のまずさを論じ、「ただ大和魂さえあれば何でも出来ると思い込んでいる人だからたまらないや。そのくせ、どこまでも真面目で誠実ときているんだから兵卒はやりきれない」と高説をたれる。そして、社長のMまでが編輯室にはいってきて「乃木が死んだってのう。馬鹿な奴だなあ」という。

ところが、生方が翌日目覚めて枕元の自分の社の新聞を読んでみると、「軍神乃木将軍自殺す」との大見出しのもとに、誠忠無二の軍神乃木への尊敬を極めた美しい言葉でもって満たされていたという。

私はただ唖然として新聞を下に置いた。昨日乃木将軍を馬鹿だと言った社長のもとに極力罵倒した編輯記者らの筆に依って起草され、職工殺しだと言った職工たちに活字に組まれ、とても助からないとこぼした校正係に依って校正され、そして出来上ったところは「噫《ああ》軍神乃木将軍」である。私はあまりに世の中の表裏をここに見せつけられたのであった。

これに対して庶民の見方の一例をも生方は伝えている。生方のよく行く床屋での話である。

音さんは鋏を私の耳の傍でばちばちやりながら、「旦那どうも惜しいことをしましたな。乃木大将がお亡くなりになりましたなぁ」

「ほんとに惜しいことをしたよ、あんな人望のあった人を失くしてしまってさ」と私は軽く調子を合せた。洗面所の辺りで、しきりにごしごし日本剃刀を研いでいた玉さんは、「だが乃木さんも偉いにゃ違いないが、荒木又右衛門と比べたら、どっちが偉いかなあ」と、音さんに向って問いかけた。私はこれを聞いてまた心から呆然とした。

そして音さんはどう答えるのかと思って耳を傾けた。ほとんど禅問答に近いような話だから。然るに音さんたるや、これに対して実に訳もなく解答を与えた。曰く、「そりゃ、剣道じゃ荒木の方が偉いに違いないさ。けれど、忠義にかけちゃ、やはり乃木さんの方が偉いだろうよ」

以上の生方の回顧録をみると、乃木の殉死に示した知識人の反応は本音と建前では違っていたことが窺われる。これを生方は「世の中の表裏」としているが、こうした表裏は一般的に近代の精神史のなかに色濃く流れていたものである。いわば本音——近代的自我（個人主義）、科学的合理主義、批評精神といったものが、国家とか社会（世間）とか天皇とか教育とかいう公的秩序・公式主義（建前）のもとに吸収されてしまう精神史の特徴である。そこにいくと庶民の見解は知識人のような巧妙さがみられない。明治以降の近代精神史の良心的な部分は、そうした本音と建前、世間の表と裏の巧妙な使い分けに悩み苦闘する部分であった。

次に当時の新聞の論評を通じて乃木殉死の反応をみてみよう。[65] 筆者が目を通したのは東京日日新聞（毎日新聞）、東京朝日新聞、読売新聞、信濃毎日新聞などであるが、殆どは乃木の賛美で終始しているというのが大勢である。紙面は、今回の行動に関して、知識人・友人・軍の上司・部下などの談話という形でその人格、姿勢を讃めたたえたもの、あるいは乃木の美談・逸話が数多く掲載され、のちの「乃木伝説」の流布・発行の素材を提供することになる。

乃木賛美はどのような形であらわれているのか。軍人などの反応において特に目に付くのであるが、当時の軽兆浮薄・拝金主義・利己主義という時世に対して、乃木の高潔、私心なき人格、忠勇無二の態度が対比され、今回の乃木の自殺（殉死）がこうした風潮に対する一服の清涼剤となり、国民を覚醒させることになったとするものである。即ち、乃木の殉死は国民の教化に大いに役立ち、また今後とも役立てていかなければならないとするものである。

乃木は、日露戦争後は東郷元師とならぶ国民の英雄であり、世間的な知名度も高く、いわば乃木ファンというものを幅広くもっていた。しかも、日露戦争後からは特に高潔、私心なきその人格を賛美する逸話がかなり喧伝され、英雄として「神話化」された部分をすでにもっていた。だから自殺（殉死）は、一般的には現今の社会にあわないし、また悪である、良い結果を及ぼさないといった意見に対しても、乃木のそれは世間一般の〝熊さん八さん〟の凡庸な自殺とは違うのだ、区別しなければならないという意見も多かった。さらに、乃木の自殺そのものを議論するのは誤りであり、乃木はそうした議論を超えているという意見もある。紙面で特に大きな議論を呼んだのは、殉死の是否論と原因論であった。

西洋人、キリスト教の方からいうと、自殺は当然悪であるということは紙面でとりあげられているが、問題なのは殉死という西洋人にはよくわからない、あるいは日本人にもすでに古くさくなった行動の評価である。

殉死というものを西洋とは違った日本固有の武士道の顕現とみて、これは日本魂を振作したもの、日本の精神的文化が一大光彩を煥発するにいったもの、神代よりの日本の古風を発揮するものだと賛美があった。これに対して、外国紙はこうした殉死におおむね否定的であったし、日本でも教育界や一部の識者はこれを評価しなかった。

外国人の発言では、先帝に尽す真心があったならば、何故に新帝にもそのように仕えないのか、むしろ新帝にも忠を尽すのが先帝の意思にも適う所以ではないか、また殉死が正当のものならば他の元老、忠臣もまた殉死しなければならなくなり、その結果新帝は優秀な輔弼《ほひつ》の臣を失い、結局は国家は成りたちがたくなるのではないかという意見であった。この点は日本人の一部の論調も同じであって、少数意見ではあるが、殉死に懐疑的であった。

例えば、『時事新報』（大正元年九月一五日）は「乃木大将の自殺」と題して「大将の死に就き批評を試みるは、私情に於て忍びざる所なりと雖も、世間或は理と情を混同し、乃木将軍は流石に忠臣なり先帝に殉死して其終りを全うしたりなどと其死を称讃するものあらんか、大なる心得違ひと云はずるを得ず」と疑問を提した上で「其先帝に仕へ奉りたる心を以て新帝に仕へ奉るこそ皇室国家に忠義を尽くす所以にして（下略）」と述べ「単純なる忠義論より見るも決して其死所を得たるものとは云ふ可《べ》からず」と結論づけている。(66)

同じく法学博士の浮田和民は、教育の理想・道徳の理想というものは一般国民全体がそれを真似て実行できるものでなければならないのであって、ある特別の事情、ある特別の境遇にあるものの行動は、たとえその心情は同情しても奨励すべきものでないとして、乃木夫妻の自殺は誰人も感動するが、それを国民が実行すれば、陛下には不忠となる。従って、希望としては将軍は矢張り健康を保たれて学習院長として長く国家に尽力された方が自殺されるよりも一層善事であったとしている。[67]

加藤弘之も「もう少し考えて先帝に仕へた志を以て新帝に仕へた方が今日の詔勅にもかなっていてよいようだ」と述べている。[68] 鎌田栄吉慶応義塾々長も「自殺を以てエライと思ふのは大いに疑を挟まなければならぬ。もし続々エライが之にならって自殺すれば国家の不利なるは明白な事で極端に言えば国家が亡くなる。（中略）誠忠無二の人であるから生命に殉するといふ意の起るのも最もであるが、然し新帝に仕へて忠節を励み、又乃木大将の如き人格を以て青年の薫陶に当られたならば国家の為めに更に利点であったらふと思ふ」という。[69]

境野黄洋は、武士道は今日軍隊の上においては完全に行われるべき道徳であるものの、「軍隊以外の一般社会に絶対に強ひんとするは到底不可解事なり」として、「大将の行動は唯自己夫妻の情を満足すといふに止まりて尚国家に尽すべき自己あることを忘れたる憾《うら》みなしといふべからず、これ実に大将のために惜みて尚余りあることといふべし（中略）乃木大将の死は之を以て日本の旧武士道の最後を荘《かざ》れるものとして其の情に於ては大に之に尊敬の意を表すると共に理に於ては遺憾ながら之を取らず永く国民道徳の前途を誤らしめざらん事を希《こいねが》はざるを得ず」（傍点、筆者）といっている。[70]

『信濃毎日新聞』の社説「打破(1)(2)(3)」は、非常に整理された明解な乃木殉死批判を展開している点で注目される。[71] 以下、その論旨を要約しておこう。

殉死自殺は封建制の遺習であり、亡国的な支那思想の渡来物であるから、開化進取の国是をとり五箇条の御誓文にもとづいて「陋習打破」をめざしている今日にあわない。「忠臣二君に仕へず」というのは、封建時代に於てこそ意味があって、今日我等の戴きまつるは万世一系の天皇であって、封建時代の徳川政府でもなければ、毛利公でもない。我等は明治天皇の忠臣であるとともに今上陛下の忠臣でもなければならぬ。そして、今日の元老、明治天皇から直接の恩顧を蒙った閣臣・諸臣が一般に明治天皇に殉死されたとすると、世の中は暗闇となってしまう。唯、将軍が尊大なるを以てこの人のみの殉死は許されるが他人の殉死は許さぬという意見があるが、こうした意見に対しては現在の功臣中、乃木将軍と比肩して高潔決して之に譲らざる人々が沢山いる（東郷大将もその一人である）し、また善事は何人も許すべきものであって、人を限ってゆるすべきものでないという反論ができる。又論者は武士道を楯に大将の殉死を正当化しようとしているが、単に死を恐れぬというのが武士道であるのか、詮《せん》なき時勢と知りつつも生きながらえて孤忠を尽さんと煩悶する武士道もあるのではないか、まして大正の世の進化した武士道からみたら死ぬばかりを忠義とするのは誤りではないか。又ある一部の人々は大将の自殺をもって時世の憤慨より出たるものとしているが、将軍の心中かかる憤慨の種があるならば「何ぞ正々堂々として之を発表せざる。発表して而して之を世論に訴えざる（中略）徒らに胸中憤慨を蔵して、独り悶々の情に苦しむのは個人としてまことに不得策であるのみならず、公人即ち国家の一員としても決して賞すべきでない」と。

最後に社説は、世人が乃木の死に対して非常に神経質となって自己の意見を吐露するのに臆病になっていること、又この殉死をどうにかして利用しようとする者もいることに対しても批判している。

この『信濃毎日新聞』の社説に対してはかなりの非難が噴出して、「見るもの紙を投じ紙を寸断し斯《か》くの如《ごと》きの冷血漢あるやと憤慨し」たと同紙に一市民が投稿を寄せている。(72) こうした反響を知ってか、『信濃毎日新聞』はさらにこの社説を擁護する論陣をはって、「其人格を仰いで其の死を見るな　上下」を掲載して以下のように反論した。(73)

殉死は乃木将軍にのみ当てはめるべきものであって他人には当てはめるべきものでない、或いは将軍の殉死は理性を以て律すべきものでなく、感情を以て論ずべきものであるという意見があるが、「将軍の殉死が偉大なものであればあるほど理性をもって是正しうるものでなければならぬ」。殉死はいかにしてもこれを是正できるものでないから、自殺をもって是正しようとする文部省の意見も出てきたのである。即ち責任の自覚という理由をもってこの乃木の自殺の有意義なることを説明しようとする、併し責任は死をもって解除されるものではない、「死にさえすれば責任が解除されるものでない」、「死にさえすれば責任が解除されると云ふような教訓が若し将軍の死によって世に伝播したならば夫こそ大変なことである」「如上《じょじょう》、乃木将軍の死は之を殉死とせず自殺としても我等は尚或点に於て之を是正すべき理由に疑をさしはさみうるのである。故に我等はこの際将軍の死を見ずして唯其高潔なる人格を仰ぎ、以て之を現代の活教訓としやうと思うのである」（傍点、筆者）。

『信濃毎日新聞』の論は、いわば殉死・自殺論の棚上げである。

右に文部省云々と出てきたが、教育界では乃木の殉死・自殺論に立ち入ることはしないで、人格者としての乃木を教訓化しようとしたものが多かったと推測する。「乃木夫人の殉死に対する女流教育家」の感想のなかで、矢島女史は「美しい事は実に忠君愛国の花です。けれども文明の今日決して奨励する事は出来ません」といい、[74] 女子高等附属高女の篠国主事も「其精神的訓育の上に及ぼすのは自殺其者《そのもの》より寧ろ静子夫人の平常の行為が活ける教材となる」といい、[75] 高等尋常小学校の校長も一七日に生徒を講堂にあつめて「素より殉死の可否論は一切さけ、只大将の平生の有のままを記述して大将が世界の偉人たる所以を具体的に吹きこまんとした」と述べている。[76] また府立第三高女の堀田教頭は、「理の上より見るも夫人の死は非なりとは言はれざれども果してその最後の心事を模範とするに足るや否やは大なる考え物なり。故に生徒に対しては何等話さざる心算なり。返すがえすも情においては美しく学ぶべきも理的方面においては尚研究すべき余地あらずや」（傍点、筆者）と述べている、[77] 理と情を分けて論じているのは一般的な日本人の論調の特徴であろうと思う。

以上みてきたごとく、一般的にいっても殉死は明治〜大正の近代社会の段階においてはもはや正当化できなくなっているので、論者としては、乃木の殉死は別だとか（即ち、殉死にも許されるべきものとそうでないものがある）、殉死は正当化できないが自殺は近代において考慮（容認）されるべきものがあるとか、また殉死の議論には立ち入らないとか、理と情を使い分け、理においては正当化できないが情においては十分理解できるとするものが多かった。また乃木将軍と親交のあった新渡戸稲造のように、[78]聖書には自殺の是非に関して何らの記述もないし、又それは酒のようなものであって、ある場合には是認されるし、又ある場合には奨励されないものであるという自殺論を展開したものもある。[79]

そもそも殉死の歴史については、すでにふれたように近世（江戸時代）の殉死そのものが複雑に屈折した形で武士の心に内面化されていたし、殉死の最盛期は戦国時代〜江戸初期であって、江戸時代の殉死そのものがすでに退行過程にあった。三代将軍徳川家光薨去の時、堀田正盛が同列の諸老人に向かい、「我身は各々もしられしごとく、少年よりして格別の御寵を蒙り、浅学の身にしてかく登用せられし事なれば、今度是非ともに殉死して、昇天の御供仕るべしと志決したり」と述べ、後の事を宜しくたのむと申した。これを側で聞いていた阿部重次が自分も同じ志だと申し立てる。「正盛はじめ一座の人々、こはおもひもよらぬ事なり、我君昇天の御門出に御供せんの志はたれも同じく願ふ所といへども、君もかくと思召しらせたまひ、幼主の御事をくれぐれも仰置れたるなり。大恩をしたひ奉る人々みな殉死せば、誰か幼きを輔佐し奉るべき。これは思ひ留られんこそ、忠義といふべけれととゞめける」（傍点、筆者）ということになった。[80]江戸時代（初期）においてさえすでに殉死というものが及ぼす効果、弊害が憂慮されていたのであり、従って寛文三（一六六三）年の殉死の禁止でも、それが「不義無益」のことと規定されていたわけである。

（2）

ところで、すでにみた殉死や自殺の批判といった意見でも、乃木の人格の高潔さ、私心私欲のなさ、誠忠人といったことは前提として認めた上での議論であったが、よく指摘される谷本富《とめり》（京都帝国大学教授、文学博士）の論評は、[81]乃木の人格そのものへの嫌悪の感情がふくまれていたため、世間の厳しい批難の痛棒をうけることになった。

乃木さんは平生あまり虫の好かない人である。露骨にいえばはなはだきらいな人である。乃木大将と東郷大将とは同じく日本陸海軍の名将ながら、その人物に大なる相違があって、とうてい同日の談ではない。乃木さんには一種の衒気があって時としていやな感じを起こさしむることはあるが、東郷大将にいたっては無邪気にして、渾然《こんぜん》玉のごとしとの一般の評である。乃木大将の古武士的質素純直な性格はいかにも立派なるにかかわらず何となくわざと飾れるように思われて、心ひそかにこれを快しとしなかった。（中略）概約すれば乃木さんはむしろ大久保彦左衛門のごとき役割の人であったろう。とうてい国家実際的政務の紛雑なることを理解して、処理すべき人でない。されば時勢の進歩とともに人事のようやく複雑を加うるを見て慷慨やまず、自殺するに至りてしは気の毒ながら、けだしやむえざることならんと思う。（傍点、筆者）

そして乃木の人相の事にふれている。

大将はいわゆる孤相であり、平たくいえば賤の相に近いもので、とうてい大将というごとき高職にのぼるべき富貴の天分もなければ、また百歳の寿を保つべき福寿相と見えざるようである。支那の相書にかくのごときは敗業するにあらずんば、悪死せんなどと書いてあるのに近い相である。

よくこれだけのことを当時の乃木賛美の嵐の中でいえたと思われるが、乃木の言動に一種の「衒気《げんき》」――わざとらしさを感じとるのは、後にみる大正年代の芥川龍之介、武者小路実篤、志賀直哉などの乃木観に通ずるものがあって興味深い。しかしこれは、ごく一部のものにとどまったであろう。

次に乃木の殉死（自殺）の原因に関する意見にうつろう。

紙上をみると、原因についても凡そ四つぐらいにまとめられる。

第一は、殉死――即ち先帝の恩に対してそれに報いるため来世まで御供をするという念からの切腹（追腹）、第二は、今日とくに腐敗堕落する人心、利己主義の世界、享楽主義の風潮に対する憤死、あるいはそうした人心を覚醒させるための犠牲的な自刃（死をもって国民を覚醒せしめる）、第三に敬愛する明治天皇の死による錯乱的な自殺、第四に日露戦争で多大な将卒を殺してしまったことに対する自責の念、あるいは己の戦争で愛児二人を失なってしまったことなどの悲痛のあまりの自殺といったものが挙げられていた。

第三の原因については、遺書も公表されていない段階（遺書の公表は一六日午後四時軍当局によって行われた）[82]のものであって、これを主張するものは少ない。

第一の殉死原因論は乃木＝古武士という規定から出てくるもので、遺書にも記され、また残された辞世の歌にもはっきりしているので誤りのないものであるが、ただ殉死は一つの契機であると考えて、その殉死を決意するにいたった原因を種々詮索するということも起こる。ただそうしてしまうと殉死はそれを利用したということになって、殉死そのものに美しい意義を盛るというわけにはいかなくなる。そうなると忠義・誠忠の純粋な殉死という名目は消えてしまう。

第二の憤死もしくは死をもっての覚醒といった原因については、これは古武士としての乃木の高潔な人格といったものがそうした原因の推測に導びいたものであって、原因というより乃木の死をそうしたものとして理解する、あるいは乃木の死にそうした意義を与えたいという気持が強く働いている。したがってこれが原因であるとするのは、多分に要請的なのである。

この第二の点について、最初のころ、乃木の自殺に関して、明治天皇の侍医であった岡侍医頭《かみ》の「死すべくして死せざるのを憤慨して自殺せり」との報道があったらしいが[83]、それは以下のような出所にもとづくものであった。即ち、『読売新聞』（大正元年九月一四日）によると、「岡侍医頭が事前において人事の最善を尽さずして却って事後に狼狽の醜態を演ぜしのみならず、恐れ多くも聖上の御尊命を損じさせ給ひたるに而も岡男爵は毫も責を負ふて辞職するの男らしき態度に出ず、臆面も無く其の職に止まれるは不埒《ふらち》にこそあれと崩御の御事ありて以来日々之を口にしつつありしことは、大将の調馬師として同家に在る山辺予備騎兵曹長の最近に昵近《じっきん》者に語れるところなりと云ふが、惟《ここ》に忠誠渾身に溢れつつある大将は岡男爵の不甲斐なきを慨して兼て十三日を以て御大喪を行はるゝ先帝陛下に殉死を以て漸く頽廃せんとする武士道の為めに気を吐んとして直ちに今日の挙に出でしものなるべしとは或る親近者は語れり」とある。この岡侍医頭への憤慨→自刃というのは遺書の知れる以前の、それも多分に又聞きによる臆測であることは右の紙面によってもわかるので、想像の域を出ないものである。ともかく第二の原因論は岡侍医頭への憤慨説にみられるように多分に各階層各分野の憤慨材料と結びつきやすい。例えば、元老・高位高官に対する悲憤慷慨・宮中の積弊《せきへい》への憤り、陸軍の士気頽廃への憤慨、青年（学習院出の華族の子弟）への悲憤といったように。

第四の原因論は乃木の人間としての悩み・苦痛といったもの（人生そのもの）に目を向けようとするものである。

例えば、大隈重信伯爵はかなり乃木の内部まで通じた眼力をもっていた[84]。大隈は、乃木が長州閥の中にいながら生涯あまり得意な時代はなかったこと、日露戦争がなかったならば乃木の名声もなかったろうこと、乃木の生き方が「一面に於て寛裕を欠く所あるを免れず、之が為兎角同僚との調和も欠いたらしい」こと、「一度台湾総督となったが行政官としては寧ろ失敗が多かった」ことなどを指摘し、自殺の原因というものは三つ考えられるとして、一つは己れの配下より空前の死傷者を出した内心の苦痛、二つ目は世態の現状に対する不満、第三に二人の愛児を失い家庭の団欒も楽しみもなく老体になってきて、内心寂寥を感じるようになったこと——そうしたところに「先帝陛下の崩御にあい黄泉《よみ》の御旅の御守りたらんとの心切なるものがあった」としている。

以上、乃木の死の原因論をみてきたが、筆者もすでに述べたように、乃木の人生の複雑な屈折が原因となって、明治天皇の死を契機に殉死という形で自己の人生に決着をつけた、あるいは自己の人生を清算したと考えている。純粋な殉死、単純なる殉死とはみることができない所以である。このことは、乃木の遺書そのものが自殺と殉死という二つの言葉を使っていることによっても判る。その意味で第四の原因論を深く考察すべきであろう。

ところで乃木の殉死を非常に教訓的にとらえる論調が大部分を占めるなかで、時期は若干下るが河上肇の意見は平和論とのかかわりで問題にされていてユニークである。[85] 河上は「多くの人々は乃木大将の死を悲しんで乃木家の断絶を悲しむに暇なき様子である」として、乃木大将の血が永遠に失われたという事こそ切実であり血液上の大損害であるという。そして「惜しむべき其の血は大正の初頭大将自身が赤坂邸内の畳の上に流された血で無くて、其より既に数年前、日露の戦ひに大将の二子が満州の野に流された其血である。斯かる犠牲は万已むを得ざるの場合の外、絶対避くべきである」「吾々は日清日露の両役に於て既に過度の血を棄てた。此上は最早十分に慎まなければ為らぬ。（中略）余は此意味に於て一の平和論者である」と結んでいる。これは乃木自身もまた一人の被害者とみる立場であるが、「血統」というものを通して戦争の意味にふれている点で他にみられない議論の仕方である。

乃木伯爵家の断絶に関しては遺書にもあるように、乃木は養子や相続人を指定せず華族の家柄を返上した。[86] この点は軍部・政府でも華族制度の根幹にふれるということで問題視され（即ち、臣たる乃木個人の意思で勝手に伯爵家を返上してしまった点で）、遺書の公表される段階でこの部分については伏せて公表されたのである。ところが公式発表と同時に遺書の全文をスクープした『国民新聞』の号外が出た。この問題は後々尾を引く。[87]

なお、紙上をみると、乃木以外の殉死の例も現われている。『東京日日新聞』大正元年九月一七日の報道によると、山梨県南都留郡西桂村の士族暮地義信（七七歳）が長男とともに上京し、御大葬に殉死せんと準備中長男の知るところとなり、結局青山署に引致され失敗に帰したとある。該当記事によると、暮地義信はもと名古屋藩士で早川太郎といい、維新の時は正気隊という官軍の一支隊百五十名を組織し、自ら隊長となって奥羽の役に出征、白河口の戦いで殊功を現わし、其筋より十六石を賜わった。その後、郷里山梨に帰り剣道を指南するかたわら公共事業にも尽力しているが、この間村長が先帝の御尊影を失ったことに憤慨し、内務省に上申したことがあるという。また彼は、教育勅語の実施についても町村長の行為が形式的であるのに激昂して、熱心にその是正を説いたという経歴を伝えている。暮地が上奏書とともに短冊に認《したた》めた辞世の歌は「大君の国を守らん心もていさぎよくちる山桜かな」であった。

また『東京朝日新聞』九月一八日号は、愛媛県温泉郡御幸村の資産家伊藤市平（六三歳）なるものが一六日午前三時殉死の遺書を残して自殺したことを「同人は別段自殺する程の事情もなければ全く赤心より殉死せしものならん」と伝えている。

大偶三好の『切腹の歴史』（一九七三年）は、山崎重夫（佐賀県杵島郡須古村）が天皇の崩御を聞くなり殉死したこと（明治四五年七月三〇日）をのせている。山崎重夫は、天保一四年生れ、嘉永二年～安政四年まで須古三近堂で漢籍を修める傍ら剣道槍術を学んだ。安政四年二月佐賀の藩校弘道館に入って剣法槍術を学び免許皆伝、師範に。明治二年九月佐賀鍋島藩の軍事局史生、明治五～六年須古軍団残務取扱、明治七年二月の佐賀の乱には官軍に投じ郷党軍と戦っている。そのあと明治一一年より須古村戸長（村長）に推され、同三四年四月まで二〇有年の間この職にあって居村の自治振興に貢献したとの経歴を伝えている。辞世の歌は「大君の跡追ひまつる誠心は皇大神ぞしろしめすらん」であった。

暮地・山崎の場合をみると、いずれも官軍に投じた経歴をもち、在村においてなんらかの意味で指導的役割を果たしていたと思われる。小型の乃木将軍といえるかどうかはわからないが、暮地の場合はかなり頑固で融通のきかない姿がみえてくる。

4　明治の文豪の乃木観

（1）

よく知られているように乃木の殉死については、大雑把にいって明治時代を代表する徳富蘆花、森鷗外、夏目漱石らと、大正時代を代表する白樺派の武者小路実篤、志賀直哉、里見弴、それに芥川龍之介ではその見方について大きな相違がみられる。蘆花は随筆集『みゝずのたはごと』のなかで、乃木夫妻の自刃について以下のように述べている。

九月十五日　御大葬の記事を見るべく新聞を披くと、忽初號活字が眼を射た。
　乃木大将夫妻の自殺
余は息を飲むで、眼を数行の記事に走らした。「尤だ、無理は無い、尤だ」
斯く呟《な》きつゝ、余は新聞に顔を打掩ふた。[88]

蘆花は『みゝずのたはごと』のなかで、「余が乃木大将にインテレストを有ちはじめたのは」、日清戦争中、山地中将が分捕品の高価な毛皮の外套を乃木将軍に贈ったところ、乃木少将はそれを傷病兵にやってしまったという話を新聞で読んだ時であったと述べ、それから明治二九年乃木中将が台湾総督となった時、母堂が台湾の土となって悴の先途を見届けるために台湾へ参りますと皇后陛下に申し上げたという記事を読んで、この母子が好きになったと記している。蘆花の人間というものへの思い入れは明治人の特徴ではないかと思うが、彼はいわば乃木ファンの一人であった。篠原良平（小笠原善平がモデル）の一生と乃木大将との交情を綴ったノートをもとに小説『寄生木』を書いたのも、「外ならぬ好きな将軍なので、余は例に無く乗地になって引き受けた」とある。蘆花の〝人間好き〟（その裏には異常なほど人間への嫉妬・嫌悪が同居している）——人間というものへの思い入れは天皇というタブー視される対象に対しても素直な形で現われている。明治天皇崩御の日は『みゝずのたはごと』のなかに以下のように記されている。

鬱陶しく、物悲しい日。（中略）余は明治と云ふ年号は永久につゞくものであるかの様に感じて居た。余は明治元年十月の生れである。（中略）余は明治の齢《よはひ》を我齢と思ひ馴れ、明治と同じと誇りもし、恥ぢもして居た。陛下の崩御は明治史の巻を閉ぢた。明治が大正となって余は吾生涯の中断されたかの様に感じた。物悲しい日。田圃《でんぼ》に向ふに飴屋が吹く笛の一聲長く響いて腸にしみ入る様だ。

明治という時代を一人の人格たる「明治天皇」で集約できるかどうかは問題であるが「自分の半生をもっていってしまった天皇」という表現にみるように、蘆花が天皇との間に観念的であろうが、一体感を感じていたとすれば、その一体感とはどのようなものであったのか。この点は幸徳秋水らのいわゆる「大逆事件」に対する彼の態度で知ることができる。

明治四三（一九一〇）年五月に起こったこの事件は、秘密裡にスピード裁判がなされ、二四名もの死刑判決が下された。翌日の大赦によって一二名が無期に減刑されたが、幸徳秋水ら一二名は判決から六日目に早くも死刑の執行がなされるという驚くべくスピードぶりであった。この事件が森鷗外に『食堂』『沈黙の塔』『かのやうに』を書かせ、彼の哲学・人生観を折衷主義に追い込んだといわれているし、石川啄木はこの事件を透視することで自己の社会観・国家観を変えていった。また永井荷風は『花火』のなかで、大逆事件に対して何もいわなかった自分を羞じ、以来自らの芸術の品位を江戸戯作者のなした程度まで引下げるに如《し》くはないと思案したと述べている。[89]

蘆花の妻、愛子夫人の『日記』をみると、[90]いかに蘆花がこの事件に苦悶し、秋水らの処刑を避けるために人道主義の立場から努力したかがよくわかる。

一月二一日の『日記』には、幸徳秋水、菅野スガ、大石誠之助はどうも助かりそうもないが、「ともかく兄君へ手紙を認め、残り十二名の為尽力したまはん事を乞い給ふ」とあって、この日蘆花は兄蘇峰へ手紙を書き、蘇峰を通じて桂太郎総理へ助命の嘆願をしている。しかしこれはどうも無駄だったようである。一二名の死刑執行は一月二四日午前八時に行われたのであるが、その翌日の二五日の日記には以下のような蘆花の苦悶がみえる。

一月二十五日　晴

吾夫の御眠り安からず。早朝臥床に居たまふ。折からいろいろ考え給ひ、どふしても天皇陛下に言上し奉る外はあらじ。（中略）ともかくも草し見んとまだうすぐらきに、書院の障子あけはなち、旭日のあたたかき光をのぞみて、氷の筆をいそいそ走らし給ふ。走らしつつも其すべを考え給ふ。桂さんよりは書生の言を退けて一言の返事もなし。ともかく『朝日』の池辺氏、これも志士の後閑氏にたのみて、新聞に、陛下に言上奉るの一文をのせてもらはんと漸くかき終えて、二時比《ごろ》池辺氏への手紙と共に冬を高井戸に使し、書留にて郵送せしむ。まづはなし得るだけはしたけれども、どれ一つかなへさうもなし。やきもき思へどせんすべなし。

午後三時新聞来る。オオイもう殺しちまったよ。みんな死んだよ、と叫び給ふに、驚き怪しみ書斎にかけ入れば、已に昨二十四日の午前八時より死刑執行！何たるいそぎやうぞ。きのふの新聞に本月末か来月上旬とありしにあらずや。桂さんもおそくも二十三日の晩までには、手紙を見て居らるゝ筈。何故よく熟考してみられない。『朝日』の報ずる臨終の模様など、吾夫折々声をのみつつ読み給へば、きくわが胸もさけんばかり。無念の涙とどめあえず。吾夫もう泣くな泣くなととどめ給へど、其御自身も泣き給へり。一度訪ねてよろこばせてやりたかし。（中略）大逆徒とあげけられし彼等ゆえ、引取人ありやなしや。とにかく出かけて見ん。もしなくばここに引取らん。松陰と遠からぬ此地に彼等を葬るも能からん、と身したくしたまはんとしたまひしが、紙上に加藤時十［次］郎氏、枯川氏の引取の記事ありたれば、ひかえてやめたまふ。かたり暮して夜にいる。

右の『日記』には蘆花夫妻の心配ようがよくあらわれている。いろいろ考えたあげく、「陛下に言上し奉る一文」を『朝日新聞』に掲載してもらおうとして編集主筆の池辺吉太郎（号は三山）に送ったが、死刑が執行されてしまって新聞には掲載にならなかった。

その「天皇陛下に願ひ奉る」という原稿をみると以下のようである。(91)

陛下の赤子元来火を放ち人を殺すたゞの賊徒には無之、平素世の為人の為にと心がけ居候者にて、此度の不心得も一は百司共が忠義立のあまり彼等を窘《くるし》め過ぎ候より彼等もヤケに相成候意味も有之、大御親の御仁慈の程も思い知らせず親殺しの企したる息子として打殺し候は如何にも残念に奉存候、何卒彼等に今一度静に反省改悟の機会を御与へ遊ばされ度切に奉祈り候。

天皇に対する甘い期待はあるものの、またそれをドン・キホーテ的な言動と称する人もいるが、そこには神崎清のいうように、親近感はあっても、ドレイ的な態度はみられない。(92)先の愛子夫人の『日記』をみても彼が成功の望みをもって行動しているのでないことがよくわかる。(93)止むに止まれずといった気持での行動である。明治国家、専制政府から天皇を引き離すことで天皇との交情を試みようとした蘆花は、乃木に通ずるものをもっている。蘆花がともかくも天皇の権威もおそれずこうした上奏文も奉ったということは、同じ人間として通じあえるものを期待したからのことであろう。

一月二六日の『日記』に次のようにある。

よあけ方嗚咽の声にめさむ。吾夫夢におそわれ給ふるや、と声をかけまつれば、考えて居たら可愛そうで可愛そうで仕方がなくなった！ただため息をつくのみ

「可愛そう」という気持ちが己の主義思想に殉じた幸徳秋水らに理解されるかどうかわからないにしても、その心持ちのレベルでは人間同志通じあえるものがあるという蘆花の立場はさっぱりしていて気持ちが良い。

彼は二月一日、第一高等学校において「謀叛論」と題して講演を行った。(94)この講演は一高生に多大な感銘を与えたも

のであるが、そこでは幸徳らを「有為《ゆうい》の志士」とみるとともに、この事件を「政府の謀殺」と判断している。そして天皇への敬愛を語るとともに、謀叛を恐れてはならぬこと、新しいものは常に謀叛であること、生きるためには謀叛をしなければならぬことを強調し、最後に「諸君、我々は人格を研くことを怠ってはならぬ」と結んでいる。

なお天皇について「諸君、我々の脈管には自然に勤皇の血が流れている。僕は天皇陛下が大好きである。剛健質実、実に日本男児の標本たる御方である」といっている。「大好き」という感情には、天皇を同じ人間とみるという気持が含まれているが、そこには神聖な姿に祭りあげられた存在ではない天皇観が窺える。また、蘆花は無政府主義に共感を示すことはなかったが、幸徳らを「賊」ではなく、「志士」とみている。即ち、「自由平等の新天地を夢み身を献げて人類の為に尽きんとする志士」とみた。いわば「志」というものに人間としての共通の価値をみいだし、彼等の人間としての「志」に共感を示している。そして最後に「要するに人格の問題である」と結んでいるのは、「志」のために「人格」を磨くことを怠らない人間への共感・信頼を述べたものであろう。「志」とか「人格」といったものはきわめて内面的、倫理的なものであるが、そうしたものに強く惹かれ共感を覚えるのは、大正時代（後述）に比較して明治的なものではないか。

この講演は、不敬演説ということですぐさま文部省の知るところとなり、一高校長の新渡戸稲造の進退問題に発展したが、幸いにも事件にならずにすんだ。それはともかく中野好夫が「幸徳等処刑のわずか一週間後にあって、敢然としてこれだけの発言をしたものは断じて一人もいない」といったように、意義ある講演であった。(95)

永遠の少年とされる蘆花は、蘇峰の弟であるが、その生涯は兄とは対照的であったらしい。蘆花の社会の弱者、敗者への同情、負け犬びいきは生来の性向であったと、中野好夫はいう。(96)幸徳秋水への思いもそうした性向から発していよう。ただその性格には、暴君と少年の純粋さとが同居する分裂的な傾向が顕著である。自伝的小説といわれる『富士』には暴れくるって妻を殴打する蘆花、妻に異常に嫉妬する蘆花が度々登場する。最近刊行された『蘆花日記』をみても同様であり、自分の可愛がっている犬にまで度々当たり散らしている。(97)愛と憎がちょっとしたキッカケで入れ替わるのは異常と思える程である。乃木に対してもあれ程思いを入れていた蘆花であったが、大正に入ってからの『蘆花日記』をみると乃木の言動に嫌悪感を表している。

> 大正三年九月一三日
>
> 今日は九月十三日、明治天皇大葬、従って乃木翁夫妻自殺の二週〈周〉年である。（中略）新聞にも二三、乃木翁の追懐がある。然し余は乃木翁を好かむ。ケチで高慢で徹頭徹尾エゴイストだ。余裕が少しも無い。但余が乃木翁を好かぬのは多分余があまり多く彼翁に肖《に》て居るからであろう。（傍点、筆者）

また同年一二月一四日の『蘆花日記』には、乃木将軍は「芝居気多し」とある。大正四年一月一日には、蘆花が多額の金を砂利に寄附し、蘆花の名がその金額とともに立札に書かれて公表された時、それをみた蘆花は墨でその名をぬりつぶしてしまった。近所の役員が来てその理由を問いただすと、彼は金もちに思われて物もらいがふえても迷惑すると弁疏し、今後は金は出すが名は出すなという。このことについて彼は『蘆花日記』の中で、「少し乃木式の様だが、実際、気障《きざ》だからナ」と自分の気持を告白している。

右にみるように蘆花の乃木観が変化したこと（乃木の否定ではないが）については、蘆花自身の特異な性格や、殉死当時から年数が経ってその熱も冷めて乃木を客観視できるようになったことも原因として考えられるだろう。大正三年という時期は、父親の死によって兄蘇峰との不仲が決定的となる時期で、精神的にも荒涼とした時期であり、自己嫌悪も甚しい時期であった。乃木に大正時代の作家が感じたのと同じような、「芝居気」「気障」「エゴイスト」「高慢さ」を感じとるような精神状態になっていたと思われる。

（2）

蘆花とは違った意味で乃木に魅力を感じ交際していたのは森鷗外であった。

鷗外は明治一七（一八八四）年、二三歳の時陸軍省から衛生制度調査及び軍隊衛生学の研究のため留学を命じられ、明治二〇年四月一八日にベルリンで乃木を訪れてはじめて知り合いになった。鷗外の『独逸日記』はその時の乃木の印象を「長身巨頭沈黙厳格の人」と記している。その後の『日記』(補1)をみると乃木との交際は死ぬまで続いた(98)。例えば乃木は息子勝典の読書のための相談に鷗外を訪れているし、鷗外が乃木の中耳炎を見舞ったりしている。さらに明治三二年六月に、鷗外が小倉の第十二師団軍医部長に左遷されて新橋駅から発つ時、数少ない見送りの中に乃木がいた。わざわざ鷗外を見送りに来たのであった(99)。

大正元年九月一三日の『日記』には、青山の御大葬場から帰宅する途中、乃木自刃の報に接して「予半信半疑す」とある。この表現には、まさかという驚き、死ぬはずがないという悔み、悲しみの籠った様子がみてとれる。鷗外の日記は蘆花とは対照的に自己の感情、気持が赤裸々に表現されていない。非常に簡潔な日記である。それだけに簡潔な表現のなかにも万感の思いが籠っている場合もある。

「予半信半疑す」というのもそうした表現の一つである。

いったい鷗外は乃木をどんな眼でみていたのか。鷗外は日露戦争にも第二軍医部長として従軍している。その時陣中で詠んだ歌に「乃木将軍」がある。

乃木が高崎山の師団から馬に乗って本営に帰る途中、「はやこときれし将校」の息子保典を背負っていく「血に塗れたる」兵卒に出会う。息子の死に出会った「年老いた」乃木がなんの言葉も発せずにじっと悲しみに堪えている姿が眼前に彷彿として浮かんでくる歌である。じっと耐える姿に美的価値というか、魅力を感じられる歌である。先の『独逸日記』の「沈黙厳格の人」という第一印象が一貫して魅力となっていることを示していよう。

こうして乃木の殉死に触発されて、さっそく『中央公論』（大正元年一〇月号）に発表されたのが、歴史小説第一作目の『興津《おきつ》彌五右衛門の遺書』（以下、『遺書』と略す）であった。九月一八日の『日記』には、「半晴、午後乃木大将希典の葬を送りて青山斎場に至る。興津彌五右衛門を草して中央公論に寄す」とある。もっとも、この作品は乃木の殉死の衝撃の後、あわただしく材料を集めて書きあげたというものではないらしい。「ある種の気がかりの対象、あるいは思い捨てがたい話材として、かねてからその胸中に蔵されていたのではないか」と蒲生芳郎は指摘している。(100)この『遺書』の内容は以下のようなものである。

興津彌五右衛門は致仕《ちし》して草庵を営んでいる身であるが、先君細川忠興（松向寺殿）の一三回忌に切腹を果たす。その切腹にいたる事情は遺書という形で示される。それによると、彼がまだ壮年の頃、主君忠興の命令で相役《あいやく》とともに、安南船が長崎に運んで来た茶事用の香木を買いに出かける。伽羅《きゃら》には本木と末木があって仙台の伊達侯の役人も丁度来ていて双方が本木を競い、値がつりあがる。その時、相役はたとえ主命でも香木は無用の翫物だから過分の大金をかけるのは不可であるとして本木を伊達侯に譲るようにという。これに対して彌五右衛門は主命の絶対性を強調し、二人の相論が続く。その結果、彌五右衛門は相役を討ち果たしてしまう。かくして彼は伽羅の本木を買って帰国する。主君忠興は伽羅の立派なのをみて喜こび、切腹を願い出る彌五右衛門を許して、かえって誉める。その後、三〇余年、彼はたえず切腹を思い定めていたが、主君忠興やその後の主君忠利の出格の引き立てをうけ、また戦場（天草の乱）にても一命を果たしたいと思ったがそれもかなわず、結局、宿望を達せず生きながらえてきた。そして、ようやく忠興の一三回忌に後顧の憂いもなくなり、切腹を果すことができた。

この作品は、乃木の殉死に触発されて、その死後五日にして一気に書きあげられたものであるから、当然、興津彌五右衛門に乃木の存在を重ねている。彌五右衛門は相役を打ち果した後、切腹を思い定めてきたがその機会がなく、三〇余年後の亡君忠興の一三回忌についに追腹を切るにいたるところは、明治一〇年の役における軍旗喪失以後その死処を得たいと心がけてきたと遺書に記した乃木の場合と対応している。このことはすでに多くの人によって指摘されている。従って、この作品は当時乃木殉死に対する非難に抗議すべく、乃木擁護のために書かれたとする見解も強い。[101] この見解は斎藤茂吉にはじまるようだ。[102]

茂吉は『遺書』における彌五右衛門の殉死の必然にして切実なる理由を述べた上で、「乃木大将の生涯はさういふ武士的実生活を以て終始したのであった。ゆえに明治天皇の崩御に際して必然にして切実なる道理に本づいて殉死したのである」「明治史の根幹には当然として乃木希典の如きも居るべきだといふことが、この小説の中に暗指せられている。即ち、乃木希典の切腹を、西洋の字引に載るやうになったハラキリの概念を以て律しては間違ふ、また、基督教《きりすときょう》団で長年にわたって訓育せられた自殺罪悪説（西紀四五年、アルル会議）を以て律すべきものでない、ということを暗指しているのである」と鷗外の意図を指摘し、[103] 鷗外は世の学者のあれこれの乃木殉死の批判に対して自己の信念を「議論の形式に據《よ》らずに、過去の事実を外貌としてその中に織り込ませるという歴史小説的手段を取ったのであった」という。また、その意図を証明する根拠は、小説の内容のみでなく、この小説が突嗟の間に書かれたことによって証明できるといっている。

ところで、右のことと関連することだが、この作品を乃木殉死への感動・賛美が作らしめたものであるとする見解も多い。

「自己の生命や栄達や名誉の望みもいさぎよく捨て去って、一筋に崇拝する天皇の死に殉じていった乃木夫妻の愚直なまでの無私の美しさが彼をうった」（山室静）[104]。「鷗外は深く乃木の心状に感動し、その底にある武士道に道徳の道徳たる所以のひそんでいる事情を看取しようとした。（中略）鷗外は、乃木将軍と興津彌五右衛門の事跡の上にSitten（慣習・習慣、筆者）として似通っている上にSittlicheit（道徳を道徳たらしめるもの、筆者）として相通じるものがあることを見出したのであろう」（吉田精一）[105]。「西欧の懐疑精神と合理主義を身につけた鷗外、そして官僚と文学者の分裂にたえず苦渋したハムレット鷗外に比し、乃木希典はあまりにも要領の悪いドン・キホーテであった。しかし迷うことなく、直截に自己の精神を貫こうとした乃木は、鷗外にとってはやはり向こうの空で光る『星』としての価値があったのである。（中略）この歴史小説のモティーフは、あきらかに乃木『殉死』に対しての感動にあった」（山崎国紀）[106]。「鷗外が乃木殉死の報を聞いて胸裡に蘇ったのは恐らく長詩『乃木将軍』の乃木であろう。陛下の命ずるところ、自己の生命は勿論のこと、何萬の犠牲をも辞さない。我が子の戦死に当っても睫《まつげ》もだに動かさない。これは絶対の権威を信奉する人でなければなし能はざることろである。折衷と相対、弁宜と弁護とに凡そ縁のない徹底純粋な精神は内に権威を奉ずる人にのみ顕現するであろう。大将にとって絶対の権威であった明治天皇の御大葬に際しての殉死は、鷗外にこの権威の概念を蘇らせ、権威の前に生命をも惜しまない日本伝来のものを、即ち日露戦争に従軍して自ら體得し、西洋的なるものへの対決に於ける支柱となったものを、再び明瞭な形で想起せしめたに相違ない。ここに『遺書』が死後五日にして書き上げられた心理的根拠がある」（唐木順三）[107]。「しかし乃木大将の死に鷗外はそうした地盤の喪失（明治時代の終焉という地盤の喪失、筆者）を代償にして忠誠と献身の無垢を見た。（中略）それは、鷗外の内部に棲む中世古風な武士の魂にはげしい感動とおそらくは羨望とを呼びさますものであった。その感動をスプリング・ボードして鷗外は現在から過去へ飛躍する」（三好行雄）[108]。

右の見解は、共通して乃木の純粋無私の精神が強調されている。しかし、筆者はこの作品のモチーフをあまり殉死批判への抗議、殉死賛美へと殉死そのものに直結させてしまうことに若干のためらいを感じる。

勿論、鷗外は乃木の殉死に理解をしめしたであろう。またこの作品に乃木の影をみるのも正しい。しかし、それは「殉死した乃木」ではなく、「人間乃木」への讃美に比重があると思う。殉死は、鷗外にとって人間乃木のとった行為の結果であって、人間乃木の心情・気持ち——例えば忠義心の厚さ、至誠、功利打算のなさ、意志の強さといった興津彌五右衛門に重なる部分——への共感こそがこの作品を貫くものであろう。

この作品には切腹に至るまでの事情が遺書の形で展開されているが、切腹の場面についてはふれていない。殉死への讃美、感動があるならば、「遺書」だけに限定せず、『阿部一族』『堺事件』、あるいは改稿版『興津彌五右衛門の遺書』のように切腹の場面（切腹する人の心情、周りの人々の動勢も含めて）も入ってきて当然だろう。鷗外が「遺書」という形に終始させたことは、五日間ほどのわずかな時間で仕上げたということもあろうが、やはりこの作品のテーマとして彌五右衛門の心情に重きをおいて書きあげたためであろう。いわば愚直なるまでの純粋さ、三〇年間も同じ思いを貫き通してついに殉死するという意志の強さ、主命を絶対視する忠誠心――そうした彌五右衛門の心情を乃木に重ねあわせてみているわけである。

このあたりは、『遺書』の改稿問題ともからんでくる。この『遺書』は、『阿部一族』『佐橋甚五郎』と合わせて歴史小説集『意地』に収録されるにあたって、大正二年六月に書き換えられている。新しい資料の出現によってであろうか。[109]初稿と改稿の相違について蒲生芳郎に適切な指摘がある。[110]細部は別として大別して三点ある。

一つは切腹の年時は、三斎（細川忠興）十三回忌の万治元年十二月ではなくて、三回忌にあたる正保四年十二月であったこと、二つには主人公の殉死は「国家の御制禁」にそむいてひっそり腹を切る孤独な死でなくて、当代の藩主によって公許され、世人の理解と承認とに包まれた晴れがましい死であったこと、三つには主人公は主家を隠居し、縁類とも遠く離れて住む孤独な老武士ではなく、殉死の直前まで江戸詰御留守居役を勤め、かつは前二代、後八代にわたって細川家に仕える、興津家累代の中に位置づけられる人物であったことなどである。

したがってこの改稿によって、「乃木殉死あるいは乃木遺書の影がいちじるしく薄められる」[111]ことになった。

この改稿をどうみるかは議論のあるところであるが、初稿の狙いが乃木殉死批判への抗議、殉死賛美で、重心を「殉死」そのものにおこうとすると、改稿はかなり性格の違った作品ということになる。殉死にもいろいろな殉死（義腹・論腹・商腹）があり、殉死を一義的に律することはできないことは、初稿の『遺書』を書く前、小倉時代に関係の資料をあつめていたということであるから知っていたはずである。

確かに改稿によって乃木の影は薄められ、初稿の執筆の動機（モチーフ）は吹き飛んだ感があるが、初稿→改稿を通してかわらぬテーマは、「遺書」にみえる殉死にいたるまでの彌五右衛門の心情――それは乃木の心情と重なるものであるが――であったろう。その心情（気持）は、主命を第一として主命の前ではものごとに価値判断をつけない、あるいは功利性、実用性によってものごとの軽重を判断しない、そして自分のとった行動に最後まで責任をもち、愚直なまでにそれを貫ぬき通す意志力である。そこには武士の意地（生き方にかかわる）がみられる。

乃木の心情に通じていたと思われる桜井忠温は、乃木はたいへんな意地張りで、傷つきながら強い意志で意地を通してきたといっている。[112]「意地」を貫き通したという点では乃木も彌五右衛門も同じであるし、また鷗外の性格・生き方にもそれがみられる。改稿版『遺書』を『意地』三部作に収めた所以である。

（３）

ところでこの作品のテーマともかかわっている功利主義の問題、即ち相役が武具と茶事の香木を比較してその価値を論ずる点に、鷗外は近代的合理主義を重ね合わせていると思われる。一方、彌五右衛門が茶事の無用論軽視に対して、それならば国家の大礼も先祖の祭祀も虚礼になってしまうといい、忠興をして功利の念を以て物をみると尊いものはなにも無くなってしまうといわしめているのは、価値の相対性（中立性）を説き、生活の隅々まで勢いよく浸透してくる近代的合理主義（功利主義）に対して、自己の根底に形成されていた伝統主義的な価値観を守ろうとするものであった。

鷗外は『灰燼』（明治四四年一〇月～大正元年一一月）のなかで主人公山口節蔵にこういわしめている。

己は刹那の赫《かがや》きに眩惑させられもせず、灰色に耽溺もしない。己はあらゆる価値を認めない。いかなる癖好《へきこう》をも有せない。公平無私である。己が何か書いたら、誰の書く物よりも公平な物を書くから、或はこれまでに類のない

homoganeous な文章が出来るだろう。（傍点、筆者）

人間はだれでも全く無価値にはなりきれないのだから、右の節蔵の「あらゆる価値を認めない」という言葉は、価値の中立性（相対性）即ち功利の念によってものごとに価値の軽重をつけないという態度に通ずるものである。

功利主義は、近代的自我の奔走とともに文明化という形で従来の価値観、文化的伝統を壊しにかかる。とくに功利主義が国家によって活用された時、それは思想弾圧や文化的価値の選別にも繋がってくる。また近代的自我の奔走は、本能的衝動の重視という形ですでに自然主義文学となって鷗外の文学観への攻撃・批判として展開していたと思われる。またそれは、いわゆる「大逆事件」の無政府主義となって惹起され、知識人にとっては思想弾圧の物種となった。また鷗外は戯曲『仮面』（明治四二年四月）のなかで次のように述べている。

> 善とは家畜の群のような人間と去就《きょしゅう》を同じうする道にすぎない。それを破ろうとするのは悪だ。善悪は問ふべきではない。家畜の凡俗を離れて、意志を強くして貴族的に高尚に淋しい高い所に身を置きたいといふのだ。その高尚な人間は仮面を冠っている。仮面を尊敬せねばならない。

右の言葉は『灰爐』の山口節蔵の人生観・文学観に通じるものがある。即ち、節蔵の「何物をも肯定せず、何物をも求めない」「己はあらゆる価値を認めない」という態度である。

それならば、そうした態度はどのようにして形成できるかというと、戯曲『仮面』にみるように、なんらかの意味の「仮面」を冠らなければならない。「鷗外のかぶった『仮面』は resignation であった」と吉田精一はいう。[113] そのために「世間からは高踏的なディレッタントと見えた」のである。

この「レズィグネイション」の立場は、『予の立場（resignation の説）』（明治四二年一二月）を読むと、当時隆盛をきわめていた自然主義文学からは一歩はなれて、その運動というか流れをみていたいという心持ちがあらわれたものであると考えられる。『なかじきり』（大正六年九月）という、鷗外の「思想の履歴書」を独白したといわれる文章には以下のようにある。(114)

然るにわたくしには初より文士である。芸術家であると云ふ覚悟は無かった。又哲学者を以て自ら居ったことも無く、歴史家を以て自ら任じたことも無い。唯、暫留《ざんりゅう》の地が偶《たまたま》田園なりし故に耕し、偶水涯なりし故に釣った如きものである。約《つづ》めて云へばわたくしは終始ヂレッタンチスムを以て人に知られた。

この独白には、鷗外は生活のため、食うためには書かなかったという気持があらわれている。林達夫が「森鷗外は小説を書くのに甚だ適当しなかった大作家の一人である」といっているのは、レズィグネイション、ディレッタンティズム、そして後にみる〝遊び〟という態度で最後まで仮面を脱がずに小説を書きつづけた鷗外の一面をついた評言であろう。(115)

さて、レズィグネイションとは「諦観」「あきらめ」の意味であるが、この態度は〝あそび〟にも通ずる。というのは、『不思議な鏡』（明治四五年一月）では当時の鷗外に対する世評が鷗外自身の文章から窺われるが、そこには鷗外の書くものは「情がない」「あそびの心持ちで万事を扱っている」と酷評されたとある（このほか、自己を告白しない作家、情で書かず智で書く作家ともいわれていた）。この「諦観」「あそび」とは、いわば明治三〇年代、四〇年代に隆盛を極めた自然主義文学とは離れた立場——即ち、そうした主義に流されず同化されずに、自立した芸術観を確保しようとする心持ちであったろう。「あそび」とは、いわば芸術至上主義、理想主義に通ずるものであり、それはまた功利主義に対比されるものであることは、北村透谷と山路愛山の文学論争をみればはっきりとわかるところである。(116)

以上みたように、功利主義の問題は鷗外の文学観・人生観とも絡んでくる問題であることがわかった。以下、鷗外の文学観、人生観をもう少し掘り下げて考えてみたい。もとより筆者は鷗外に精通しているわけではないので、案外見当はずれのことをいっているのではないかという恐れはあるが、敢えてそこまで触れないと鷗外と乃木との関わり合いがみえてこないのではないかと思う。

今までの鷗外研究や彼の文学作品を読んだ範囲内でいうと、鷗外には西洋的な科学認識への信頼と同時に、東洋的な伝統主義への愛着が二つながらに均衡をとっている様子がある。科学の眼だけで人生や世界を語り尽くすことができないという気持が、伝統的なものに眼を向けさせているのであろうか。

『鼎軒《ていけん》先生』（明治四四年四月）という小文で、田口卯吉を東洋の文化と西洋の文化の二本足で立っている得難い学者であると評価している。『洋学の盛衰を論ず』（明治三五年六月）では、日本が支那や朝鮮を引き離して西洋諸国と同じ位置に立てたのは西洋の学術を輸入したためである、又洋学の果実のみを輸入するのでなく、学問の科学を長ずる雰囲気を我国に生じせしめなければならぬことを主張し「若し我国に学問の種子を下すに宜しき田地ありながら、これを開拓することを怠り、甚だしきに至りては、會て輸入せし所の舊果実は既に用ゐ盡して、復た其新果実を輸入することだに為さゞらん乎。国家の不利恐らくは太甚しかるべし」という。洋学衰退論、洋学無用論の風潮への反駁である。『妄想』（明治四四年三・四月）でも、「凡ての人為のものの無常の中で、最も大きい未来を有してゐるものの一つは、矢張科学であろう」といっている。

医学者としての鷗外が科学的認識を育てあげてきたことは当然だが、それが自然科学の分野のみならず文学観にも反映している。この鷗外の科学的精神が、歴史小説の骨ぐみを考証的事実をもってする、あるいは「自然」を尊重するという考え方の中で貫かれていたと思う。鷗外の作品に対して「情が無い」とする酷評もその辺りと関係しているのではあるまいか。

そして、鷗外における科学的精神と東洋的伝統主義が、単に「均衡」をとろうとしたのみでなく、時には「葛藤」したことも考えなければならない。『かのやうに』にはそれがあらわれていると思われる。

この作品の主人公五條秀麿は学習院から東京帝国大学文科大学に入って、歴史科を立派に卒業し、卒業後は直ちに洋行した子爵家の子息である。彼は、生涯の事業にしようと企てた日本の歴史を書くのは、どうも神話と歴史との限界・区別をはっきりさせずには手がつかない――しかしそうなった前途には恐しい危険が横たわっていはすまいかと考える。その危険とは子爵の父とそれをとりまく社会（上流社会）との関係である。

秀麿は父の心理を予測する。

まさかお父様だって草昧の世に一国民の作った神話を、その儘《まま》歴史だと信じてはゐられまいが、うかと神話が歴史でないと云ふことを言明しては、人生の重大な物の一角が崩れ始めて、船底の穴から水の這入るやうに物質的思想が這入って来て、船を沈没させずには置かないと思ってゐられるのであるまいか。さう思って知らず識らず、頑冥な人物や仮面を被った思想家と同じ穴に陥いってゐられるのではあるまいかと、秀麿は思った。

一方、秀麿はというと、

秀麿が為には、神話が歴史でないと云ふことを言明することは良心の命ずる所である。それを言明しても、果物が堅実な核を蔵してゐるやうに、神話の包んでいる人生の重要な物は、保護して行かれると思っている。彼を承認して置いて、此を維持して行くのが、学者の務だと云ふばかりでなく人間の務だと思っている。

秀麿は父と自分の間に狭くて深い谷があるように感じている。この「狭くて深い谷」を秀麿は「かのやうに」の哲学で埋めようとした。即ち、神話は事実ではないが、事実であるかのように考え進んでいくという折衷策である。ただし、この折衷策が鷗外の人生観であったかというと、かならずしもそうとは考えられない。この作品の最後の場面では、こうした秀麿の考えを聞いていた友人の綾小路は「駄目だ」と簡単にいい切る。綾小路はいう「みんな手応のあるものを向うに見てゐるから、崇拝も出来れば遵奉も出来るのだ。人に僕の書いた裸体画を一枚遣って、女房を持たずにゐろ、けしからん所に往かずにゐろ、これを生きた女であるかのやうに思へと云ったって、聴くものか。君のかのやうにはそれだ」と。

綾小路の「かのやうに」の哲学批判が適当かどうかわからないが、彼は「かのやうに」の哲学の観念性を突いているわけだ。

鷗外は秀麿を通して「かのやうに」の哲学を提示したものの、綾小路にその哲学の弱さも語らせているのではないか。だからこの作品から、鷗外は折衷主義、便宜主義の立場をとった、それは権力側にあった鷗外（山県とも親しかったし、山県の意向にそって行動したともいわれている[117]）にとっては当然であったとみなしてよいものか疑問となる。[118]

むしろ筆者は鷗外の本心は、秀麿が父との間の溝を埋めるべく折衷策をとる以前の正直な気持ち——即ち神話を歴史的事実でないと言明しても、神話の重要な部分（即ち、果実の核）は失われることがないという確信であったろう。それは科学的精神と伝統的なものとは併存できるという確信である。いわば二本足の思想である。もちろん鷗外は、こうした二本足の葛藤にも悩んだ筈であるが、同時に二本足で均衡をとっていたことも事実である。歴史小説はおそらくそうした二本足思想の実践の場でもありえたであろう。

だから唐木順三[119]が乃木の殉死が折衷主義、便宜主義への一針となって、そうした微温的折衷主義の自己否定のために『遺書』を書いたとするのは、どうも違うような気がする。『かのやうに』の課題は『遺書』によって克服されているとは思えない。勿論、鷗外に『かのやうに』の哲学への傾斜がなかったとはいえまい。実際に官僚として行動していく場合、そうした思想でやっていかざるをえない場合もあったであろう。しかし、だからといってそうした折衷主義でいこうとする程、良心や人間性を度外視もできなかったであろう。

そこで鷗外の伝統性の問題になるが、鷗外は文久二（一八六二）年、津和野藩（亀井家）の代々の典医森家の長男として生まれた。六歳の時、村田久兵衛について漢籍の素読を受け論語を学んだ。七歳の時に藩の儒者米原綱善について孟子を学んだ。八歳になると、藩校養老館へ入学し四書を学んだ。九歳の時、養老館に五経復読に通った。こうした漢籍を中心とする伝統的な素養が鷗外の文学の骨格をがっしりと支えているのであるが、[120]またこうした少年時代の伝統的文化が鷗外の精神を規定しているのである。

渡辺和靖は「明治初年に生まれ、明治後期に活躍する思想家たちの精神の内奥に、直接体験として、儒学を中核とする近世的伝統が獲得されていた。このことは彼ら以前に生まれた明治の思想家たちについては、さらに大きな確実性をもって言える」し、「いわば明治思想史とは日本人の精神の内奥において儒教的伝統が腐蝕し、空洞化し、解体し、近代認識が浸透していく過程であり、両者の葛藤相克の歴史であった」という。[121]

右の渡辺の指摘は重要であるが、鷗外の場合、儒教的伝統（伝統意識）と近代的科学認識が均衡を保ち調和していたとみることができる。[122]鷗外が乃木と相通ずる心理状態にあったのも、鷗外の伝統的精神が乃木の精神をよく理解できたからではあるまいか。乃木の清廉実直な功利を捨てた生き方、頑固なまでに自己の生き方を貫徹する強い意志（意地）――そうしたものを、西洋の最先端の文化を身につけた鷗外にしてもよく理解できたのであろう。

森家の嫡男であった鷗外に対する期待はかなり大きいものであったという。家族からも愛されて非常に大事にされた。彼が文学者であり、かつ軍医（高級官僚）の二足の草鞋を模範的なまでに履ききったのは、典医であった森家という伝統的な世界に生まれ、儒教的・伝統的な環境のもとで大事に育てられ、[123]かつ秀才としてドイツ留学を通して西欧の科学的精神をも深く習得しえた結果によるものであろう。そうした鷗外が死に臨んで「石見人森林太郎」として死にたいと遺言した。

死ハ一切ヲ打チ切ル重大事件ナリ奈何ナル官憲威力ト雖此ニ反抗スル事ヲ得スト信ス余ハ石見人森林太郎トシテ死セント欲ス（中略）墓ハ森林太郎ノ外一字モホル可ラス

右の遺言の解釈については、種々の見解があるらしいが、筆者は『日本人の死生観　上』の以下のような解釈に賛成する。

森は臨終にその一生をふり返ったのだろう。その時彼が真の自己をもとめようとしたところは、官僚の世界でも文壇の世界でもなく、古い家並びの間に細い道が通う、石見国津和野の町のはるかな幼年時代のふるさとであった。あたりまえといえばあたりまえの解釈かもしれないが、それは鷗外の二本足で一生懸命に生きた労苦を理解しないと出てこない推測である。(124)

『妄想』のなかで鷗外は次のようにいっている。

生れてから今日まで自分は何をしているのか。終始何者かに策《むち》うたれ駆られているやうに学問といふことに齷齪《あくせく》している。(中略)自分のしている事は、役者が舞台へ出て或る役を勤めているに過ぎないやうに感ぜられる。その勤めている役者の背後に別に何者かが存在してゐなくてはならないやうに感ぜられる。策うたれ駆られてばかりゐる為に、その何者かが醒覚する暇がないやうに感ぜられる。(中略)赤く黒く塗られてゐる顔をいつか洗って、一寸舞台から降りて、静かに自分といふものを考えて見たい。背後にある或る物が真の生ではあるまいかと思はれる

(傍点、筆者)

右の文章からは、自分の生を一つの役割として一生懸命に生きてきた鷗外の姿を読みとることができる。彼が医者(軍医)として生きたことも、文学者として生きたことも、あるいは父親として生きたことも、あるいは森家の嫡男として生きたこともすべて一つの役割であり、鷗外はそれを特別力むこともなく、いわば運命として受け入れていたように感じられる。

自分を策《むち》打っている「背後にある何物かの存在」は、鷗外の伝統主義的なものの認識から出てくるものであろうが、

それは絶対者としての神とは違った〝天〟や〝運命〟といったようなものではなかったか。『妄想』のなかでは「背後にある或る物が真の生ではあるまいか」といっているが、遺言との関連でそれを考えてみると、鷗外は役者として背後の物に策打たれながら生きてきた、その〝生〟を決して後悔しているわけでない。遺言には役者を演じ終えた者のもつ安堵感がある。二本足の役者として舞台を策打たれながらようやく演じ終えて、人生という舞台から降りて背後にある真の生に静かに沈潜してみたいという気持ちであったろう。山崎正和の見方でいえば、[125]「闘う家長」の役割を終えて、ようやく母親（母性）のもとに帰りついたという気持であろうか。

（4）

鷗外といろいろな意味で比較される、もう一人の日本文壇の巨匠夏目漱石もまた、『こゝろ』（大正三、一九一四年）という作品のなかで乃木の殉死にふれている。

この作品の主人公の「先生」は、若い時Kという親友を恋ゆえに策略を用いて動揺させ死に追いやる。その結果、自分の愛する下宿の「御嬢さん」を妻に娶ることに成功する。しかしそのために、「先生」は罪の意識に苦しみ日々暗い気持で奥さんと二人きりでひっそりと暮している。そうした「先生」のもとに若い青年「私」が近づき好意と尊敬をよせる。『こゝろ』では、「先生」が「私」に遺書という形で自分の生きざま、過去の罪、人間のエゴイズムを語り、自殺に至るのであるが、その「遺書」のなかで「先生」は明治天皇の崩御、乃木大将の殉死を契機に自殺の決心をすることになった事情を以下のように語っている。

　すると夏の暑い盛りに明治天皇が崩御になりました。その時私は明治の精神が天皇に始まって天皇に終ったような気がしました。最も強く明治の影響を受けた私どもがそのあとに生き残っているのは必竟時勢遅れだという感じが烈しく私の胸を打ちました。私はあからさまに妻にそう云いました。妻は笑って取り合いませんでしたが、何を思ったものか、突然私にでは殉死でもしたらよかろうとからかいました。

私は殉死という言葉をほとんど忘れていました。平生使う必要のない字だから記憶の底に沈んだまま腐れかけていたものと見えます。妻の笑声を聞いて始めてそれを思い出した時、私は妻に向ってもし自分が殉死するならば、明治の精神に殉死する積りだと答えました。私の答えも無論笑談に過ぎなかったのですが、私はその時何だか古い不要な言葉に新しい意義を盛り得たような心持ちがしたのです。

それから約一ケ月ほどたちました。御大葬の夜私はいつもの通り書斎に坐って相図の号砲を聞きました。私にはそれが明治が永久に去った報告のごとく聞こえました。あとで考えると、それが乃木大将の永久に去った報知にもなっていたのです。私は号外を手にして、思わず妻に殉死だ殉死だと云いました。

私は新聞で乃木大将の死ぬ前に書き残して行ったものを読みました。西南戦争の時敵に旗を奪られて以来、申し訳のために死のう死のうと思って、つい今日まで生きていたという意味の句を見た時、私は思わず指を折って、乃木さんが死ぬ覚悟をしながら生きながらえて来た年月を勘定して見ました。西南戦争は明治十年ですから、明治四十五年まで三十五年の距離があります。乃木さんはこの三十五年の間死のう死のうと思って、死ぬ機会を待っていたらしいのです。私はそういう人に取って、生きていた三十五年が苦しいか、また刀を腹に突き立てた一刹那が苦しいか、どっちが苦しいだろうと考えました。

それから二三日して、私はとうとう自殺する決心をしたのです。私に乃木さんが死んだ理由がよく解らないように、あなたにも私の自殺する訳が明らかに呑み込めないかも知れませんが、もしそうだとすると、それは時勢の推移から来る人間の相違だから仕方がありません。あるいは個人のもって生まれた性格の相違と言った方が確かかも知れません。私は私の出来る限りこの不可思議な私というものを、あなたに解らせるように、今までの叙述で己れを尽した積りです。

ここでは、『こゝろ』のテーマの分析ではなく、「先生」がなぜ「明治の精神」に殉死したのかに焦点を絞って考えてみたい。

Kの自殺にエゴイズムの暴威、罪の意識を深く感じた「先生」は、「知らない路傍の人から鞭うたれたい」と思い、「自分で自分を鞭うつべきだという気にな」り、さらに「自分で自分を殺すべきだという考えが起り」、結局「仕方がないから死んだ気で生きて行こうと決心」する。そしてKの自殺から数えて一五年ぐらいの歳月の苦しみを、乃木大将三五年の苦しみの上に重ね自殺を決心する。

一五年間「死んだ気で生きて」きた「先生」が、明治天皇の崩御、乃木将軍殉死を契機に自殺を決心するのはなぜであろうか、そこに不自然さ、観念性をみる論者もあるが、筆者は漱石がそこに何を意味しようとしていたのかを追求してみたい。

明治天皇に殉死した乃木に対して、「先生」は「明治の精神」に殉死しようとした。明治天皇に殉死したのでもなければ、乃木の殉死に影響されたのでもない。そこに、乃木の殉死に対する漱石の冷めた眼がある。『こゝろ』は大正三（一九一四）年四月二〇日から八月一一日まで朝日新聞に連載されたものであるから、乃木の殉死からは時間が経っている。

漱石は乃木の殉死をどうみていたか。『模倣と独立』と題した講演[126]では成功ということについて論じ、結果だけをみて批評し、あの人は成功したとか失敗したとかいうことではなく「仮令《たとえ》その結果は失敗に終っても、その遺ることが善いことを伴い夫《それ》が同情に値し、敬服に値する観念を起させれば夫は成功である」と述べて、乃木の殉死をとりあげている。

> 乃木さんが死にましたろう。あの乃木さんの死というものは至誠より出たものである。けれども一部には悪い結果が出た。夫を真似して死ぬ奴が大変出た。乃木さんの死んだ精神など分らんで、唯形式の死だけを真似る人が多いと思う。そう云う奴が出たのは仮に悪いとしても、乃木さんは決して不成功ではない。結果には多少悪いところがあっても、乃木さんの行為の至誠であると云うことはあなた方を感動せしめる。夫が私には成功だと認められる（傍

点、筆者)。

漱石は乃木の殉死を至誠という観点からみている。至誠というのは、江戸時代後期の日本的儒教の伝統的な倫理意識であるが、[127] とくに漱石にあっては、後にみる「自己本位」の精神の基底にあってそれを支え、その精神の暴走や頽廃にブレーキをかけるものであったと思われる。なぜなら「自己本位」の精神は、エゴイズム（自我、我執）の暴威という形で他人の「自己本位」を傷つけ、その精神に伴いがちな功利性の強調という形で精神の頽廃を生むからである。漱石の明治末頃の「日記断片」に、二「こゝろ」として、「乃木大将の事」是は罪悪か神聖かというメモがある。[128] 漱石が乃木の殉死に関心をもっていたことは確かであり、その行為に対しても種々思いをめぐらせていたと思うが、ただ殉死そのものに感動したとは思われない。感動したのは、乃木の殉死という行為の底に流れる、「至誠」という倫理的規範意識であったろう。

おそらく漱石にとっては、「至誠」が「明治の精神」を支えるものであった。坂本浩は、「先生」の死に「至誠」を貫こうとする「明治の精神」の表れをみており、「人間存在の罪意識に対しては、どこにも救いの道を持ちえない以上、至誠に殉ずることこそ唯一の方法であると信じた漱石が見いだせる」と述べている。[129] そうした至誠についてもう少し漱石の考え方をみておこう。佐久間艇長の遺言に対する漱石の評価に関係してである。

佐久間勉海軍大尉は、明治四二（一九〇九）年第六潜水艇長となったが、翌年四月一一日呉軍港を出て、同一五日山口県新湊沖合で潜水訓練中に沈没し、一三名の部下とともに殉職した。数え年で三二歳であった。その際、艇長としての責任をよく果たし、臨終の最後まで鉛筆で小手帳に書き残した「遺書」が死後発見されて、そのヒロイックな行為は当時の人々を広く感動させたといわれている。[130]

この「遺書」[131] は、小手帳に三九頁にわたって綴られていた。そこには「小官ノ不注意ニヨリ陛下ノ艇ヲ沈メ部下ヲ殺ス、誠ニ申訳無シ、艇員一同死ニ至ルマデ皆ヨクソノ職ヲ守リ沈着ニ事ヲ処セリ」で始まり、潜水艇の沈没の原因やそれへの対処を述べ、部下の艇員が皆その職責を充分に尽したことに感謝し、自分（私）の「遺言状」はすでに生前から死を覚悟して用意してあることを記し、最後に「公遺言」として、「陛下に白ス」という形で、部下の遺族の窮乏なからんことをお願いし、そのあと上官や師の名前を列挙して別れを告げている。最後は「十二時四十分ナリ」で途切れている。

漱石は『文芸ヒロイック』（明治四三年七月一九日）のなかで、本能重視、現実曝露の自然主義派に対して、理想、ヒロイックの文芸上価値あることを論じ、佐久間艇長とその部下のヒロイックな行為を賞讃している。また『艇長の遺言と中佐の詩』（明治四三年七月二〇日）の評論のなかで、旅順口閉塞に出発するときに残した広瀬武夫中佐の詩（「七生報国、一死心堅、再期成功、含笑上船」）と佐久間艇長の遺書を比較している。

それによると、中佐の詩は拙悪《せつあく》と云わんよりはむしろ陳套《ちんとう》を極めているのに対して、艇長の遺書は「書かなくては済まない、遺さなくては悪いと思う事以外には一画と雖も漫りに手を動かす余地がない。平安な時あらゆる人に絶えず附け纏《まつ》わる自己広告の衒気は殆ど意識に上る権威を失っている。従って艇長の声は尤も苦しき声である。又尤も拙な声である（中略）殆んど自然と一致した私の少ない声である、そこに吾人は艇長の動機に人間としての極度の誠実心を吹き込んで、其一言一句を真の影の如く読みながら、今の世にわが欺かれざるを難有く思うのである」（傍点、筆者）「艇長は自分が書かねばならぬ事を書き残した。又自分でなければ書けない事を書き残した。中佐の詩に至っては作らないでも済むのに作ったものである」といっている。

漱石は佐久間艇長の遺書に私心のなさ、衒気のなさ、人間としての誠実をみたのであるが、それは艇長の書翰をみると、彼自身の生き方だったようだ。結婚後間もなく夫人をなくした際、一先輩に慰められそれに答えた手紙のなかで、「自ら持するに至誠を以てし、敢て他に譲らざるの覚悟なれど（下略）」「この上人生の悲惨事重来するも至誠一貫、正義の精神を弥々堅持し、以て公務に奉じ老父に仕え、人生の本分を全うし度（下略）」（傍点、筆者）と述べている。[132]

さて、「明治の精神」とは、通常「自由と独立と己れとに充ちた現代」（『こゝろ』上十四）の精神であり、それは「自己本位の精神」ともいいかえうるものである。[133] そこで、そうした「自己本位の精神」と至誠とは一見矛盾するようであるが、どのようなかかわりあいをもつのであろうか。

まず「自由と独立と己れとに充ちた現代」＝「自己本位」とはどんなものなのか。漱石は『私の個人主義』（大正三年一一月）という学習院での講演でそのことについて述べている。漱石はこの「自己本位」というものを英文学で身を立てようとして、陰鬱で不安な心でロンドン留学生活を送っているなかから、自己を解放するものとしてこれを獲得したのだという。それは従来の伝統的道徳によって、或は外在的な基準（規範）によって自己を律してきた体制を脱して、[134] 近代人として自己の内部の声（個性）に忠実になっていこうとする決意であったと思われる。ただ「自己本位」といっても、それは自己の個性を自由に発展させるとともに、他人の個性をも尊重していかねばならぬものであった。またそれは「倫理的にある程度の修養を積んだ人でなければ、個性を発展する価値もなし、権力を使う価値もなし、又金力を使う価値もない」といっている。「自己本位」といっても、きわめて倫理的なものであるところに明治という時代の特徴が出ている。

なお『模倣と独立』という講演でも「インデペンデントの精神」、即ち「自立の精神」について述べていて参考になる。

貴方がたの中で能く誘惑と云うことを言いましょう。人と歩調を合わせていきたいと云う誘惑を感じても、如何せん何うも私には其誘惑に従うわけには行かぬ。（中略）それは諸君と行動を共にしたいけれども、何うもそう行かないので仕方がない。こう云うのをインデペンデントと云うのです。

右の説明をみると、結局、「インデペンデント」というのは「自己本位」と同様な意味合いで用いていることがわかる。さらに漱石は、肉食妻帯という大改革を実行した親鸞上人は非常なインデペンデントの人であるといい、そこにはインデペンデントの精神が非常に強烈であるとともに、大変深い背景を背負った思想なり感情なりが背後になければならないという。ここにおいても、「自立の精神（インデペンデント）」というものが単なる個人主義といったものではなく、強烈な思想・精神に裏打ちされたものでなくてはならぬこと、結局それは「至誠」といったものにふれあってくるのである。

「自己本位の精神」は、内部的には倫理的精神的な思想・精神にささえられてはじめて、それは個性の自由な発展という形で社会に寄与できると、漱石は考えていたのであろう。その場合、「自己本位」の内部にながれる強烈な精神こそ、「至誠」ではなかったか。[135]乃木にしろ、佐久間艇長にしろ、親鸞にしろ、その内部にながれる自己の思想・感情への誠実さ・真剣さ――それは生きることへの真剣さでもあるが――を漱石は主張しているのであろう。

ところが、こうした「自己本位」や「インデペンデント」の精神は、それが純化される程、孤高・孤絶化した情況をうみだし、「淋しさ」を伴うことになる。『私の個人主義』のなかでは、自己本位＝個人主義というのは党派心がなくて理非のある主義であって、「我は我の行くべき道を勝手に行く丈で、そうして是と同時に、他人の行くべき道を妨げないのだから、ある時、ある場合には人間がばらばらにならなければなりません。其所が淋しいのです」といっている。『こゝろ』では、「先生」は「淋しさ」を背負って生きている。「先生」はいう、「自由と独立と己れとに充ちた現代に生まれた我々は、その犠牲としてみんなこの淋しさを味わらなくてはならないでしょう」と。「先生」は、Kが当初は失恋のため自殺したと決めつけてしまっていたのであるが、落ちついて考えてみると、「淋しくなって仕方がなくなった結果、急に所決したのではなかろうか」と考える。このような「淋しさ」は、基底的には故郷＝郷土共同体を飛び出した人間（個）の「淋しさ」であるが、「先生」もKとともに「自己本位の精神」で生きてきた結果、そこに孤高的な「淋しさ」を背負わなければならなかった。

「先生」はそうした「淋しさ」に耐えながら、死んだ気で生きてきたが、明治天皇の崩御、乃木の殉死を機に自殺する。「先生」は「明治の精神」ともいうべき「淋しさ」をともなった、「自己本位の精神」に殉じようとした。殉ずるということは、自己救済でもなければ、〝生〟からの逃避でもない。その精神を貫くという自己信念の披露であったろう。

「自己本位の精神」は、しばしば、ふとした弾みで、エゴイズムの暴威という形で他人を不幸にして苦しめるものであるが、そうした精神の時代に殉死することによって、「自我の暴威に対する自己処罰」を果たすとともに、[136]「自己本位の精神」を「明治の時代の精神」に殉ずるということで死を通して貫こうとしたのである。従って、「明治の時代の精神」への殉死というのは、自分本位のもつ負の部分に対する自己処罰であるとともに、「自己本位の精神」の貫徹をも意味している。「自己本位の精神」は、自己の個性を自由に発展させる精神であるが、それは同時にエゴイズム＝「我執」（負の側面）を必然的にともなう精神でもある。「先生」が若い青年学徒である「私」に遺書によって伝えようとしたものは、至誠に貫かれた、蘆花のいう「人格を磨《みが》くことを怠らない」、人生を真面目に生きようとする精神に裏打ちされた「自己本位の精神」であったろう。「私」は、そうした生き方のできる人間として、「先生」に期待されていた。遺書のなかで「先生」は、「私」を「あなたは真面目に人生そのものから教訓を得たいと云ったから」手紙を書いたと述べている。

おそらく大正時代も「自己本位の精神」を受け継いでいるのであるが、その「自己本位の精神」を裏打ちしているのは、明治時代のような「至誠」「人格」「克己」「真面目」といったような内在的で個別的なものよりは、「人類愛」とか「平和」とかいった外在的・世界的で普遍的な価値意識に裏打ちされたものであったと思われる。

（5）

ところで、「明治の精神」という限り、それは、明治天皇という一人の生きた人格によって象徴される時代の精神である。ある時代を一人の天皇の生死で時代区分するのが適切かどうか問題となるが、『こゝろ』の先生は、「明治の精神」が明治天皇に始まって明治天皇とともに終わったと判断したのである。

ただ、「先生」は明治天皇に殉死したのではなく、「明治の精神」に殉死した点で単純でない問題があるわけである。なぜなら、「精神」というものは、一人の人格と違って次の時代に伝えていくことができるからである。「先生」が自殺したのは、「自己本位」が必然的にともなうエゴイズムの暴威に対する自己処罰からであり、また「淋しさ」に耐えきれない自殺でもあった。しかし、それは「自己本位の精神」に終止符を打ったのではない。おそらく漱石自身にとっても同じであろうが、「先生」は至誠に貫かれた、人格を磨くことを怠らない、人生を真面目に生きようとする精神に裏打ちされた「自己本位の精神」は次の時代に引き継がれていくべきものとして考えていたのであろう。「私」の存在意義はそこにある。ただ「先生」自身の「自己本位の精神」は、「明治の精神」に殉死することによって終止符を打ったのである。漱石が単なる自殺ではなく、殉死というものを「先生」に持ち込んだのは、おそらく江藤淳のいうように、「個人的な動機を超えた動機を必要とした」故であろう。(137)「私」や「個」を、たえず「公」「国家」との関連で考えようとする明治時代人の顔がのぞいているといえよう。

なお、右の問題を漱石の文学者としての仕事、作品系列という視点からみると、おそらく漱石は、『こゝろ』という作品をもって「自己本位」という時代の精神に決着をつけたかったのであろう。次の段階の仕事となる『道草』『明暗』の作品もその決着をつけたところから新しく始まったゆえに、新しい名作になったのであろう。(138)だから右の問題は漱石文学の作品系統性の問題としてまず考えられるべきであって、それがそのまま漱石の現実の人生と一致しているということではない。

漱石自身の天皇観をみる限り、「先生」にあらわれたような天皇という一人の人格によって時代の精神を象徴化する考えがあったかどうかは疑わしい。また、乃木の殉死にしても、「僕の手術は乃木大将の自殺と同じくらゐの苦しみあるものと御承知ありて崇高なる御同情を承りたく候」と痔の手術を殉死と比較して小宮豊隆宛書簡で述べているくらいであるから、(139)乃木殉死に感動するということはなかった筈である。乃木将軍の評価にしても、『漱石研究年表』が引用している『猫博士と中学生』という題目の講演要旨をみると、(140)「世界的と云ふのは其の人格なり、或は其の事業なりが世界的に知られる様になるので、東郷大将や乃木大将が偉い譯でなくて、日露戦争が世界的な注目をひいたので、大将は是に関係して居られたからの事である」とある。いわば、乃木にしろ東郷にしろ日露戦争によって世界的に注目を集めたのであって、その人格なり仕事なりが世界的な価値をもっているということではないということである。

漱石の天皇観については、すでに多くの人達によって紹介されているので詳しい引用は省くが、『日記』（明治四五年六月一〇日の行啓能をみにいった時のもの）をみると、(141)天皇や皇族を一般人とかわらない普通の人間としてみようとする態度があらわれているし、また一般民衆の心と密着した大衆天皇制を提案し、それが皇室の繁栄につながるといっている。この点は、明治三八、九年のものと推定される『ノート』でも、「昔は御上の御威光なら何でも出来た世の中なり。今は御威光でも、出来ぬことは出来ぬ世の中なり。次には御上の御威光だからできぬという時代が来るべし」として、御上（天皇）の威光で個人の尊厳を侮辱することはできないことを主張している。(142)

同じことは、明治四五年七月二〇日の『日記』（明治天皇の重患を伝える号外を手にした漱石が、川開きの催しが差留られた件を問題にしている）でも、天皇をことさらに普通一般人以上のもの、即ち神に祭り上げようとする取り巻き連中（陪臣）への批判がみえる。(143)漱石にとって、天皇は人徳をもった敬愛すべき対象としてあったようだ。(144)

以上みてきたように、漱石の「自己本位の精神」は、言葉の感じからうける印象とは違って、他人の個性を認めるという前提に立ったものであって、単なる個人主義というようなものではなかった。「自己本位の精神」の底に流れているのは、「至誠」の情であり、人生への深い思想であり、模倣ではなく自立（インデペンデント）の精神であった。だから「自己本位の精神」の基幹には、自己を磨こうとする真剣さ・情熱、至誠を貫こうとする強い意思があり、それは天皇にも皇族にも要請されるものとしてあったのではないか。

なお、そうした至誠などは漱石が育ってきた東洋的伝統世界（漢学の素養）と深いつながりがある。漱石が鷗外と同様に漢学に習熟していたことは、『木屑録』という漢文体の旅行記に「余児時誦㆓唐宋数千言㆒喜作㆓為文章㆒」とあることによってわかる。(145)また『文学論』の序文でも、「余は少時好んで漢学を学びたり。之を学ぶこと短きにも関はらず、文学は斯くの如きものなりとの定義を漠然と冥々裡に左国史漢（左氏伝、国語、史記、漢書——筆者）より得たり」とある。(146)

漱石は、慶応三（一八六七）年に生れ、明治一四（一八八八年）年、一四歳の時、私立の二松學舍に入り漢学を学んでいる。二五歳の時の『老子哲学』は漢学に対する深い素養を示しているものといわれている。(147)漱石の文学や人生観の基底に伝統的な漢学（儒学）の深い素養があることは鷗外と同様に注意されるべき点で、彼の作品を深みのあるものにしている。[148]

最後に「自己本位の精神」と近代化との関連について触れておこう。

漱石は開化（近代化）のもたらした暗黒の側面にたえず目を向けてこれを真正面から受けとめた作家であり、それ故に神経衰弱や「狂」の世界にも落ち入った作家であったようだ。この「文明開化」という時代の風潮を、「これに反対する者なら押し流さねば止まぬ」、「抗《あらが》ひ難い」一つの「生きもの」として、その時代の人々に強い影響をおよぼしたことを巧みに指摘したのは、中村光夫である。[149]

漱石は、よく引用される『現代日本の開化』（明治四四年八月、和歌山講演）のなかで日本の「開化」を外からの力でやむをえず近代化の形をとったものとして、それを外発的開化と名づけた。いわば西洋人が百年の歳月をかけて内発的にやりとげた開化を、日本人はわずかその半ばに足らぬ歳月で短期間にやりとげようとした。その結果、「神経衰弱にかかって気息奄々《えんえん》として今や路傍に呻吟しつつある」とした。

漱石は「開化」を否定しているわけではないが、開化というものは案外「生存の苦痛」を柔らげたり、「安心の度」を高めたりしていないとし、いわば幸福とは関係のないものとみている。[150] そして、開化の方向について「ただできるだけ神経衰弱にかからない程度において、内発的に変化して行くのがよかろう」といっている。漱石は、維新以前の日本の開化が比較的内発的に進んできたのであるが、維新以後「急激に曲折」し、「急に自己本位の能力を失って外から無理押しに押され否応無しにそのとおりにしなければ立ち行かないというありさまになった」（傍点、筆者）という。

即ち、内発的であるというのは、社会・国家のレベルで「自己本位の能力」を展開していくことであるといっているのは注目される。いわば、「自己本位の精神」は、市民としての個人の生き方のみならず、社会・国家の生き方にも当てはまるものとみなされている。その点でいえば、漱石三五歳の時の論文『文壇に於ける平等主義の代表者ウォルト・ホイットマン Walter Whitman の詩について』のなかで、ホイットマンを平等主義の代表者として共感をよせ高く評価しているが、[151] それはアメリカ合衆国の人民の「独立の精神」という気風によって生みだされたものである。「独立の気風」

とは、「人は如何に云うとも勝手次第我には吾が信ずる所あれば他人の御世話は一切断わるなり、天上天下我を束縛する者は只一の良心あるのみと澄まし切って険悪なる波の中を潜り抜け跳ね廻る」気風である。「独立の精神なきときは平等の自由のと噪《さわ》ぎ立つるも必竟《ひっきょう》机上の空論に流されて之を政治上に運用せんこと覚束《おぼつか》なく之を社会上に融通せん事益難からん」と述べている。ここでいう「独立の精神」とは「自己本位の精神」に重なるが、英国留学中の苦悩のなかから獲得した「自己本位の精神」が、すでに素地として二五歳の若い漱石に養われていたことは注意されるべきである。

以上、漱石の人生観、あるいは作家としての姿勢を貫いていた「自己本位」というものを中心に考察してきた。そして、それは個人のみならず、社会や国家にも要請される精神であった。また、漱石の作品などをみていくと、そうした「自己本位」を貫くことがいかに「淋しい」ものであるかがよく窺われる。漱石の神経衰弱や「狂」の部分は、その「淋しさ」に根をもっている。一方、現実の社会・国家は、内発的開化を押し流すほど激しい流れをもって進行していった。だからそこに〝道徳の頽廃〟〝至誠のなさ〟――暗黒の世界も生まれる。そして、そうした事態に真正面から格闘したところに文明批評家、思想家としての漱石が顔を出す。

5　大正時代の作家の乃木観

(1)

ここでは大正時代に活躍した作家たちの乃木殉死観をみることによって、明治時代の蘆花、鷗外などとの相違をみてみよう。尤もこのことはすでに先行研究によって考察されていることで、いわば繰り返しになるのであるが、一応自分なりに整理しておきたい。

人類愛、人類の意思を説いた白樺派の武者小路実篤は、「三井甲之君に」(152)で以下のように乃木の殉死をみている。

自分は世界的、人類的に生活がゆかない国民的生活は浅簿なものだと云ふのである。（中略）乃木大将のやうに一地方的の思想に身を殺すやうなことで満足したくないと云ふのである。なぜかと云ふに吾人《われわれ》は既に世界的の人間である（中略）

さうして君は乃木大将とロダンを比較して、いづれが人間本来の生命にあふれてゐると思うのか。乃木大将の殉死が西洋人の本来の生命をよびさます可能性があると思ってゐるのか。（中略）乃木大将の殉死は伯夷叔齊《はくいしゅくせい》の死や屈原の死よりももっと世界的の分子が欠けてゐることを認められないのか。（中略）吾人は未来の人の為に生きるやうに自然につくられている。人類的の分子のない人は吾人と交渉のない人になりつつある。（中略）理性の如何に尊重すべきかを知る時に乃木大将自身が何に故に遠慮して殉死されたか、なぜ主義のために殉ずる人のやうに自己に権威を感ずることなしに殉死されたかゞわかるだろう。かくて自分は乃木大将の死を憐れんだのである。憐れまれるのは乃木大将の本意である、もし彼にして名誉心以上の動機で死んだのならば、かくこそ彼の死は美しいのである。しかし残念なことには人類的な所がない。ゴォホの自殺は其所にゆくと人類的な所がある。各国の進んだ人にシンパシーを起させる可能性をもっている。かゝる死こそ価値ある死である。吾人の理性によって認めることのできない動機でした行為は同情することは出来ても賛美することは出来ない。理性に戻る行動をとる人は人類的な處のない人である。乃木大将の殉死はある不健全なる時が自然を悪用してつくり上げたる思想にはぐくまれた人の不健全な理性のみが、讃美せる行動である（傍点、筆者）

ここでは、人類的、世界的、理性という普遍的な価値基準をもって殉死を論評している。[153] そして乃木がロダンやゴッホと比較されている点も新しい見方となっている。

この点は、大正時代を代表する芥川龍之介の『将軍』[補(2)]という短編でも同じである。従来の乃木像の修正を意図し、乃木を偏執狂（癇癪持ちの、冷たい眼をもった、捕虜を平気で試し斬りする人物として描かれている）としたこの作品が乃木像の修正に成功したかどうかはひとまずおくとして、この作品は大正時代という環境のなかでこそ一定の意味をもっていることはいえる。

この作品の最後の章には、日露戦争の軍事参謀として乃木将軍（作品ではN将軍）の下に仕えた中村少将（当時は少佐）とその息子の大学生との大正七年一〇月のある夜の会話が以下のようにみえる。

西洋風の応接室には息子がN将軍の額をおろして西洋の画を懸け換えたらしい。父はN閣下の額だけは懸けておきたいというのに対して息子は西洋画のなかにN将軍の額はおかしいという。父は「肖像画はあすこにもあるようじゃないか？」と炉上の壁を指す。そこにはレンブラントの肖像画がある。「あれは別です。N将軍といっしょになりません」。少将はN将軍の額をかけるのを断念し、感傷的に将軍の逸話を話しだす。その逸話は、N将軍はけっして一介の武弁だけでなく人間味のある人物であることを示そうとする逸話であった。が、息子からは西洋人には聞かされない話であるといわれる。父は炉の上のレンブラントをながめて「あれもやはり人格者かい？」と聞く。青年は「え、偉い画かきです」「N将軍などよりも僕らに近い気もちのある人です」と答える。さらに青年は将軍が自殺した気もちは幾分わかるが死ぬまぎわに写真をとったのはわからないといい、「まさか死後その写真が、どこの店頭にも飾られることを（中略）」という。少将は憤然として青年の言葉をさえぎる。「それは酷だ。閣下はそんな俗人じゃない。徹頭徹尾至誠の人だ」。しかし青年は落ちついた様子で「むろん俗人じゃなかったでしょう。至誠の人だったことも想像できます。ただその至誠が僕らにはどうもはっきりのみこめないのです。僕らよりのちの人間には、なおさら通ずるとは思われません」。父と子はしばらく気まずい沈黙をつづけたあとで「時勢の違いだね」という父の言葉で会話が終わる。

そこでは文化価値を代表する西洋人レンブラントと日本だけに通用する乃木将軍とが父と子の世代（明治と大正を代

表する）を象徴するものとして、対照的に取りあげられている。しかも、青年にはもはや「至誠」というものが時代遅れの理解困難な観念になっていることが注目される。芥川の本心というものはわからないが、この作品を通してみる限り、乃木の「武士道」、その他様々な名誉と尊敬で語られた逸話が、大正時代の若者たち（とくにインテリゲンチァ）にとっては偽善や衒気としてみえたのだろう。

よく引用される白樺派の志賀直哉の『日記』に、「乃木さんが自殺したと云ふのを英子からきいた時、『馬鹿な奴だ』という気が丁度下女かなにかが無考へに何かした時感ずる心持と同じような感じ方で感じられた」（大正元年九月一四日）、「乃木さんの死は一つのテンプテーションに負けたのだ」（同年九月一五日）とあり、「近頃不愉快な事でした」と友人の話ものせている（同年九月一八日）。

また武者小路や志賀と同じ白樺派の作家であり学習院高等科の出である里見弴《とん》もその小説『潮風』（一九〇二〜三年）のなかで乃木を皮肉っている。[154] 学習院時代の憶い出をまじえたのであろう、片瀬の学習院の遊泳場にいった青年達が乃木将軍の褌からはみでた恥毛が白髪だったということで、「Nの毛ってやっぱり白髪になるんだね」といって「みんなどっと笑い崩れた」という場面がある。たわいない事であるが、学習院の俊英達が乃木の教育にかなり反発をもっていた証拠とうけとれる。

武者小路や志賀も同じ学習院高等科であるが、二人は乃木が院長になる明治四〇年の前年に卒業して、東大に進んでいる。それに対して里見はその年に学習院高等科に進学しているから、乃木とは学校で面識があったことになる。東大進学の三人の俊英、里見と武者小路・志賀との間には若干感じ方の違いはあったかもしれないが、乃木の言動や教育に古いなじめない体質を感じとったというのは時代の傾向として当然であったろう。

大正時代をいままでみてきた作家の言動だけで律するわけにはいかないにしても、時代はそのような形で進行しつつあったと考えてよいのではないか。

（2）

ただ武者小路や志賀などと同じ世代に属していた阿部次郎の哲学者の『三太郎の日記』[補3]をみると、乃木の評価は違っている。明治四五年一〇月六日の日付のある、彼が三〇歳の時の『三太郎の日記』（十一「別れの時」）では、「他人の為に自らの身を殺し得る人の心情は尊い」とした上で以下のように述べている。

　私は乃木将軍の自殺が純粋の殉死であるか否かを知らない。（中略）唯《ただ》若し大将の自殺に少なくとも殉死の一面があるならば、其殉死には情死《じょうし》者と共通なる「人としての」美はしさのあることを感ずる丈である。其殉死には誠実と純粋との不滅の教訓あることを感ずる丈である。而して私が此の意味に於て深く大将の死に動かされたことを告白するだけである（下略）。

　徹頭徹尾殉死、もしくは責任を果たすの死と信じて、透明なる意識と幸福なる道義的自覚をもって自刃しえたであろう。しかもこの間に寸毫《すんごう》も虚偽と粉飾とのあとをとどめざるは大将が完全なる理想主義の人であったからである。理想主義がその人の人格となっていたからである。

　吾人は屢々《しばしば》吾人の周囲に堕落せる理想主義の老人を見る。（中略）然るに今乃木大将は吾人の為に理想主義の崇高なるものを示された。人間心理の研究者として、吾人は此希有《けう》にして恐らく将来益々減少して行く可き実例に対して茲にも亦深き興味を感ぜざるを得ない。（傍点、筆者）

この阿部の見方は、乃木を純粋誠実な理想主義者とみる点で、時期は下るが小林秀雄の見方と一致している。すでにみた芥川の『将軍』のなかで、死の直前に乃木が記念撮影をした事に対して、青年が店頭に飾られることを予想してやった行為ではないかと解釈していた。この解釈に対して小林は以下のように述べている。

僕は乃木将軍といふ人は内村鑑三などと同じ性質の明治が生んだ一番純粋な熱烈な理想家の典型だと思っていますが、彼の伝記を読んだ人は、誰でも知っている通り、少なくとも植木口の戦以後の彼の生涯は、死処を求めるといふ一念を離れたことはなかった。さういふ人にとって、自殺とは大願の成就に他ならず、記念撮影は疎か、何をする餘裕だっていくらでもあったのである。（傍点、筆者）

これは、小林秀雄の一九四一（昭和一六）年の『歴史と文学』の一節である。(156) 歴史に対して独特の見識をもち、「近代の超克」グループのなかでも独特な形で参加していた小林にとって、満州事変から太平洋戦争の危機的な状況認識が理想主義の必要性をうみだしたのであろう。

阿部次郎といえば、和辻哲郎、安倍能成などとともに教養派といわれ、理想主義・人格主義の青年哲学者として、むしろ白樺支持者であった。その阿部が乃木の殉死では、白樺派の武者小路、志賀と違った反応をみせているのである。白樺派は、強烈な自我意識、個性尊重を人類の意志とむすびつけて、それを運命的なもの、不偏的なものに昇華した。そこでは、国家とか民族とかは認識の対象となっていない。きわめてコスモポリタン的な認識をもった人達であった。そうした白樺派にとって、乃木の殉死は一地方の思想に身を殺した出来事にすぎなく、それは人類の意志、人道主義からみた場合、馬鹿げた行為であったのだ。

唐木順三は、明治から大正へを、「修養」から「教養」への転換ととらえている。(156) 四書五経の素読によって育てられ、いわば儒教的生活体系をもった型のある文化の時代たる明治と、一定の形式（型）をもたず、普遍的な生活体系をもとめた大正の時代（それは古今東西にわたる読書によって自己の内面の個性を豊かに確立しようとした時代であるが）を区別している。そうした教養派のシンボルが、『三太郎の日記』を書いた阿部次郎であった。白樺派もその意味では、明治の修養派の形式主義、型を旧道徳として嫌った教養派の人々であった。必然的に乃木の殉死に対して否定的になるのが大正の時代であった。

ただ、阿部は乃木の殉死に理想主義の現われをみた。阿部は同じ所で、「客観的にみて日本の文明が『別れの時』に臨んでいることは、万人の等しく認むるところである」として、「『別れの時』の感情はあらゆる真正の進歩と革命に欠くべからざる主観的反映の一面である。（中略）『別れの時』の悲哀を伴わざる革命と進歩は虚偽か誇張か衒耀か、いずれにしても内的必然性を欠く浮気の沙汰とよりは思いがたいのである」と述べている。又阿部は、「別れの時」が重大な意味をもつのは、「『別れの時』の感覚は保守と急進との間に一味心情の交感を与える、同時に避くべからざる抗争の悲壮なる自覚を与える」からだとみている。いわば、「新」と「旧」との激しい鎬合《しのぎあ》いの中から、本当の意味の進歩が出てくると考えている。

こうしてみてくると、「別れの時」とは、まさしく明治という一つの時代（文明）が終わろうとしている事態を、乃木の殉死と重ね合わせながら深刻に内省したゆえの表現であろう。阿部は、明治の終焉を次に来る新しい時代の生き方との関連で真剣に考えた一人であった。そしてこの新しい時代（真の進歩と革命の時代）への教訓として、乃木の殉死に示された理想主義を重視したのである。

その意味で、阿部は白樺派の武者小路、志賀とは違って、過去（旧）への内省にこだわりをもった、厳格な「教養派」の典型であった。[157]

おわりに――文明開化との関連で――

明治維新以降の我が国の近代化は、西洋の文明の流入（西洋化）という形で始まった。その文明は、非西欧世界に対して、西洋世界（近代国民国家）の優越的地位の自己認識であり、自由・進歩・国民（ネーション）を示す価値観であった。五ヶ条の御誓文（明治元〈一八六八〉年）で我が国は旧来の陋習《ろうしゅう》を破り、広く知識を世界にもとめるために進んで国を開き（開化）、西洋の文明を受け入れる体制をとった。いわゆる文明開化である。こうした西洋型の近代化（西洋化）は、明治・大正そして昭和へと拡大・深化していく。

問題なのは、文明開化はどのような意味をもっていたかである。まずその様子を具体的にみておこう。

それは第一に日常生活の西洋スタイルの流入であった。洋服、散髪（ざんぎり頭）、帽子、靴、胡坐《あぐら》鍋（牛鍋）に象徴される肉食、第二にインフラの整備。人力車から馬車、鉄道馬車、蒸気機関車の鉄道敷設。ガス灯、さらに電信電話、郵便、新聞・雑誌。レンガづくりの洋館（銀座通り）。第三に近代国家の主体となる国民の形成。学制発布（一八七二年）による国民皆学（義務教育制）、徴兵令（一八七三年）による国民皆兵、地租改正における納税義務意識、地方議会（地方自治）における国民（地方の富豪層が中心であるが）意識の創出などである。第四に殖産興業。官営工業による製鉄・製糸・紡績・鉱山・造船、御雇外国人の人材登用。第五に学術文化の移入。欧米の学問、思想、文学さらに宗教――キリスト教の解禁（一八七三年）などが挙げられよう。

こうした文明開化は、第一に帝都を中心に展開したのであるが、農村との文明度の隔差は大きかった。例えば、洋服が農村に一般的に普及するのは大正時代に入ってからであった（小学校卒業式の子ども達の写真をみよ）。

第二に、文明開化は上流社会と庶民との間でも大きな隔差があった。洋服が天皇や官吏から始まったことはよく指摘されることである。天皇は、洋服（明治四年）と肉食（明治五年）を率先して実行している。

第三に文明開化は旧体制の伝統文化の否定・抑圧となってあらわれた。例えば太陽暦（新暦）の採用による五節句の否定、若者宿の禁止。梓巫女《あずさみこ》・市子《いちこ》・口寄せ・瞽女《こぜ》などの迷信的なもの、乞食の禁止、淫祠、混浴、博奕、裸体、刺青など猥雑とみなされたものの禁止。いわば文明という名のもとに江戸時代の年中行事、民俗信仰（迷信的なものも含めて）・生活習慣が否定・抑圧された。

第四にそれはアンビバレンス・時代錯誤的（即ち、西洋的なものと日本の伝統的なものの同居・雑居）な様子を呈したということである。この点は、ビゴーの風刺画によくあらわれている。[158]それは、袴と靴の和洋折衷の服装であったり、洋服姿の巡査・兵士の立礼の横でドテラ姿の土下座のあいさつをする庶民との対比であったりする。

第五に国制――国民レベルでの近代化の遅れが指摘できる。近代国民国家（明治憲法）の成立は、自由民権運動を経て明治二二（一八八九）年までまたなければならなかった。

西川長夫は、西欧においては文明 civilization とは一八世紀後半になって使用されるようになった新語で、西洋における国民国家の形成と深いかかわりがあると指摘している。(159) その点をふまえると、本来の意味の「文明開化」は、我が国の場合、明治二二年の明治憲法発布――近代国民国家の成立をもって終期をむかえたとみてよいだろう。その意味で我が国の「文明開化」も西欧のそれと同じように政治・社会・文化の全面に及ぶ近代革命であったといえる。ただ、その近代化、西洋化は、未開・野蛮な国への流入であったのではなく、長い歴史と文化をもった異質な国への流入であったから、その転換はアンビバレンスであったり、表面的なものであったり、猿まね的なものであったり、長い時間がかかるものとなった。

ところで、西川は、西洋文明のもつ侵略性も指摘している。即ち、文明は西欧の自己意識であり、西欧的価値観の表明であり、文明の名において他の国を裁き判断する植民地主義の口実を用意しているとしているが、我が国でも福沢諭吉は、近代国民国家確立のために国家の主体となる自由と自立の精神をもった国民の養成が緊急課題であるとしたが、同時に脱亜論をとなえて〝文明〟という基準でアジア世界を区分して、日清戦争を文明国たる日本と野蛮国たる中国（清）の戦争とみた。文明を正義とみたのである。

そうした事情は日本国内においても窺える。西洋近代文明は、それがもっている世界性、普遍性、さらに利便性、功利性、大衆性、安価、異国情緒などから国境をこえて我が国にものすごい勢いで流入し、長い歴史・伝統をもつ我が国の文化を一挙に破壊してしまった。その際、歴史的な文化は文明の名のもとに野蛮・未開＝封建的というレッテルをはられて否定、破壊された。

近代化、資本主義化に一歩おくれた後進国ドイツが、イギリス・フランスの civilization（文明）に対して、culture（文化）

を対抗概念として提起したことはよく知られているが、我が国でも明治二〇年代の国粋主義・国民主義の台頭は、ドイツ流の〝文化〟概念と同様な様相をもっていたといえよう。

志賀重昂《しげたか》、三宅雪嶺らは、明治二一（一八八八）年、政教社を結成し、雑誌『日本人』によって国粋主義を展開した。また陸羯南《くがかつなん》は新聞『日本』（一八八九年）を刊行し、国民主義（日本主義）を唱えた。彼らは政府の進める欧米追随、欧米模倣策――一八八三年完成の鹿鳴館に象徴される――に苦言を呈した。

志賀重昂の「国粋保存旨義」は、「泰西《たいせい》の開化を輸入し来るも、日本国粋なる胃官を以て之を消化し、日本なる身体に同化せしめんとする者」である。[160] 国粋とはナショナリティのことであり、西洋型文明開化一辺倒のあり方に関して、国粋を核においた日本型の文明開化＝近代化の必要性を唱えた。

一方三宅雪嶺は、『真善美日本人』で、日本人の任務は「真を極め、善を極め、美を極め」ることであり、「円満幸福の域」に到達することが「世界と人類」のためであると主張している。[161]〝真〟を極めるとは、東洋思想の至大の道理を極めることであり、〝善〟を極めるとは、欧州大国に圧倒されざる正義を実現することで、そのための殖産興業、富国強兵の国づくりが必要であるとする。〝美〟を極めるとは、日本美術の特徴たる軽妙・簡略の美の究明であるとしている。そして、日本の開化が西欧の長をとり、我が国の短を補うべきものであるのに、むしろ彼の長をとらずに短をとっていると非難している。この点でおもしろいのは、「今や外人往々にして、支那人が豚尾の髪（満州族の弁髪のこと――筆者）、チャンチャンの服、依然として旧習を改めざるを見、陽に笑うて陰に畏れ、わが邦人が高帽、洋装の不格好を顧みず、兢々《きょうきょう》として倣うを見、陽に誉めて陰に侮る」（傍点、筆者）と述べている。これは日本の文明開化が上すべりで、日本の身の丈にあっていないという指摘であって、漱石の文明評価に通ずるものである。

国粋主義は決して文明開化そのものを否定しているものではなく、国粋を核にもった「非西欧型の、つまりもう一つの近代化の途を示そうとした」といえる。[162]

この明治二〇年代に現われた国粋主義について、松本三之介は後年の国粋主義、国家主義と比べて、重要な相違点が三つあるとしている。[163] 第一に、国民としての自覚や民族の独自性を強調したけれども、決して独善的、非合理的な民族主義に陥ることがなかった。第二に、政府の欧化政策に対立して登場したものであったが、決して欧化そのものを否定したり排斥したものではなかった。第三に、国粋の重視は、政府が国民性と国内の実状を無視して西欧追随的な欧化政策を推進してきたことに対する抗議であった。

なお陸羯南について松本三之介は、陸が立憲政治の健全な運用にとって、道徳あるいは誠心としての「道徳力」が不可欠の要件だと考えていたといっている。この点は重要であるのでもう少し詳しくみておこう。

陸は文明開化の状況について、「節操なるもの益々卑しく、廉恥《れんち》なるもの益々蔑せらるゝに至る。是れを明治六七年に至る迄の傾向と為す」、さらに「政治世界に於ては法律ありて道徳なく、詐謀ありて誠心なきに至れり。是れを明治十年以後の傾向とす」と断じ、「特に立憲政体の如きは道徳力の干渉なければ、真の完成を期すべからざること多数学者の定説にあるらむや」として、その「道徳とは唯だ一の誠心是なり」と結んでいる。[164]

すでにみたように小林秀雄は、乃木と内村鑑三を同じ性質の理想をかかげた明治人と捉えていた。内村鑑三は、聖書にのみもとづく福音を重視する無教会主義のキリスト教を理想として、武士道的キリスト教を実践したといわれる。内村は二つのJ（JapanとJesus、日本とイエス）を愛し、それに仕えることを信念とした。[165] それは、正義・真理という普遍性を志向するキリスト教と、異教徒（多神教）の国である日本への愛国心の対立・衝突の様相を呈した。その最初の試練が明治二四（一八九一）年の第一高等中学校での教育勅語（高等中学校に対しては、とくに天皇の親署のある教育勅語が交付された）拝礼事件（不敬事件）であったことはよく知られている。これが引き金となって、哲学者井上哲次郎からキリスト教は我が国体（万世一系の天皇制）に反する宗教であるという批判をうける。内村は二つのJの間で苦悩し、格闘するのである。

内村も、乃木の殉死に理解を示した蘆花、鷗外、漱石も普遍性、世界性をもつ強力な文明に対して、内なるもの、日本の伝統的なもの、ナショナルなものに執着し、愛着する姿勢をとった。

乃木の場合、三八歳の時の明治二〇年のドイツ留学後、ハイカラ好みで遊び好きであった若き日の生き方をがらっとかえて、自己の内部の声に深く沈潜していく。乃木は陸軍という巨大な国家権力組織の中で軍紀の確保を重大なものと考えた。[166] その軍紀とは徳義や名誉を勧めることによって果たされるべきものであった。この点では、すでにみたように陸が立憲政治を健全に運営する為に徳義や誠心の「道徳力」を不可欠としたことと同じである。

明治維新という革命的転換の時代に、普遍的世界をもつ西洋型文明社会に対して、内奥《ないおう》に徳義・誠心・名誉・人格といった、即ち明治の精神をもって対処していくという生き方をとったのが明治人であった。

注記

一章

（1）研究を系統的にとりあげることができてないが、印象に残る物として、芝原拓自「明治維新の世界史的位置」（『歴史学研究別冊、特集――世界史と近代日本――』、一九六一年一〇月号。また最近では渡辺京二「カオスとしての維新」（『環』Vol.13、二〇〇三年、藤原書店）を参照。

（2）一海和義「明治維新という言葉」（『環』Vol.13、二〇〇三年、藤原書店）。

（3）『明治維新と国学者』第一章、一九九三年、大明堂。

（4）今谷明『封建制の文明観――近代化をもたらした歴史の進展――』（二〇〇八年、PHP研究所）に「封建制」に関する諸説が紹介されている。

（5）「文明の生態史観序説」（『中央公論』一九五七年二月号）、のち『文明の生態史観』一九六七年、中央公論。

（6）『国史大辞典』封建制の項目（中世）、安田元久・関幸彦執筆。

（7）『歴史をみつめ直す――封建制的概念の放棄――』二〇〇四年、校倉書房。

（8）『国史大辞典』農奴制の項目、永原慶二執筆。

（9）『国史大辞典』封建制（中世）の項目、安田元久・関幸彦執筆。井上清『日本の歴史　上』（一九六三年、岩波新書）は、荘園下の百姓名主を「農奴」と規定して封建社会としていた。

（10）近代的な所有権とは違いがある。この点については、渡辺尚志「土地は誰のものだったか」（『百姓の力』第三章、二〇〇八年、柏書房）

（11）『国史大辞典』封建制（近世）の項目。尾藤正英執筆。尾藤は、年貢や諸役を負担する義務を負った百姓は、領主の家産制的支配のもとにあったのではなく、むしろ国家の公民ともいうべき性格を具えていたとし、西洋中世の封建制下の「農奴」と同一視できないという。

(12)『江戸時代とはなにか――日本史上の近世と近代――』一九九二年、岩波書店。

(13) 例えば、井上清（前述（9））を参照。

(14) 和辻哲郎『鎖国』を代表する

(15) 家永三郎『日本文化史』一九八二年（第二版）岩波新書。

(16)「概説――十七〜十八世紀」（速水融・宮本又郎編『日本経済史――経済社会の成立――』一九八八年、岩波書店。

(17)「近世日本の土地制度」（『明治国家と近代的土地の所有』第一章、二節、二〇〇七年、同成社）。

(18)『社会史への道』一九八一年、日本エディタースクール出版部

(19)『国史大辞典』封建制（近世）、前掲（11）に同じ。『江戸時代とはなにか――日本史上　近世と近代――』一九九二年、岩波書店。

(20) 服部之総、飯沼二郎、山本博文（三節）

(21) 網野善彦『歴史を考えるヒント』八一頁、新潮選書。

(22)『文明の生態史観序説』（前掲（5））。

(23)『日本文明と西洋文明――『鎖国』の再考――』一九九一年、NHKブックス

(24)『環境先進国江戸』二〇〇二年、PHP新書。

(25)『世界史の基本法則』二〇一〇年、岩波書店。

(26) この点は、共同体の分解と商品交換の進展の様態を論述している水林彪『天皇制史論』二〇〇六年、岩波書店を参照。

(27) 石井紫郎「幕藩体制における土地所有の研究」（『日本国制史I――権力と土地所有――』、一九六六年、東京大学出版部）

(28) 成立期の石高は直ちに収穫高と結びつけて理解できず、むしろ中世以降の年貢高を基礎に年貢高に一定額の上乗せが行

われて石高が成立したとする研究動向を指摘している（朝尾直弘著作集8巻『近世とはなにか』二〇〇四年、岩波書店。）

(29)『続・日本の歴史をよみなおす』第一章、第五章、一九九六年、筑摩書房。
(30)『知られざる日本』二〇〇五年、NHKブックス）
(31) 松永伍一『平家伝説』一九七三年、中公新書。
(32)『百姓の江戸時代』一九九九年、刀水書房。
(33) 山本博文他『こんなに変わった歴史教科書』二〇一一年、新潮文庫。
(34)『日本の江戸時代』（前掲(32)）。
(35)『百姓たちの江戸時代』二〇〇九年、ちくまプリマー新書。
(36) 山崎隆三『近代日本経済史の基本問題』一三七頁、一九八九年、ミネルヴァ書房。
(37)『詳読日本史史料集』一九五頁、二〇一一年、山川出版社。鬼頭宏『人口から読む日本の歴史』二〇〇〇年、講談社新書。
(38) 網野善彦『日本社会の歴史下』一二八頁、一九九七年。
(39) 山口仲美『日本語の歴史』二〇〇六年、岩波新書。
(40) 岩生成一『日本の歴史14　鎖国』一九六六年、中央公論社。
(41)「日本史的世界と世界史的日本」（『服部之総全集10巻』一九七四年、福村書房）。
(42) 前掲(23)に同じ
(43) 前掲(41)に同じ
(44) 前掲(41)に同じ
(45) ノエル・ペリン（川勝平太訳）『鉄砲を捨てた日本人——日本史に学ぶ軍縮——』一九九一年、中公文庫。
(46) 田中優子『未来のための江戸学』一五八頁、二〇〇〇年、小学館新書。
(47) この書状は、島津氏の『旧記雑録・後編④、八七六号』・渡辺美季『近世琉球と中国関係』第一部第二章、二〇一二年、吉川弘文館。

(48)天正十(一五八二)年一一月五日付、口之津発信、ルイス・フロイス師のイエズス会総長宛、信長の死に関する報告書(松田毅一監訳『十六・七世紀イエズス会日本　報告書』第Ⅲ期6巻、一九九一年、同朋舎出版)

(49)『日本の歴史14　鎖国』(前掲(40))

(50)「日本史的世界と世界史的日本」(『日本史的世界と世界史的日本』一九四七年十一月号、初出)。『絶対主義論　服部之総著作集第四巻』一九五五年、理論社。

(51)『徳川王政論』一九九一年八月、未来社。

(52)「産業革命対勤勉革命」(『近世の日本の経済社会』二〇〇三年、麗澤大学出版会)。

(53)「日本近世国家の世界史的位置」(『幕藩制の成立と近世の国制』第三部第二章、一九九〇年、校舎書房)。

(54)『国史大辞典』絶対主義の項目、遠山茂樹執筆。

(55)『歴史学辞典12巻』絶対主義国家の項目、中沢通哉執筆。

(56)山本の絶対主義論については水林彪との論争があって有益である。水林彪『封建制の再編と日本的社会の確立』一九八七年、山川出版社。

(57)大藪龍介によると労農派の明治維新論は正確には「ブルジョア革命の発端」説、あるいは「ブルジョア革命の方向性をもった絶対主義の成立」説であるとしている(大藪龍介『明治維新の新考察』三八頁、二〇〇六年、社会評論社)。

(58)河野健二「世界史のなかの明治維新」(田中彰編『幕末維新論集1――世界史の中の明治維新――』所収、二〇〇一年、吉川弘文館)。中村哲『日本の歴史16――明治維新――』一九九二年、集英社。佐々木寛司「明治維新の今日的地平」(『日本史研究』三一七号、一九八九年)。F・ギブニー「文化革命としての明治維新」(永井道雄・Mウルティア編『明治維新』所収、一九八六年、国際連合大学)大藪龍介『明治維新の新考察――上からのブルジョア革命――』(前掲(57))。同『明治国家論』、二〇一〇年、社会評論社。

(59)八木秀次『明治憲法とその思想』二〇〇二年、ＰＨＰ新書。八木は第三条の「神聖不可侵」は東ローマ帝国のユスティアヌス法典に淵源し、この規定は立憲君主としての天皇の無答責条項と理解すべきであるとしている。

(60)江村栄一校注『日本近代憲法大系9――憲法構想――』一九八九年、岩波書店から引用した。

(61)美濃部達吉『憲法講話』第二論下の三「天皇の不可侵権」を参照（『憲法講話』は、小路田泰直監修『史料集・公と私の構造第一巻――美濃部憲法学と政治1憲法講話』に復刻、二〇〇三年、ゆまに書房）。また、井上毅については、石尾芳久「天皇大権の形成――明治天皇制の一断面――」（日本法制史研究会編『日本近代国家の法構造』所収、一九八三年）におさめられている。鈴木正幸も「議会や国民に対して、大臣（内閣）が天皇にかわって責任をとることから天皇は神聖不可侵である」とする民間の解釈を紹介している（『皇室制度――明治から戦後まで――』一九九三年、岩波新書。）

(62)この国体明徴問題（天皇機関説事件）については、宮沢俊義『天皇機関説事件　上・下』（一九七〇年、有斐閣）が貴重である。

(63)寺崎英成、マリコ・テラサキ・ミラー『昭和天皇独白録』一九九五年、文春文庫。

(64)上杉慎吉『国民教育帝国憲法講義』（一九一一年、有斐閣）と美濃部達吉『新憲法講話』（一九一二年、有斐閣）の論争。

(65)「日本史上における近代天皇制――天皇機関説の歴史的背景――」（『思想』七九四号、一九九〇年八月）。

(66)『日本近代憲法思想史の研究』第二編第一・二章、一九六七年、岩波書店。

(67)久野収・鶴見俊介『現代日本の思想』二七〇～一頁、一九五六年、岩波新書。

(68)『象徴天皇という物語』一〇一頁、一九九〇年、筑摩書房。

(69)「維新変革と宮中儀礼――近世の天皇から近代の天皇へ――」（田中彰編『近代日本の軌跡1　明治維新』一九九四年、吉川弘文館）

(70)『近代日本経済史の基本問題』一九八九年、ミネルヴァ書房。

(71)『百姓の力――江戸時代から見える日本――』二〇〇八年、柏書房。

(72)「幕藩体制社会における土地所有の研究」（前掲（27））

(73)奥田晴樹（前掲（17））、石井紫郎（前掲（27））。

(74) 田中圭一『日本の江戸時代』一〇三頁（前掲（32））。
(75) 大石慎三郎『江戸時代』（一九七七年、中公新書）によれば、一六〇〇年の江戸時代初頭では、一六三万五千町歩であった耕地面積が江戸時代中期には二九七万町歩と飛躍的に拡大している。
(76)『近代日本の経済史の基本問題』（前掲（70））。
(77) 田中圭一「五公五民」（『日本歴史』五八〇号、一九九六年九月号）。
(78) 石井紫郎「幕藩体制社会における土地所有の研究」七五頁（前掲（27））
(79) 速水融も検地帳が農民の個々の土地所有を確定するものではなく、それは村単位の石高を確定して、村請制という形で年貢賦課をするために必要なものであった。だから検地は土地調査であって土地保有の調査でないから検地と小農民自立化政策を短絡させることは問題であるという（『近世日本の経済社会』一〇八〜一一二頁、前掲（52））。飯沼二郎も幕政初期に決定された石高（朱印高）が、すでに耕地の実際の生産高を必ずしも正しく反映していなかったばかりでなく、その後の内高（村高）といえどもその固定的な性格のゆえに、生産高の変化を完全に表示できないという性格をもっていた。ともかく、石高制を全国的に成立させることによって、全国的な大名の軍役動員が可能になった点を重視している（『徳川絶対王政論』一〇九〜一一〇頁）。
(80) 前掲一三一〜三頁（前掲（70））
(81)「前地」（佐藤雅知編『身分的周縁と近世社会1――大地を拓く人びと――』所収、二〇〇六年、吉川弘文館）。
(82) 藤井譲治・伊藤之広編著『日本の歴史――近世・近代編』二〇一〇年、ミネルヴァ書房。
(83) 前掲（70）。
(84) 前掲（82）。
(85) 前掲（82）。
(86) 渡辺尚志・五味文彦『新大系日本歴史3　土地所有史』四〇八〜九頁、二〇〇二年、山川出版社。

(87)「領主制の解体と土地改革」（歴史学研究会・日本史研究会編『講座日本歴史7』一九八五年、東京大学出版会）。ちなみに中村哲は明治維新を後進型ブルジョア的・民族的革命としている。

(88)河野健二は早い時期に西洋のブルジョア革命が半封建的な寄生地主制を廃止した事実はないと指摘していた。「フランス革命の土地改革」（桑原武夫編『フランス革命の研究』一九五九年、岩波書店）。同「明治維新と『西洋』」（田中彰編『幕末維新論集1——世界のなかの明治維新』所収、二〇〇一年、吉川弘文館）。

(89)「近代国家の形成」（『日本国制史研究Ⅱ　日本人の国家生活』）七章、一九八六年、東京大学出版会）。

(90)司馬遼太郎は、明治維新は国民国家創出を目指したものだという（『明治という国家』十一章、一九八九年、日本放送出版協会）。網野善彦『日本社会の歴史』岩波新書、一九九七年も同じ

(91)『明治維新を考える』二〇〇六年、有志舎。

(92)速水融「対談」（『環』Vol.13、二〇〇三年、藤原書店）。高校教科書『詳説日本史B』（二〇〇七年、山川出版）によると、明治期の人口構成は、一八七三（明治六）年に士族一五四万八五六八人、卒（足軽など下級武士）は三四万三八八一人とある。

(93)「近代国家の形成」（前掲（89））。

(94)丸山真男『「文明論之概略」を読む　下』二五一頁、一九八六年、岩波新書。

(95)『学問のすすめ』四八頁、二〇一〇年、岩波文庫。

(96)『文明論之概略』一八九頁、一九八三年、岩波文庫。

(97)松本三之介「啓蒙の精神——福沢諭吉——」（『明治精神の構造』Ⅱ、一九九三年、同時代ライブラリー、岩波書店）。

(98)『文明論之概略』二五四頁。

(99)江村栄一『自由民権運動の研究』一九八四年、法政大学出版局。

(100)『明治維新の新考察』一六八頁（前掲（57））。

(101)清水勲『ビゴー日本素描集』、一九八六年、岩波文庫、『続ビゴー日本素描集』、一九九二年、岩波文庫。

(102)ピエール・ロチ『秋の日本』一九五三年、角川文庫。
(103)「東洋の土を踏んだ日」(『神々の国の首都』二〇〇〇年、講談社学術文庫)。
(104)渡辺京二『逝きし世の面影』七章「自由と身分」一九九八年、葦書房。
(105)ハリス『日本滞在記』上、一九五三年、岩波文庫。
(106)チェンバレン『日本事物誌1』一九六九年、東洋文庫、平凡社。
(107)小泉八雲「日本人の微笑」(『明治日本の面影』一九九〇年、講談社学術文庫)。
(108)ウェストン『ウエストンの明治見聞記――知られざる日本を旅して――』一九八七年、新人物往来社。
(109)『逝きし世の面影』(前掲(104))
(110)三好行雄『漱石文明論集』一九〇〇年、岩波文庫。
(111)十川信介編『藤村文明論集』一九八八年、岩波文庫。
(112)ニコライ『ニコライの見た幕末日本』一九七九年、講談社学術文庫。
(113)『真善美日本人』(鹿野政直編『日本の名著37』一九七一年、中央公論)。

補(1)高瀬弘一郎は、日本のキリシタン教会にポルトガル国王の布教保護権が及ぶことが確定したのは、一五七六年の教皇グレゴリウス一三世の大勅書によってであり、日本は潜在的にポルトガル領になったと指摘している。また、松田毅一はバテレン(宣教師)の布教が西欧諸国の日本征服と関係があることは、近頃のバテレンの機密文書の発表によって明白になってきたという。やはり、秀吉以下の為政者がバテレンの布教に日本征服の危機感を抱いていたと考えうる。高瀬弘一郎『キリシタンの世紀』二〇一三年、岩波書店。松田毅一『南蛮のバテレン』(松田毅一著作選集、一九九一年、朝文社)参照。

二章

（1）以上、教科書の歴史の変遷、歴史教育の変遷については、海後正臣「歴史教科書総解説」（『日本教科書大系　近代編20巻歴史（三）』一九六四年、講談社所収）や松島栄一「歴史教育の歴史」（岩波講座『日本歴史』別巻一、一九六三年）などを参照した。

（2）第六期国定教科書『初等科国史』（昭和一六年）では「半島から来た人々も自分の家に帰ったやうな気がしたのでせう。そのままとどまって、朝廷から名前や仕事や土地などをたまわり、よい日本の国民になって行きました」と当時の対朝鮮への国策（日本語の強制、日本人名への転換）の線に沿った書き方になっている。

（3）聖徳太子（厩戸皇子）の評価については明治天皇の侍講元田永孚（儒学者）は「厩戸皇子の慧聡、仏を信じ、吉備真備の博学鴻儒と称するも、我国の忠孝節義の大徳に欠く所あれば取るに足らざるのみならず却て国教を害するなり」といっている（「元田先生進講録」第六）。

（4）第六期は「国民の覚悟」の所ではなく、「大御代の栄え」という所で述べられている。

（5）歴代天皇の御盛徳については、和田英松が昭和一〇年五月長野県国民精神文化講演会で「御歴代の聖徳」と題して縷縷述べている。そこでは歴代天皇の日の御子としての神々しさ、現人神としての不思議な現象、歴代天皇の敬神の心、孝心の篤さ、国民への仁慈、博愛心、文化の良き理解者、文化の指導性などが述べられている（『国史説苑』所収、昭和一四年、明治書院）。

（6）喜田貞吉『六十年之回顧』（昭和八年、私家版。のち明治文学全集78巻『明治史論集（二）』一九七六年、筑摩書房に所収）。山崎藤吉・堀江秀雄『南北朝正閏論纂』明治四四年、横田活版所。大久保利謙「ゆがめられた歴史」（向坂逸郎編著『嵐のなかの百年』所収、一九五二年、勁草書房。のち『大久保利謙歴史著作集7――日本近代史学の成立』一九八八年、吉川弘文館に所収）。松本新八郎「南北朝史の展開」（『真説日本歴史5　南北朝の動乱』所収、一九六〇年、雄山閣出版）。上田正昭『喜田貞吉』（日本民俗文化大系5、一九七八年、講談社)。海後正臣『歴史教育書総解説』前掲(1)。関幸彦「ミカドから天皇へ――喜田事件とその周辺――」(『ミカドの国の歴史学』一九九四年、新人物往来社)。

(7)一九六五年、新潮文庫。

(8)前掲(6)。

(9)新聞紙上の発端は、明治四四年一月一九日の「読売新聞」の「南北朝対立問題――国定教科書の失態」という社説であった。この社説は峯間信吉が友人の同社記者豊岡半嶺にかかせたとのことである(大久保利謙、前掲(6))。

(10)『明治史論集(二)』(前掲(6))に所収。

(11)『喜田貞吉著作集3　国史と仏教史』所収、一九八一年、平凡社。

(12)三種のうち神璽、即ち八尺瓊の勾玉のみは偽器の疑いもでているが、他の二器は偽物であったという証拠はないとしている(喜田貞吉『南北朝』前掲(11))。

(13)『六十年之回顧』(前掲(6))のなかにおさめられている。

(14)海後宗臣編『教科書大系　近代篇19巻　歴史(二)』、一九六二年、講談社所収。佐藤秀雄『続・現代史料8教育――御真影と教育勅語Ⅰ』(一九九四年、みすず書房)の六(南北朝正閏問題)に該当の教科書が載っている。

(15)南北朝正閏問題は、明治四四年二月二七日に南朝正統の聖裁を桂内閣が奏請し、三月三日に明治天皇の南朝正統の聖裁が下っているので、政治的には決着はついた(『明治天皇紀』、二〇〇〇年、吉川弘文館参照)。

(16)「歴史教科書総解説」(前掲(1))。

(17)前掲(11)に同じ。

(18)前掲(6)。

(19)昭和六年刊。

(20)一九四九年刊。

(21)明治四〇年二月一七日『時事新報』、『南北朝正閏論纂』（前掲（6））に要旨がのせられている。

(22)明治四〇年二月一九日『読売新聞』に「大義名分と正統論」、同年三月五日「読売新聞」に「南北朝問題の根本疑義」（『南北朝正閏論纂』前掲（6））に要旨がのっている。

(23)南北朝正閏事件が起る前から『国史眼』（明治二三年）は南北朝対立説をとっていたことはよく知られている。「天皇継続表」では南朝、北朝双方がのせられているが、歴代数は南朝でかぞえている。また「歴朝一監」は南朝、北朝双方の天皇の名が交互にのせられている。

(24)嘉吉三（一四四三）年に南朝の余党日野有光や楠木二郎らが後花園天皇の禁中に入り、剣・神璽を窃みて叡山にのがれた。剣はまもなく宮中に還ったが神璽は一五年の後（永禄二年）赤松の遺臣によってようやく持ち還ることができたという事件（「禁闕の変」ともいう）。

(25)延慶元（一三〇八）年の北条幕府側による持明院、大覚寺の両統迭立案は結局成功せず、文保元（一三一七）年の和議によって両統は一応交替で即位するとの合意を成立させた。

(26)「皇位正統の所在」（『太陽』明治四四年四月）、ここでは『南北朝正閏論纂』所収の大要によった。

(27)『太陽』明治四四年四月、『南北朝正閏論纂』所収の大要によった。

(28)神器正統論の極端に発達した姿は垂加神道派の神器論にみられるという。加藤仁平『日本精神の発達と教育』（昭和九年四月、同文書院）によると、「三種秘傳口授」には無道の君であっても神器を伝へられれば有徳の君であるという。

(29)『南北朝正閏論纂』（前述（6））の三六一～二頁

(30)池田智文は、この南北朝正閏論争の比重は〈臣民道徳〉に置かれているとして、明治維新の思想的原動力とされた〈臣民道徳〉の存在を絶対的な価値基準として〈正位・忠臣〉対〈閏位・逆賊〉の二元性を確定し続けていくより他はないといわれている（「『南北朝正閏問題』再考――近代『国史学』の思想的問題として――」、『日本史研究』五二八号、二〇〇六年八月号）。なお、近年、大日方純夫「南北朝正閏問題の時代的背景」（『歴史評論』七四〇号、二〇一一年一二月号）や廣木尚「南北朝正閏問題と歴史学の展開」（『歴史評論』七四〇号）が目にとまったが本項では時間的余裕がなく消化していない。
（31）三種の神器問題については、村田正志『南北朝論』、椙山林雄「三種の神器」（佐藤和彦他著『日本史の謎と発見　第七巻　南朝と北朝』、一九七九年、毎日新聞社所収）。稲田知宏『三種の神器』二〇一三年、学研パブリッシング。新谷尚紀『伊勢神宮と三種の神器』二〇一三年、講談社を参照。
（32）天照大神からニニギノ尊への三種の神宝の授与は、国家の正史である日本書紀の本文にはみえない。天孫降臨神話は各種の異伝がみえるが、もっとも原型に近い書紀本文の話のなかにはあらわれていないことから、この三種の神宝授与の話は近江令以後の意外に新しい背景をもって成立したことを直木孝次郎「建国神話の虚構性」（『神話と歴史』一九七一年、吉川弘文館）は指摘している。
（33）『日本思想大系　古事記』補注上の一二四番、一九八二年、岩波書店。
（34）海後宗臣『日本教科書大系　近代篇第20巻　歴史（三）』（前掲（1））の解題。
（35）「国家護持の精神」昭和三年一一月、「一の精神を欠く」昭和三年一二月、ともに『国史学の骨髄』昭和七年九月、錦正社に所収。
（36）（『国史教育の新機構』昭和八年初版）
（37）東京府青山師範学校附属小学校教育研究会編『国史教育に於ける日本精神陶冶の実際的研究』（昭和一〇年二月）。
（38）『国史学の骨髄』所収論文。
（39）「国家主義の思想とその限界」論文。
（40）『思想』一四四号、一九三四年五月号。のち今井修編『津田左右吉歴史論集』所収、（二〇〇六年、岩波文庫）。
（41）『続日本精神史研究』所収、昭和一〇年。『和辻哲郎全集第四巻』一九六二年、岩波書店所収。
（42）「日本近代史学の形成」（岩波講座『日本歴史別巻1』所収、一九六三年）。
（43）小林敏男「日本書紀の紀年論　上下」（『日本古代国家形成史考』Ⅶ Ⅷ、二〇〇六年、校倉書房）。

(44)『那珂通世遺書　外交繹史』一九五八年、岩波書店の所収論文。

(45)『洋々社談』三八号。

(46)『文』一巻八・九号。

(47)『史学雑誌』八編八・九・十・十二号、のち『明治史論集（二）』（前掲（6））に所収。

(48)これは、書紀の神功・応神二代には、例えば神功紀五五年条に「百済の肖古王（近肖古王）薨じぬ」とあって、神功紀五五年は乙亥（二五五）年になるが、朝鮮側の『三国史記』百済本紀には近肖古王薨去は、近肖古王三十年（乙亥、三七五）年となっており、二周（一二〇年）くりあげられて日本書紀におかれていることをいう。

(49)『古事記伝』、『真暦考』、『真暦不審考弁』参照。

(50)「日本紀年暦考」（『比古婆衣』）。『伴信友全集四巻』明治四〇年、国書刊行会、一九七七年復刻。

(51)「古事記紀年考」（「史学雑誌」一七号、明治二四年、『菅政友全集』所収、明治四一年）。

(52)『日韓古史断』第一編第一章の年表、明治二六年、富山房書店。

(53)「本邦上世紀私考」（『文』一巻十三号、明治二一年一〇月）。

(54)「日本上古史論」（『英文・亜細亜協会報告』六十巻第一編）。

(55)藤貞幹『衝口発』天明元（一七八一）年（鷲尾順敬編『日本思想闘諍史料４』昭和五年、東方書院所収）。

(56)『年々随筆』享保元～文化元年（『日本随筆大成　第一期　21巻』、吉川弘文館所収）。

(57)星野良作『研究史　神武天皇』一一七～一二〇頁、一九八〇年、吉川弘文館。

(58)「橘良平先生回答」（『文』一巻十二号、明治二一年九月）。

(59)『文』一巻十二号、明治二一年九月。

(60)『文』十三号、明治二一年一〇月、星野恒『史学叢説』第一集に所収。回答では題がなかったので、後に題をつけたもの。

(61)『古事記伝』第二十三、水垣宮の巻（『本居宣長全集第十一巻』、一九六九年、筑摩書房）。

(62) 前掲(50)。

(63) 吉田東伍『日韓古史断』(前掲(52))。

(64) 『文』一巻十四号、明治二一年。

(65) 『日本思想体系　古代政治社会思想』所収、一九七九年、岩波書店。

(66) 「仲哀帝以前紀年考」(『史学雑誌』第十三編第二号、明治三五年)

(67) 「日本文化の独立」大正一一年五月講演(『内藤湖南全集第九巻』所収、講談社学術文庫『日本文化史研究　下』一九七六年)。

(68) 『神武天皇の誕生』一九七五年、新人物往来社。

(69) 小林敏男、前掲(43)参照。

(70) 『文』一巻九号、明治二一年九月、のち『文学博士三宅米吉著述集』昭和四年に収められている。以下の三宅論文も同じ。

(71) 「年代考ト国体」(『文』一巻十四号、明治二一年一〇月)。

(72) 内藤論文は、『文』一巻十号(明治二一年九月)、落合論文は『文』一巻十三号(明治二一年一〇月)、小中村論文は『文』一巻一五号(明治二一年一〇月)に掲載されているとのことであるが著者は未見。

(73) 国学者黒川真頼も「日本年代記」(『黒川真頼全集四巻』所収、明治四三年一二月、国書刊行会)で、我が邦の上古の人は外部に勝れているから長寿を疑うなかれといい、安康以前の年紀は信ずべからずという点について、『後漢書倭伝』にでてくる卑弥呼は神功皇后のことに疑いないから神功皇后以下の年代は疑しいことはないといっている。なお、落合批判については、星野恒「落合正澄君ノ質問ニ答フ」「再落合正澄君ニ答フ」(明治二一年一二月)、「落合直澄君ノ『帝国紀年私案』ヲ駁ス」(明治二二年一月)がみえる(『史学叢説一集』所収)。

(74) 『文』第二巻二号の落合直澄君の『帝国紀年私案』を駁した論稿。

(75) 『史学会雑誌』二三～五号、明治二四年一〇月～一二月(『明治史論集(二)』に所収、前掲(6))。

(76) 「ゆがめられた歴史」(前掲(6))。

(77)「近代天皇制イデオロギーと歴史」(『天皇制の政治史的研究』第二章、一九八一年、校倉書房)。
(78)この事件については、大久保利謙、宮地正人の外に、小沢栄一『近代日本史学の研究　明治編』五一〇~一二頁、一九六八年、吉川弘文館を参照。
(79)倉持治休他「神道は祭天の古俗と云へる文章に付問答の始末」(下田義天頼編・出版『祭天古俗説弁明』第一編所収、明治二五年。『明治史論集(二)』(前掲(6))所収)。
(80)明治一一(一八七八)年に『特命全権大使米欧回覧記』全五冊を刊行している。
(81)『日本古代史と神道との関係』(明治四〇年、警醒社書店)の解題(沖野岩三郎)
(82)前掲(77)
(83)田口鼎軒「神道諸氏に告ぐ」(『史海』十巻、明治二五年三月。『明治史論集(二)』(前掲(6))に所収)。
(84)「神とミコト」(『改版　日本古典の研究　下』六章、一九七二年、岩波書店)。
(85)(前掲、明治四十年)。
(86)鹿野正直・今井修「日本近代思想のなかの久米事件」(大久保利謙編『久米邦武著作集別巻　久米邦武の研究』一九九一年、吉川弘文館所収)が近年における久米事件の経緯や関係研究を詳しく載せており、貴重である。
(87)「大日本史を論じ歴史の体裁に及ぶ」(『東京学士会館誌』九編三号、明治一九年一二月)。
(88)『日本大家論集』第二巻六号、明治二三年六月。『明治史論集(二)』所収(前掲(6))、また薩藩史研究会(代表大久保利謙)編『増補重野博士史学論文集中巻』所収、一九三九年、雄山閣出版に所収。
(89)金田一春彦・安西愛子編『日本の唱歌　上　明治篇』、一九七七年、講談社文庫
(90)前掲(86)の『大正・昭和篇』、一九七九年、講談社文庫
(91)宮家史朗『児島高徳——実在論』一九七四年、児島高徳公同族会。
(92)『史学会雑誌』明治二三年九月。

(93)『史学会雑誌』二編一七・八、二〇〜二二号、明治二四年四月〜九月、のち『明治史論集（二）』一九七六年に所収。

(94)『文』一巻二四号、改題修正「太平記ハ果シテ小説家ノ作ニ非ザル乎」として、星野幹・彬編『史学叢説第一集』に所収、明治四二年。

(95)『史学雑誌』三九号。

(96)『歴史地理』十五巻一号。

(97)『歴史地理』十五巻二号。

(98)『歴史地理』十五巻二号。

(99)『歴史地理』十五巻二号。

(100)この点ではのちになるが、八代国治も同じ意見を述べている（「児島高徳」、『国史叢説』大正一四年、吉川弘文館所収）。

(101)児島高徳の実在・非実在論争については、本多辰二郎・花見朔巳監修『異説日本史第四巻　人物篇四　南北朝時代』昭和六年、雄山閣出版を参照。

(102)「明治初年の史学界と近代歴史学会の成立」（『日本近代史学史』所収、昭和一五年）。

(103)小沢栄一『近代日本史学の研究　明治編』第四章の二「修史館の修史」参照。

(104)久米邦武「余の見たる重野博士」（『歴史地理』十七の三、明治四四年三月、『久米邦武著作集第三巻』所収、一九八九年）

(105)『史学会雑誌』第一編一号。重野の主要論文は、薩藩史研究会編『重野博士史学論文集』の全三巻（昭一三、一四年、雄山閣出版）に収められている。なお近年、大久保利謙編『増補重野博士史学論文集』上、中、下三巻（一九八九年、雄山閣出版）が刊行されている。

(106)前掲（102）に同じ。

(107)三浦周行『日本史学概説』昭和三年四月、『日本史の研究』第二輯上所収。

(108)「史学会雑誌」十一号。

(109) 三浦周行『日本史学概説』（前掲（104））、宮地正人『天皇制の政治史研究』一九八一年、校倉書房、一八一頁。
(110)『日本史学史概説』（前掲（104））
(111) 佐伯有清「久米邦武と日本古代史」（大久保利謙編『久米邦武の研究』所収、一九九一年）。
補（1）昭和九年二月の雑誌『現代』にのった中島久万吉の「足利尊氏」が尊氏を美化しているとして、中島は商工大臣（斎藤実内閣）のイスを辞職しなければならなくなった事件が起った。その論旨は以下のようなものであった。「実に尊氏といふ人は個人としてこの木像（興津の清見寺にある尊氏像——筆者）に現はれているが如き尊貴な品性の持主で、その心情は宏博にして寛裕、その度量は広大真に海の如きものがあった。余は偽りならず平素最も尊氏の人物に傾倒し居る者である」。また彼が「終始後醍醐天皇の値遇を重しとして官軍（南朝——筆者）と戦うことの苦衷に堪」えなかったことなど尊氏個人としての政治的立場は不本意であった。さらに彼の人となりは「実に渠《かれ》は如何なる事変に逢ふも曾て恐怖というものを感じたことは莫く、戦場に在りて命を棄てざるべからず危急の場合に臨んでも、その顔色は猶怡々《いい》然たるものがあった」。最後に足利時代というものは決して暗黒時代ではなく文化的にもすぐれた時代だったと述べている。もっとも、中島の商工大臣辞職は帝人事件ともからまっている。

三章

（1）『夜明け前』を歴史小説と規定することに対しては、反対も多く、これを歴史の形をとった私小説、告白小説とするもの、あるいは思想小説だとするもの、叙事詩とするものなど、この作品のもつ論じにくさが批評家によって指摘されている。また近年の下山嬢子は「『夜明け前』には何よりもツルゲーネフの文学によって誘発された強いモチーフが横たわっていることに気付かざるを得ない」と述べているのは、文学論の立場からの新しい提言であるが、こうした指摘などをみると、他方ではこの作品のもつ懐の深さを物語っているようにみえる。（「『夜明け前』論」（『島崎藤村』一九九七年、宝文館出版）
（2）唐木順三「島崎藤村」（『唐木順三全集一巻』、一九八一年、筑摩書房）

（3）「『夜明け前』読後の印象」（『新潮』一九三六年四月号・『藤村全集』別巻上、一九七四年、筑摩書房、に収録）。
（4）「『夜明け前』小評」
（5）「故郷の山と狂気・『夜明け前』」（『文芸読本　島崎藤村』一九七九年六月、河出書房新社）。
（6）「島崎藤村論――『夜明け前』を読んで――」（『中央公論』、一九三二年三月号、中央公論新社）。
（7）伊東多三郎「青山半蔵伝補遺」（『草奔の国学』、一九四五年、羽田書店、増補版は一九八二年、名著出版）。服部之総「青山半蔵」（『文学論評』五号、一九五四年、『服部之総著作集Ⅳ――明治の思想――』一九五五年、理論社に収める）。小原元「『東方の門』の藤村」（『藤村全集一四巻』月報14・一九六七年、筑摩書房）。関良一「藤村『夜明け前』入門」（『考証と試論――島崎藤村――』一九八四年、教育出版センター）。滝藤満義『島崎藤村――小説の方法――』一九九一年、明治書院。以上は目についたものを適宜あげておいたが、このような批判的な論稿はまだまだ多いだろう。
（8）「『夜明け前』再説」（『文芸読本　島崎藤村』一九七九年、河出書房新社）
（9）加賀乙彦、前掲（5）。
（10）滝藤満義（前掲（7））も、『夜明け前』という作品は、何枚皮をはいでも、「日本的」とは何か、われわれ日本人とは何かという問いがせまってくる作品であるという。
（11）「『夜明け前』合評会」（『文学界』一九三六年五月号の後記、『日本文学研究叢書――島崎藤村――』一九七一年、に収録）。
（12）前掲（5）。
（13）「夜明け前」（『文学界』一九六三年八月号、十川信介編『鑑賞日本現代文学4――島崎藤村――』一九八二年、角川書店に収録）
（14）「島崎藤村の『夜明け前』」（『日本の文学7島崎藤村（二）』一九六七年、中央公論社の解説、三好行雄編『島崎藤村全集別巻』一九八三年、筑摩書房に収録）
（15）徳田秋聲も「老熟した芸術家のもつ熱心、或いは木曽のやうな山国の郷土色の入染んだ憂鬱といっていいくらいの重厚味、事物に対する執拗な追求力と理解、それに豊かな情熱、それ等は皆んな日本の作家にはちょっと望まれないやうなもので

『テス』を書いたハアディとか『戦争と平和』を書いたトルストイなどの匹儔《ひっちゅう》ではないかと思ふものである」といっている。（前掲（3））。

(16)「藤村の思い出」（一九五〇年一二月、『埋もれた日本』一九八〇年、新潮文庫に収録）。

(17)『島崎藤村論』三六一頁、一九五三年、新潮社。

(18)『夜明け前』一部十二章の五。

(19)前掲（13）。

(20)『夜明け前』二部十四章の六。

(21)三木利英は、藤村の昭和二年の山陰旅行が『夜明け前』の構想に大きな影響をもったことを指摘している。藤村は『山陰土産』のなかで、大国主神にふれ「おそらく譲りに譲ることを徳とせられるほどの神は一切に逆らはず、多くの不調和をも容れて移り行く世相に対せらる、ことであろう」といっている。三木は、この大国主神の和魂的精神こそが藤村自身の生の原型の再認識であるとしている（「藤村文学における歴史観について」、伊東一夫編『近代思想・文学の伝統と変革』一九八六年、明治書院に収録）。大国主神は、幽冥界の主宰神として平田神道のなかで重要な位置を占めていることは後述する。

(22)『夜明け前』二部終章の六。

(23)「昨日、一昨日」（『飯倉だより』一九二二年九月、十川信介『藤村文明論集』一九八八年、岩波文庫）

(24)「北村透谷二十七回回忌に」（『飯倉だより』一九二二年九月、『島崎藤村全集十一巻』、一九七三年、筑摩書房所収）。

(25)「明治文学の出発点」（『市井にありて』一九三〇年一〇月、『島崎藤村全集十一巻』所収）。

(26)藤村は、世紀より世紀へと動く人の創造にも生成期と成熟期があり、生成期には「時代を導く情熱」や「撓《たわ》まず屈せざる心の革新」「因襲に対する不断の反抗」「素朴なものの愛」「純粋なるものを求めてやまぬ心」があるといっている（「生成と熟成」、『春を待ちつつ』一九二四年三月、十川信介『藤村文明論集』、一九八八年、岩波文庫に所収）。「自分の心に何度となく活き返り活き返りするもの」とは、そういうものではないか。

(27)「歴史の内発性」(『歴史と人間について――藤村と近代日本――』所収、一九九一年、東京大学出版会)。
(28)三好行雄編『漱石文明論集』一九八六年、岩波文庫。
(29)「胸を開け」(『飯倉だより』一九二二年九月、『藤村文明論集』に収録)。
(30)夏目漱石「現代日本の開化」(前掲(28))。
(31)島崎藤村「故国に帰りて」(『海へ』一九一八年七月、『藤村文明論集』に所収)。
(32)藤村の文明批評家としての位置を強調したのは亀井勝一郎『島崎藤村論』であった。小谷汪之『歴史と人間について――藤村と近代日本――』は、歴史学の立場から、藤村の文明批評や近代化観を「民族」という視点から批判的に考察している。
(33)『拾遺』(『藤村全集十三巻』所収)。
(34)「『夜明け前』を出すについて」(『拾遺』、『藤村全集十三巻』所収)。
(35)所三男「木曽山林事件の経緯」(『藤村全集別巻』一九七一年、筑摩書房)によると、島崎正樹の明山の停止木開放の請願活動は、これより以前の明治二年三月に始まるという。
(36)『長野県史　通史編第五巻　近世二』一九八八年、『長野県史　通史編　近世一』一九八八年を参照。
(37)徳川義親『木曽の村方の研究』一九五八年、徳川林政史研究所。
(38)『夜明け前』二部八章の五。
(39)『歴史小説論』一九九〇年、岩波書店、同時代ライブラリー(初出は一九八八年)
(40)『島崎藤村論』二六三～四頁(前掲(17))
(41)「島崎藤村と『夜明け前』を語る」(『新潮』一九三六年一月号、『藤村全集別巻上』一九七一年に所収)。
(42)「『夜明け前』と近代」(三好行雄・竹盛天雄編『近代文学6昭和文学の実質』一九七七年、有斐閣双書に所収)。
(43)「『夜明け前』論のために」(『透谷・藤村・一葉』一九九一年、明治書院)。

(44)のち「島崎氏の『夜明け前』」として、『時代小説評判記』(一九三九年、梧桐書院)に収められた(『三田村鳶魚全集二四巻』所収、一九七六年、中央公論新社)。
(45)「改版本『夜明け前』第一部と三田村鳶魚『夜明け前』評判記」(『「夜明け前」研究』一九八七年、桜楓社)。
(46)「春を待ちつつ」(『戦争と巴里』一九一五年、十川信介編『藤村文明論集』一九八八年所収)
(47)「文学にあらはれたる国民性の一面」(『飯倉だより』一九二二年九月、『藤村全集十一巻』所収)
(48)『春を待ちつつ』(前掲(46))
(49)「『夜明け前』の思想」(日本文学協会編『日本文学講座6近代小説』一九八八年、大修館書店)。小泉浩一郎は、これ以前に「『夜明け前』の思想・序説 上・下」(『文学』五三巻七・十号、一九八五年七月・一〇月)で、国学思想小説という視点で、藤村の文学観、歴史観を考察している。
(50)大久保正も、藤村は国学を通してはじめて半蔵の思想・行動と近代日本文明批判の二つのテーマを統一して作品に具体化することができたといっている(「『夜明け前』と幕末維新の国学」、『国文学 解釈と鑑賞』一九六六年七月号)。この他に高橋晶子「二十世紀が封印したもの――『夜明け前』の平田国学とその背景――」(『藤村の近代と国学』二〇〇七年、双文社出版)も、平田国学のもつ経済意識や性的要素と『夜明け前』の国学観との関係についてふれている。
(51)『夜明け前』一部一二章の六。
(52)『夜明け前』一部七章の四。
(53)『夜明け前』一部二章の一。
(54)『夜明け前』二部一四章の六。
(55)『夜明け前』一部十章の二。
(56)『夜明け前』(前掲55)。
(57)『夜明け前』(前掲55)。

(58)『夜明け前』（前掲54）。

(59)『東方の門』一章の六。

(60)「『夜明け前』を中心として」（『新潮』一九三五年十二月号、『藤村全集十二巻』、一九七四年、筑摩書房所収）。

(61) 伊東多三郎「青山半蔵伝補遺」（『草莽の国学』増補版、一九八二年、名著出版）。「門人姓名録」に次のようにある。

信濃国木曽馬籠駅　三十三歳

正月元日　平重寛　島崎吉左衛門

間秀矩紹介

※吉左衛門は重寛（正樹）の通称。『新修平田篤胤全集21　別巻』一九八一年、名著出版に所収。

(62)『長野県史　通史編六巻近世（三）』七章一節。

(63)「本陣没落」（『続木曽路文献の旅:「夜明け前」探究』第一章、一九七一年、芸艸堂）。また「島崎家関係資料・島崎氏系図」（『藤村全集別巻』一九七一年、筑摩書房）。

(64)『夜明け前』第一部一章に「商才に富む美濃人の血が混ざり合っ」た金兵衛に対して「吉左衛門は多分に信濃の百姓である」としている。

(65) 早坂禮吾『『夜明け前』の世界』一九七三年、国書刊行会。

(66)『青山半蔵――明治絶対主義の下部構造――』（『文学評論』五三号、一九五四年一月、のち『服部之総著作集Ⅳ　明治の思想』一九五五年、理論社所収）。

(67) 北小路健「忘れられた国文学者」（『木曽路文献の旅』六章、一九七〇年、芸艸堂）は、美濃落合宿の国文学者林彦右衛門と正樹が交渉があり、書籍のやりとりをしていたことを紹介している。

(68)『木曽路文献の旅』序章。

(69)「『東方の門』の藤村」（『藤村全集十四巻』の月報14、一九六七年一〇月、筑摩書房）。

(70) 平野謙は、島崎家の藤村も引き継いでいる忌わしい宿業(近親相姦など)を告白(懺悔)によっても解消できず、日本流の「水に流す」ということによってもできず。〝血〟の浄化のためにはどうしても『夜明け前』を完成しなければならなかったとしている。(「晩年の藤村」、『島崎藤村』岩波現代文庫に所収、二〇〇一年)。なお西丸四方「島崎藤村の秘密」(現代日本文学大系13『島崎藤村集(二)』一九六八年、筑摩書房)は、島崎家の忌わしい性欲・淫蕩の血統の秘密を語っている。

(71) 「『夜明け前』を中心として」(『新潮』一九三五年一二月号、『藤村全集十二巻』一九六六年)

(72) 「資料　島崎家関係資料」(『藤村全集別巻下』一九七一年)。

(73) 前掲(66)。

(74) この事件については芳賀登「平田学派の攘夷運動の一形態――足利三代木像梟首事件の歴史的意義――」(『幕末国学の研究』五編Ⅴ。一九八〇年、教育出版センター)を参照。

(75) 芳賀登「草莽国学の展開とその社会的基盤」(『幕末国学の展開』第二章二節、一九六三年、塙選書)。『長野県史　通史編近世三』七章の三、一九九一年)。

(76) 田原嗣郎「『霊の真柱』以後における平田篤胤の思想について」(『日本思想大系50　平田篤胤・伴信友・大国隆正』一九七三年、岩波書店)。

(77) 『日本思想史研究三』、一九四八年、岩波書店。

(78) 末木文美士『日本仏教の可能性』一四六～七頁、二〇一一年、新潮文庫。

(79) 倉沢義髄については、芳賀登「草莽の国学者倉沢義髄」(『「夜明け前」の実像と虚像』一九八四年、教育出版センター)。

(80) 伊東一夫編『島崎藤村事典』(新訂版、一九八二年、明治書院)の「間秀矩」の項目(北小路健)。

(81) 安丸良夫『神々の明治維新――神仏分離と廃仏毀釈――』一九七九年、岩波新書。

(82) 芳賀登によると、平田歿後の門人は、中津川三三人、苗木藩三五人、苗木十二人、久々里十一人、落合七人となっている。(『「夜明け前」の実像と虚像』第二章の一「木曽谷における平田国学の展開」)。

(83)『松が枝』(『藤村全集別巻下』)には、「改定神葬」の時よんだ歌二首が残っているので事実として確認できる。

(84)「島崎家系図」(『藤村全集別巻』所収)の第一世重通(号道斎)の項目に「永禄元(一五五八)年戊午馬籠ニ住シ砦ヲ守ル、天正十二(一五八四)年甲申五月廿日卒、一宇建立禅宗臨済派永昌寺」とある。

(85)宮地正人「国家神道の確立過程」(国学院大学日本文化研究所編『近代天皇制と宗教的権威』所収、一九九二年、同朋社出版)。阪本是丸『明治維新と国学者』(一九九三年、大明堂)の八章「角田忠行と明治維新」1。

(86)安丸良夫・宮地正人『日本近代思想大系――宗教と国家――』一九八八年、岩波書店に収録。

(87)「教部省官員録」(井上順孝・阪本是丸編『日本型政教関係の誕生』一九八七年、第一書房に収録)。

(88)このあたりの事情については、阪本是丸「日本型政教関係の形成過程」(井上順孝・阪本是丸編『日本型政教関係の誕生』所収)。

(89)阪本是丸「明治初年の神祇政策と国学者」(『明治維新と国学者』一九九三年、大明堂、第二章)。

(90)明治八年四月三日に書かれた間半兵衛(間秀矩の子、元矩)宛の書簡には、明治七年六月教部省考証課御雇准一五等拝命、同年十一月国幣小社水無神社宮司拝命とある(北小路健「夜明け前のモデル達」、『木曽路文献の旅』第三章)

(91)「門人姓名録」文久二年正月の島崎吉左衛門(重寛=正樹)の横に「島崎正樹、後発狂、明治六年行幸の節、三浦忠明と名を偽り、扇子ニ左之二首を書、鳳輿に投、直ニ囚ハれ罰せらる、然れ共、積年勤王に依り、氏名詐称ハ問ハれさりき……」とのちの書き入れがみえる。変名を使ったという点については『夜明け前』にも出ていない(『新修平田篤胤全集21別巻』)。

(92)『藤村全集別館』所収。

(93)『闢邪管見録』は文久元年、杞憂道人の著。『原城記事』は島原藩の儒者川北重熹の島原・天草の乱をまとめた史書で弘化三年に完成。

(94)『夜明け前』第二部十三章の二。

(95)「官社神官一覧」(『日本型政教関係の誕生』の付録参照)。

(96)柳川啓一・薗田稔「両部神道の成立と実態」(『国文学　解釈と鑑賞』一九六六年八月号)。

(97)「近代転換期における宗教と国家」(『日本近代思想大系――宗教と国家――』一九八八年、岩波書店の解説)。
(98)田原嗣郎『平田篤胤』一九六三年、吉川弘文館。
(99)田原嗣郎前掲(76)。篤胤の幽冥界については子安宣邦「平田篤胤の世界」(相良亨編『日本の名著24――平田篤胤』一九八四年、中央公論新社の解説)を参照
(100)明治七年一一月一三日任命、同八年三月一〇日赴任、同一〇年一〇月八日退任。
(101)「青山半蔵伝補遺」(『草莽の国学』増補版一九八二年)。芳賀登『「夜明け前」の実像と虚像』第一章の二も参照のこと。
(102)『日本近代思想大系――宗教と国家――』に収録。
(103)「宗教関係法令」(『日本近代思想大系――宗教と国家――』収録)。
(104)木下真弘著、宮地正人校注『維新旧幕比較論』一九九二年、岩波文庫。
(105)『藤村全集十五巻』所収、一九六八年、筑摩書房。
(106)『維新の精神』一九六七年、みすず書房。
(107)吉田松陰書簡、入江杉茂宛、安政六年一〇月二〇日(山口県教育会編『吉田松陰全集』、二〇一二年、大和書房)。
(108)「尊攘運動における近代的政治意識の形成」(松本三之介『天皇制国家と政治思想』の二、一九六九年、未来社)。
(109)『夜明け前』一部五章の四。
(110)前掲(109)に同じ。
(111)『夜明け前』一部六章の五。
(112)『夜明け前』一部七章の二。
(113)『夜明け前』一部十一章の一。
(114)『夜明け前』一部十一章の三。
(115)『夜明け前』一部十二章の六。

（116）明治文化研究会編『明治文化全集二五巻──歴史編』一九九三年、日本評論社に所収。

（117）田中彰『明治維新観の研究』第一章、一九八七年、北海道大学図書刊行会は、下からの維新観を代表するものとして『復古論』を引用している。

（118）「神祇官再興と国学者」（『明治維新と国学者』一九九三年、大明堂、第一章）。

（119）北小路健「発掘された林彦右衛門」（『木曽路文献の旅』所収）

（120）北小路健「市岡家文書による赤報隊の新事実」（『続木曽路文献の旅』所収）

（121）島崎正樹の半自叙伝『ありのままに』（『藤村全集別巻下』所収）を参照。

（122）渡辺和靖「方法論的考察」（『明治思想史──儒教的伝統と近代認識論──』一九七八年、ぺりかん社）。

（123）『藤村全集一三巻』所収、十川信介編『藤村文明論集』一九八八年、岩波文庫所収。

（124）「尊皇攘夷思想の成立──『弘道館記述義』の成立とその思想的環境」（『後期水戸学研究序説』一九八六年、本邦書籍）

（125）「水戸学の特質」（今井宇三郎・瀬谷義彦・尾藤正英『日本思想大系53──水戸学』、一九七三年、岩波書店の解説）。

（126）田原嗣郎『平田篤胤』一九六三年、吉川弘文館。。松本三之介「幕末国学の思想史的意義」（芳賀登・松本三之介『日本思想大系──国学運動の思想』一九七一年、岩波書店の解説）。高橋美由紀「平田神道の庶民性──その方法と構造をめぐって──」（源了圓編『江戸後期の比較文化研究』一九九〇年、ぺりかん社）。

（127）松島栄一「幕末・明治維新における国学の思想史的意義について」（『東洋史会紀要』第五冊、、一九四七年四月、松島栄一『近世の国学思想と町人文化』二〇一〇年、名著刊行会にも所収）。

（128）座談会「島崎藤村と『夜明け前』を語る」（『日本評論』一九三六年一月号、『藤村全集別巻上』所載）。

（129）代表的なものとして亀井勝一郎「十九世紀日本の考察」「夜明け前」（『島崎藤村論』一九五三年、新潮社）。小泉浩一郎「『夜明け前』の思想」（日本文学協会編『日本文学講座6──近代小説』一九八八年、大修館書店）。

（130）服部之総前掲（7）。

(131)『夜明け前』第一部五章の二。
(132)「島崎藤村論――『夜明け前』の完成を機会に――」(『日本評論』一九三五年一二月号、『島崎藤村全集別巻』一九八三年、筑摩書房所収)。
(133)『夜明け前』一部五章の二。
(134) 清原貞雄『国学発展史』の八章六節「歌道論」、一九二七年、大鐙閣。
(135)「藤村と古典」(瀬沼茂樹編『近代文学鑑賞講座六巻――島崎藤村――』一九五八年、角川書店)。
(136)「春を待ちつつ」(前掲(47))
(137)「桃の雫」(十川信介編『藤村文明論集』所収)。
(138) 十川信介編『藤村文明論集』所収。
(139)『静の岩屋』の「一切は神の心であろうでござる」や、この「自然に帰れ」が篤胤や宣長のそのままの言葉でなかったことは、滝沢満義「夜明け前――方法と思想」(『島崎藤村――小説の方法――』一九九一年、明治書院)がすでに指摘している。
(140)「藤村の個性」一九五一年九月、『埋もれた日本』一九八〇年、新潮文庫に所収。
(141)「近代日本人の発想の諸形式」(『思想』三四四・五号、一九五三年二・三月号、のち『近代日本人の発想の諸形式』一九八一年、岩波文庫に所載)。
(142)「藤村の文体」(一九五五年)、『島崎藤村』二〇〇一年、岩波現代文庫に所載。
(143)「市井にありて」一九三〇年(『島崎藤村全集十一巻』一九八二年、筑摩書房)。
(144) 前掲(143)。
(145) 野口武彦編『宣長選集』一九八六年、筑摩叢書に収録。
(146)「本居宣長の古道論と活動論」(前掲(145)の解説)。
(147)「答聞録」にも「さて皇国に云かみは実物の称に云るのみて、物なきに、たゞ真理を捨て云ることなき也。されば唐の易に神道と云るも、神霊不測なる道と云意なるも、御国にて神道と云う神は、実物の神をさして云り」（傍点、筆者）とある（石川淳「宣長略解」、『日本の名著21――本居宣長――』一九七〇年、中央公論社）。

(148) 野口武彦編『宣長選集』に収載。

(149)『明治維新と豪農』二〇一一年、吉川弘文館。

(150) 大国隆正「万国統帝論」

(151) 信濃の伊那谷の平田派国学者、例えば「おやかたさま」とよばれた名主・庄屋たちは、明治政府の教化政策に柔軟かつ積極的に対応し「夜明け前」を自分たちのものにしていったという（内藤初穂「信州伊那谷の平田門人たち」、相良亨編『日本の名著24――平田篤胤』一九八四年、中央公論新社）。

(152)「尊皇攘夷思想の成立――『弘道館記述義』の成立とその思想史的環境――」（『後期水戸学研究序説』所収）。

(153)「二十世紀が封印したもの」（『藤村の近代と国学』七章、二〇〇七年、双文社出版）。

(154) 芳賀登『幕末国学の研究』一九八〇年、教育出版センター。相良亨「日本思想史における平田篤胤」（『日本の名著24　平田篤胤』）。子安宣邦「平田篤胤の世界」（『日本の名著24　平田篤胤』）。子安宣邦『平田篤胤の世界』二〇〇一年、ぺりかん社。

(155)「平田学の歴史的性格」（『幕末国学の研究』）

(156) 子安宣邦「『顕事』と『幽事』」（『平田篤胤の世界』）。

(157)『木曽路文献の旅』『続木曽路文献の旅』。北小路健『図説「夜明け前」の栞』一九七三年、国書刊行会。北小路健『『夜明け前』探究――伊那路の文献』一九七四年、明治書院。

(158)「『夜明け前』合評会」（前掲（11））。

(159) この点については、田中彰「大正・昭和期の維新観」（『明治維新観の研究』一九八七年、北海道大学図書刊行会の終章）

四章

（1）「決するに至る」は、「決す」という語調の良い言葉でしばしば流布されているが、写真版でみると、「決するに至る」とするのが正しい。「る」は、写真版ではよくみえないが、るに当る部分が一文字分あいているので、るがあったのであろう。『東洋画報』一巻五号、明治三六年七月の写真参照。この点、「万朝報」（明治三六年六月八日）に遺書が掲載されているが、それは写真版を絵画化したもので、そこには「死を決するに至る」と〝る〟がハッキリとみえる。

（2）当時、高等学校の入学は九月であった、藤村は明治三五年九月の入学。

（3）安倍能成『我が生いたち――自叙伝――』一九六六年、岩波書店。

（4）『東洋画報』一巻五号、明治三六年七月号。

（5）『報知新聞』明治三六年五月二七日。

（6）安倍能成「『巌頭の感』をめぐって」（『新潮』四六巻九号、一九四九年九月号）。

（7）『万朝報』明治三六年五月二六日。

（8）『東京朝日新聞』明治三六年五月二七日。

（9）『政教時報』一〇三号、明治三六年八月号。

（10）『東京朝日新聞』明治三六年五月二七日。なお『万朝報』明治三六年六月一一日には、楢の木の肌を削って記した「巌頭之感」を中心として、附近にコウモリ傘が地につきささっており、筆と硯が木の下においてある写生画が掲載されている。

（11）『万朝報』明治三六年五月二七日の那珂通世の手記。

（12）『報知新聞』明治三六年五月二七日。

（13）一九七三年、講談社（講談社文庫）。推理作家斉藤栄は、藤村操の生存説を推理仕立てにして、フィクションもまじえながらセミフィクション風にとりあげている。

(14) 以下『ハムレット』は、福田恆存の訳による（一九六七年、新潮文庫）。
(15) 福田恆存訳『ハムレット』の中村保男の解説。
(16) 前掲（15）に同じ。
(17)『シェイクスピアへの道』一三二頁、一九六八年、開文社。
(18) 外山滋比古『ホレーショの哲学』（一九八七年、研究社）は、your philosophy の「your」を Horatio を指す代名詞としたところから、哲学の学生が一躍にして、大哲学者に化けることになったとしている。
(19) ジョン・ドゥヴァ・ウィルスン『シェイクスピアの六悲劇』（橘忠衛他訳、一九六九年、八潮出版社）によれば、ハムレットは、ウィッテンバーグ大学の、ルターの大学の学生でプロテスタントであり、心霊論については、プロテスタントの見解をとっていたとされる。プロテスタントによれば、亡霊（幽霊）は自分の悪しき目的のために死者の姿をよそおえる悪魔であるとみていた。
(20) 前掲（14）。
(21) その意味でいえば、your philosophy の your（第一・第二クオート版）は、our（フォリオ版）の方がふさわしいといえるかもしれない。
(22)『ハムレット論』一九五〇年、白揚社。
(23) 前掲（3）。
(24)「人生問題解決の方法」（『万朝報』明治三六年六月一六日〜一八日、のち『内村鑑三全集十一巻』所収、一九八一年、岩波書店）。
(25)「藤村操の死について」（『万朝報』明治三六年六月一六日〜一八日、のち木村毅編『明治文学全集　黒岩涙香集』一九七一年、筑摩書房所収）。「少年哲学者を弔す」（『万朝報』明治三六年五月七日、のち伊藤整『日本現代文学全集　明治思想家集』所収、一九六八年、講談社）。なお林田茂雄『自殺論』（一九五七年、三一書房）も、世の既成の哲学が藤村によって、ホレーショあつかいにされたので、世のおえら方はしゃくにさわったのであろうと述べて、藤村の自殺に対する識者の非難を説明している。なお、佐久間信「藤村操の『ホレーショの哲学』について」(『向陵』十九巻一号、一九七七年四月)がある(平岩昭三『検証藤村操――華厳の滝投身自殺事件――』二〇〇三年、不二出版の第八章に文献・資料目録がある)が筆者未見。

(26)児玉久雄、前掲(17)。

(27)「シェイクスピアの悲劇」(日本シェイクスピア協会『シェイクスピア案内』一九六四年、研究社)

(28)平岩昭三『検証藤村操』一二三〜六頁によると、藤村の母晴の妹貴の子で、襄・襄二・蓮子であるという。

(29)山名正太郎『自殺について』(一九四九年、北隆館)によると、書誌研究家神代種亮の旧蔵『林子撰注』(編者は饗庭篁村、明治三五年、東京専門学校出版部)という本の表紙裏にかかれてあった遺書ということである。

(30)『自殺について――日本の断層と重層――』一九五〇年、アテネ文庫、弘文堂のち『新版 現代史への試み』一九六三年、筑摩叢書に所収。

(31)前掲(25)。

(32)この手紙は『万朝報』明治三六年五月二七日の那珂通世の手記によると、母にこのような趣意を告げてきたとあるので、実際の手紙の全部であるのか、要約が入っているのかその辺りが問題となる。

(33)前掲(30)。

(34)土居健郎『甘えの構造』(一九七一年、弘文堂)、河合隼雄『母性社会日本の病理』(一九七六年、中央公論社)、小此木啓吾『日本人の阿闍世コンプレックス』(一九八二年、中公文庫)など参照。

(35)安倍能成『岩波茂雄伝』一九五七年、岩波書店。

(36)前掲(6)。

(37)『報知新聞』明治三六年五月二七日。

(38)前掲(6)。

(39)蝸牛会編『露伴全集二一巻』所収、一九五〇年、岩波書店。

(40) 藤村の書き込み中の「無情」は「無常」、「恋」は「愛」の誤りであることが判明したという(「朝日新聞」一九八六年一〇月三日、平岩昭三『検証　藤村操』八七～八頁)。
(41) 伊藤整『日本文壇史7』一九六四年、講談社。
(42) 伊藤整は、多美を菊地大麓の長女と記しているが、鳩山一郎『私の自叙伝』(一九五一年、改造社)によると、大麓の子女は、兄健三(理学博士)、姉千代(鳩山秀夫夫人)、次女多美(美濃部達吉夫人)、三女冬子(末弘厳太郎夫人)としている。鳩山秀夫は鳩山一郎の弟。
(43)『明治浪漫文学史』一九五一年、中央公論社(『日夏耿之介全集第四巻』二〇〇三年、河出書房新社所収)。
(44)「親友藤村操君の死により闇に陥り終に光に遇ふ」(『求道』二巻一号、明治三八年二月)。
(45) 前掲(6)。
(46) 明治ニュース事典編纂委員会編『明治ニュース事典　七巻』所収、一九八六年、毎日コミュニケーションズ。
(47)「遊民的知識人の小脈——屈折点としての藤村操——」(『文学』一九八六年八月号)。
(48) 田村善之助、『向陵』二八号一号、一九八六年四月。
(49) 安倍能成『岩波茂雄伝』四六頁、同「入寮当時」(『新潮』四六巻六号、一九四九年)。鳩山一郎『私の自叙伝』(一九五一年、改造社)。
(50)「南木性海「故藤村操君の手簡」(『政教時報』一〇三号、明治三六年八月)。
(51) 一高生のなかでも運動部に所属する学生は、悲憤慷慨型・鉄拳制裁型に代表される守旧派、旧思想の持ち主が多く、文学書・哲学書を好む学生からは嫌悪されていた。
(52) 安倍能成『我が生ひ立ち』(三四〇頁)には、那珂通世が東京女子師範学校校長を勤めていた頃、同校の学生であった芦野晴子を兄胖の後妻として推薦したとある。
(53) 前掲(6)。

(54) 安倍能成『我が生ひ立ち』四八二頁。共立女子職業学校は鳩山一郎の母春子が創立にかかわっており、この春子と同級生であった操の母晴子はその縁で教師として裁縫などを教えていたという。
(55) 前掲(6)に同じ。
(56) 安倍能成「入寮当時」(前掲(49))。
(57)『日本文壇史7巻』(前掲(41))。
(58) 安倍能成『我が生ひ立ち』三四〇頁。平岩昭三は調査の結果、確証は得られなかったとしている(『検証　藤村操』六二頁、注2)
(59) 前掲(44)に同じ。
(60)「私の個人主義」(大正三年)。
(61)「一高時代、その一・その二」(『旧約と新約』九十・九十一号、一九二七年一二月)
(62) 安倍能成『岩波茂雄伝』六三頁。
(63) 魚住影雄、『新人』四巻七号、明治三六年七月。
(64) 魚住影雄、『校友会雑誌』一三七号、明治三七年五月。
(65) 明治三六年六月の田中きえ子宛の書簡(魚住折蘆『折蘆書簡集』一九七七年、岩波書店)。
(66) 明治三六年六月某日、増田小民宛書簡(前掲(65))。
(67)『自伝』として『折蘆書簡集』に所収されているが、実際は明治四一年九月に「友人諸君へ」と題して友人に示した草稿とのこと(『折蘆書簡集』の年譜参照)。
(68) 真木悠介『時間の比較社会学』(一九八一年、岩波書店)は、このパスカルの虚無から出発して、近代人がなぜ死の恐怖を感じるようになったのかを「時間軸」の立場から解明している。
(69)『有島武郎全集第十巻』所収、一九八一年、筑摩書房。

(70)前掲(69)。

(71)「有島武郎『草いきれ』と第一札幌時代――『死』のイメージを中心として――」(森山重雄編『日本文学 始源から現代へ』所収、一九七八年、笠間書院)。

(72)前掲(44)。

(73)前掲(67)。

(74)『岩波茂雄伝』七八頁。

(75)「悄録」は、岩波茂雄『茂雄遺文抄』一九五二年、岩波書店のなかにはおさめられていない。『岩波茂雄伝』のなかでは度々これが引用されている。

(76)安倍能成は、「藤村が失恋によって死んだとしても、それは藤村の名誉でも不名誉でもないと思ふ。私は、むしろその背後にこれがあったとさえ思ふ」と述べている(『我が生ひたち』三四二頁)。

(77)村上信彦『明治女性史下巻』一九七二年、理論社。

(78)前掲(61)。

(79)『我が生ひたち』。泉山三六『トラ大臣になるまで』(一九五三年、東方書院)には、泉山は大正三年に一高に入学したのであるが、その頃でも「友情にひたる美風は得難い床しいものであった」という。

(80)「厭世詩家と女性」(『女学雑誌』三〇三・三〇五号、明治二五年二月)。

(81)北村透谷のこの言葉は、木下尚江をして「この一句はまさしく大砲をぶちこまれた様なものであった」といわしめた程に「破天荒」なことであったと村上信彦『明治女性史下巻』は述べている。

(82)「恋愛論」(『国民新聞』明治二七年三月九日)。ただ愛山らしく「浸りに恋愛を掲げ柔弱なる彼等(青少年のこと、筆者)の脳髄をして恋愛の為めに焼燼せしむるが如きは最も不可なり」という世間的な配慮もつけくわえている点は透谷の恋愛観とは違っている。

(83)「巣林子の女性」明治二八年四月(『樗牛全集第三巻』所収、大正四年)。

(84)『太陽』明治三四年八月。

(85)「藤村操――遺書の一句――」(『解釈』一一巻一一号、一九六五年一一月)。

(86)岩波茂雄も「彼女の霊と合体せん為には水火も辞せず、生命をも顧みず、只全力を盡して之を求めて止まざるなり。……かくして遂に彼女を得ざらんか、余は世に望なきもの速に生を絶ちて少しも怨むことなけん。之に反し遂に彼女の心を得んか、余は彼女の肉体は直に死すと雖も、余が心霊は飢えざるなり。之れ彼女の霊は彼女と共に死せざればなり。余はかくして一生独身と雖も、彼女の霊を慰籍者として、歓喜して清き真面目なる生涯を送るを得ん。之を世の恋愛観となす」と真剣で純粋なプラトニックラブを告白している(『岩波茂雄伝』)。

(87)前掲(77)。

(88)岩波茂雄「誠実を教へた母」(『茂雄遺文抄』一九五二年、岩波書店)。

(89)安倍能成『岩波茂雄伝』七八~九頁。

(90)『木下杢太郎 日記　第一巻』一九七九年、岩波書店。

(91)前掲(44)。

(92)『国民新聞』明治三六年五月二七日は「高等学校卒業生華厳の滝に投ず」として、那珂通世が『万朝報』『下野新聞』に寄せた書にみるということで事件を報道している。

(93)「少年哲学者を弔ず」(『万朝報』明治三六年五月二七日、『日本現代文学全集　明治思想家集』所収、一九六八年、講談社)。

(94)安倍能成は、涙香は『天人論』の宣伝のために藤村の「哲学的自殺」なるものを利用したと述べている(『我が生いたち』三三九頁)。

(95)『万朝報』明治三六年六月一六日~一八日(『明治文学全集　黒岩涙香集』所収、一九七一年、筑摩書房)。

(96)日夏耿之介は、この『天人論』は大学教授の訳述した祖述的な哲学概論よりも、当時の少年の心肝をゆすぶり動かす点ではるかに勝っていたと述べている（『明治浪漫文学史』前掲（43））。
(97)『天人論』第一章「物質」。
(98)『天人論』第一章一四項。
(99)『東京朝日新聞』明治三六年六月一日。
(100)『大阪朝日新聞』明治三六年六月一日の「哲学と人生——青年の死と世論——」。
(101)この辺りについては、伊藤整『日本文壇史7』一九六四年、講談社に詳しい。
(102)「藤村君を弔す」明治三六年六月（『時代と哲学』所収、明治三七年）。
(103)『中央公論』一八年七号、明治三六年七月。
(104)『太陽』九巻九号（明治三六年八月）の「評論之評論」でも操の死を「宇宙観より悶死したりといえば其名義立派なるが如しといへども、其実は薄志、自慢迷惑の自殺にすぎず」と述べている。
(105)『太陽』九巻九号、明治三六年八月。
(106)大町桂月「今の思想界」（『太陽』九巻九号、明治三六年八月）も「我私欲より起る煩悶」といういい方をしている。
(107)『太陽』九巻九号、明治三六年八月。
(108)『ある心の自叙伝』一九五〇年、朝日新聞社。
(109)「哲学と人生——青年の死と世論——」（『大阪朝日新聞』明治三六年六月一日）。
(110)星野つねよが「理想の婦人」で、男女の学生に神経衰弱者が多くなって自殺が増えていると述べている（『時事新報』明治三六年六月一二日）。また大塚素江「自殺と青年」（『太陽』九巻八号、明治三六年七月）が自殺者の統計を示しながら自殺の憂うべき事情を述べている。
(111)『時事新報』明治四〇年八月二五日（『明治ニュース事典七巻』一九八六年、毎日コミュニケーションズ）
(112)『東京朝日新聞』（明治三六年七月五日）や『万朝報』（明治三六年七月六日）によると、華厳の滝七度目の投身者幸田実（三二才?）が早稲田大学生と偽って投身したことがわかり、ともかく死体をさがすのが先決だとして探していたところ藤村操の死体を発見するにいったというもの。しかし『読売新聞』（明治三六年七月五日）によると、梶田実（二三才）の死体捜索中ということになっている。名前に食い違いがあるが、藤村操の死体が発見されたのは七月三日であったことは一致している。この死体確認のために那珂通世、安倍能成らがおもむいている。

(113)『新人』四巻八号、明治三六年八月。

(114)『万朝報』明治三六年六月六日。

(115)『読売新聞』明治三六年六月一四日。

(116)『万朝報』明治三六年六月四日。

(117)「人類の誇大狂」明治三七年三月（『丘浅次郎著作集1　進化と人生』所収、一九六八年、有精堂出版）。

(118)「芸術としての哲学」明治三九年二月（前掲(117)）。

(119)『時事新報』明治三六年六月一五日。

(120)『中央公論』明治三六年一〇月号。

(121)「青年は哲学を学ぶ可らず」（『中央公論』十八年九号、明治三六年九月）。

(122)『国民新聞』明治三六年五月三一日。

(123)『読売新聞』明治三六年六月七日

(124)『報知新聞』明治三六年五月二八日。

(125)『万朝報』明治三六年七月九日（『内村鑑三全集十一巻』所収、一九八一年、岩波書店）。

(126)内村は「余の人生観」（『万朝報』明治三六年六月一五日、『内村鑑三全集十一巻』）のなかでも、「余の人生観と宇宙観とは一字にて足る『愛』これなり」といい、「哲学は世を厭はしめ、政治は生を忌ましむ、惟り愛の福言のみ吾人《ひと》に新生命を供す」と述べている。

(127)『東京朝日新聞』明治三六年六月一二、三日。
(128)遺文「思い出の野尻湖」(『茂雄遺文抄』所収、『岩波茂雄伝』六二頁も参照)。
(129)「『巌頭之感』をめぐって」(前掲(6))。
(130)安倍能成、第一高等学校『校友会雑誌』一三七号、明治三七年五月。
(131)「自伝」(『折蘆書簡集』所収)。
(132)『校友会雑誌』一三七号、明治三七年五月。
(133)田中さえ子宛て書簡(前掲(65))。
(134)「一高時代その二」(『旧約と新約』九十号、昭和二年一二月)。
(135)藤原正、前掲(44)。
(136)『阿部次郎全集十四巻』所収
(137)明治三十八年八月廿五日、同年九月三日の日記(『木下杢太郎日記第一巻』所収)。
(138)『自叙伝の試み』一九六一年、中央公論社。
(139)明治三八年九月八日の吉田幸助宛て書簡(『斎藤茂吉全集』三六巻、一九七六年、岩波書店)。
(140)『私の自叙伝』一九五一年、改造社。
(141)「現時青年の苦悶について」(『太陽』九巻九号、明治三六年八月)
(142)「学生の思想、風紀取締りを文相が訓令」明治三九年六月九日の官報(『明治ニュース事典　七巻』所収、一九八六年、毎日コミュニケーションズ)。
(143)牧野文相の訓令をめぐっては、『早稲田文学』(明治三九年一〇月)に「文相訓令に対する意見」として特集が組まれている。
(144)一九四七年、彰考書院による。
(145)森は、この「灰にするが可」というのは、一切を灰にして新出発すべしとの意か、或いは我と我が身をその歴史と共に悉く無に葬り去れの意ではないかと述べている（『哲学青年の手記』四〇一頁）。

（146）『哲学の教科書』二〇〇一年、講談社学術文庫。

（147）「日本における革命の可能性」（『わが転向』一九九七年、文春文庫）。

（148）「歴史はどこへ行くか」（シリーズ日本近代史10『日本の近現代史をどう見るか』二〇一〇年、岩波新書）。

（149）加藤典洋も、「大・新・高」の三つの動態を支えている膨張してやまない主体（国家・個人）と、それを外から制限してやまない「拘束」の組み合せ（二項対立）が典型的に近代的図式であったが、一九七二年頃から「超」の動態に変容していく。それは膨張の終りであり、「拘束」の多孔質化であるとする。いわば近代図式の終わりという変容がおこっているという（『増補　日本という身体』二〇〇九年、河出文庫）。

補注　本稿を成すにあたっては、高橋新太郎『巌頭之感』の波紋」（『文学』一九八六年八月号）、平岩三郎『検証藤村操』（二〇〇三年、不二出版）がたいへん役立った。

五章

（1）『こころ』中（十二）一九一四年、岩波書店

（2）『新訂　群書類従十六』所収。

（3）この点について、『日本史大事典』（河出書房）の「殉死」（肥後和男）の項、大隅三好『切腹の歴史』一九七三年、雄山閣、千葉徳爾『切腹の話』、一九七二年、講談社現代新書、相良亨「武士と死」（田村芳朗・源了円編『日本における生と死の思想』一九七七年、有斐閣選書所収）を参照。

（4）『塩尻』の引く「明徳記」は『群書類従』にのせる伊勢の「林崎文庫本」にはなく「内閣文庫所古版本」に拠っている。『新訂群書類従』はこれを補充している。

（5）『切腹の話』（前掲（3））

（6）「武士と死」（『日本における生と死の思想』）

（7）『武士と世間』二〇〇三年、中公新書。なお、『切腹』（四二頁、二〇〇三年、光文社新書）には江戸時代の殉死者の一覧表が掲載されている。

（8）寛文三年の幕府の厳禁以前にすでに水戸家、紀州家、会津家において禁令が出されていたが、この三家より以前、すでに藤堂高虎（慶長年間）、佐竹義宣（寛永年間）にもその弊害が説かれて禁止されていた（小倉秀実「殉死の禁止」、『史学雑誌』六編六号）。

（9）高島元祥「近世武士における死と時間の意義」（『講座日本思想4』所収）。

（10）相良亨「武士と死」（前掲（3））。

（11）『殉死の構造』一九九四年、弘文堂、『武士と世間』一二九頁～（前掲（7））。

（12）松田修『刺青・性・死　逆光の日本美』一九七二年、平凡社。

（13）「乃木希典」（『亀井勝一郎全集巻十五』、一九七一年、講談社所収）。

（14）津田左右吉『文学にあらはれたる国民思想の研究』第三巻、武士道（上）、一九七七年、岩波文庫。

（15）旅順陥落の功労は、児玉総参謀長の作戦指導によるものであって、乃木の作戦の拙さ、無能ぶりは陸軍の首脳部の周知のことであったらしい。当時参謀総長であった山県有朋は乃木更迭を主張したが天皇にいれられなかったという。司馬遼太郎の『殉死』は乃木の軍人としての無能ぶりが強調されている。

（16）和田政雄編『乃木希典日記』一九七〇年、金園社所収の「附属文書」。

（17）『乃木希典』一九六〇年、吉川弘文館（新装版は、一九八五年）。

（18）この伝聞は『国民新聞』大正元年九月二四日によるらしい（佐々木英昭『乃木希典――予は諸君の子弟を殺したり』三三一～三頁、二〇〇五年、ミネルヴァ書房）

（19）前掲（16）。

(20) 碧瑠璃園(渡辺霞亭)『乃木大将　上』(二五八〜二六〇頁、大正元年、名古屋新聞出版部)には、乃木が退却のためやむえず戦線をはなれ伝令にむかう時、河原林少尉に大切な軍旗があるのだから私が帰るまで動いてはいかんと幾度となく命じておいてでかけたが、少尉は勇敢無比の壮士でじっとしていることができず、乃木が不在になったその隙をみて隊をはなれて只一人敵の戦線に切りこんで行ったとある。横山健堂『大将乃木』(二五二頁、大正二年、敬文館)では、乃木が戦線をはなれている間に乱戦が絶頂に達して乃木がもどってみると河原林の姿がすでにみえなかったとある。この立場は戸川幸夫『人間　乃木希典』(一一一頁、一九七七年、光人館)も同じである。松下芳男『乃木希典』では、乃木は千本桜に退脚することを決して、軍旗を捲いて河原林旗手に負わせ護衛兵十数名をつけて彼方に退かせた。河原林は急いで彼方に行こうとしたが薩軍の追撃急にして身はすでに敵中にあったとある。

(21) 乃木の日記に関しては、和田政雄編『乃木希典日記』(一九七〇年、金園社)によっている。また、渡部求編著『青年時代の乃木大将日記』一九四三年、国民社も有益である。なお近年、乃木神社社務所編『乃木希典全集上・中・下』(一九九四年、国書刊行会)が出され、日記原本によって乃木の年譜が編纂されている。

(22) 黒龍会編『西南記伝　中巻1』

(23) 飛鳥井雅道『明治大帝』一九八九年、筑摩書房。

(24) 松下芳男『乃木希典』三四頁。

(25) 碧瑠璃園『乃木大将　上』二五九〜六〇頁。

(26) 乃木の談話によると、河原林少尉の屍体は、植木駅端の左の崖の下に斃れていたということである(『西南記伝中巻』)

(27) 薩軍の手に落ちた軍旗が花岡山に翻り熊本鎮台の官軍の城兵を嘲弄した、そのため城兵は小倉の(第十四連隊)の援兵の望みなきを心細く感じたということが伝えられている(山路弥吉『乃木大将』一九一二年、民友社、七八頁。横山健堂『乃木大将』二五五頁。碧瑠璃園『乃木大将　上』三一六頁)。

(28)『乃木希典』一九六七年、(一九八八年に河出文庫、二〇一〇年に講談社学術文庫として出版)。

(29) これは前原一誠が木戸や伊藤などの要請もあって、六月二〇日萩を立ち、七月一二日東京に入り、八月一四日に横浜から萩に帰国していることに関連していよう。即ち玉木は一誠とともに東京に行ったようである（奈良本辰也『あゝ東方に道なきか――評伝前原一誠――』一九八四年、中央公論社を参照）。
(30)『青年時代の乃木大将日記』八一頁の注。
(31)「杢」は大工で、一誠の与党であった馬来大工のことではないかと奈良本辰也は解している（前掲書（29）の三四七頁）。
(32) 奈良本辰也、前掲書（29）の三六六頁。
(33) 碧瑠璃園『乃木大将上』二〇二頁によると、文之進の門人百余人はその養子真人正誼を押したてて一誠の企てに加担したという。
(34)『西南記伝　上巻2』第一章。
(35) 碧瑠璃園『乃木大将　上』一九九頁。
(36) このあとの西南戦争の軍旗喪失事件でも死の覚悟を述べ、日露戦争でも多大の犠牲を出したことで死の謝罪を言明しているのは、自分の罪を死で贖うとする乃木特有の態度を示している。明治の時代はそうした態度を最上の誠意と人々が感じていた時代だった。
(37)『乃木希典』四五頁。
(38) 加藤周一、M・ライシュ、R・J・リフトン『日本人の死生観　上』五二頁、一九七七年、岩波新書。
(39)『将軍乃木』三〇一～二頁、一九二九年、実業之日本社。
(40)「乃木希典と下田歌子」（『橋川文三著作集3』所収、一九八五年、筑摩書房）。
(41)『乃木希典』三三頁。
(42) 慶応二年、乃木一八歳の時、奇兵隊長山県狂介の指揮をうけ小倉城攻撃をした。乃木は城中に一番のりをしたが、その時城の中に鞍を着けたままの立派な馬があったのでそれに乗って帰ってきたところ、山県がそれをみて「乃木！それを俺によこせ」といって否応なしに召し上げてしまったということである（桜井忠温『将軍乃木』六四〜六五頁）。桜井の本の性格からみて乃木からの聞き書きと思われる。ごく最初から山県の存在は乃木に重くのしかかっていたことを示す挿話である。

(43)『日本人の死生観　上』五二頁、前掲(38)。

(44)「青年時代の乃木大将日記」（『橋川文三著作集3』所収）。なお、橋川の参照した『青年時代の乃木大将日記』は渡部求編著、一九四三年刊である。

(45)この他に明治一二年九月六日「大酔不覚」、同年一二月三日「大酔帰ル」、同年一二月一三日「大酔ノ後別席」などとみえる。

(46)明治一一年三月三日「途ニ一ツ橋頭ヲ傷ス」、同年三月五日「馬驚キ馬車ト衝突ス」、同年三月七日「登営路馬車ニ逢落馬」、同年三月一四日「試乗落馬」などがみえる。

(47)明治一一年一一月七日、同年一二月一日、同年一二月六日、明治一二年においても一月一日、一月一八日、三月九日、八月六日、八月一九日、八月二三日、八月三〇日、八月三一日、九月二八日、一〇月四日、一二月二五日の訪問記事がみえる。

(48)『乃木希典』六六頁。

(49)碧瑠璃園『乃木大将　上』二四頁。

(50)和田政雄編『乃木希典日記』七八七頁。

(51)前掲(50)の七八九頁。「武士問答」は、明治四〇年の乃木の著述。

(52)横山健堂『大将乃木』二〇〜一頁。

(53)大濱徹也『乃木希典』は、乃木の「質素な生活」を「武士土着論」の発想であるとする。即ち、大濱は農村社会＝質素な生活➡富国強兵と都市社会＝華美な生活➡亡国弱兵として対比するなかで、乃木は農村社会の自給自足的な体制と理念としての質素な生活を実践したといわれている。

(54)『大日本戦史第六巻』、奈良本辰也『あ、東方に道なきか』三四七頁。

(55)御手洗辰雄『山県有朋』一九五八年、時事通信社、奈良本辰也の前掲書(54)の三五一〜二頁。
(56)大濱徹也『乃木希典』七〇頁。
(57)『乃木希典日記』七七八頁の注(前掲(21))。
(58)この点、橋川文三は早くから「伏見入営から萩動乱期にかけての諸体験が自刃にとって決定的意味をもっていた」と指摘している(「乃木伝説の思想」〈『思想の科学』一九五九年六月号〉、のち『橋川文三著作集3』所収)。
(59)桜井忠温『将軍乃木』(二六〜七頁)は、「乃木さんは少年時より体が弱く、普通の人間になれないといわれたが、それを押し通してきたのは痩我慢一つであった」といっている。
(60)橋川文三「乃木伝説の思想」(前掲(58))は、早い時期(一九五九年)の乃木希典に対する鋭い問題提起を含んだ論考である。その中で橋川は「乃木の明治国家は明治天皇の人格存在に内在するものとしてその同一化としてのみ考えられてきた」といっている。
(61)和田政雄編『乃木希典日記』所収の詩歌集、九四三頁の解説。
(62)山路弥吉『乃木大将』二三五、二三七頁。
(63)『日本人の死生観　上』五二・七五頁、前掲(38)。
(64)一九七八年、中公文庫。
(65)大宅荘一『炎は流れる1』一九六四年(『大宅荘一全集24巻』一九八一年、蒼洋社所収)、大濱徹也『乃木希典』(一九六七年)、生松敬三「乃木大将殉死の波紋」(『近代日本への思想史的反省』一九七一年、中央大学出版部)、佐々木英昭『乃木希典』(二〇〇五年)は新聞以外からも幅広く情報をまとめている。
(66)この『時事新報』の社説に対して、新聞社には石が投げられ、脅迫状が送られてきたという(大宅荘一『炎は流れる1』)。
(67)『東京朝日新聞』大正元年九月一六日。浮田は『太陽』(十八巻十五号、大正元年)でも、殉死という行為は道徳上人民の模範とすべきものでないことを強調し、「将軍の人格、精神及び行為は将軍に於てこそ分離し難き事であったかも知らぬが、他人に在っては二つのものを区別するのが正当の本務と言ふ可きである」といっている。さらに乃木の処決が時弊に対する清涼剤であると称讃する人もいるが、これによって官僚政治及び政治社会の腐敗が矯正されるとは思われない、「これは一時国民の感情を激奮せしむることが適当な手段方法でないからである」ともいっている。

(68)『読売新聞』大正元年九月一五日。
(69)『中央公論』大正元年一〇月号。
(70)『東京朝日新聞』大正元年九月一四日。
(71)『信濃毎日新聞』大正元年九月一九日～二一日。
(72)『信濃毎日新聞』大正元年九月二五日、二六日の「時弊を慨するの言上下」。
(73)『信濃毎日新聞』九月二三・二四日。
(74)『東京日日新聞』大正元年九月一六日。
(75)『読売新聞』大正元年九月一八日。
(76)『東京朝日新聞』大正元年九月二〇日。
(77)前掲(75)。
(78)前掲(75)。なお、新渡戸の「大将の心事を明かせばあらゆる方面に好影響を及ぼさん」(『中央公論』大正元年一〇月号)も参照。
(79)この点について、木村鷹太郎は、耶蘇教(キリスト教)は自殺を否認せず、耶蘇自身自殺のひとであることを西洋人に吹きこむべきだといっている(『読売新聞』大正元年九月一九日)。
(80)『徳川実紀』巻八十、慶安四年四月。
(81)『大阪朝日新聞』のものであるが、筆者は未見、大宅荘一(前掲(65))によった。
(82)遺言公表にいたるまで国民新聞のスクープ等をふくめて大宅荘一(前掲(65))を参照のこと。
(83)木村鷹太郎談、『読売新聞』大正元年九月一五日。

(84)『東京朝日新聞』大正元年九月一五日。
(85)「祖国を顧みて」大正四年一二月一五日のなかの「乃木伯爵家の断絶」(『河上肇全集　九巻』、一九六四年、筑摩書房所収)。
(86)三浦周行「乃木将軍の最後」大正二年一月一日(『日本史研究新輯二』所収)に軍旗と養子の問題がとりあげられている。
(87)大濱徹也『乃木希典』二九六〜三〇二頁、講談社学術文庫。
(88)このような蘆花的反応を示した人に内田魯庵がいる。魯庵の「気紛れ日記」大正元年九月一四日、『太陽』(一八巻一五号)は次のように述べている。「昨夜午後八時、霊轜御発引の号砲と同時に乃木将軍は見事に切腹し、夫人亦自刃すと、書生が語るのを聞いたときは何とも言はれない心持ちが込み上げてきて涙がポタポタと零ちて来た。(中略)将軍の心事は以心伝心に了解せられて、悲壮なる殉死の光景が眼前に展開し来る如き心地がして、此日は一日談話も読書も興が乗らず、何とも云へぬ感慨が胸一杯であった」。また九月一六日の日記に「我等が将軍に学ぶべきは其厳粛なる態度と其熱烈なる勇気とである。将軍の事を懐ふ毎に余は其訃に接した first impulse を忘れることが出来ない。我等は未だ曾て経験せざる心の波動を将軍の死に由て覚えた」とある。
(89)大逆事件とそれをめぐる作家とのかかわりについては、森山重雄『大逆事件=文学作家論』一九八〇年、三一書房を参照。
(90)神崎清「徳富蘆花と大逆事件——愛子夫人の日記より——」(『文学』二四巻八号、一九五六年八月)
(91)野田宇太郎「蘆花と幸徳事件——新資料をめぐって——」(『季刊　明治大正文学研究』二三号、一九五七年一〇月)。
(92)神崎清、前掲(90)。
(93)野田宇太郎は、天皇に向って社会主義者の助命を訴えた勇気は、フランスのドレフェースに対するエミール・ゾラの勇気より一層切実なものであったといわれている(『天皇陛下に願ひ奉る』一九八一年、永田書房)。
(94)神崎清、前掲(90)。野田宇太郎「天皇陛下に願ひ奉る」(『天皇陛下に願ひ奉る』所収)。中野好夫「謀反論」(『蘆花徳富健次郎第三部』、一九七四年、筑摩書房所収)。
(95)前掲(94)。

(96) 中野好夫「社会主義」(『蘆花徳冨健次郎第二部』一九七二年、筑摩書房所収)。
(97) 中野好夫・横山春一監修『蘆花日記二』、一九八五年、筑摩書房。
(98)『戴冠詩人』(大正三年二月、『鷗外全集二十六巻』一九七三年、岩波書店所収)によると、乃木と鷗外との交際はすこぶる親しかったが、それは尋常一般の交際にすぎなかったといっている。
(99) 森於莵『父親としての森鷗外』一九五五年、大雅新書。
(100)『鷗外の歴史小説』三二頁、一九八三年、春秋社。
(101) 例えば渋川驍『森鷗外　作家と作品』一八六頁、一九六四年、筑摩書房。
(102)「鷗外の歴史小説」(『文学』昭和一一年六月号、後に『森鷗外全集別巻』所収、一九七一年)。
(103) 森於莵『父親としての森鷗外』にも「将軍の死はそのすべてを捧げた帝への真の殉死である。外国人には決してその心持は解せられぬだろうと父はいった」とある。
(104)『評伝森鷗外』一九六七年、実業之日本社
(105)『森鷗外全集3』の解説、一九六三年。
(106)『評伝　森鷗外』、二〇〇七年、大修館書店
(107)『鷗外の精神』二七頁、一九七四年、筑摩書房。
(108)「森鷗外」(『鷗外と漱石――明治のエートス』一九八三年、力富書房)。
(109) 柄谷行人は、改稿の理由は初稿が事実に合わないことだといわれてきたが、そうではなく、「鷗外は改稿において『主題』そのものを否定しようとした」のだといっている。新しい見解を示したものといえよう。「歴史と自然」一九七四年三月(『意味という病』一九七五年、講談社に所収)。
(110) 前掲(100)。
(111) 蒲生芳郎、前掲(100)。

(112)『将軍乃木』一九二九年。

(113)『森鷗外全集3』一九六二年 の解説。

(114)唐木順三『森鷗外集』(明治文学全集27、一九六五年、筑摩書房の解題)。

(115)「鷗外における小説の問題」(『鷗外研究』五号、岩波版第一次『鷗外全集』著書編第六巻付録、昭和一一年、『林達夫著作集4』、一九七一年、平凡社に所収)。

(116)北村透谷「人生に相渉るとは何の謂ぞ」(『文学界』二号、明治二六年二月)、山路愛山「頼襄を論ず」(『国民の友』明治二六年一月)を参照。この論争では、愛山が文筆は世の益することがなければ空になること、そのためには人生になんらかの形で交渉をもっていなければならぬと主張したのに対し、透谷は純文学の孤高性を強調し、文学者を「人間の霊魂を建築せんとする技師」とみている。そして、文学の戦いというものは目の前の勝利や事業を目的とするものでなく、「大自在の霊世界」に向かっての戦いであるといっている。

(117)唐木順三『森鷗外』一九五〇年(『唐木順三全集第二巻』一九八一年、筑摩書房所収)、森山重雄『大逆事件=文学作家論』。ただし、山県と鷗外との関係をあまりにも過大評価することに対して反論もある(平岡敏夫「鷗外と漱石」、同『明治文学史の周辺』六章、一九七六年、有精堂出版)。

(118)平川祐弘「乃木将軍と鷗外」(同『西欧の衝撃と日本』所収、一九八五年、講談社)は、乃木を近くからみていた鷗外が、学習院出身の若い世代と乃木院長の思想的動揺と対立をえがいた作品とみている。

(119)『鷗外の精神』。『かのやうに』から『遺書』への転換を折衷主義・便宜主義への鉄槌=否定ととる見解は多い。例えば吉野俊彦『権威への反抗——森鷗外——』五〇頁、一九七九年、PHP研究所

(120)中村光夫は、明治の言文一致の運動は一面からいうと文章破壊の運動であったこと、しかしそれにもかかわらず明治・大正の文学がかなり多様なすぐれた文章を生みだしたのは、文学者自身が否定の対象とした漢文を中心とする伝統的な文章の教養があったからだといっている(『明治・大正・昭和』一一四頁、一九七二年、新潮新書)。

(121)『明治思想史――儒教的伝統と近代認識論――』一一四頁、一九七八年、ぺりかん社。

(122)唐木順三は、鷗外、漱石、露伴、四迷、内村、西田などの明治維新前後に生まれた人達は、四書五経の素読で育ってきた世代で、彼等は西洋に没頭しながらも、自分でも意識しないような根本にあるいは骨格に儒教的なもの（経世済民と修業への意志）があったといっている（『現代史への試み』一九四九年、『唐木順三全集3巻』一九八一年、筑摩書房所収）。

(123)中野重治『鷗外その側面』一九九四年、筑摩書房。中野は、この大事に育てられたことが鷗外の古いものに対する屈服、あるいは妥協を招いたという（一二三、一二八頁）。

(124)高橋義孝『森鷗外』一九八五年、新潮社（一八六～七頁）は、「森鷗外は明治時代の人としては一面ひじょうに古くさいものを持っていたと同時に、他面ひじょうに新しいものをもっていた。（中略）つまり鷗外は二頭の馬に騎っていた。一方の馬を中世といい、他方を近代という。（中略）こういう鷗外の内部における中世的腹切りの精神と近代的個人主義との戦いの過程を、歴史小説は遺憾なく反映しているのである」といっている。『日本人の死生観　上』（前掲（38））は、「彼は決して単純にひとつの立場ないしそれに反対する立場をとることなく、調整およびグループへの組み入れの高度なレヴェルにおいて複数の立場を成立させていた」（一四五頁）といっている。

(125)『鷗外闘う家長』、一九八〇年、新潮社

(126)『夏目漱石全集十巻』一九八八年、筑摩書房所収。この「模倣と独立」の講演は大正二年一二月一二日、第一高等学校において行われた。

(127)儒教における「至誠」の日本的心情の特質については、相良亨『誠実と日本人』一九八〇年、ぺりかん社参照。

(128)漱石全集刊行会『漱石全集十三巻』、大正八年所収。

(129)「『こころ』の世界――懺悔と贖罪――」（『続近代作家と深層心理――漱石文学の探求』一九七六年、明治書院）。

(130)法本義弘『正伝佐久間艇長』昭和一九年、国民社、遺書（写真版）や研究書も載っていて便利である。

(131)足立倫行『死生天命――佐久間艇長の遺書――』二〇一一年、ウェッジの「史料編」によった。

(132)『正伝佐久間艇長』(前掲(130))五二三頁に佐久間の書翰類も載っている。
(133)平岡敏夫「『こころ』の漱石」(『文学』四二巻五号、一九七四年)、桶谷秀昭「淋しい『明治の精神』――『こころ』の漱石」(『夏目漱石論』九章、一九七六年)、梶木剛『夏目漱石論』一七〇頁、一九八五年、勁草書房。
(134)外在的なもののなかに、漱石を留学に送り出した明治国家が含まれることは勿論である。彼は日本を背景にして背のびして英文学を英国人のスタイルで研究しようとした。
(135)相良亨によると、「誠」というものは日本的な儒教の特徴をなすもので、「誠」の儒学を主張した山鹿素行にあっては、人々の内面からおさえがたく湧き出る情を尽くがごとき「不得已もの」が素行の「誠」であったという(『誠実と日本人』四〇頁)。
(136)江藤淳「明治の一知識人」(『決定版夏目漱石』一九七四年、新潮社所収)。三好行雄『鷗外と漱石――明治のエートス――』一九八三年、力富書房も「先生の殉死は固有の倫理をつらぬいた自己処罰の帰結としてある」といっている。
(137)江藤淳「明治の一知識人」(前掲(136))。
(138)三好行雄は、『こゝろ』は漱石にとって一種の記念碑的な意味をもった作品で、いわば自分自身――自分の内面にひそむもう一人の自分を葬るための小説であったといっている(「反近代の系譜」、『日本の近代文学』、一九九四年、塙新書、二章)。
(139)明治四五年九月二五日書簡、『夏目漱石全集九』所収。
(140)荒正人『漱石研究年表』一九八四年、集英社によると、明治四四年六月二〇日、二一日の『高田日報』に要旨が掲載されているとある。
(141)『漱石全集第十三巻』所収。
(142)小宮豊隆「未発見の漱石日記について」(『世界』一一六号、一九五五年八月号)。
(143)前掲(141)に同じ。
(144)鏡子夫人の『漱石の思い出』(一九六六年初版、角川文庫)によると、熊本時代(漱石三一歳、明治三〇年)天皇の行幸があった時、儀式ばったことの嫌いな漱石がわざわざ袴を浴衣の上につけて大そう改まった姿でむかえたという。

(145)明治二二年九月脱稿、『夏目漱石全集十巻』所収。
(146)明治三九年一一月、『漱石全集九巻』所収。
(147)明治二五年六月執筆、『夏目漱石全集九』所収。
(148)漱石の漢学への習熟、東洋的なものの抱持については、吉田精一「漱石における東洋と西洋」(吉田精一編『夏目漱石必携』一九七一年、學燈社)、江藤淳「明治の一知識人」「漱石の古さと新しさ」(『決定版夏目漱石』)などを参照。
(149)「文明開化の性格」(『文学界』昭和一九年一月号)。
(150)漱石は開化という推移を否定しているわけではない。「凡そ歴史は繰返すものなりというけれども、歴史は決して繰返さぬのである。繰返すというのは間違いである。如何なる場合にも後戻りすることなく前へ前へと走って居る」(「教育と文学」明治四四年六月講演)という発展的な歴史観を述べている。
(151)『夏目漱石全集九』所収。
(152)『白樺』大正元年一二月。
(153)江藤淳は、「『白樺』以後、作家たちは次第に『国のため』という特殊なシンボルによってでなく、『人類のため』、あるいは『芸術のため』という、普遍的なシンボルによってものを考えはじめるようになった。換言すれば、日本の作家たちは、大正以後、ナショナリストであった明治作家に背を向けて、少なくとも主観的にはコスモポリタンである自己を誇りはじめた」(『決定版夏目漱石』二一一頁)といっている。
(154)『現代日本文学大系37』所収。
(155)『新訂 小林秀雄全集七巻』、一九七八年、新潮社所収。
(156)『現代史への試み』(前掲(122))。
(157)乃木の殉死に対する武者小路・志賀(白樺派)と阿部(教養派)の違いについて、「一体白樺派も教養派もともに漱石の人格主義の流れをくみながら、白樺派は懐疑を知らぬ人道主義の精神としてこれを受けついだのに対して、教養派はむしろ高踏的で懐疑的な精神に転化してこれを継承したように思える」(「大正期の思想状況」、『近代日本思想史講座1』第二編第五章、久山康執筆分担、一九五九年、筑摩書房)という指摘は一つの参考となる。

(158)清水勲編『ビゴー日本素描集』一九八六年、『続ビゴー日本素描集』、一九九二年、岩波文庫。

(159)西川長夫『増補国境の越え方——国民国家論序説——』(二〇〇一年、平凡社ライブラリー)の中のⅣ「文明と文化——その起源と変容——」を参照。

(160)松本三之介編『明治文学全集37 政教社文学集』所収、一九八〇年、筑摩書房。

(161)『真善美日本人』明治二三年(『現代日本文学大系2』一九八五年、筑摩書房所収)。

(162)鹿野政直「欧化と国粋」(『近代日本思想案内』一九九九年、岩波文庫)。

(163)「国粋主義の国家像」(『明治精神の構造』一九九三年、同時代ライブラリー)。

(164)『日本』明治二四年一月五日(『陸羯南全集3巻』一九六九年、みすず書房所収)。

(165)内村鑑三『余はいかにして基督信徒となりし乎』(岩波文庫、一九〇〇年)。亀井俊介「内村鑑三の武士的キリスト教」(『新版ナショナリズムの文学』一九八八年、講談社学術文庫)。

(166)福田和也『乃木希典』二〇〇四年、文藝春秋社。

補(1)『鷗外全集三十五巻』所収、一九七五年、岩波書店。

補(2)芥川龍之介『将軍』は、大正一〇年一二月の作品、『日本現代文学全集56芥川龍之介集』所収、一九六〇年、講談社。

補(3)『三太郎の日記』は、『新版合本三太郎の日記』二〇〇八年、角川書店を参照。

(追記)乃木希典を歴史学的に追求しようとする者にとっては、大濱徹也『乃木希典』(二〇一〇年、講談社学術文庫)、佐々木英昭『乃木希典』(二〇〇五年、ミネルヴァ書房)が有益である。また松下芳男『乃木希典』(昭和三五年、吉川弘文館人物叢書)が基本的な研究書になる。なお、渡辺淳一『静寂の声——乃木希典夫妻の生涯——』(『渡辺淳一全集第18巻』一九九七年、角川書店)は、妻静子の素顔に目をむけた小説であって貴重である。

あとがき

大学生の頃、日本史でとくに興味をもったのは、邪馬台国にかかわる国家形成史と大化改新、それに明治維新であった。大学に職をえて、歴史教育では一貫して一般教育（教養）科目の担当であったから、自分の専門にかかわらず幅広く近代史まで講義しなければならない立場にあった。したがって、近代――明治関係の論文は数こそ多くはないが、専門の古代史にまじって書いてきた。この度、明治という時代について一冊の書物に求めることができたことは、念願の一つが達成できたということでたいへんうれしい。

近代史のなかで〝明治〟という時代は、一般的にみて評価の高い時代である。それを懐かしむという気持ちもあろう。しかし、明治の時代が終わってからもう百年を越した。それを懐かしむというような時代ではなくなった。第四章のおわりにですでにふれたように近代は終わり、新しい時代に入っていると思われる。我々は阿部次郎のいった〝別れの時〟に臨んでいるのかもしれない（第五章の5）。だとしたら、近代からなにを〝理想〟として引き継いでいくのか格闘してみる時期にきているのかもしれない。

本書の出版にあたっては、宮瀧交二氏（大東文化大学）から雄山閣を紹介していただいた。また大杉由香さん（大東文化大学）には、本書全体を詳細に点検していただき、種々の御教示をうけた。そして雄山閣の八木崇さんにはたいへん丁寧な校正作業を通して、私の原稿を一つの作品に仕上げていただいた。この場を借りてみなさんに厚く感謝申し上げたい。

最後に先に一編の詩を挙げておきたい。

別離の歌

時ふりてこの地　人かわりてこの想《おも》い

あくこともなげに似たり

さくらの花は
いくたびかつきぬ憶《おも》いを
めぐり来し春のその日に
言いかわしつつ別れ去りにき

この詩は、私の中学校一年の時の文集に担任の田辺健先生が寄せてくださったものである。私の愛読する詩の一編である。田辺先生は、信州大学を卒業したての若い教師であった。私達生徒はこの若い田辺先生が大好きであった。先生とは中学校卒業後長い間お会いしていなかったが、若い時に自殺されたのだと聞かされて驚いた。そんなこともあって、私は鹿児島短期大学の紀要に「藤村操の自殺と明治の青春」（本書第四章）を書いた。したがって第四章は本当に書きたくて書いたもので、そっと一行ぐらい自分の人生経験もしのばせてある。

なお本書は、平成二五年度大東文化大学特別研究費（研究成果刊行助成金）の交付をうけた。関係各位のご高配に心よりお礼申し上げたい。

本書の構成について
第二章－「日本近代史学史と国体論（その一）」（『鹿児島短期大学研究紀要』三四号、一九八四年）。

第三章－「『夜明け前』の歴史的考察　正・続」（『大東文化大学紀要』三二・三三号、一九九四・九五年）。

第四章－「藤村操の自殺と明治の青春　上・中」（『鹿児島短期大学研究紀要』四〇・四一号、一九八七・八八年）。

第五章－「乃木将軍の殉死と明治の精神　上・下」（『鹿児島短期大学研究紀要』第三七・三八号、一九八六年三月・一〇月）。

本書の第二章から第五章は、以上の紀要論文をもとにしているが、すべてに加筆・増補して全面的に書き下ろしたものである。

〈著者略歴〉
小林　敏男（こばやし・としお）
1944年　長野県長野市に生まれる
1978年　東京教育大学大学院文学研究科（日本史学）博士課程単位取得退学
1995年　博士（歴史学）（國學院大學）
現在　大東文化大学文学部教授

著書『古代天皇制の基礎的研究』1994年、校倉書房
『日本古代国家の形成』2007年、吉川弘文館
『日本国号の歴史』2010年、吉川弘文館

平成26年7月25日 初版発行　《検印省略》

明治《めいじ》という時代《じだい》 ― 歴史《れきし》・人《ひと》・思潮《しちょう》 ―

著　者　小林敏男
発行者　宮田哲男
発行所　株式会社　雄山閣
〒102-0071　東京都千代田区富士見２－６－９
TEL 03-3262-3231　FAX 03-3262-6938
振替 00130-5-1685
http://www.yuzankaku.co.jp
印刷・製本　株式会社 ティーケー出版印刷

ISBN978-4-639-02312-8　C3021
N.D.C.210　370p　22cm